# 죽음 인문학

---

인류는 죽음을
어떻게 이해해 왔는가?

# 죽음 인문학

지은이 | 황명환
초판 발행 | 2019. 10. 23
등록번호 | 제1988-000080호
등록된 곳 | 서울특별시 용산구 서빙고로65길 38
발행처 | 사단법인 두란노서원
영업부 | 2078-3352    FAX | 080-749-3705
출판부 | 2078-3331

책값은 뒤표지에 있습니다.
ISBN 978-89-531-3624-3 03230

독자의 의견을 기다립니다.
tpress@duranno.com    www.duranno.com

두란노서원은 바울 사도가 3차 전도여행 때 에베소에서 성령 받은 제자들을 따로 세워 하나님의 말씀으로 양육하던 장소입니다. 사도행전 19장 8~20절의 정신에 따라 첫째 목회자를 돕는 사역과 평신도를 훈련시키는 사역, 둘째 세계선교(TIM)와 문서선교(단행본·잡지) 사역, 셋째 예수문화 및 경배와 찬양 사역, 그리고 가정·상담 사역 등을 감당하고 있습니다. 1980년 12월 22일에 창립된 두란노서원은 주님 오실 때까지 이 사역들을 계속할 것입니다.

인류는 죽음을
어떻게
이해해 왔는가?

# 죽음 인문학

황명환 지음

두란노

# 프롤로그

"낯선 것과의 만남을 통해 새로운 생각이 시작된다."

- 마르틴 하이데거

"어느 유능한 화가가 아름다운 젊은이의 모습에 반해서 그 젊은이의 영혼을 담은 초상화를 그리게 되었다. 그 초상화는 신기하게도 주인공의 영혼의 상태를 보여 주었다. 주인공은 나이가 들고 타락해 갔지만 여전히 젊고 아름다웠다. 대신 그의 초상화가 추하게 늙어 갔다. 워낙 뛰어난 그림이라 많은 사람들이 그 초상화를 보고 싶어 했지만, 젊은이는 점점 추하게 변해 가는 초상화를 감추고 보여 주지 않았다. 추하게 변해 버린 초상화의 모습에 괴로워하던 젊은이는 마침내 그림을 칼로 찔렀다. 그 순간, 그의 얼굴에서 빛나는 젊음이 사라지고, 흉측하고 부패한 초상화의 얼굴로 변해 버렸다. 젊은이가 찌른 것은 초상화였으나, 죽은 것은 바로 젊은이 자신이었다. 칼에 찔린 초상화 속의 얼굴은 처음 그려졌을 때처럼 젊고 아름답게 빛나고 있었다."

영국의 탐미주의 작가 오스카 와일드의 《도리안 그레이의 초상》(The Picture of Dorian Gray)의 내용이다. 이 작품 속에는 우리의 기대와 현실이 드라마틱하게 나타나 있다. 언제까지나 젊음과 아름다움을 간직하며 살고 싶은 마음, 일그러진 자기의 실체를 감추고 싶은 마음, 그러나 완전히 감출 수 없는 괴로움, 그러면서도 끝까지 그렇게 살아가는 어리석음!

인생의 끝점에서는 모든 것이 드러난다. 그러나 그때는 이미 늦다. 내 초상화, 그러니까 내 영혼의 상태를 바라보는 용기와 정직이 필요하다. 자기와 직면하는 작업, 죽음에 대한 직면은 두렵고 때로는 혐오스럽지만 반드시 해야 할 작업이다.

이 작업은 얼마나 낯선 일인가? 그러나 낯선 것을 거부하지 않고 그것이 걸어오는 말에 귀를 기울이면 전혀 새로운 세계가 열린다. 죽음도 마찬가지다. 죽음이라는 낯선 세계가 걸어오는 말을 잘 듣고 반응하면 엄청난 변화를 경험할 수 있고 실제로 변할 수 있다.

원래 내 마음속에 있던 이 책의 제목은 '죽음, 그 모호한 것의 실상'이었다. 죽음이란 외면할 수 없는 가장 확실한 현실이다. 하지만 그것에 대해 뭔가 말하려 하면 한없이 모호해진다. '죽음의 실상은 무엇일까?' 이것이 연구의 동기였다. 그러나 죽음을 연구할수록 삶은 죽음으로 끝나는 것이 아니라, 죽음은 오히려 새로운 삶의 시작이라는 것을 모든 종교와 철학은 말하고 있었다.

그런데 죽음에 대한 이해는 각각 내용이 다르다. 주장하는 내용이 다르다는 것은 무슨 의미인가? 하나가 맞다면 다른 것은 틀렸다는 뜻이다. 이것을 구별하지 않고 다 수용하면 안 된다. 죽음에 관한 다양한 의견에 대하여 진지한 자세를 가지고 임해야 하며, 그것을 통해 확실한 지식을 얻어야 한다. 그럴 때 올바른 길로 갈 수 있다. 만약 내가 가지고 있는 인생 지도가 잘못되었다면 빨리 고쳐야 한다. 잘못된 지도를 가지고 있다면 내가 가려는 목적지에 도착하기 어렵기 때문이다. 이런 의미에서 죽음 연구는 가장 중요한 인생 작업이라 할 수 있다.

죽음에 대한 전체적인 흐름과 조망이 필요하다. 숲을 보지 못하고 나무만 보면 안 된다. 숲도 보고 나무도 보아야 한다. 내가 생각하는 죽음은 어떤 것인지, 그것은 죽음이해에서 어디에 속하는지, 나는 왜 그런 입장을 취하는지, 다른 사람들은 어떤 이유로 나름의 죽음이해를 갖고 있는지 그 이유를 알면 많은 사람들을 보다 폭넓게 이해할 수 있다.

이런 의미에서 죽음은 모든 철학과 종교의 핵심 가치이며 뿌리라 할 수 있다. 죽음을 어떻게 해석하고 바라보고 해결하는가? 그것이 문화이며, 철학이며, 예술이며, 종교다. 그러므로 이 책은 좀 복잡하지만 집중해서 읽어 보면 많은 도움이 될 것으로 확신한다.

이 책과 함께 워크북도 함께 출간했다. 죽음에 대해 교육을 할 수 있도록 교재를 내 달라는 요청이 많아서 만들었는데,《죽음 인문학》을 기본 텍스트로 했다. 핵심 내용과 질문을 수록했으니, 이 워크북을 가지고 소그룹으로 모여 토론하고 의견을 나누면 좋을 것이다. 혼자서도 할 수 있도록 뒤에 진행을 위한 가이드를 붙여 놓았다.

'내가 생각하는 죽음'에 자기의 '정답'을 적는 걸 넘어, 인간을 만드신 하나님이 제시하신 '인생'이 무엇인지 찾고 그분의 '해답'을 찾는 데 이 책이 작은 도구로 사용될 수 있다면 더 바랄 것이 없겠다.

2019년 가을

황명환

차례

2장

# 무신론적 죽음이해

: 신을 믿지 않는 자들의 죽음

---

3장

# 범신론적 죽음이해

: 자신을 신이라고 믿는 자들의 죽음

4장

# 유신론적 죽음이해

## : 유일신을 믿는 자들의 죽음

---

5장

# 기독교적 죽음이해

## : 예수 그리스도를 믿는 자들의 죽음

6장

# 이제 죽음을 어떻게 바라보아야 하는가?

# 1장

# 왜 죽음을 생각해야 하는가?

죽음은 언제나 우리와 함께 있다.
죽음은 우리 모두의 일이고,
바로 나의 일이다.
그러므로 생각해야 한다.

## 1. 죽음을 대면할 때 삶을 제대로 볼 수 있다

어떤 아가씨가 한 청년과 연애를 했는데, 청년의 가정이 너무 가난해서 주변 사람들이 둘의 결혼을 반대했다. 그러나 여자는 '내가 이 사람과 함께 보란 듯이 행복하게 살리라!' 결심하고 결혼식을 올렸다. 그렇게 꿈같은 결혼 생활이 3개월 동안 이어졌으나 남편이 어느 날 갑자기 교통사고를 당해 죽고 말았다. 여자는 믿을 수가 없었다. '아니 내 남편이 죽다니! 이 나이에 과부 소리를 들으며 살아야 하다니! 이럴 수는 없다.' 그녀는 상심하다가 남편의 장례식 때 크게 소리를 질렀다. "내 남편은 죽지 않았어요!" 그리고 그 충격으로 눈이 멀었다.

주변 사람들은 남편 잃고, 눈멀고, 집 밖으로 한 발자국도 나오지 않는 이 여자가 너무도 불쌍해서 '어떻게 도와줄까?' 생각하다가 지혜로운 분을 만나 상담을 하도록 주선했다. 약속된 날, 지혜자가 여자를 만나자마자 "아까 내가 길에서 당신 남편을 만났는데, 고민이 많은 것 같았습니다"라고 말했다. 그러자 여자가 통곡을 하면서 "제 남편은 죽었어요! 어떻게 죽은 사람을 길에서 만날 수 있단 말입니까?"라고 말했고, 그 순간 멀었던 여자의 눈이 밝아졌다.

인도의 사상가 라즈니쉬(Osho Rajneesh)[1]의 이야기다. 죽음을 외면하고 인정하지 않는 사람은 깊은 의미에서는 눈이 멀었다. 죽음을 인정하고 수용하게 되면 그때부터 세상을 바로 볼 수 있게 된다. 그러나 우리는 눈을 감고 죽음을 생각하지 않으려 한다. 현대로 올수록 더 그렇게 되었다. 죽음을 말해서도 안 되고, 생각해서도 안 되는 금기처럼 되었다. 그러나 이것이 과연 올바른 삶의 태도일까?

그리스의 철학자 에피쿠로스(Epicouros)는 말했다. "죽음은 우리에게 아무것도 아니다. 왜냐하면 우리가 존재하는 한 죽음은 우리와 함께 있지 않고, 죽음이 왔을 때 우리는 존재하지 않기 때문이다."[2] 그러나 에피쿠로스가 말한 삶과 죽음의 엄격한 분리는 우리가 바라는 '죽음 없는 삶'을 주는 것이 아니라 '죽음에 대한 의식 없는 삶'을 줄 뿐이다. 그러므로 에피쿠로스의 생각은 옳지 않다. 죽음 없는 삶은 이 세상에서의 삶이 아니기 때문이다. "죽음은 삶의 사건이 아니다. 우리는 죽음을 체험하지 못한다." 이렇게 말한 비트겐슈타인(Ludwig Wittgenstein)[3]의 생각도 옳지 않다. 죽음은 분명한 삶의 사건이요, 그것도 삶의 최대 사건이기 때문이다.

왜 우리는 죽음을 생각해야 하는가?

## 죽음을 생각해야 하는 이유

### 죽음은 가장 보편적이기 때문이다

첫째, 죽음은 세상에서 가장 보편적인 원리이기 때문이다. 앞으로 나에게 일어날 가장 중요한 사건은 무엇인가? 동시에 가장 확실한 사건은 무엇인가? 대답은 '나의 죽음'이다. 모든 법칙에는 예외가 있지만, 죽음만은 예외가 없다. 아무리 의학이 발달해도 병원에는 영안실이 있다. 올 때는 순서라도 있지만 갈 때는 순서도 없다. "우리는 태어나면서부터 죽을 만큼 충분히 늙었다"(하이데거Martin Heidegger).

죽음이 이렇게 확실한데도 사람들은 죽음을 생각하지 않으려 하고, 누군가의 죽음을 이상하게 생각한다. 그러나 죽음은 언제나 우리와 함께 있다. 죽음은 우리 모두의 일이고, 바로 나의 일이다. 그러므로 죽음을 생각해야 한다.

그런데 왜 그렇게 도피하는 것일까? 모르는 영역에 대한 두려움 때문이다. 다 알 수는 없지만 그럴수록 더욱 알아야 한다.

나의 경우도 마찬가지다. '생명의 긍정적인 부분을 생각하기도 바쁜데 무엇 때문에 죽음을 연구하는가?'라고 생각했다. 그러나 삶의 상대 개념인 죽음을 알지 못하고는 삶의 참된 모습을 알 수 없다. 그래서 '이제 이만큼 나이를 먹었으니 죽음의 문제를 회피하지 않고 정면으로 생각해야겠다' 마음먹었다. 더구나 아들을 먼저 보내고, 나 자신도 암으로 생명의 위협을 받으면서, 이론을 떠나 현실적으로 이 문제를 정리해 보고 싶었다. '정말 죽음이란 무엇인가? 내 편견이나 선입관을 내려놓고 모든 사상과 종교가 말하는 죽음을 살펴보자. 지금까지 사람들이 말한 죽음에 대한 모든 내용을 연구하고, 정리하고, 비교하고, 평가해 보자' 생각했다. 그래서 3년 동안 죽음에 관한 책만 읽었다. 온통 죽음에 관한 책과 논문과 자료들이 내 서재에 쌓여 갔다.

그러던 어느 날, 아내가 밤에 자다가 일어나서 나를 보더니 놀라서 말했다. "그러다가 당신이 먼저 죽겠소. 몸도 성치 않은 사람이!" 나는 대답했다. "그런 말 마시오, 이 작업이 얼마나 내 인생을 진지하게 만들어 주는데! 후회 없는 작업이오. 재미도 있고…. 사람과 인생, 종교와 철학, 문화와 예술의 핵심을 보고 있소. 그리고 내게 주어진 생명의 가치를 뼈저리게 느끼며 감격하고 새 힘을 얻고 있으니 걱정 마시오."

이런 말이 있다. "인간은 죽음을 극복하기 위해 종교를 만들었고, 죽음을 이해하기 위해 철학을 만들었으며, 죽음을 승화시키기 위해 예술을 만들고, 죽음을 극복한 모델로 영웅을 만들었다." 별로 생각하고 싶지도 않은 죽음이 의식적이든 무의식적이든 우리의 삶을 얼마나 지배하는지!

자신이 의식하든지 하지 않든지 그 사람의 죽음이해는 그 사람의 종교이며, 철학이고, 예술이다. 거기서 그의 영웅이 나오고, 학문의 길이 갈라진다. 요약하자면 나의 죽음이해가 내 삶의 모습을 결정하는 것이다. 그러므로 죽음을 바르게 이해함으로써 필요 없는 두려움에서 벗어나 인생을 더욱 잘 이해할 수 있다. 죽음을 이해하면 종교와 철학, 문화와 예술을 더 잘 이해하게 된다. 그리고 그것의 가치와 진위를 가릴 수 있는 안목을 가지게 된다.

한 사람이 어떻게 태어나 어떻게 자랐는지보다 더 중요한 것이 '어떻게 죽느냐?'이다. 태어났으니 언젠가는 죽을 것인데 어떻게 잘 죽어야 하나, 이것이 살아 있는 우리 모두의 가장 커다란 과제다. 그러므로 죽음을 생각해야 한다.

**죽음을 알면 후회 없이 살 수 있기 때문이다**

둘째, 죽음을 생각할 때 지금 주어진 삶의 가치를 더욱 분명하게 느끼고 후회 없이 살 수 있기 때문이다. 한 줌의 재로 바뀌어 버린 사랑하는 사람의 모습을 보면서 인생의 한계를 알게 되고, '나도 이 자리에 서게 될 것이다'라는 확인을 통해 겸손히 남은 시간을 계산할 수 있게 된다. 그래서 시인 롱펠로(Henry Wadsworth Longfellow)는 "쓸데없는 고민에서 벗어나려면 술 한잔하고 춤추러 가는 대신… 조용히 무덤을 산책해 보라"고 말했다. 죽음을 생각하면 무엇이 중요하고 무엇이 그렇지 않은지를 알게 되며, 그럼으로써 가장 중요한 인생 공부를 하게 된다. 성경도 "초상집에 가는 것이 잔칫집에 가는 것보다 나으니"(전 7:2)라고 했다.

《모리와 함께한 화요일》에서 제자는 묻는다. "만일 24시간이 주어지면 무엇을 하겠습니까?" 그러자 스승인 모리 교수는 대답한다. "아침에 운동하고, 빵과 차로 멋진 아침 식사를 하고, 수영하러 가고, 친구들과 만나고, 서로의 소중함을 알고, 정원에 가서 나무와 새를 보고, 자연에 묻히겠네. 저녁에 식당에서 오리고기를 먹고, 지칠 때까지 춤을 추겠네."

죽음을 의식할 때, 오늘은 무한히 지속되는 무의미한 시간이 아니라 잠시 부여된 엄청난 축복의 시간이 된다. 그래서 지극히 평범하고 일상적인 하루의 의미를 최대로 느끼며, 최고의 가치로 알고 살아가게 된다. 결국 죽음을 생각할 때 주어진 삶을 진정으로 향유할 수 있게 되는 것이다.

또한 이 순간이 나의 마지막이라고 생각할 때 보다 순수하고 진실해진다. 나를 둘러싼 모든 것이 다 벗겨지고 결국 핵심에 이르게 된다. 모든 가치가 제자리를 찾는 것이다. 자기가 죽는다는 사실을 의식하면, 매사가 아주 다르게 보이는 법이다.

윌리엄 메이(William May)의 말처럼 "죽음은 인생의 의미를 변화시키고, 삶에 새로운 방향성을 제시하는 결정적인 가치"다. 죽음 앞에서 모든 가치는 극적으로 변한다는 말이다. 웰빙(well-being: 잘 살기)에 대한 관심이 깊어지면서 웰다잉(well-dying: 잘 죽기)이 없이는 진정한 웰빙이 불가능하다는 것을 인식하는 사람들이 늘어나고 있다.

죽음에 대한 가치는 가장 마지막으로 변한다. 그러므로 죽음에 대한 이해, 장례식이 변하면 그 사람의 가치는 다 변한 것이다. 어느 시대나 그 시대의 무덤을 보면 그 시대의 핵심가치가 드러난다. 그 시대를 알기 위해 당대 고분(古墳)을 연구하는 이유다. 모든 가치를 근본적으로 변화시키는 죽음의 문제가 해결될 때, 그 사람은 진정한 가치 위에 자신의 삶을 세워 갈 수 있다. 그러므로 죽음을 생각해야 한다. 이것이 후회 없는 인생을 사는 비결이기 때문이다.

### 영원한 생명에 눈뜨게 하기 때문이다

셋째, 죽음의 문제가 중요하지만 대답하기가 쉽지 않은 이유는 단순한 육체적 생명의 끝을 넘어서는 더 근본적인 문제들이 그 속에 포함되어 있기 때문이다. 여기에는 뒤따르는 물음들이 있다. '죽으면 모든 것이 끝나는가? 그 뒤에 또 다른 무엇이 있는가? 그것이 나의 삶에서 가지는 의미는 무엇이며, 나는 그것을 어떻게 받아들여야 하는가? 그리고 어떻게 맞이해야 하는가?' 여기에 대해 어떤 방식으로든 응답해야 한다는 의미에서 죽음에 대한 질문은 종교성을 가진다.

죽음과 그에 따른 인생의 유한함을 인식하는 것은 초월을 향한 문을 여는 것이다. 이는 시간과 공간을 초월하는 존재의 근원과 맞닿은 성숙으로 나아가게 함으로써 새로운 의미의 영적인 존재가 되게 한다. 죽음을 의식하고 그 사실에 맞닥뜨리지 않는 한 이런 '초월'은 결코 일어날 수 없다. 죽음 앞에 섬으로써 인간의 궁극적인 갈망인 영원한 생명과 구원에 한 걸음 더 다가갈 수 있게 되는 것이다.

그러므로 우리는 죽음을 생각함으로써 필요 이상의 공포에서 벗어나 인생을 전체적으로 바라보게 된다. 그리고 주어진 현실의 가치를 알고 더 잘 살게 되며, 나아가 죽음과 관련되어 더 높은 생에 대한 인식과 소망을 가지게 된다. 결국 영원한 생명으로 인도되는 것이다.

이것은 과거, 현재, 미래를 관통하여 가장 좋은 죽음의 준비가 된다. 죽음을 바로 이해하고 극복한 삶이야말로 가장 위대한 인생이 아니겠는가?

## 나, 이대로 가도 되는가?

그렇다면 왜 이 시대에 죽음에 대한 이해가 봇물처럼 터져 나오는가? 가치관의 변화 때문이다. 현재는 포스트모더니즘의 시대다. 전통과 이성에 붙잡힌 모더니즘을 넘어서 포스트모더니즘은 개인의 가치와 주관적 경험을 극대화한다.

마치 무엇과 같은가? 어느 집에 모든 물건이 가지런하게 정돈되어 있었다. 어느 날 가구를 새롭게 배치하고자 한다. 그러려면 가구들을 지금까지 있던 자리에서 옮겨야 하고, 먼지를 떨어내고 청소를 해야 한다.

모든 가치와 질서가 흔들리는 경험을 하는 것이다. 이것은 지금까지 객관적인 전통과 이성, 질서의 틀에서 벗어나 개인의 경험에 부합하는 새로운 질서를 찾기 위한 몸부림이다. 이런 혼란 속에서 절대 진리와 가치라는 구심력을 잃는다면 삶의 원심력에 의해 어디론가 날아가 버릴 것이다. 그러나 구심력만 분명하다면 그 원심력은 과거의 틀을 벗어나 훨씬 더 자유롭고 커다란 원을 그리게 될 것이다. 그러므로 포스트모더니즘은 우리 삶의 중심을 잃어버리게도 할 수 있고, 반면에 삶을 풍성하게도 할 수 있다.

죽음에 대해서도 전통적인 가르침을 무비판적으로 수용하는 데서 벗어나, 이제는 내가 직접 그 내용을 확인하고, 내 인식과 경험에 부합하는 것을 선택하려는 포스트모더니즘적 경향으로 나아가고 있다. 죽음에 대한 이해가 봇물처럼 쏟아지는 이유다.

개인의 실존적인 문제를 넘어서는 현대의 도전도 많다. 무엇보다도 죽음을 논의하는 환경이 극적으로 바뀌었다. 예를 들어, 1950년대 이후 안락사 등이 사회적 합의와 승인을 필요로 하는 현안으로 대두된 것이다. 의사들이 안락사의 필요성을 피력하자 법조계는 그 적법성을 문제 삼았고, 종교계의 반응도 만만찮았다. 여기에 심리학과 교육학까지 가세하면서 죽음은 세기적 현안이 되었다. 의학, 철학, 심리학, 교육학 등 죽음에 대한 입장이 서로 교차하고 있는 것이다.

종교적으로도 과거에는 개인이 속한 종교적 이해가 단순하고 분명했기 때문에 비교적 어려움이 없었다. 그러나 세계화가 되면서 내 믿음이 분명하지 않으면 계속해서 다른 종교나 가르침에 영향을 받을 수밖에 없게 되었다. 종교를 가지고 있어도 제도화된 종교는 개별 실존에 진실하게 응답하는 본래적인 자세보다 비본래적인 제도와 의식에 집착하는 경향이 있다. 그래서 신앙을 가지고 있다 해도 죽음의 문제에 대하여 분명하게 정리되어 있지 않은 사람들이 많다. 더구나 사람들이 죽음을 필요 이상으로 두려워하기 때문에 죽음에 대해 알려 하지 않았고, 오히려 복받는 길만 추구했기 때문에 자기 종교가 말하는 죽음이해도 잘 모른다. 하물며 다른 종교의 죽음이해에 관심을 가질 수 있겠는가?

"마지막에 웃는 자가 승리자다"라는 말이 있다. 스포츠에도 역전승이 있다. 인생도 그렇다. 어떻게 살아왔든지, 앞으로 중요한 것은 '어떻게 살고, 어떻게 죽을 수 있는가?'이다. 그러므로 우리는 이렇게 질문해야 한다. "나, 이대로 가도 되는가?" 그리고 이렇게 기도해야 한다. "저에게 아름다운 죽음을 주옵소서!"

## 2. 죽음이해의 역사

### 고대의 죽음이해

소크라테스(Socrates)[4]는 철학이 "죽기를 배우는 것"이라고 했다.[5] 이것은 죽음에 대한 고전적인 해석으로 서양 사상에서 중요한 자리를 차지한다. 플라톤(Platon)[6]은 육체를 영혼의 감옥으로 파악했다. 인간의 고향은 영혼이며 육체는 타향이다. 그러므로 누구나 자기 본래의 고향으로 돌아가기 위해서는 육체를 벗어나야 한다고 보았다.[7] 반면 아리스토텔레스(Aristotles)는 혼과 육체의 이원적 입장이 강한 플라톤의 입장을 비판하고, 인간을 이 두 요소의 통일체로 파악했다. "영혼은 육체 없이는 존재할 수 없으며, 또한 그 자체가 육체의 일종도 아니다. 그것은 육체가 아니지만 육체와 관련된 어떤 것이다."[8]

기독교의 죽음이해는 구약 성경의 창세기에 나온다. 하나님이 창조한 인간에게 죽음이 온 것은 자연적이고 중립적인 사건이 아니라 인류의 조상인 아담이 범한 죄의 결과이며, 죽음과 함께 개인의 영원한 구원과 비구원이 시작된다고 설명하고 있다. 하나님과의 관계에서 죽음을 이해한 것이다. 성경은 이미 자연, 인간, 죽음에 대해 비신화화했다. 자연은 하나님의 피조물이며 결코 섬김의 대상이 아니다. 인간은 스스로 존재하는 것이 아니라 하나님의 피조물이며, 이 세상의 청지기다. 또한 죽음은 흙으로 만들어진 인생이 돌아가야 할 길이며, 동시에 하나님과의 관계 속에서 해결해야 할 중요한 사건이다.

죽음을 창조자의 섭리라기보다는 죄의 결과로 보는 관점은 신약 성경에서 더욱 강화된다. 그러나 예수 그리스도가 십자가에서 죽고 부활했으며, 그 결과 죄로 인한 죽음을 극복하고 육체의 부활을 통해 죽음의 문제를 해결했다고 보았다. 당시 그리스도인들은 예수 그리스도의 임박한 재림을 기대했기 때문에 죽음 자체가 크게 문제되지 않았다.

그러나 예수의 재림이 지연되면서 새로운 문제를 만나게 되었다. 헬레니즘의 도전을 받게 된 것이다. 그것은 바로 플라톤이 제기한 영혼불멸설이다. 영혼불멸설은 기원전 6세기경 그리스의 오르페우스교(Orphism)에서 시작된 것으로, 과실로 말미암아 사악한 물질계로 추방되어 육신 안에 머물던 신적 영혼이 죽음을 통해서 유폐된 상태에서 벗어나 선재(先在)하던 신적 영역으로 복귀하게 된다는 것이다. 이런 주장은 피타고라스(Pythagoras)와 엠페도클레스(Empedocles)로 이어졌고, 마침내 플라톤에 의해 새롭게 주장되었다.

플라톤에 따르면 영혼(ψυχή)은 육신(σῶμα)과 상반되는 실재다. 육신이 물질적이고 사멸적인 실재인 데 반해, 영혼은 정적이고 불멸적인 실재다. 플라톤은 영혼과 육신의 결합을 비본래적인 것으로 파악했다. 인간은 물질적이고 육신적인 소외로부터 자신을 분리시켜 영적 세계로 나아가야 하는데, 죽음 안에서 비로소 영혼이 육신에서 분리된다고 파악하였다. "그(인간)에게 있는 죽게 마련인 것은 죽지만, 불사불멸하는 것(영혼)은 잘 보존되어서 죽음으로부터 떠나간다."[9]

영혼은 죽음에 의해 파멸되는 것이 아니라 오히려 육신의 감옥에서 벗어나 영원한 신적 세계로 귀환하면서 본래의 목표에 도달한다는 것이 그의 죽음관이다. 이러한 플라톤적 죽음관이 교회 안으로 수용되면서 교회의 죽음관이 변형되었다.

아우구스티누스(Augustinus)[10]는 영혼만을 인간의 본질 요소로 파악했다. 그는 죽음이 범죄한 아담에게 형벌로 주어진 것이라고 한 점에서 성서적 죽음관과 같은 입장을 취했다. 그에 따르면 성도들은 '육체적 죽음'으로서 '일차적 죽음'을 경험하지만, 영원한 저주와 형벌로서의 '이차적 죽음'은 모면한다. 그러나 악인들은 두 죽음을 모두 겪으며 영벌에 처해진다. 그는 영혼 자체의 불사불멸성을 주장하지는 않고 하나님의 피조물성을 인정하면서도 육신을 인간의 본질적 요소로 대하지 않음으로써 결국(육신에서 분리되어 영원한 생명을 누리거나 영원한 저주를 받는) 영혼을 중시한 점에서 플라톤의 이원론적 견해를 수용하고 있다. 이것 때문에 교회 안에서는 육신과 현실 세계를 부정적으로 평가하는 내세지향적 구원관이 자리 잡게 되었고, 죽음을 통한 영혼구원 사상이 전면에 부상하게 되었다.

여기서 죽음은 영원한 생명으로 나아가는 관문이며, 지상에서의 삶은 죽음을 향한 순례길로 생각되었다. 그러므로 죽음은 오히려 기다려야 할 것이 되었다. 세속적인 것을 풍부하게 누리는 게 아니라, 죽음을 준비하는 것이 바람직한 삶으로 간주되었다. 여기서 나온 것이 '죽음의 기술'(Ars Moriendi)이라는 전통이다. 이후 유행한 '바니타스 미술'(vanitas art : vanitas 는 '헛되다'는 뜻, 성경 전도서의 '헛되고 헛되니'에서 나온 말)도 그 소유자를 우울하게 하려는 것이 아니었다. 오히려 그들의 삶을 좀 더 진지하게 생각하도록 하기 위한 것이었다.

## 중세와 근대의 죽음이해

13세기에 이르러서 아퀴나스(Thomas Aquinas)[11]는 플라톤의 견해와 아리스토텔레스의 견해를 종합함으로써 인간의 단일성에서 죽음을 이해했다. 그에 따르면 영혼은 육신에 형체를 부여하는 형상(形相, forma)이고, 육신은 정신(인격적인 영혼)의 표현이다. 그러므로 인간은 두 개의 실재로 구성된 존재가 아니라 구체적으로 하나이며, 전체적인 영혼 실재다. 이 영혼은 육신을 통해 현실적으로 존재하게 된다.[12] 그러니까 현실적 인간은 육체와 영혼의 결합을 통해서만 활동할 수 있는 존재인 것이다.

아퀴나스의 단일적 인간관은 육신과 영혼의 분리로서의 죽음관에도 변화를 수반했다. 이제 죽음은 인간의 피상적 부분으로서의 육신만이 아니라 하나의 전체 인간을 관통한다. 죽음은 육신의 붕괴만이 아니라 육신을 통해 구현되는 영혼의 와해를 뜻한다. 영혼에 의해 형상화되지 않게 된 사체는 자체적 존속 부분으로 해체되고, 정신적 형상으로서의 영혼은 '인간으로부터의 어떤 것'(pars naturae)으로서 계속 존속한다. 영혼은 육신에서 분리되어 일종의 불구상태에 머문다.

이 관점 안에서는 하나님의 특별한 개입 없이 죽음 이후의 불멸적 영혼의 존재를 생각할 수 없다. 아퀴나스의 주장은 교회 교리 안으로 수용되었다. 1311년 소집된 비엔나 공의회(Concilium Viennense)는 인간 존재를 이원론적으로 규정하려는 주장을 거부하고 인간의 단일성을 옹호했다. 죽음 이후에 실현되는 인간의 구원은 육신에서의 해방을 통해서가 아니라, 육신-영혼 단일성으로서 전인의 완성을 통하여 실현된다는 입장이 확립된 것이다.

종교 개혁자들은 중세 가톨릭교회와 공통되면서도 다소간 구별되는 내용을 지닌 죽음관을 주장했다. 마틴 루터(Martin Luther)[13]는 원죄로 말미암아 죽음이 왔지만, 그리스도께서 죽음과 죄악을 부수었기 때문에 영원한 생명이 인간에게 다시 선사되었고, 그러므로 죽음은 오직 그리스도 안에서 더 이상 공포를 자아내지 않고 영원한 생명으로 나아갈 수 있게 된다고 했다.

그러므로 신앙인은 죽음과 죄에서 시선을 돌려 그리스도를 바라보면서, 영원한 생명에 대한 희망으로 죽음을 받아들이고 죽음을 극복하는 자세를 지녀야 한다. 그는 죽은 자를 기억하는 전례와 연옥에 떨어진 자들을 위한 염려나 모든 역사(役事)는 불필요하다고 말했다. 죽은 자들은 그리스도의 품 안에서 잠들어 부활을 기다리기 때문이다.

이렇게 근본적이고 보편적이며 중심적인 신앙으로 자리 잡고 있던 사후 세계에 대한 기독교적 신앙이 근대 이후에 그 기반이 약화되기 시작했다. 기계론적 세계관의 대두와 합리주의 철학, 유물론과 진화론의 등장은 사후 세계에 대한 믿음을 불필요한 것으로 만들었다.

기계론적 세계관의 대두는 이신론(理神論)을 초래했는데, 이것은 무신론으로 귀결되는 과정을 거치면서 죽음 이후의 삶에 대한 신앙도 배제시켰다. 그 결과 신앙에 대한 합리적 이의, 즉 감각적으로 경험할 수 없는 것은 인식이 불가능하다는 이의가 제기되었다.

대표자는 흄(David Hume)[14]이다. 그는 〈영혼 불멸에 대하여〉(On Immotality of the soul)에서 영혼이 불멸한다는 것을 반대했다. 그는 이 세상에 변하지 않고 지속하는 것은 아무것도 없으며, 육체와 정신은 함께 자라며 함께 나이를 먹고 함께 사라져 간다고 보았다. 신이 악한 자를 벌하고 선한 자에게 복을 준다는 것은 야만스러운 사기라고 보았다.[15] 따라서 불변하는 영원한 존재를 상정하는 것을 거부하고, 감각적 경험 세계가 아닌 신·자유·불멸에 대한 인식은 불가하다는 주장에 따라 사후의 삶을 인정하지 않게 되었다.

포이어바흐(Ludwig Feuerbach)[16]와 프로이트는 사후 세계를 인정하지 않는 대표적인 철학자다. 마르크스(Karl Marx)의 유물론과 포이어바흐의 투사론, 프로이트의 환영론은 모두 진화론적 세계관을 바탕으로 하고 있으며, 오늘날 많은 사람들이 사후의 삶을 인정하지 않는 가장 큰 이유로 작용하게 되었다.

결과적으로 오늘날 많은 현대인들은 과학시대에 살면서 사후 세계를 비과학적이며 비도덕적이고 비합리적이라는 이유로 신앙하지 않게 되었다.

유신론적 세계관이 붕괴되면서 더 이상 사후 세계와 구원을 믿을 수 없게 되자 이런 상황에서 사람들이 느꼈던 것은 삶의 부조리함이다. 인간의 정신은 궁극적인 의미와 선을 갈망하는데 세계는 그것을 보장해 줄 수 없는 우연적이며 맹목적인 것으로서, 이런 괴리는 죽음에서 적나라하게 나타난다. 그래서 실존주의 철학자들은 자기 의식적 결단이나 반항과 같은 '비극적이면서 영웅적인 태도'로 이 부조리에 맞서고자 했다.

쇼펜하우어(Arthur Schopenhauer)[17]는 죽음의 모든 문제를 체계적이고도 포괄적으로 추적한 근대 최초의 철학자다. 그에 의하면 삶이란 죽음을 향해 내려가는 비탈길이며, 삶의 궁극적 목표는 미몽에서 깨어나는 것이다. 그는《의지와 표상으로서의 세계》에서 세계를 인식론적으로 보면 표상의 세계이지만 본체론적으로 보면 의지의 세계라고 주장한다. 표상이란 단지 근원 의지가 드러나는 현상일 뿐이다. 여기서 쇼펜하우어는 이성에 의해 세계를 규명하고자 한 근대의 합리주의를 전복시킨다. 그러나 인간은 세대의 죽음과 교체 속에서 존재한다. 개별적 존재는 유한하며 무화(無化)되지만, 종으로서의 인간은 무한하며 영원히 지속된다. 따라서 죽음이란 개체성의 상실이며 또 다른 개체성의 수용이고, 그러므로 자신의 의지라는 전적인 수행 능력 안에서 일어나는 개체성의 변화다.

죽음은 인간의 지성이 표상으로서의 세계, 즉 현상에 속하며 의지로서의 인간 본질이 계속해서 다른 개인들 속에서 살게 된다는 사실을 가르쳐 준다. 따라서 죽음은 개체성의 편협함에서 해방되는 순간이다. 그는 삶을 괴로움이 가득한 눈물의 계곡(Jammertal)으로 어둡게 진단했으나 죽음을 통해 삶의 균형을 찾고자 했다. 이러한 쇼펜하우어의 관점은 후에 니체의 심층철학이나 프로이트의 정신분석학이 태동하는 기반을 제공했다.

니체(Friedrich Wilhelm Nietzsche)[18]는 인간이 죽음과 맺는 관계를 이성적이고도 합리적인 것으로 이해했다. 그는 죽음에 대한 종교적 위로를 '구제'라고 불렀다. 초월적 영역은 고통스런 삶에 의미를 제공하며, 이런 과정을 통해 인간은 고통으로부터 구제를 꾀하기 때문이다. 니체는 이런 태도를 세계 비방적 태도, 삶의 적대적 태도로 이해했다. 즉 지상에서의 삶 그 자체를 유의미하고 필연적인 것으로 이해하지 않을뿐더러 고통마저도 삶의 필연적이고 유의미한 계기로 이해하지 않기 때문이다. 더 나아가 인간을 신체적 존재로 이해하는 니체에게 인간의 불멸이라는 사유는 납득하기 어려운 비이성적 견해에 불과하다.

그러므로 죽음은 자신이 원해서 스스로 선택하는, 자유의지의 결단에 의해 실현되는 자발적 죽음이어야 한다. 이런 죽음을 선택함으로써 개인은 죽음에 대한 권능을 행사해야 한다. 니체는 자연적 죽음(자연사)을 전혀 이성적이지 않은 죽음으로 이해했다. 이런 죽음은 '제때 이루어지지 않은 비겁자의 죽음'이다.

그는 인간이 죽음과 의식적-의지적 대면을 통해 자신이 서 있는 자리에 멈추어 서서 자기 자신과 대면하여 자신의 삶을 재평가했을 때 초인적 삶이라는 목표를 더 이상 추구할 수 없다는 판단이 내려질 경우, 창조자의 역할에 대한 자신의 의지적 노력의 한계를 깨닫는 경우, 살아 있는 자들에게 초인적 삶을 생동적 목표로 삼게 하는 효능이 있는 경우에 자신의 삶을 의식적으로 종결지어야 한다고 말했다. 그는 이 죽음을 '죽음의 최고 형태'라고 불렀다.

《차라투스트라는 이렇게 말했다》에서 전개되기 시작한 그의 이성적 자살론은 《우상의 황혼》에 이르면 현대의 생명 의료 윤리의 쟁점 중 하나인 의사 조력 자살이나 안락사의 문제로 확대된다. 인간 권리의 본질적 특징은 자신이 그 권리를 포기하기로 선택한다면 그렇게 할 수 있다는 것이다. 더 이상 당당하게 살 수 없을 경우 당당하게 죽는 것, 즉 생명권을 포기할 권리 역시 인간의 권리다. 그러므로 이성적 죽음을 원한다

면 죽을 수 있도록 하는 것이 의사들의 도덕적 의무라는 것이다.[19]

하이데거[20], 야스퍼스(Karl Jaspers), 사르트르(Jean Paul Sartre) 같은 이들도 죽음이 인간과 독립되어 있는, 인간이 어떻게 할 수 없는 영역이 아니라 인간 스스로의 힘으로 극복해야 하는 것으로 말했다. 따라서 죽음은 피해야 할 사건이 아니라 정면으로 부딪혀 싸워 넘어가야 하는 것이다. 이들은 더 이상 자신의 죽음을 타자에게 맡겨 놓을 수가 없었다. 극복하는 방법과 내용은 다르지만 결국 이들은 주체를 통하여 죽음을 극복하고, 나아가 주체 내부에서 영원성을 잉태시키려는 쪽으로 나아갔다.

그러나 죽음에 대한 도전을 통하여 인간이 자기 내부에 영원성을 잉태시키고자 하는 주체 중심의 철학관은 자기 안에 또 하나의 파멸의 장소를 마련하는 것이었다. 아렌트(H. Arendt)[21]는 인간이 스스로 유한성에서 벗어나 영원성을 마련하는 시도는 이미 그 안에 파멸성을 기약하고 있다[22]고 보았다.

실존 철학은 죽음이해의 새로운 지평을 열었지만 죽음 너머의 인간 실존을 상정하지 않음으로써 죽음 이후의 삶은 배제되었다. 이렇게 죽음에 맞서 싸우려는 의식은 근대 이후 인간이 개체화되면서 비롯된 것이다. 인간은 홀로 고립되면 될수록 죽음을 더 두려워하게 된다.

공동체 생활을 하던 시대에서는 죽음이 자연스러웠다. 《죽음의 역사》에서 아리에스는 중세 전체를 통해 죽음은 친숙한 것이었고, 16~18세기에는 인간과 죽음 사이에 천 년에 걸친 친밀성이 단절되면서 죽음은 매력적이며 동시에 끔찍한 단절로 간주되었으며, 19세기부터 죽음의 이미지들은 점점 더 공포스러운 것으로 변하다가, 20세기에 와서 죽음의 이미지들은 완전히 사라져 버렸다고 했다.[23]

20세기에 이르러 절대(보편) 가치로서 확고하게 된 개인성은 점점 더 퇴보적인 단절과 참여의 세계 속에 던져졌다. 세계 분할을 위한 제국주의적 경쟁과 산업 국가들의 경쟁은 공격적 민족주의를 되살아나게 하거나 유발시켰고, 제1차 세계대전, 1929년의 대공황, 공산주의와 파시스트 체제의 위협, 제2차 세계대전 후 계급투쟁의 군국주의화가 심해지고 과격해지는 조건 속에서 문명의 자유로운 영역에서 꽃피던 개인성은 상처를 받았다. 여기에 대한 개인의 첫 번째 움직임은 거부이고(이것은 탈참여문학에서 나타난다), 또 하나는 고독인데 고독은 점점 절망이 되었다.[24]

그에 따라 구원에 대한 갈망은 옛날 불멸성의 징표(강신술, 신비학)에 대한 갈망으로 나타났다. 신비학은 특히 죽음에 관심을 갖는다. 교리로서 강신술의 구성 조직이 부르주아 사회의 첫 번째 위기(1848)와 죽음의 현대적 불안의 최초 분출 시기와 일치한다는 것은 주목할 만하다.

그 이유는 무엇일까? 모랭(Edgar Morin)[25]은 《인간과 죽음》에서 20세기의 철학과 과학적 이성으로는 죽음에 대한 불안을 극복할 수 없다고 말했다.

> 자기 자신의 개념을 파먹는 죽음은 그래서 다른 개념들도 파먹을 것이고, 지성의 거점을 무너뜨릴 것이고, 진리를 전복시킬 것이고, 의식을 허무화시킬 것이다. 죽음은 생 그 자체를 파먹고, 갑자기 보호막이 없어진 불안들을 내보내고 격화시킬 것이다. 사상의 대실패에서, 죽음에 마주한 이성의 무능에서, 개인은 개인의 최종 자원들을 작동시킬 것이다. 개인은 죽음의 소굴로 뚫고 들어가기 위해 지적인 방법이 아니라 짐승처럼 냄새를 맡음으로써, 그 죽음을 알고자 애쓸 것이다. 이 공포스러운 대결은 불

안·신경증·허무주의의 분위기 속에서 죽음 앞에 있는 개인의 진정한 위기를 구체화할 것이다. 그러나 개인의 이 위기는 현시대 세계의 전반적 위기로부터 제외될 수 없다.[26]

## 현대의 죽음이해

현대로 들어오면서 '자연적 죽음 사상'이 강화되었다. '자연적 죽음 사상'은 합리적 이성과 과학을 중시한 현대주의(modernism) 맥락에서 탄생된 사조로서, 전통적인 죽음이해와 연관된 영혼불멸설이나 내세를 거부하면서 현세의 삶만을 의미 있는 것으로 수용하려는 입장이다. 죽음은 종교에서 말하듯이 피안의 초월적인 세력 때문이 아니라 인간이 가진 생물학적 결과라는 것이다. 그래서 죽음 이후의 내세에 관한 관심 대신에 현실 속에 존재하는 다양한 죽음의 세력으로부터 해방을 추구하는 것을 우리가 관심을 가져야 할 가장 중요한 것으로 보려 한다.

이와는 다른 접근도 있다. 무당들이 강령술을 통해 죽은 자와 교류하는 신비적 관습들의 부흥이 바로 그것인데, 중세는 이런 강령술을 '마법'이라 했다. 19세기 초반 '강령술'은 '교령술'로 불리면서 조직적인 종교로 굳어졌다. 이 말은 다시 '심령연구'로 바뀌었다.

1950년대 라인(Joseph Banks Rhine)은 과학적인 방법을 통해 인간의 정신이 육체의 죽음 이후에도 계속 살아 있다는 것을 증명한다면 신비주의· 무당·강령술·마법·마술 등과 같은 용어에 편견을 가지고 있는 과학사회가 초자연적 진리들을 수용할 것이라고 생각하고, 용어의 장벽을 허물기 위해 노력한 결과 ESP(extrasensory perception : 초감각적 인식)라는 말을 만들었다. ESP란 인간이 보이지 않는 것을 알고 인식할 수 있는 능력을 의미하며, 타인의 마음을 투시할 수 있는 능력이나 미래를 내다보는 능력을 가리킬 때 사용된다. 그는 유사심리학(parapsychology)이라는 용어를 개발했다. 그 결과 과학사회는 아무도 그것을 마법이라고 말하지 않고 새로운 시각으로 바라보게 되었다.[27]

그로프(Stanislav Grof)[28]는 미지의 세계에 접근할 수 있는 방법이 있다고 보았다. 변형된 의식 상태로 들어가면 전 우주를 우리의 내면 가득히 생생하게 체험할 수 있다는 것이다.[29] 이 내용은 신비주의와 일치한다. 그는 이것을 초월심리학이라고 했다.

여기에 신지회(神智會 : Theosophical Society)[30], 접신학(接神學), 케이시(Edgar Cayce)의 윤회설(동양의 윤회설을 서양식으로 재해석하여 인간은 오직 인간의 몸으로만 다시 환생한다는 것) 등의 주장이 합해져서 뉴에이지의 죽음이해가 나온다.

1970년대 들어 죽음 연구에 새로운 흐름이 생겨난다. 역사상 처음으로 죽음 뒤의 삶에 대해 객관적이고 과학적인 연구를 시작하게 된 것이다. 이른바 근사체험(Near-Death Experience, 줄여서 NDE라고 부르며, 임사(臨死)체험이라고도 한다)에 대한 본격적인 학술 연구가 그것이다. 근사체험 연구로 전 세계의 주목을 받은 사람은 레이먼드 무디 2세(Raymond Moody Jr.)다. 무디는 근사체험을 했다는 사람들의 이야기를 모아 《잠깐 보고 온 사후의 세계》(Life After Life)라는 책을 냈다.

그러나 큉(Hans Küng)[31]은 근사체험에 대한 연구 결과는 죽음을 경험한 것이 아니라 다만 죽어 가는 것을 경험한 것이라고 평가하면서, 사후의 삶은 지적인 강요나 합리적인 증거에 의해서 결론지어질 문제가 아니라 개인의 자유로운 결단과 신앙의 문제라고 하였다.

개신교 신학자 켈시(Morton Kelsey)는 《삶 이후-죽음의 저편》(After Life The Other Side of Dying)에서 사후 세계의 신앙적 의미를 현대적으로 재해석함으로써 이 신앙의 위기를 극복하려고 했다. 그는 최근 연구되는 초월심리학적 연구와 근사체험에 큰 의미를 두고 기독교적 입장을 옹호하는 근거로 제시하고 있다.

과정 신학자 그리핀(D. R. Griffin)도 《포스트모던 세계에서의 하나님, 그리고 종교》(God and Religion in the Postmodern World)에서 죽음 이후의 삶에 대한 신앙을 재구성하고자 했다. 그에 따르면 현대인들에게 죽음 이후의 삶에 대한 신앙은 형이상학적으로 불가능하고, 경험적으로 근거가 없으며, 도덕적으로 해로운 것이라면서[32] 근대 후기 세계관은 새로운 물활론과 새로운 유신론을 포함하며, 다시금 죽음 이후의 삶을 선험적으로 가능하게 한다고 말한다. 이것은 인간이 육체 없이 존재할 수 있는 영혼의 능력을 지지하는 것이다.

이와 함께 죽음에 대한 연구가 초기의 심리학적인 죽음 연구를 토대로 현대 학문 안에서 다양하게 전개되기 시작했다. 특히 종교심리학, 간호학, 사회복지학, 노인복지학, 사회학, 인류학, 역사학 등을 중심으로 새롭게 죽음 연구가 다양하게 접근되었다.

시인 엘리엇(T. S. Elliot)이 1955년 사망 교육과 성(性) 교육을 함께 실시해야 한다고 처음으로 주장한 이후, 1968년부터 세계 최초로 죽음학을 대학의 정규 교육과정으로 정착시키고 죽음학 전문 연구소를 세운 모건(John Morgan)은 "죽음에 관한 우리의 태도가 삶에 대한 태도에 반영되며, 죽음을 맞이하는 방식이 삶을 맞이하는 방식에 반영된다. 죽음의 문제에 직면할 때 인간은 비로소 삶의 자세 또한 진지해진다"[33]라고 했다.

그는 파이펠(Herman Feifel)[34]과 카스텐바움(Robert Kastenbaum)[35]을 만나면서 호스피스 운동에 눈을 뜨게 되었고, 미국의 퀴블러 로스와 만나면서 죽음학 연구가 삶의 지엽적인 문제가 아니라 본질적인 문제임을 깨닫게 되었다. 죽음 교육이야말로 학제 간 연구가 필요한 분야임을 깨달은 그는 심리학자, 교사, 의사, 성직자들이 함께 참여하는 죽음학 강좌를 열기 시작했다. 1976년 캐나다의 킹스칼리지 안에 연구소(King's College Center for Education about Grief and Bereavement)를 설립했고, 그 결과 1980년에 죽음 연구자들이 함께 모여 세계죽음학회인 '죽음, 죽어감, 그리고 사별에 관한 국제 연구그룹'(International Work Group on Death, Dying, and Bereavement)을 조직하여 죽음에 대한 연구를 종합적으로 연구하기 시작했다.

각 종교도 자기들의 입장을 알리는 책들을 출판하고 있다. 특별히 뉴에이지 사상과 연결된 불교와 힌두교의 죽음에 대한 내용들이 대중의 관심을 사로잡고 있다. 《티베트 사자(死者)의 서(書)》는 이미 티베트 불교의 한계를 넘어 죽음에 관심 있는 사람들의 필독서가 되었다. 각 종교는 죽음에 대한 입장을 확인하고 알리려는 노력을 경주하고 있다. 이런 의미에서 이 시대는 죽음이해의 춘추전국 시대라고 할 수 있다.

죽음에 대한 위협과 수많은 이론들이 난무하는 이 시대에 교회가 회복해야 할 것은 다른 것이 아니다. 교회의 근본 메시지는 '예수 그리스도가 부활했다'였다. 이 메시지를 회복해야 한다.

성경과 교회의 가장 중요한 메시지를 굳게 붙들고, 이 시대의 상황을 바르게 파악하며, 이 시대를 향한 하나님의 구원과 은총을 가장 효과적으로 선포해야 하는 것이다.

## 3. 죽음을 새롭게 해석하려는 시도들

전통적으로 서양에서는 죽음의 원인과 그 이후의 문제는 성경의 가르침에 근거한다. 동양의 죽음이해는 이것과 상당히 다르지만 여기에도 일정한 패턴이 있다. 이렇게 다양한 죽음이해에 대해 기독교는 무엇이라 말하고 있는가? 그 주장은 정당한가? 그렇다면 어떤 측면에서 그러한가? 전통적 기독교의 죽음이해와 이와 상반되는 수많은 사상과 종교의 죽음이해를 비교·평가해 보려는 것이 본서의 목적이다.

어떤 분이 강연 중에 이런 질문을 했다. "박사님의 죽음에 대한 연구가 개인적으로 다른 사람들을 대할 때 어떤 변화를 가져왔습니까?" 나는 이렇게 대답했다. "전에는 종교의 교리를 중심으로 인간을 구분하는 경향이 많았습니다. 그러나 이제는 죽음이라고 하는 공통의 문제를 가진 존재로서 다른 인간을 바라볼 수 있게 되었습니다. 함께 죽어 가는 인간으로서 동질성을 느낀 것이지요. 그리고 어느 누구와도 죽음이라고 하는 인간의 절대 문제(아무도 피할 수 없고 가장 처절하게 그 답을 갈망하는 죽음의 문제)를 놓고 대화할 수 있는 마음의 공간이 생겼습니다. 윤동주의 '서시'(序詩)의 한 구절처럼 '모든 죽어 가는 것들을 사랑해야겠다'는 자세를 가지게 되었습니다. 또한 전에는 상대방의 죽음이해를 모르기 때문에 일방적으로 내 입장을 강조했는데, 이제는 상대방이 어떤 죽음이해를 가지고 있는지 알 수 있기 때문에 대화를 나누기가 훨씬 수월해졌습니다. 그 입장이 나온 배경과 장단점, 전체 안에서 그 입장의 위치를 객관적으로 파악할 수 있기 때문에 소통이 원활하고 어떻게 도와야 할지 알게 되었습니다."

## 죽음에 대한 입장은 다양하다

기독교 안에서도 도전은 심각하다. 기독교는 지금 배타적 접근(exclusive approach) 태도인 '교회 중심주의'(Eecclesiasticism)에서 밖으로 이동하고 있다. 교회 중심주의는 구원이 오직 기독교 안에만 있고, 교회는 그리스도를 믿는 장소라는 태도를 의미한다. 그런데 이런 태도가 '그리스도 중심주의'(Christocentrism)로 이동하고 있다. 이것은 포괄적인 접근(the inclusive approach)의 태도로 그리스도가 구주이나, 그 구원 사역의 효과는 기독교 밖에서도 찾을 수 있다는 것이다. 그러나 물론 누구든지 구원을 받는 사람은 그리스도의 사역을 통해서만 구원을 받는다.

이러한 그리스도 중심주의가 다시 '신중심주의'(Theocentrism)로 이동하고 있다. 이것은 다원주의의 패러다임을 따르는 접근 태도인데, 그리스도는 많은 구원자들 가운데 하나이지 배타적인 구원자는 아니라는 것이다. 이 태도는 하나님만이 홀로 중심에 있으며, 기독교를 포함한 다양한 종교들은 하나님께로 가는 방법 중의 하나라는 것이다.

최근에는 하나가 더 추가되었는데, 그것은 현실중심주의로 힉(John Hick)이 취하는 입장이다. 그 내용은 종교들의 중심이 신(a God)이나 신들(gods)이 아니라 '궁극적 현실'(an ultimate reality)이라는 것이다.

다원주의적 입장에서 인간의 종교적 삶을 본다면 모든 종교에는 초월적인 영원자 개념이 있는데, 이것은 인격적 또는 비인격적으로 나타나거나 두 요소를 모두 포함한다. 예를 들면 유대교의 여호와(야훼), 기독교의 삼위일체 하나님, 이슬람교의 알라, 힌두교의 크리슈나·시바·비슈누 등은 인격적인 용어로 개념화되거나 경험되어진 영원자다. 반면 브라만(Brahman)이나 니르바나(Nirvana) 등은 비인격적으로 개념화되거나 경험된 영원자다.

결국 세계 종교의 영원자 개념은 다양한 인간의 문화, 철학적 전통, 역사적 영향에 의해 형성되었다는 것이다. 그리고 이런 종교들을 거시적 입장에서 보면 '지구적(地球的) 신학'이 가능하다는 것이다. 특별히 죽음이라는 인간 운명의 공동 개념을 동서양이 함께 받아들일 수 있는 지점이 있다는 것이다.

죽음이라는 이 절박한 문제에 해답을 찾기 위해 인간은 역사 속에서 나름대로 시도했지만 그 대답은 너무나 다양하다. 똑같이 '죽음'이라는 용어를 사용하지만 그것이 가리키는 내용은 비슷하지도 않다. 아마 누군가에게 "당신에게 죽음은 어떤 의미를 가지는가? 그리고 그 이후에는 어떻게 되는가? 어떤 근거로 자신의 입장을 견지하고 있으며, 과연 그렇게 믿는 것과 현실은 어떤 관계를 가지는가?"라고 물어본다면 제대로 대답할 사람이 별로 없을 것이다. 알려 하면 할수록 막막해진다. 그만큼 죽음에 대한 이해는 일치된 것이 없다.

각자 나름대로 이해하는 죽음에 대한 내용은 진지하지만 모두가 다 평면적이다. 마치 구슬을 풀어 놓은 것과 같다. "구슬이 서 말이라도 꿰어야 보배"라고, 이것을 엮어서 입체적으로 이해하고, 묶어 낼 구심력이 필요하다.

이런 와중에 깨달은 것은 죽음에는 층위가 있다는 것이다. 아주 다른 이해도 있고, 비슷한 견해도 있다. 어떤 이해에서 파생되어 나온 것도 있다. 그래서 먼저 다양한 입장의 죽음이해를 유사한 것끼리 묶기로 했다. 그리고 유사한 주장들이 어떤 의미에서 공통점을 가지며, 또한 어떤 의미에서 다른지, 각자의 이해가 어떠한 장점과 모순을 가지고 있고, 왜 이런 다양한 이해가 나왔는지, 그 입장들을 정리하고 상호관계를 분석함으로써 전체적으로 어떤 죽음이해가 있으며, 내가 이해하는 죽음이해가 어디에 속하는지, 그리고 다른 사람의 죽음이해를 어떻게 보아야 하는지를 살펴보고자 했다.

여기서 발생한 문제는 기준점이다. 모든 죽음이해가 다 옳다고 볼 수는 없기 때문이다. 모두가 맞다면 그것은 틀린 것이다. 죽음을 좀 더 잘 이해할 수 있는 분명한 각도가 있어야 하고, 성숙한 안목과 삶을 해석할 수 있는 총체적인 안목을 제공하는 것이어야 한다. 그래서 기준점을 놓고 거기에 근거해서 바라볼 수 있어야 한다. 그러한 죽음이해가 어떤 것인지, 왜 그것이 기준점이 될 수 있는지 제시할 필요가 있다.

## 죽음의 기준점, 예수

죽음은 인간의 공동 운명이다. 그러나 각자가 생각하는 죽음에 대한 해결책이 다 옳은 것은 아니다. 각자의 문화와 종교 속에서 죽음의 문제를 해결하고, 그것이 결국은 동일한 진리라는 현대 신학의 시도는 방향이 잘못되었다. 포용은 해야 하나 진리는 타협의 대상이 아니다.

역으로 가야 한다. 예수 그리스도에서 시작해서 궁극적 실재로 가는 것이 아니라, 궁극적 실재로부터 예수 그리스도에게로 가야 하는 것이다. 예수 그리스도는 "내가 곧 길이요 진리요 생명이니"(요 14:6)라고 했다. 이 말씀은 인간의 궁극적 운명인 죽음 문제를 해결한 분이 예수 그리스도 한 분뿐이라는 사실을 드러낸다. 예수 그리스도에게는 무덤이 없다.

그러므로 그의 죽음을 기준점으로 보기로 했다. 그렇다면 그가 어떤 존재이기에 죽음에 대한 기준이 될 수 있는가? 예수를 한마디로 표현하면 그는 '임마누엘'(Immanuel)이다. "하나님이 우리와 함께 계시다"(마 1:23)라는 뜻이다. 그에 대한 예언이 그러하고, 출생이 그러하고, 지상에서의 삶이 그러하고, 죽음이 그러하고, 부활이 그러하다. 그의 모든 것이 하나님을 드러낸다. 예수 안에 하나님이 계시고, 그에게서 하나님의 마음, 하나님의 계획, 하나님의 역사, 하나님의 사랑, 하나님의 행동을 볼 수 있다. 그것은 개인의 죽음도 아니고, 죄인의 죽음도 아니고, 인간이 되어 오신 하나님의 죽음이다. 인간을 위한 죽음이고, 그 속에 인간을 위한 약속이 있다.

더 중요한 것은 그가 죽기 위해서 왔다(마 20:28)는 것이다. 예수는 죽음을 외면하지 않았고, 그렇다고 무심하지도 않았다. 자신의 죽음을 알고 있었고, 의식하고 있었고, 때로는 두려워하기도 했다. 한마디로 말해서 죽음을 필요 이상으로 두려워하지도 않았고, 신비화하지도 않았다. 그는 의연하게 죽음을 맞이했으며, 그것을 통해서 "다 이루었다"(요 19:30). 그리고 부활했다. 그의 부활은 그의 일생과 죽음과 말씀이 진리였다는 것을 증명했다.

예수의 부활이 중요한 이유는 그것이 우리 부활의 약속이기 때문이다. 예수 안에서 죽는 자는 예수 안에서 살 것이다. 그러므로 예수 안에는 죽음과 이것을 넘어서는 분명한 해결책이 있다. 그러니까 예수는 세상을 바로 볼 수 있는 유일한 길이다. 이것이 예수의 죽음을 통해 죽음을 보아야 하는 이유다. 세상은 죽음을 좀 더 잘 이해하기 위해 예수의 죽음이라는 통로가 필요하다.

### 정확한 죽음이해는 무엇인가?

그러나 이것은 독선으로 보일 수 있다. 과연 그것이 가능하며, 역사적 근거가 있는가? 철학자 칸트(Immanuel Kant)[36]에 의하면 인간은 근본적으로 갈등의 존재다. 왜냐하면 하나님과 인간 사이에 '무한한 질적 차이'가 있기 때문이다.

헤겔(Georg Wilhelm Friedrich Hegel)[37]은 칸트가 해결하지 못한 신과 인간 사이의 이원론적 대립을 극복하고 싶었다. 왜냐하면 '하나님 없는 세계'는 절대화되며, '세계 없는 하나님'도 이 세계에 대해 하나의 빈말이 되어 버리기 때문이다. 이것을 극복하는 것이 모든 철학적 문제를 해결하는 방법이었으며, 그렇게 함으로써 신을 세계 안에서, 세계를 신 안에서 서로 인식할 수 있는 통합된 세계관을 만드는 데 헤겔은 철학의 목표를 두었다.

그는 예수 안에서 그 해결책을 발견했다. 왜냐하면 예수는 신이며 인간이기 때문이다. 헤겔은 하나님이며 인간인 예수가 문제의 해결책이라고 했다.[38] 그는 여기서 신적 본질과 인간적 본질은 절대적 차이가 없다는 개념을 끌어냈다. 죽음의 문제도 마찬가지다.

그의 착안은 좋았다. 예수 안에 분명한 해결책이 있기 때문이다. 그러나 그는 오해했다. 예수는 육신을 입고 온 하나님인데, 예수를 하나님 쪽에서 보지 않고 사람 쪽에서 보았다. 그래서 그는 "하나님은 인간이다"라고 결론을 내렸다.

포이어바흐는 이것을 뒤집어 "인간이 하나님이다"라고 주장했다.[39] 여기서 인본주의는 극에 이른다. 이제 하나님은 인간이 만든, 인간의 투사물이 된 것이다. 하나님과 인간을 뒤섞어 질적으로 동등하게 만든 것이다.

예수가 하나님이며 인간이라는 것은 하나님과 인간이 똑같다는 뜻이 아니다. 예수가 하나님 안에 있고, 하나님이 예수 안에 있다는 것이다. 이것은 삼위일체 하나님의 존재 방식이다. 예수 안에서 하나님과 인간이 통합되는 것이다.

신학 안에서도 예가 있다. 모더니즘이 유럽의 영적 기반에 끼친 파괴적인 영향을 연구하는 데 헌신했던 선교신학자 레슬리 뉴비긴(Lesslie Newbigin)은 《아직 끝나지 않은 길》(Unfinished Agenda)에서 모더니즘이 아시아의 복음화에 미치는 위험을 걱정했는데, 그가 찾은 해답은 이것이다. "새로운 영적 혁명과 진정한 부흥의 열쇠는 그리스도의 죽음과 부활에 관한 메시지를 강화하는 것뿐이다."

그리스도의 부활은 세계 역사 속에서 일어난 가장 결정적 사건이다. 예수의 부활은 죽음과 악과 어둠의 세력이 모든 창조물, 특히 인간을 쥐고 있던 힘을 한 번에 영원히 끊어 놓았다. 그 사건은 새로운 종말론적 창조(new eschatological creation)의 시작이다. 그러므로 이 소식은 대중의 진리로 선포되어야 한다. 그러므로 다양한 죽음이해를 예수 그리스도의 죽음과 부활 사건을 통해 바라보려는 것이다.

이것을 위해서는 다양한 죽음이해를 유형별로 분류하고, 그것들을 평가할 수 있는 기준점을 제시하고, 어떤 면에서 기독교의 죽음이해가 다른 유형의 죽음이해를 파악할 수 있는 근거를 가지고 있는지 제시할 필요가 있다. 이 과정을 통해 기독교의 죽음이해가 모든 죽음을 이해할 수 있는 기준점이며 통합점, 균형점이 될 수 있음을 제시하려는 것이다.

C. S. 루이스[40]는 이렇게 말했다. "어두운 헛간에 들어갔을 때, 창문을 통하여 들어오는 빛을 옆에서 바라보면 빛줄기 속에 날아다니는 먼지를 볼 수 있다. 그러나 빛이 비치는 곳으로 걸어가서, 그 빛줄기 속에서 창문을 보면 장면은 완전히 달라진다. 즉 빛줄기는 더 이상 보이지 않고, 그 대신 창문 밖에 있는 나무와 태양의 모습이 보인다. 그러니까 빛줄기를 옆에서 바라보는 것과 그 속에 들어가서 바라보는 것은 전혀 다르다. 현대인들은 빛을 옆에서 바라보는 데 익숙하다. 그러나 이것은 축소주의다."

너무도 많은 사람들이 지금까지 빛을 옆에서 보아 왔다. 그러나 기독교는 예수의 십자가와 부활의 빛 속으로 들어가 거기서 죽음과 죽음 이후를 바라본다. 그럴 때 가장 정확하게 죽음이 무엇이며, 미래가 어떤 것인지 알 수 있다. 그러나 지금의 기독교는 죽음이해에 대한 중요한 영토를 잃어버리고 있다.

어둠 속에 있던 온 세계를 진리의 빛으로 밝혔던 기독교는 이제 새로운 혼돈 속에서 죽음에 대한 답을 찾으려고 애쓰는 이 세대를 향해 입을 열어야 한다. 《엔트로피》(Entropy)의 저자 제레미 리프킨(Jeremy Rifkin)은 "이 시대는 벌떡 일어나 '어떻게 좀 해봐야 되지 않겠소!' 이렇게 외치고 싶은 시대다"라고 했는데, 이것이 이 시대에 기독교가 외쳐야 할 말이라고 생각한다.

## 4. 죽음이해의 종류와 접근 방법들

지금까지 죽음을 이해하려는 연구들을 보면 각 종교들의 죽음에 대한 입장을 객관적으로 설명한 평면적인 것이었다. 연구 결과, 사람들은 죽음을 너무나도 다르게 이해하고 있었다. 너무나도 많은 사람들이 서로 다른 이해를 붙들고 살아간다는 것이다.

그러나 가치관이 공유되는 이 시대에 죽음에 대한 이해도 넓어져야 한다. 내가 생각하는 죽음이란 어떤 것인가? 다른 사람들은 어떻게 죽음을 이해하고 있는가? 어느 입장이 어떤 면에서 장점을 가지고 있고, 그렇게 이해한 결과는 무엇인가?

세계화 시대에 죽음에 대한 이해도 넓어져서 지금까지 알고 있던 이해를 분명히 하고 다른 입장도 이해해야 한다. 서로 간에 이해의 폭을 넓히고 대화를 위한 근거를 마련할 필요가 있다.

이를 위해 이 책은 죽음이해를 크게 세 그룹으로 나누었다. 그것은 무신론적 이해, 범신론적 이해, 유신론적 이해다. 유대교-기독교-이슬람교 계통을 유신론적 그룹으로, 힌두교-불교 계통을 범신론적 그룹으로, 애니미즘-샤머니즘 계통을 무신론적 그룹에서 비세속적인 것으로 구분했다.

### 무신론적 죽음이해

첫 번째 그룹은 '무신론적 죽음이해'다. 이것은 절대적인 신의 존재를 부정하는 사람들의 죽음이해다. 똑같은 무신론이라 해도 신의 존재 인정 여부 등에 따라 둘로 나뉘는데, 그중 전자가 '세속적인 죽음이해'다.

세속적인 죽음이해의 내용은 과학적인, 더 정확하게 말하면 진화론적이며 인본주의적인 죽음이해다. 인간의 죽음을 좌우하는 운명이나 신은 존재하지 않으며, 죽으면 그 자체로 아무것도 남지 않는다는 자연주의적 이해를 말한다.

자연은 우연히 진화되었고, 그 중심은 언제나 인간 자신이며, 인간의 이성과 판단이 최고의 가치를 갖는다. 인간은 진화의 산물이므로 인간의 죽음에는 특정한 목적이나 이유가 없으며, 가장 커다란 가치는 개체에 대한 종의 승리다.

첫 번째 그룹에서 후자는 '비세속적인 죽음이해'다. 여기에는 무교(巫敎)·유교·도교의 죽음이해가 있다. '비세속적인 죽음이해' 안에서는 저승을 말하고 사후의 심판도 이야기한다. 또한 죽은 자에게 제사를 지내기도 한다. 그러나 이 안에는 절대적인 신이 존재하지 않는다.

심판은 있으나 정확하지 않으며, 죽음 이후의 세상을 원하는 것이 아니라 언제나 이 세상이 최고의 가치를 가진다. 죽은 자의 영역도 이 세상 안에 있다. 죽은 사람은 점차로 시간과 함께 사라진다. 자연은 원래부터 그렇게 있었고 자연 자체가 가장 강력한 원리가 된다. 인간은 그 속에서 순응하며 살아가야 하는 존재이다. 자연의 원리에 따르는 것이 도(道)가 된다.

이 입장은 절대적인 신이 없다는 면에서 무신론적이다. 학문적으로는 신(theos) 중심이 아니라 코스모스(cosmos : 우주와 자연) 중심의 세계관을 가지고 있다. '세속적인 죽음이해'에서는 자기 자신이 우주의 중심인 반면, '비세속적인 죽음이해'에서는 자연이 모든 것의 중심이라는 면에서 차이가 있다.

### 범신론적 죽음이해

두 번째 그룹은 '범신론적 죽음이해'다. 여기서는 모든 것이 신이며, 더 중요한 것은 나 자신이 신이다. 범신론적 죽음이해는 두 종류로 나눈다. 전자는 '힌두교와 불교의 죽음이해'다. 여기서 신은 존재하지 않는다. 신은 바로 나 자신이기 때문이다. 그것을 깨닫지 못하므로 문제가 되는 것이다. 눈에 보이는 세상은 허상(虛像 : maya)이다. 죽음이란 미망에서 깨어나 우주의 원리로 귀속되는 것이다. 그러므로 엄밀한 의미에서 죽음은 없다. 수없는 윤회의 과정 중에 있는 순간이며, 인생의 가치는 이곳에 있지 않고 언젠가 이루어질 초월에 있다. 현실은 부정된다.

후자는 '뉴에이지의 죽음이해'다. 그 기원은 철학적으로는 신과 인간을 동일선상에 놓은 헤겔 철학 위에 인간이 기준이 되는 서양의 인본주의 사상이 합세한 것이다. 과학적으로는 현대 물리학과 심리학의 주장 중에서 필요한 것들을 선택했고, 종교적으로는 동양의 범신론과 고대의 영지주의가 결합된 것이다. 특별히 죽음의 문제에 있어서는 근사체험을 근거로 하여 사후 세계를 과학적으로 증명할 수 있으며, 그렇게 해서 밝혀진 사후 세계는 기독교에서 말하는 천국과 지옥이 있는 것이 아니고, 천국만 있다고 주장한다.

'뉴에이지의 죽음이해'는 같은 범신론이지만 '힌두교와 불교의 죽음이해'보다 훨씬 더 과학적인 이미지를 갖는다.

'뉴에이지의 죽음이해'에 따르면 신은 존재하지 않으며, 보이는 세상은 과학적 원리에 의하여 움직이지만 사실은 인간의 생각에 의하여 지배될 수 있다. 인간은 자기 존재를 잊어버린 신이며, 그 원인은 기독교에 있다. 그래서 기독교가 아닌 새로운 시대(new age)를 열어 가겠다고 한다. 여기서 말하는 인간은 신과 같은 존재, 무한히 발전하는 존재이다. 이런 의미에서 죽음은 더 차원 높은 발전의 한 과정이며, 그 이후에는 상상할 수 없이 아름다운 미래의 세계가 열린다는 것이다. 이것이 새로운 시대의 인간이해이자 가치관이며 종교여야 한다는 것이다. 여기서는 힌두교와 불교의 환생 개념까지 받아들인다.

현대인은 계시(초월과 은총)를 부정하고 이성을 통하여 삶을 해석하려고 시도했으나 이러한 시도는 인간의 영혼까지도 인과론적으로 보았기 때문에 인간을 영혼 없는 기계로 전락시켰다. 초월을 상실한 현대인이 찾아 들어간 초월의 세계는 비이성적인 영역이며, 이성적인 의사소통이 불가능한 규범이 없는 세계다. 이것이 이 시대의 혼란이다. 그래서 동양

종교에 의존하려는 시도가 많아졌는데, 이러한 공허한 가치관에 과학이라는 이름으로 접근한 '뉴에이지의 죽음이해'가 급속히 번져 가고 있다.

### 유신론적 죽음이해

세 번째 그룹은 '유신론적 죽음이해'다. 이 입장은 절대적인 신(하나님)의 존재를 인정하는 사람들의 죽음이해다. 여기에는 유대교, 이슬람교, 기독교가 있다. 아브라함이라는 공통 조상을 존경하고, 같은 경전도 공유한다.

이 그룹도 두 종류로 나뉜다. 전자는 '유대교와 이슬람교의 죽음이해'다. 약속의 자녀이며 유대인만이 선민이라는 개념에서 양자는 갈라지지만, 구원의 방법에 있어서 행위를 통한다는 것이 공통점이다. 유대교는 토라를 순종하고 그 명령대로 행하는 것이 구원의 방법이다. 이슬람교는 구원이 알라의 절대적인 뜻에 달려 있지만 알라의 명령에 순종하는 행위를 통하여 구원을 받는다는 공통점이 있다.

'기독교의 죽음이해'는 세 번째 그룹 안에 속한다. 기독교는 예수 그리스도를 중심으로 모든 것을 이해한다. 특별히 구원의 방법에 있어서 믿음을 통한 구원을 말한다. 그러나 이 안에서도 개신교의 죽음이해와 가톨릭의 죽음이해는 세부 사항에서 상당히 다르다. 그럼에도 예수 그리스도의 부활을 통해 보는 죽음이해라는 측면에서 공통점을 가진다. 그러므로 예수 그리스도의 십자가를 통한 죄 용서와 부활을 통한 영원한 생명의 약속은 죽음에 대한 가장 소망스러운 해결책을 제시한다. 그러므로

'기독교의 죽음이해'를 다양한 죽음이해의 기준으로 제시한다.

## 세 그룹의 다섯 가지 주제

'무신론적 죽음이해', '범신론적 죽음이해', '유신론적 죽음이해' 이렇게 세 그룹으로 나눈 후 그 각각을 둘로 구분하였다. 그리고 구분된 내용들을 다섯 가지 주제로 설명했다.

먼저 '핵심 교리'다. '그것들은 어떤 배경에서 생겨났고, 어떤 주장을 하는가?'를 살펴본다. 그다음에는 '세상과 인간'이다. '그들이 주장하는 세상은 무엇이며, 그 속에서 인간은 어떤 존재인가?'를 다룬다. 세상과 인간을 취급하는 이유는 세계관을 구성하는 3요소가 '신과 세상과 인간'이기 때문이다. 이러한 내용을 다루면서 신관은 자연히 드러나기 때문에 다른 두 요소를 점검함으로써 각각의 입장이 가지고 있는 세계관을 살펴보려는 것이다. 세 번째는 '죽음이란 무엇인가'를 다룬다. 죽음의 정의와 목적 또는 가치를 설명하는 것이다.

네 번째는 '죽음 이후'는 어떻게 되는가를 살펴본다. 인간 존재는 완전히 사라지는가, 아니면 불확실한 존재로 남아 있는가? 천국(극락)이나 지옥으로 가는가, 아니면 중간 단계로서 연옥이 있는가? 있다면 그 상태는 어떠한가에 대하여 설명한다.

마지막으로 다섯 번째 '구원의 방법'을 살펴본다. '어떻게 해야 죽음을 극복하고 구원을 받을 수 있는가?'에 대하여 설명하려고 한다. 가능한 한 각각의 주장을 비판하기보다는 그대로 설명하려고 한다.

이렇게 함으로써 죽음에 대한 전체적이며 다양한 관점을 이해하려고 하였다. 자신이 어떤 입장을 가지고 있는지, 또한 그것들을 어떻게 구분할 수 있으며, 상호간에 어떤 관련이 있는지, 어떤 이유에서 그런 이해가 나오게 되었는지, 그 입장을 수용했을 때 어떤 문제점들이 있는지 알 수 있게 될 것이다. 이러한 과정에서 죽음이해에 대한 상호 관련성과 차이점 그리고 모순점이 드러나게 될 것이다.

# 2장

# 무신론적 죽음이해

## : 신을 믿지 않는 자들의 죽음

불이 꺼질 때
그 불빛은 더 이상 빛나지 않는다.
이제 막 임종하려는 병자와
이제 막 꺼지려고 하는 불빛이
무엇이 다르겠는가?

## 세속적 죽음이해

'세속적인 죽음이해'란 간단히 말하면 비종교인의 죽음이해다. 세속주의(secularism)는 인간의 존재와 운명을 초자연적인 것과의 관련을 배제하고, 세상 자체 내에서 파악하고 해결하려는 사조다. 그리하여 신을 찾지 않고 인간적인 능력과 역량만을 가지고 인간의 문제를 향상시키고 발전시키고자 한다.

세속주의는 유물론과 자연주의 철학에 바탕을 두고 나타났다.[1] 여기서는 주로 철학적으로는 자연주의에 입각한 인본주의와 과학적으로는 진화론에 근거한 유물론의 입장을 다루고자 한다.

## 1. 무신론의 죽음이해

### 핵심 교리 : 인본주의자 선언

세속적 인본주의(Secular Humanism)는 20세기 상반기에 구체화된 운동이지만, 그 뿌리는 르네상스 시기(14~16세기)에 생겨난 고전에 대한 폭발적인 관심, 더 직접적으로는 계몽 운동(17~18세기)으로 거슬러 올라간다. 사람들이 계몽되면서 세상과 자연에 대한 신앙적인 관점은 점차 배제되었다. 그 결과 신(하나님)보다는 인간이 더 강조되었고, 18세기에는 과학이 크게 발전하면서 과학적 사실에 기초한 인간 이성의 능력이 무한한 것처럼 보였다. 19세기와 20세기에는 성경적인 기독교를 전면적으로 대적하는 주장들이 일어나면서 우주를 창조한 초월적 하나님에 대한 신앙에 도전했다. 대표적인 움직임은 네 가지다.[2]

첫째는 독일에서 시작된 성경에 대한 고등비평운동이다. 이것은 성경의 초자연적 측면을 배제하고 그것을 고대의 신화로 간주한다. 둘째는 마르크스[3]와 그의 무신론적 공산주의를 추종하는 세력들이고, 셋째는 자연주의적 진화론을 대표하는 찰스 다윈(Charles Darwin)[4]의 저서들에 매혹된 사람들이다. 진화론에 의하면 사람은 원숭이에서 진화했고, 원숭이는 더 낮은 단계의 생명체에서 진화했다. 마지막으로는 무신론적 심리학자인 프로이트의 사상을 지지하는 사람들이다.

미국 인본주의 협회에서 1933년 선언한 무신론자들의 교리서인《인본주의자 선언 I》에는 다음과 같은 사항들이 포함되어 있다. "우주는 늘 존재해 왔다." 그것은 결코 하나님이 창조한 것이 아니다. "하나님에 대한 실제적인 증거는 없다." 그러므로 인간은 하나님이 존재하지 않는 것으로 알고 살아야 한다. 그들 스스로 자신을 구원해야 한다. "인류의 주된 목표는 이생에서 인간성을 개발하는 것이다", "도덕성이나 가치 있고 유용한 것이 무엇인지를 결정할 수 있는 객관적인 방법은 없다." 유일한 도덕성은 인간의 경험과 실험에서 나온다. 즉 절대적인 도덕성이란 존재하지 않는다.[5]

세속적 인본주의자들은 자연주의적이며 유물론적 세계관을 가지고 있다. 하나님은 존재하지 않으며, 인간 자신의 이성과 논리적 사고로 진리를 발견할 수 있고, 그러므로 모든 진리는 상대적이며, 인간은 실수할 수 있으나 타락한 죄인은 아니다. 인본주의자들은 사람이 기본적으로 선하다고 생각한다. 악은 사람의 내면에서 나오는 것이 아니라 외부로부터 비롯된다. 그러므로 사회를 깨끗하게 바로잡으면 악이 사라질 수 있다고 본다.

진화론(evolutionism)은 모든 생명체가 같은 조상에서 진화해 왔다는 다윈의 이론에 근거한 사상이다. 그는 1859년에 출간된《종의 기원》에서 과학을 이용하여 자연주의적 세계관을 입증하려고 했다. 그의 이론에 의하면, 모든 생물은 환경에 적응하면서 돌연변이를 통해 생존하기에 더 나은 특성이나 역량이나 외양을 개발한다. 이런 역량들이 영구적인 형태로 굳어질 때 새로운 종으로 진화하게 된다.

진화론에 의하면 빅뱅과 더불어 우주가 시작되었고, 지구의 상태는 생명체에 적합했다. 생명체는 신이 창조한 것이 아니라 어떤 화학 성분과 에너지의 우연한 결합을 통해서였다. 이 작은 첫 번째 생명체는 번식 과정을 거듭했고, 이 과정에서 마침내 세포 형태가 출현했으며, 그 처음 세포가 오랜 세월 자연적인 과정(자연선택, 돌연변이 등)만으로 번식과 진화를 거듭하여 마침내 단순한 식물과 동물로 발전했다. 이어서 물고기로, 양서류로, 파충류로, 그리고 포유류로 진화했으며 거기서 마침내 사람이 나왔다.[6]

이 이론은 사회를 강타했다. 하나님과 그분의 개입을 믿고 싶지 않았던 사람들은 하나님과 성경의 창조신화를 거부하기 위한 과학적 논거로서 진화론을 환영했다. 진화론은 마치 모든 것을 설명할 수 있는 전능한 과학처럼 보였다. 오늘날에는 자연주의적인 진화론이 과학적 정설인 것처럼 이해되고, 분명한 사실로 배우며, 또한 자연주의 철학을 뒷받침하는 중요한 이론이 되었다. 1995년 미국 생물교사 연합회(Association of Biology Teachers)는 생명의 기원에 관해 학생들에게 가르칠 때 어떻게 접근해야 하는지를 알려 준다. "생명은 간섭받지 않고, 예고되지 않으며, 비인격적이고, 자연적인 과정의 결과다."[7]

세속적 인본주의자이며 무신론자임을 자처하는 아시모프(Isaac Asimov)[8]는 진화론자의 신조를 확신 있게 표명했다. "간단한 생명체가 30억 년 전에 무생물에서 자연적으로 생겨났다."[9] 여기서 하나님의 존재는 없다. 만일 하나님(창조주)이 생명을 만든 것이 아니라면 그분의 존재나 윤리는 필요 없다. 생물학자인 프로바인(William B. Provine)은 "사후에는 생명이 없다. 윤리를 위한 궁극적 기초란 없다. 생명의 궁극적 의미란 없다. 자유의지란 없다"고 말했다.[10]

사실 다윈 자신은 최초의 생명 형태가 어떻게 시작됐는지 확신하지 못했다. 《종의 기원》을 마감하면서 그는 "맨 처음에 창조주가 하나 또는 몇몇의 생명 형태들을 존재케 하셨을 수도 있다"고 했다.[11] 그러나 진화의 원래 의미를 살려야 한다고 결심한 과학자들과 세속적 인본주의자들은 다윈이 남겨 두었던 여지를 없애 버렸다.

이런 의미에서 진화론 또는 다윈주의는 일종의 '종교'로 간주될 수 있다. 하나님(초자연적 원인)에 의해 생명체가 창조되었을 가능성을 인정하지 않으려는 사람들에게는 특히 그렇다. 찰스 콜슨(Charles Colson)이 설명하듯이 "자연주의가 사실에 입각한 과학임을 과시할 수도 있겠지만, 그것은 종교다."[12]

진화론자들은 존재하는 모든 것이 어떤 신의 통제도 받지 않았으며, 따라서 순전히 우연에 의해 생겨났다고 주장한다. 그러므로 인생에는 아무런 존재 목적이나 의미가 없으며, 다만 시간과 우연과 물질의 맹목적인 결합을 통해 자연적으로 발생한 것이다. 그러므로 인본주의 철학과 진화론에 입각한 과학의 주장을 이렇게 요약할 수 있다.

"존재하는 모든 것은 진화론적 산물이다. 신은 존재하지 않으며, 인간의 존재 목적도 분명하지 않다. 어떤 의미에서 다른 생물보다 좀 더 발전했을 뿐 근본적인 차이는 없다. 인간은 자신이 가지고 있는 이성을 통하여 계속해서 진화해야 하며, 그럴 때 더 좋은 세상을 만들 수 있을 것이다."

## 세상과 인간 : 우연히 던져진 존재

인본주의는 신의 존재를 부정한다. 신은 인간이 만든 것이다. 그렇다면 세상은 무엇인가? 계몽주의 시대 이전의 세상은 신이 창조한 곳이다. 지구가 우주의 중심이고, 천국은 공간적으로 지구 위에 존재하며, 지옥은 그 아래에 있다. 그러나 이와 같은 우주의 삼층적 구조는 배격되었다. 이성에 대한 신뢰와 과학의 발달로 물질세계를 있는 그대로 이해하려 했기 때문이다.

아리스토텔레스를 따르는 중세의 과학은 모든 사물이 가지고 있는 내적인 목적을 성취해 가는 '자연적 원리'에 집중했다. 그러나 계몽주의는 '내적 목적'에 대한 토론을 형이상학적 추측이라고 일축해 버렸다. 그러므로 사물의 목적이 무엇인가를 묻던 목적인(目的因, final cause)에 대한 강조는 퇴색하고, 정확한 계량 방법과 수학이 자연 현상을 연구하는 적절한 접근 방법의 도구가 되었다.[13]

계몽주의는 몇 가지 원리로 세상을 보았는데 그것은 이성, 자연, 자율 그리고 조화였다. 이성은 우주 전체의 바탕을 이루고 있는 근본 질서가 무엇인지를 인식할 수 있는 인간의 능력이다. 자연(우주)은 객관적 합리성을 가지고 있기 때문에 그 속에서 자연법칙을 인식할 수 있고, 그 결과 인간의 활동을 통하여 개조되고 정복될 수 있다. 그것은 자연을 고안한 위대한 디자이너가 있기 때문이다. 그래서 그들은 자연이라는 책을 통하여 하나님을 바라보았다. 자율은 자율적인 인간이 진리와 행동의 결정권자가 되어 외부의 권위를 인정하지 않는 것을 말한다. 조화는 우주에는 그것을 지배하는 질서가 있어서 우주 전체가 가장 조화롭게 돌아가

도록 만들어져 있다는 것이다.[14]

종교적인 정통 교리와 이러한 계몽주의의 입장이 타협한 것이 이신론(Deism)이다. '신은 세상을 만들었지만 간섭하지 않는다'는 것이다. 창조주는 자연이라는 위대한 책에 중요한 것들을 적어 놓았기 때문에 모든 사람이 읽을 수 있다. 이렇게 볼 때 우주는 하나의 거대한 기계이며, 인간은 그 거대한 기계 속에 들어 있는 하나의 톱니바퀴가 된다. 하나님을 인정할 때 이 세상은 그의 작품이며, 인간은 그 속에서 자녀이며 청지기라는 특별한 위치를 차지하나, 이제 인간은 그 위치를 상실했다. 하나님의 자녀라는 특별한 지위에서 우주의 미아가 되어 버린 것이다. 이성을 통한 인간 위치의 격상은 역설적으로 인간의 가치를 상실하는 값비싼 대가를 지불해야 했다.[15]

데카르트(René Descartes)[16]는 인간 자신을 주인의 자리에 올려놓기 위해 자연을 이용 대상으로 바라보았다. 이제 유물론적 자연관에서 자연은 인간의 도구가 된 것이다.

> 우리는 삶에 아주 유용한 여러 지식에 이를 수 있고, 강단에서 가르치는 사변적인 철학 대신에 실제적인 것을 발견할 수 있으며, 이로써 우리는 불·물·공기·별·하늘 및 우리 주변에 있는 모든 물체의 힘과 작용을… 판명하게 앎으로써 장인처럼 이 모든 것을 적절한 곳에 사용하고, 그래서 우리는 자연의 주인이자 소유자가 된다는 것이다.[17]

이신론이 우주의 창조자이지만 더 이상 간섭하지 않는 부재지주(不在地主)로서의 하나님을 말했다면, 자연주의는 창조자로서의 하나님을 아예 무대에서 없애 버리고 언젠가부터 항존해 온 우주의 본질, 곧 유일한 실재인 물질만으로 우주의 기원을 설명하려 했다. 따라서 우주 너머의 초월적 실재가 부정되고, 인간의 정신도 물질 또는 기계의 작용으로만 이해했다. 자연주의자들이 유일한 실재로 인정한 자연주의적 자연은 더 이상 분할할 수 없는, 또한 상호간에 기계적·공간적 관계 속에서 존재하는 '단위'로 구성되어 있으며, 화학과 물리학을 통해 그 관계를 알아낼 수 있고 불변의 '자연법칙'들로 표현할 수 있는 물질이 되었다. 이제 우주는 초월적 존재와는 무관한 하나의 궁극적 실재로서 폐쇄 체계 속에서 인과율의 일치체로 존재하게 된다.[18]

다윈은 진화를 동물 세계에서 인간으로 발전하는 과정으로 풀이하면서, 결국 인간을 고등동물로 보는 시각을 확립했다. 이 진화의 개념에서 중요한 것은 인간은 진화라는 과정에 종속된 요소로서 진보를 촉진하는 주체가 아니라, 도리어 시간의 흐름에 따라 진보를 향해 나가도록 되어 있는 진보의 대상일 뿐이라는 점이다. 이것은 인간을 폐쇄 체계에 내재된 인과율의 획일성으로만 설명하려 한 자연주의 세계관과 일치한다. 이제 우주는 초월자에 닫힌 그 무엇이 되었다. 그 결과 자연은 하나의 밀폐된 상자요, 인간은 그 상자 속에 갇힌 존재가 되었다.

이러한 인간의 처지를 숙고하고 사람들에게 그 상자 밖으로 나올 것을 종용한 것이 실존주의다. 그들은 이렇게 말했다. "인간이여! 너는 상자 속에 갇힌 너의 운명, 즉 너의 인간 조건을 초월할 때 비로소 진정한 인간이 될 것이다."[19]

여기서 인간은 하나의 복잡한 '기계'다. 인격이란 우리가 아직 완전히 이해하지 못한 화학적, 물리적 성질의 상호 관계다. 데카르트는 사람을 부분적으로 기계(part machine)라고 인식하면서, 동시에 부분적으로 정신(part mind)이며 정신은 기계와는 다른 실체라고 생각했다. 그러나 자연주의자들은 정신도 기계의 작용으로 간주한다.

라메트리(La Mettrie)[20]는 이 사실을 냉정히 밝힌 최초의 사람이다. "이제 담대히 사람도 일종의 기계이며 우주에는 단 하나의 실체가 있고 여러 변형으로 나타날 뿐이라고 결론을 내리자."[21] 카바니스(Pierre Jean Georges Cabanis)는 좀 더 직설적으로 표현했다. "간이 담즙을 분비하듯이 뇌는 생각을 분비한다." 윌리엄 바레트(William Barrett)는 이렇게 말했다.

> 이리하여 우리는 라메트리에 도달하였다. 인간의 몸을, 상상의 전동 장치와 톱니, 톱니바퀴 체계로 기묘하게 묘사한 그에게 이르는 것이다. 소우주인 인간은 우주라는 큰 기계 안에 있는 또 다른 기계에 불과하다. 우리는 이 묘사를 기묘하고 조야한 것이라고 웃어넘기지만, 그래도 속으로는 조금 설익은 것이기는 해도 어쨌든 기본적으로는 옳은 방향의 개념이라는 생각을 품고 있을지도 모른다. 그러나 컴퓨터의 도래와 더불어 기계 구조설에 대한 이러한 유혹은 더욱 거세지고 있다. 톱니바퀴와 도르래라는 시대에 뒤떨어진 기계 대신 지금은 인간의 사고 과정을 재현할 수 있는 듯이 보이는 기계가 나와 있기 때문이다. 기계도 생각할 수 있을까? 이것은 이제 우리 시대의 주요한 질문이 되었다.[22]

인간은 우주의 한 부분에 불과하다. 우주에는 물질이라는 하나의 실재만 있다. 사람도 물질이며, 단지 물질에 지나지 않는다. 물질에 적용되는 법칙이 그에게도 적용된다. 그는 결코 우주를 초월하지 못한다.

물론 인간이란 매우 복잡한 기계여서 아직 아무도 그 기계를 완전히 이해하지 못한다. 그래서 사람들은 계속해서 우리를 놀라게 하며 기대를 뒤엎곤 한다. 그러나 인간의 이해력을 둘러싼 신비는 어느 것을 막론하고 순수하지 않으며 기계적 복합성에서 유래한 결과일 뿐이라는 것이다.

헤겔 철학의 명제인 '인간이 바로 신이다'를 뒤집어 '신이 바로 인간이다'라고 주장한 포이어바흐(그의 중요성은 유물론적이고 자연주의적인 법칙을 물리학의 영역을 해명하는 데만 적용한 것이 아니라 만물을 해명하는 데까지 적용했다는 데 있다)와 마르크스 이후 이신론적 세계관은 유물론적 세계관으로 바뀌고, 그 속에서 인간은 우연히 생겨난 진화론의 산물이 된다. 이 속에서 인간은 존재의 목적도, 가치도, 미래도 잃어버린다. 모든 것은 물질의 산물이기 때문이다.

## 죽음이란 무엇인가 : 존재의 끝

여기서 죽음이란 '인격과 개체성의 소멸'이다. 인간은 물질로 구성되었으며 그 이상 아무것도 아니다. 그러므로 인간을 구성한 물질이 사망 후에 해체되면 인간도 소멸한다. 《인본주의자 선언 II》는 다음과 같이 천명했다. "우리가 알고 있는 바로는 전인격이란 사회적, 문화적 상황 안에서 활동하는 생물학적 유기체의 작용이다. 육체의 죽음 후에도 생명이 계속된다는 것에 신뢰할 만한 증거는 없다."[23]

버트런드 러셀(Bertrand Russell)[24]은 "그 어떤 열정이나 영웅적 행동, 아무리 강력한 사상과 감정을 가졌더라도 그것들이 그 개인의 삶을 무덤

너머까지 계속 유지시킬 수는 없다"[25]고 말했다. 에이어(A. J. Ayer)도 "나는 인간의 존재가 사망 시에 종료된다는 것을 사실로 받아들인다"[26]고 말했다. 힉은 러셀의 말을 인용했다.

> 인간이란 그들이 도달하게 되는 종말에 대해 아무런 선견지(先見知)도 가지지 못한 원인들의 결과일 뿐이다. 인간의 기원, 성장, 희망과 공포, 사랑과 신념은 모두 원자의 우연적 결합의 결과일 뿐이다. 어떤 정열, 영웅주의, 심오한 사상과 감정도 무덤 이후까지 지속될 수 없다. 모든 세대의 노동, 모든 헌신, 모든 영감, 젊은 날의 천재성도 태양계의 몰락과 더불어 전멸하고 말 것이다. 그리고 인간이 성취한 모든 성전들도 앞으로 파괴될 우주의 쓰레기 속에 묻히게 될 것이다. 이 모든 일들은 거의 확실하다. 그래서 그것을 비판하는 철학은 아무런 힘을 쓸 수 없다. 그러므로 인간 영혼의 주소는 바로 이러한 진리의 발판에서(다시 말하면 철저한 절망의 기초 위에서) 안전하게 구축될 수 있다.[27]

죽음이 모든 것의 끝이기 때문에 죽음에 대한 본질적인 문제가 아니라 죽음의 시점, 죽음의 방법, 죽음의 상태 등 죽음에 관한 비본질적인 문제에 민감하다. 그러므로 학문의 입장에 따라 죽음의 개념은 달라진다.

우선 생물학이나 의학에서는 핼리와 하비(Halley and Harvey)가 정의했듯이 죽음이란 '뇌기능, 호흡기(폐) 체계 및 순환기(심장) 체계의 비가역적 정지 또는 소실'[28]로 정의된다.

그러나 의학의 발달에 따라 죽음의 정의를 더욱 정교화하는 경향이 생겨났다. 전통적으로는 폐 기능 정지와 심장 기능 정지로 불리는 심폐

기능설이 의학적 사망을 판단하는 기준이었다. 문제는 최근 죽음을 뇌사로 규정하려는 경향이 강해지고 있다는 점이다. 왜냐하면 인공호흡기의 등장으로 자연적인 호흡 정지를 인공적으로 연장시킬 수 있고, 인공 심장박동기 내지는 심장이식을 통해 기능이 쇠퇴하거나 정지된 심장을 대치할 수 있게 되자 호흡이나 심장박동의 정지가 사망의 최종 판단 지표가 되기 힘든 상황이 된 것이다. 특히 장기이식의 문제가 대두되면서 인간 사망의 순간을 가능하면 빨리 판단하여 아직 부분적 기능이 살아 있는 장기를 이용하고자 하는 필요성이 제기되면서 뇌사설이 강력하게 제기되고 있다.

그러나 이런 기준을 가지고도 설명할 수 없는 경우가 드물지 않기 때문에 인간의 죽음을 완전하게 정의하는 일은 여전히 쉽지 않다고 생각된다. 이와 동시에 죽는 방법에 대한 논의도 활발하게 이루어지고 있다. 자살과 안락사와 존엄사 논쟁도 뜨겁다.

다른 한편에서는 죽음이 너무나 가볍게 처리되고 있다. 베르나르 포르(Bernard Faure)[29]는 이 점과 관련하여 다음과 같이 말했다. "현대인들이 전통적인 사후 세계관을 내던져 버린 이후로, 대부분의 사람들은 더 이상 지옥과 낙원을 믿지 않게 되었다. 뿐만 아니라 방송 매체를 통해 너무나 일상화되어 버렸거나 병원의 한쪽 구석에서 슬며시 진행되고 있는 죽음 역시 그 절박성을 잃어버렸다."[30]

그 이유는 과거에는 인간의 죽음을 영혼과 육체의 분리로 파악했으므로 죽음에 대한 존중이나 예의가 필요했으나, 이제 완전히 육체적 관점으로만 죽음을 이해하고 죽음에 형이상학적 의미를 부여하지 않기 때문에 죽음 예식이 경건하거나 절박할 이유가 없다는 것이다. 정신적 죽음이 물질적 죽음으로 축소되고, 형이상학적 죽음이 물리적 죽음에 자리를 내주면서 죽음은 과학적 지식과 기술적 상거래의 대상이 된 것이다. 남은 것은 오직 하나의 사물에 지나지 않는 시체뿐이므로, 풍부한 죽음 예식은 몰락하고 장례는 신속히 처리해야 할 사건이 되어 버렸다.[31]

그렇다면 근대 이전에는 죽음으로 완전히 끝난다는 입장이 없었는가? '세속적 죽음이해'는 과학적 세계관이 나온 다음에 비로소 생긴 것인가? 그렇지 않다. 과거에도 이런 입장이 있었다. 중국 후한의 사상가 왕충(王充)은 죽음에 관한 글에서 "죽음이란 불이 꺼지는 것과 마찬가지다"라고 결론지었다.

> 불이 꺼질 때 그 불빛은 더 이상 빛나지 않는다. 그리고 인간이 죽으면 그의 지성은 더 이상 아무것도 지각하지 못한다. 결국 양자의 속성은 동일하다. 그럼에도 불구하고 만일 사람들이 마치 사자(死者)가 무언가를 인식할 수 있는 것처럼 여긴다면 그것은 오류다. 이제 막 임종하려는 병자와 이제 막 꺼지려고 하는 불빛이 무엇이 다르겠는가?[32]

사회학자 베르너 푹스(Werner Fuchs)에 의하면 "죽음은 자연적 원인에 의해 야기된다. 죽음은 생물학적 생명 과정의 종언을 의미한다. 삶의 전제로서의 생물학적 생명의 과정들과 함께 다른 모든 생명의 과정들이 동시에 끝나게 된다. 남는 것은 오직 하나의 사물에 지나지 않는 시체뿐이다."[33]

이렇게 볼 때 죽음이란 무엇이며, 어떤 가치가 있는가? 삶 자체가 전부이고 삶 다음에 남는 것이 아무것도 없다면 삶은 무의미하다. 인간은 자기 삶은 물론 죽음에게도 의미를 부여하며 자기의 죽음을 소화하려고 한다. 이런 의미에서 해석되지 않은 죽음, 아무런 의미도 부여받지 못한 죽음이란 존재하지 않는다.

그러나 과학 기술이나 의학 기술은 이 문제를 해결할 수 없다. 과학은 의미에 관하여, 인간 삶의 목적(telos)에 관하여 아무것도 대답하지 못하며, 실존적 문제성 안에 있는 인간을 그의 연구에서 제외한다.[34]

그러나 세속적으로 죽음을 이해하는 사람들이라고 해서 죽음에 관한 입장이 똑같은 것은 아니다. 그들의 죽음이해를 대략 다섯 가지로 구분해볼 수 있다.

### 죽음을 부정하는 입장

프로이트의 제자였던 어니스트 베커는 인간이 죽음을 어떻게 부정하며 살아가는지를 《죽음의 부정》에서 밝히고 있다. 베커에 따르면 죽음에 대한 두려움은 인간의 무의식적 사고에 깊숙이 박혀 있다. 그것을 묻어 두려는 시도들이 우리의 성격을 형성하며, 우리의 행동에 생각보다 훨씬 깊은 영향을 미친다. 이것이 불안과 신경증, 심지어 정신병의 숨은 원인이 될 수도 있다. 우리 인생의 과제는 이 죽음의 두려움을 극복하는 것이다.

그는 프로이트의 오이디푸스 콤플렉스(Oedipus Complex)를 다르게 해석했다. 오이디푸스 콤플렉스란 어머니를 사랑해서 독차지하기 위해 아버지를 죽이려고 할 때 나타나는 현상이 아니라, 유아가 죽음을 극복하기 위해 행하는 시도라는 것이다. 아버지를 죽이고 의존 관계에서 벗어나 독립함으로써 자신은 죽지 않고 영생할 수 있다는 것을 과시하려는 것이다. "오이디푸스 콤플렉스란 수동적 태도나 소멸되는 것, 혹은 임시성에서 탈출하는(flight) 것이다. 유아는 스스로 자신의 아버지가 되고 자신의 삶을 창조하고 지속시키는 사람이 됨으로써 죽음을 극복하려는 것이다."[35]

그는 프로이트의 성욕설을 부정했다. 프로이트는《문명 속의 불만》에서 인간이 문명을 이루고 사는 것은 본능을 억제했기 때문이라고 보았다. 그러나 베커에 따르면 인간이 문명을 발전시킨 것은 성욕의 억압 때문이 아니라 성을 통해 알게 된 죽음을 억압하면서 생긴 결과다. 인간이 문화를 만든 것은 프로이트가 생각하는 것처럼 인간이 성욕이나 쾌락, 삶 혹은 확장 등만을 좇는 존재라서가 아니라 기본적으로 죽음을 회피하려는 존재이기 때문이다. 근본적인 억압(primal repression)은 '죽음 의식'(consciousness of death)이지 성욕이 아니다.[36] 그러나 이 죽음 의식을 계속 가지고 있으면 정상적으로 살아갈 수 없다. 그래서 우리는 그것을 억압해야 한다. 그것은 의식적인 삶에서 죽음의 공포를 완전히 망각하는 것을 의미할 뿐 아니라 죽음을 지배하는 일에 몰두하는 것이다. 이렇게 함으로써 자신은 죽음의 공포에서 잠정적이나마 해방된다.

인간은 왜 그렇게 서로를 죽이며 살아가는가? 끝없는 욕심 때문만은 아니다. 인간은 자신이 영생한다는 것을 스스로 확인하기 위해 다른 사람을 죽인다. 오토 랑크(Otto Rank)는 "죽음의 공포는 다른 사람을 죽이고 그를 희생 제물로 바침으로써 경감된다. 즉 다른 사람의 죽음을 통해 자신은 죽음이라는 벌, 혹은 죽임을 당할 수도 있다는 벌에서 자유로워질 수 있다"고 말했다.[37] 인간은 자신이 영생한다는 것을 확인하기 위해 다른 사람을 죽이는 것이다. 다시 말하면 전쟁도 자신의 불멸을 확인하기 위해 일으키는 것이다.

이렇게 다른 사람을 죽이면서까지 인간은 죽음을 부정하고 극복하려 하지만 죽음이란 절대 피해 갈 수 없는 운명임을 알기에, 인간은 역사 속에서 영웅을 만들어 냈다. 이들이야말로 인간이 그렇게도 희구하는 죽음을 용감하게 극복한 사람들이다. 이런 영웅 이야기 혹은 신화는 세계 도처에서 발견된다.

이러한 시각을 가지고 역사를 보면 인간이 하는 모든 일은 죽음을 부정하고 피하기 위한 처절한 시도이며, 그럼으로써 죽음에 대해 눈을 감고 잊으려는 것이다. 베커는 이런 것들을 '동의된, 혹은 공유하는, 혹은 위장되고 위엄을 부여한 광기'(agreed madness, shared madness, disguised and dignified madness)라고 해석했다. 분명한 것은 광기라는 것이다.[38]

사람들이 정신없이 바쁘게 살아가는 모습 속에는 죽음이라는 불가피한 운명에 대한 생각을 잊으려는 동기가 다분히 들어 있다. 인간을 무의미한 존재로 만드는 이 무시무시한 허무가 우리의 의식 기저에 있음을 알고 있기에 그것과 상면하기를 악착같이 피하려는 것이다.

오마르 하이얌(Omar Khayyam)[39]의 말은 이것을 단적으로 보여 준다. "나는 단순히 와인 속에서 기쁨을 느끼기 위해, 혹은 신앙을 비웃기 위해 술을 마시는 것이 아니다. 내가 술 취함에서 바라는 것은 단지 나 자신을 잠시라도 잊는 것, 그것뿐이다."[40] 이렇게 보면 우리 삶 속에는 죽음을 잊으려고 하는 몸부림이 엄청나게 많다.

#### 죽음을 긍정하는 입장

20세기 실존주의 철학의 대표자 하이데거는 《존재와 시간》(Sein und Zeit)에서 죽음은 인간 존재의 구조에 속한다고 했다. 죽음은 인간이라는 존재의 동반자이며 존재의 현실이다. 그것은 삶의 마지막 순간에 일어나는 사건이 아니라, 인간의 출생과 함께 존재 자체에 주어져 있다. 인간은 죽음을 향한 존재(Sein zum Tode), 끝남을 향한 존재(Sein zum Ende)다. 그러나 사람들은 자신의 죽음을 회피할 뿐 아니라 죽음 앞에서 도피한다. 죽음에 대한 이러한 태도를 가리켜 하이데거는 "비본래적 죽음에의 존재"라고 했다.[41]

그러나 불안은 인간이 자기 존재를 더 이상 자명한 것이 아닌 일종의 수수께끼 같은 것으로 경험하게 한다. 불안을 통해서 그동안 안주해 온 일상적인 세계는 의미를 상실한다. 그때 그는 고독한 단독자로 자신 앞에 선다. 이러한 불안은 궁극적으로는 '죽음에 대한 불안'이다. 그러므로 "죽음을 향한 존재는 본질적으로 불안이다."[42]

우리가 불안에서 도피하지 않고 그것을 받아들일 때, 지금까지의 삶이 비본래적이었음을 고백할 때 새로운 인간으로 다시 태어나게 된다. 죽음의 사실을 은폐하거나 그 앞에서 도피하지 않고, 오히려 죽음의 사실을 직시하고 죽음 속으로 들어감으로써 인간은 불안을 이길 수 있다. 그때 세상의 모든 외적인 요구들과 기준들은 더 이상 의미를 갖지 못한다.[43]

죽음으로의 선구(先驅, Vorlaufen in den Tod : 미리 달려감)를 통해서 인간은 자기의 가능성, 즉 자신의 미래로 나아가는 동시에 탄생부터 현재에 이르는 과거를 새롭게 경험하게 된다. 자기 삶의 진정한 통일과 정체성을 경험한다. 그 결과 인간은 자신이 살고 있는 세계 전체와 하나가 되는 경험을 할 뿐 아니라, 탄생에서 죽음에 이르는 자기 존재 전체를 긍정하면서 그것과 하나 된다. 죽음은 이런 의미에서 나의 존재와 내가 소중하게 생각하는 모든 것을 빼앗아 가는 재앙이 아니라, 오히려 자신을 비롯한 모든 존재자의 고유한 존재를 드러내면서 그것에 대한 감각을 일깨우는 계기가 된다. 인간은 죽을 수밖에 없는 존재이며, 그것을 인정할 때 새로운 삶을 살 수 있다는 것이다. 이렇게 죽음을 마음 깊은 곳에서 긍정하며 사는 방법도 있다.

### 죽음을 외면하는 입장

에피쿠로스는 말했다. "내가 살았다면, 나는 죽지 않았다. 내가 죽었다면, 나는 살지 않았다. 내가 사는 동안 왜 죽음을 생각해야 하는가? 죽음을 생각하는 것은 삶의 흥미를 손상시키며 노동을 방해한다. 이 삶 속에 나의 모든 것이 있다. 죽음과 함께 나에게는 모든 것이 지나간다." 이렇게 무시하는가 하면 죽음을 막연하게 생각하고 필연적으로 받아들이지 않았다. 자신은 죽음과 아무 관계가 없는 것처럼 살아가며, 죽음에 대한 불안에 용기 있게 맞서려 하지 않았다. 죽음을 은폐시키며 도피했다. 이처럼 죽음을 일부러 잊고 살려는 사람도 많다.

### 죽음에 과민한 입장

니체는 죽음 앞에서 나약해지고 싶지 않았다. 죽을 수밖에 없지만 그 운명 앞에서 의연하게 서고 싶었다. 그는 죽음은 자신이 원해서 스스로 선택하는, 자유의지의 결단에 의해 실현되는 자발적 죽음이어야 한다고 생각했다. 이런 죽음을 선택함으로써 죽음에 대한 권능을 행사하려고 했다. 그는 인간은 죽음과의 의식적 또는 의지적 대면을 통해 자신이 서 있는 자리에 멈추어 서서 자신의 삶을 재평가하고 초인적 삶이라는 목표를 더 이상 추구할 수 없다는 판단이 내려질 경우, 자신의 삶을 의식적으로 종결지어야 한다고 말했다. 그는 결코 죽음을 잊지 않고 언제나 죽음을 생각했으며, 스스로 여러 번 자살을 시도했다. 그는 이런 죽음을 '죽음의 최고 형태'라고 불렀다.[44]

그는 종교적으로 위로받는 죽음을 '구제'라고 불렀다. 그 과정을 통해 인간은 고통에서 구제받기를 꾀하기 때문이다. 그는 기독교의 죽음의식에 대해 이렇게 논평한다. "죽어 가는 자들을 다루는 기독교적 죽음의 코미디를 보라. 죽어 가는 자의 약점을 이용해 양심을 고통받게 한다. 죽는 방법을 인간과 인간 과거의 가치 판단으로 악용한다."[45]

죽음을 두려워하는 것을 비방하고, 종교적인 위로를 받으려는 것을 비웃으며, 죽음 앞에서 언제나 초인이 되고자 한 니체의 모습은 죽음에서 자유로운 것이 결코 아니었다. 어떻게 보면 죽음에 의연한 것 같지만 사실은 죽음 과민반응으로 보인다. 언제나 죽음의 생각에서 떠나지 않았고, 죽음 소리만 나오면 민감해졌으며, 그 죽음을 스스로 극복하려 했기 때문이다.

### 죽음과 친숙한 입장

이 입장은 죽음이 삶과 분리될 수 없는 문제임을 인정한다. 죽은 후 미래가 있는지 없는지가 중요한 것이 아니라, 분명하게 다가올 죽음을 준비하며 살자는 것이다. 그렇게 함으로써 죽음과 나의 거리를 줄여 가자는 것이다.

> 비록 죽음 이후가 분명한 실재라 할지라도, 어차피 죽음 이후는 우리가 원하지 않아도 살 수밖에 없는 현실입니다. 그러므로 죽음 이후를, 또는 죽음 이후에 어떻게 살까를 지금부터 염려할 필요는 없습니다. 오히려

> 우리가 해야 할 일은 죽음 이전에 죽음 이후를 꿈꾸는 그 꿈을, 그 희구를, 그 두려움과 위로를 '지금 여기'에서 살아가지 않으면 안 됩니다. 죽음을, 죽음 사건을 윤리화해야 하는 것입니다.[46]

이렇게 살아갈 때 인생을 낭비하지 않을 수 있다. 여기서는 죽음 교육을 강조하고, 미리 유서를 쓰는 것도 권장하고 있다. 이것을 생전유서(living will)라고 한다. 평상시에 유서를 작성함으로써 자기가 죽음을 맞이하는 방식뿐만 아니라 자신의 삶을 되돌아보고 품위 있는 삶, 인간다운 죽음을 지향하기 위한 결의를 하기 위함이다.

죽음은 영원히 우리가 풀 수 없는 숙제다. 힘들고 고통스럽다고 해서 그것을 피할 수 있는 것도 아니다. 따라서 문제는 '죽음을 어떻게 슬기롭게 이해하고 기꺼이 맞이할 것인가?'이다. 이런 점에서 죽음을 교육하고, 준비하고, 죽음의 문화를 저항하고, 궁극적으로 죽음을 성장의 최후 순간으로 이해하고 기꺼이 죽음을 맞이할 수 있도록 하자는 것이다.

사람들은 이렇게 나름대로 죽음에 대한 각자의 입장과 태도를 가지고 있다.

## 죽음 이후 : 완전한 소멸

죽음과 관련해서 가장 중요하며 그래서 사람들이 가장 알고자 하는 물음은 '죽은 후 나는 어떻게 될까?'이다. 이 물음에 대해 '세속적 죽음이해'는 '죽음 이후 나는 영원히 사라진다'고 본다. 종교에 의탁하지 않고 이성적이며 합리적으로 추론하는 한, 이런 결론은 불가피하다. 죽은 후에 아무것도 남지 않는다면 이들에게 천국과 지옥은 어떤 곳인가? 비어스(Ambrose Bierce)는 말했다.

> 우리 조상들은 불행히도 어쩔 수 없이 무지했다. 왜냐하면 그들은 자신이 경험한 사건과 느낌들을 설명할 수 있는 최상의 설명을 찾았지만 어떤 설명도 진실이 될 수 없었으므로, 그들은 자신이 알지 못하는 것들을 강력하고 눈에 보이지 않는 어떤 존재에 투사했기 때문이다. 말하자면 그런 강력한 존재가 어딘가에 존재해야만 했다. 그 어딘가란 사람 눈에 잘 띄는 곳, 즉 땅 위든가 땅 아래를 가리킨다. 이리하여 천국과 지옥이 만들어진 것이다.[47]

이들이 생각하는 진정한 천국은 이 세상을 살 만한 곳으로 만드는 것이다. 그것을 구현하려 했던 것이 역사적으로는 공산주의다. 공산주의의 실패는 그러한 상상이 현실성 없는 것임을 보여 주었다. 인간의 가능성만을 생각했지 인간의 연약한 부분들(죄성)을 인정하지 않았기 때문이다.

## 구원의 방법 : 개체에 대한 종의 승리

'세속적 죽음이해'에서는 죽음에서 구원을 얻는 방법은 없다. 자신이 나름대로 의미를 찾아야 한다. 그것은 인생의 가치를 어디에 두고 살아가야 하는가와 직결된다. '세속적 죽음이해'에서 볼 때 인간은 유구한 진화 과정(the process of evolution)의 일익을 담당하는 생물학적인 존재다. 개인은 곧 죽는다. 그러나 그 개인은 유구히 지속되는 인류라는 종(種)의 일부를 차지하고 있으며, 그런 뜻에서 개인은 자신의 죽음을 이 거대하고 지속적인 인류에 공헌하는 것으로 받아들일 수 있다.

그러나 세속적인 죽음도 가치가 있다. 그것은 희생의 범주다. 모든 생명은 연결되어 있다. 죽음 없이는 생명이 태어나거나 존재할 수 없다. 또한 죽음 없이는 이렇게 복잡하고 진화된 종류의 생명이 있을 수 없다. 돌연변이들은 어떤 용도에서든 세대의 계승을 요구한다.

돌연변이들과 다양성이 유전되어 그 이상의 개체군으로 퍼질 수 없다면, 돌연변이가 일어난 어떠한 개체들에게도 이롭지 않다. 그러므로 죽음은 한 세대가 다음 세대를 위하여 이미 생겨난 변화들이 시험될 수 있는 공간을 만들어 주기 위해서 필요하다. 죽음의 노정을 통해서가 아니면 생명에 이르는 것은 불가능하다. 무에서 새로운 에너지를 얻는 것은 불가능하다.

죽음은 우리를 슬프게 한다. 그렇다 할지라도 우리가 희생의 이러한 의미와 실천을 스스로 습득할 수 있다는 것은 모든 시대와 문화에서 인류의 진보이며 기적이다. 우리는 자신의 삶을 산 제사로 삼음으로써 그것을 특별하고 뚜렷하게 만들 수 있다. 즉 죽음이 아닌 어떤 다른 조건으로도 우리는 생명을 얻고 살아갈 수 없으며, 죽음 없이는 어떤 것도 붙잡을 수 없기 때문에 감사하면서 죽음을 붙잡아야 한다.[48]

수생불사하는 생명체는 지상(地上)에 하나도 없는데, 이는 주어진 지구(地球), 좁혀서 그 지역(地域)의 생존(生存) 여건(與件)에 출생이 계속되고 사망이 없다면, 마치 사람이 먹기만 하고 배설을 하지 못하면 죽듯이 생명체는 사라진다는 것도 알 일이다. 신진대사(新陳代謝)처럼 생(生)과 사(死)는 균형(均衡)이 있도록 신(神)은 섭리(攝理)를 베풀었다. 다음 세대가 살 수 있도록 지금 세대는 퇴장하는 것이 진리다.[49]

헤겔에 의하면 죽음은 정신의 변증법적 자기 발전에서 있을 수밖에 없는, 또 있어야만 할 필연적인 것, 자연적인 것으로 긍정되며, 긍정됨으로써 확정된다. 죽음은 더 높은 진리에 도달하기 위한 개체의 지양을 뜻한다. 정신의 변증법적 자기 활동에서 죽음은 개체가 반드시 거쳐야 할 하나의 통과 단계다. 죽음을 통하여 개체는 폐기되는 것이 아니라, 보편성으로 지양되며 승화된다. 이 지양과 승화를 위하여 죽음은 필연적이며 자연적이다. 죽음 그 자체는 '무적인 것, 명백한 무성'(ein Nichtiges, die offenbare Nichtigkeit)이다. 그러나 죽음을 통하여 유한성은 보편성으로 지양된다. 지양은 유한한 것의 파괴와 소멸을 뜻하는 것이 아니라, 정신의 포괄적 현실 속에서 보존(Aufbewahren)되고 더 높은 진리로 고양(Erheben)되는 것을 말한다.[50]

무신론적 이해를 가진 사람들은 자기의 죽음이 종을 위한 개체의 죽음이라는 것으로 만족하지 않고, 그 이상의 의미 즉 영생과 불멸에 대해 말한다. 그러나 그 의미는 신앙인들이 가지고 있는 개념과는 다르다.

필립스(D. Z. Phillips)는 영원한 삶이란 이 세상의 삶이 끝난 다음에 오는 것이 아니라, 이 세상에서 인간의 삶이 가질 수 있는 선의 실재(the reality of good)라고 했다. 죽어서 영원한 곳으로 돌아간다는 것은 바로 '자신에게 죽는 것'(the dying to the self)이다. 자신의 유한성과 피할 수 없는 죽음의 실재를 그대로 받아들이는 것이다. 다시 말해서 인간은 인간의 삶이 어떤 필연성이 아니라는 사실을 겸허히 받아들일 때 영원으로 향하게 된다. 영원으로 향한다는 것은 지금까지 가지고 있던 '자신에 대한 관심'(the concern with self)을 '자신을 포기하는 데 갖는 관심'(the concern with self-renunciation)으로 전환시키는 것이다.

> 영혼의 불멸은 자신에게 죽는 과정을 통하여 자신을 무효화시키고 타인을 사랑하는 것이다. 그러므로 진정한 불멸은 불멸에 대한 희망을 포기하고 삶의 유한성을 솔직히 인정하는 것이다.[51] 유일한 영원이란 우리의 문화 속에서 서로의 삶에 영향을 주는 양식으로, 우리의 후손 안에 존재한다.[52]

이것이 '세속적 죽음이해'의 구원 개념이다. 사람들은 이 세상에 사는 동안 나름대로 자아실현을 위해 몸부림친다. 그러나 이 세상을 넘어서는 영역이 존재하지 않으므로 이 땅에 사는 동안 가치 있는 존재로 인정받고 싶고, 나 때문에 이 세상이 좀 더 살기 좋은 곳으로 변했다는 평가를 받고 싶어 한다. 그래서 수많은 사람들이 보람 있는 일을 하고, 업적을 남기며, 역사 속에 자기 이름을 남기려는 것이다. 그러나 그의 구원은 개인에게 있어서 이 땅이 끝이다. 이 땅을 넘어서는 그의 존재 가치는 후세대의 몫이다. 그것을 자기의 구원이라고 생각한다면 그의 구원은 이 땅을 넘어서는 것이겠지만, 그 개인에게 주어지는 구원은 이 땅이 끝이다. 그는 자기 존재의 한계를 이 땅에 두었기 때문이다.

### 비세속적 죽음이해

'비세속적 죽음이해'는 중국을 중심으로 발달한 동양 종교의 한 특성이다. 무교(巫教)와 유교, 그리고 도교가 여기에 속한다. 세 종교를 무신론의 범주로 구분하는 것에 이견이 있을 수 있다. 왜냐하면 그것들은 엄연히 종교로 분류될 수 있기 때문이다. 그럼에도 불구하고 무신론의 범주로 구분한 이유는 다음과 같다.

· 절대자 신이 없다. 다만 자연의 순리에 따르는 것이 중요하다.
· 죽은 후에도 심판이 없다. 심판 개념은 있지만 기준이 명확하지 않으며 경우에 따라 다르다.
· 죽은 후에 간다고 하는 저승의 개념이 분명하지 않다. 죽은 자의 상태도 불분명하다.
· 죽은 이후의 세상보다 살아 있는 이곳이 훨씬 중요하다. 저승의 모습도 이승과 다를 바가 없다.
· 죽은 자는 영원히 사는 것이 아니라 시간과 함께 잊히거나 사라진다.
· 죽은 자는 살아 있는 사람들과 계속적인 접촉을 기대하며 이것이 그들의 유일한 희망이다. 그러나 보이는 세상이 전부가 아니고, 죽음 이후의 또 다른 세상을 인정한다.[53]

이런 의미에서 무신론적이지만 세속적이지는 않다. 그러므로 '비세속적 죽음이해'로 구분했다. 여기서는 영향을 준 순서대로, 즉 무교와 유교 그리고 도교의 순서로 살펴보려고 한다.

# 1. 무교(巫敎)의 죽음이해

## 핵심 교리 : 무당을 통한 신령과의 교통

무교(Shamanism)란 무당을 중심으로 이루어지는 종교 현상이다. 과거에는 무(巫), 또는 재래 풍습 혹은 민간신앙이나 미신으로 여겨졌으나 이제는 분명한 종교적 특징을 가진 무교라 일컫는다. 무교의 기본 구조는 신령(신적 존재), 무당(사제), 단골(신도)인데, 이 세 요소는 아무 때나 만날 수 있는 것이 아니라 판이 형성되어야 하며 그것이 바로 '굿'이다.

굿을 통해 천계(신령계)와 인간계가 다시 조화를 찾게 된다고 본다. 그러니까 무교는 인간과 신령과 무당이 굿이란 종교의례에서 만나 조화를 이룸으로써 문제를 해결하는 종교다.

무교는 다른 종교와 마찬가지로 세 가지 구성 요소(지도자, 의식, 교리)를 갖추고 있다. 종교적 지도자로서 무당(巫堂)이 가지고 있는 고유한 기능을 알기 위해서는 무(巫)라는 한자를 분석할 필요가 있다. 아래·위의 직선과 그 선을 세로로 연결하는 수직선, 그리고 양쪽에 사람 인(人)이 있는 형상이다. 이때 위의 선은 하늘을, 아래의 선은 땅을 상징하며 그것을 연결하는 수직선은 무당을 나타낸다. 신령계와 인간계를 연결하는 무당의 직능을 나타내고 있다. 수직선 양쪽에 있는 사람 인(人)은 사람이 춤추는 모습을 형상화한 것이다. 즉 무당은 노래와 춤을 통해 신령을 접대하고, 액땜을 하며(이 액땜 방법 중의 하나가 대수대명(代壽代命)이다), 그 말씀을 받아 신도들에게 전하는 것이다.[54] 이것을 위해서 종교의식(굿)을 집행한다. 종교의식에 필요한 경전으로서 무속신화(巫歌)가 있고, 그 속에 우주의 질서와 교리적 지침이 들어 있다.

무교에서는 신을 향한 결단보다는 생활상의 당면 문제를 초월적인 신의 능력으로 해결하려 한다. 다시 말하면 현실적인 나의 소원 성취이며, 신은 세속적인 목적을 채워 주는 수단일 뿐이다. 그것도 기도와 같은 정신적인 방법이 아니라, 신에게 제물을 바침으로써 응답을 기대한다. 그러므로 무교는 지극히 현실적이며 자연숭배 사상과 우주 안에 편만한 초월적 신격에 대한 경배사상이 있는 다신교다.

### 세상과 인간 : 천계와 인간계의 조화

무교의 우주관에 의하면 우주는 천상, 지상, 지하로 삼분된다. 이것을 세 우주역(宇宙域)이라 하는데, 샤먼(무당)이 지니는 최고의 기술은 하나의 우주역에서 다른 우주역으로(이 세계에서 천상계로, 혹은 이 세계에서 지하계로) 넘어가는 기술이다. 천상, 지상, 지하로 이루어진 우주는 하나의 중심축에 꿰여 있는데, 세 우주역은 중심축에 연결되어 있기 때문에 서로 건너다닐 수 있다. 이 중심축은 '입구' 혹은 '구멍'을 관통한다. 신들이 지상으로 내려오고 사자들이 지하계로 내려갈 때 지나는 관문이 바로 이 구멍이다. 접신 상태에 든 샤먼의 영혼이 천상계를 여행할 때 날아 올라가는 통로, 지하계를 여행할 때 내려가는 통로도 바로 이 구멍이다. 바로 이 중심 구멍을 통해 신성한 존재가 나타나고 천계와 인간계가 조화를 이룬다.

하늘을 하나의 천막(혹은 뚜껑)으로 상상하면 은하수는 재봉선(裁縫線)이고, 별은 천막의 채광 구멍이 된다. 그리고 북극성은 하늘 한가운데를 받치고 있는 지주(말뚝)다. 그래서 북극성을 세계의 기둥이라 한다. 이런 우주관은 우리가 사는 모습을 그대로 보여 준다. 그러므로 기둥은 천상의 신들에게 올라가는(혹은 공물을 바치는) 통로가 된다. 그래서 사람들은 나무나 기둥 밑에서 신들과 교통하려고 하며, 그것을 위해 그 밑에는 제물의 상석(床石) 역할을 하는 제단이 있는 것이다. 이것을 확대하면 높은 산이나 큰 나무도 천상을 향한 통로가 된다. 일반 가정 안에서도 기둥이나 천장에 뚫려 있는 구멍을 통해서 신들과 교통하려 한다. 이렇게 볼 때 모든 인간의 주거지에는 세계의 중심을 향해 열리는 공간이 있는 것이다.[55]

무교에 의하면 인간은 삼신(三神)의 점지로 태어난다. 경성제대 교수였던 아키바(秋葉隆)와 아카마츠(赤松智城)는 《조선무속의 연구》(朝鮮巫俗の研究)에서 삼신의 기능과 역할을 다음과 같이 분류했다.

첫째 신은 살을 줌으로써 아기를 배게 해주고, 둘째 신은 뼈를 줌으로써 아기를 낳게 해주며, 셋째 신은 혼을 주어 아기를 크게 해준다. 그리하여 이 삼위의 신이 일체를 이룬다.[56] 또는 출생과 관련한 신이라 해서 산신(産神)이라 표기하기도 한다.

그러나 '삼'을 태(胎)를 의미하는 순수한 우리말로 보기도 한다. 출산을 돕는 일을 '삼바라지'라 하며, 태를 태우는 불을 '삼불'이라 하는 데서도 발견할 수 있다. 최남선은《조선상식》에서 삼신은 포태(胞胎), 수사(授嗣), 산육(産育)을 관장하는 명신(命神)이며, '삼'은 포태를 의미하는 우리말로 보았다.[57] 또한 '삼기다' 혹은 '삼다'는 '생기다, 태어나다, 혹은 만들다'는 의미를 가진 우리 옛말이다. '사위 삼다, 직업으로 삼다, 팔을 베개삼다' 등 오늘날에도 흔히 쓰이는 어법처럼 '남과 인연을 맺어 관계 있는 사람이 되게 하다', '어떤 것을 무엇으로 되게 하다'는 의미다. 특히 '짚신을 삼다, 모시를 삼다'는 '섬유를 찢어 그 끝을 꼬아 잇다'라는 뜻으로 생명을 주는 신의 기능과 상통한다.[58]

저승에는 인간의 수명이 수명부(壽命簿)에 기록되어 있어서 그것을 기초로 죽을 날짜에 정확히 저승으로 끌려가게 되어 있다고 한다. 이것을 볼 때 인간은 운명적 존재이며, 주어진 수명을 인간의 뜻대로 연장하거나 줄일 수 없다. 신이 내려 준 천수(天壽, 자기 수명)를 다하고 잘 살다 가면 되는 것이다. 무교에는 이상적인 목표로서의 인간상이 없다.

### 죽음이란 무엇인가 : 천수의 마침

영혼이 육신을 떠난 상태를 죽음이라 하며, 죽음 후에도 영혼은 계속 살아남는다. 이상적인 죽음이란 인생의 모든 통과의례를 다 거치고 나서, 천수를 다하고 나이 들어 자식들 앞에서 죽는 것이다. 그러나 천수를 누릴 사람도 운이 나쁘면 횡사할 수 있다. 천수를 타고났어도 그것을 누리지 못하게 하는 악신의 공격과 이에 대한 선신의 패배 때문이다. 인간의 몸은 신이 점지해 준 것이고, 그 보호를 받아야 한다.

그러나 그 관계는 절대적인 것이 아니라 인간과의 상대적 관계를 통해 결정된다. 비록 선한 신이라 해도 제사를 제대로 하지 않거나 대접을 소홀히 하면 산 자에게 앙갚음을 하는 관계로 돌변할 수 있다.

그러면 산 자와 죽은 자를 서로 구별하는 요소는 무엇인가? 그것은 인간을 혼육(魂肉)의 이원론, 혼백육(魂魄肉)의 삼원론, 삼혼칠백(三魂七魄)의 다원론 등 각기 어떤 실체로 파악하는가에 따라 다르다. 이원론으로 보면 죽음이란 단순히 혼이 육체를 떠난 것이다. 그러나 삼원론으로 보면 혼은 떠나지만 백은 그대로 시체 속에 남는다. 삼혼칠백론에서는 첫 번째 혼은 저승으로 가고, 두 번째 혼은 육신에 남아 있으며, 세 번째 혼은 자유로이 방황한다. 그리고 모든 사람은 두 귀, 두 눈, 두 콧구멍, 입의 일곱 가지 정령이 있는데, 이 칠백(七魄)은 육체에 그대로 남는다. 그러나 공중에 떠다니면서 산 자에게 길흉을 내릴 수 있는 혼이 저승을 다녀오는지 그냥 방황하는지는 명확하지 않으며, 또한 이 방황하는 혼과 시체에 그대로 남아 있는 백이 언제까지 존재하는지도 명확하지 않다. 다만 분명한 사실은 혼이나 백이 순수한 정신적인 실체가 아니라, 어디까지나 육체의 속성을 그대로 가진 물질적인 실체라는 사실이다.

이런 육체적인 혼백이 영원히 존재하느냐는 문제를 제기할 수도 있으나 무교에서는 그런 형이상학적인 문제에는 별로 관심을 쏟지 않는다. 중요한 것은 이승과 지상이며, 저승과 천당과 정신은 오직 이승의 연장으로서만 가치를 갖는다고 믿기 때문이다.

## 죽음 이후 : 저승에 거함

무교의 사후 세계는 분명하지 않다. 사후 세계를 낙원과 지옥으로 구분한 것은 다른 고등 종교와 접촉한 후에 이루어진 것이다. 불교의 영향을 받아서 선한 사람은 극락에 가고, 악한 사람은 지옥에 간다고는 하지만 실제로 굿을 보면 이러한 사상을 볼 수 없다. 죽은 영은 생전에 지은 죄 때문에 방황하는 것이 아니다. 따라서 심판하는 시왕이 있을 필요가 없다. 다만 한을 풀어 주고 살문을 씻어 주면 된다. 그리고 죽은 다음에는 하나의 저승이 있을 뿐이다. 거기는 선인이 가는 극락이 있고, 악인이 가는 지옥이 따로 있는 것이 아니다. 다만 원한 없이 저승에 가서 편안한, 새로운 형태의 삶을 살 뿐이다.[59]

그렇다면 저승은 어떤 곳인가? 원래 무교에서는 현생을 이승으로, 내세를 저승으로 구분했다. 사람이 죽으면 저승으로 간다고 생각한다. 그러나 저승 관념은 불교에서 온 것이다. 퉁구스 지역에서는 저승 관념이 뚜렷하지 않다.[60] 저승은 이승 저 너머에 있는 곳으로, 이승과는 수평적인 위치에 있다. 그곳에도 나무, 성, 물, 감옥, 왕, 계급 등이 있다고 하는 것을 보면, 저승 역시 이승과 그 존재 양상이 같다. 이승과 저승은 동떨어져 있는 것이 아니라 서로 연결되어 있다.

> 무교에서 저승이라는 공간은 자연 순환의 근원지요 이상향이다. 사람이 죽으면 원래 자신이 왔던 곳으로 돌아간다. 저승은 산이요 하늘이며 땅이고 바다다. 그곳은 한결같이 이승에서의 경험 안에 수용되는 자연이기도 하다. 이러한 산과 하늘, 땅 밑과 바다는 모두 이승에서 접할 수 있고,

내가 사는 자리에서 이어져 있다. 그러므로 저승에서의 하늘은 이승에서의 하늘이고, 이승에서의 바다는 저승에서의 바다이기도 하다.

결국 이승과 저승은 단절되어 있지 않다. 서로 이어져 있기는 하지만 하나는 아니다. 죽음을 계기로 이승은 저승과 다른 곳이 되고, 저승은 이어져 있으나 끊어진 저편이 되는 것이다. 이렇게 조령(祖靈)이든 원귀(寃鬼)든 마지막에 가야 하는 저승의 공간적 위치는 막연하며, 그냥 다리를 건너서 가는 저편이거나 모퉁이를 돌아가면 있는 곳으로 여겨진다. 그곳은 천상일 수도 있고, 지상일 수도 있다. 해가 지는 서방일 수도 있고, 극락이나 지옥일 수도 있다. 분명한 것은 저승과 이생이 서로 다른 차원의 공간으로 존재한다는 것이다. 그러나 구체적으로 자연이나 우주의 어느 곳이 저승인지는 알 수가 없다.[61]

그러면 이승과 저승이 구별(distinguishable)되면서도 분리(separable)되지 않는다는 주장은 어떤 뜻을 가지고 있는가? 그것은 죽음이 분명히 '단절의 사건'이기는 하지만 그 사건을 통해서 도달하는 하늘, 바다, 땅 밑, 산 등은 결코 별유세계(別有世界)가 아니라 이승의 '확대된 공간'이라는 것이다. 요약하면 '저승은 실재하는 어떤 다른 공간이 아니라 제장(祭場)으로서의 이질적(異質的)인 공간일 뿐'이다.[62] 이것은 무속에서 저승을 이승의 투사물로 생각했음을 나타낸다.[63]

저승에 다다른 사자(死者)는 심사를 거쳐 십대왕의 심판을 받는다. 심판의 기준은 혈연으로 이루어지는 인간관계가 기본이다. 부모에 대한 효도와 가정의 화목이 주안점이다. 그래서 이기심을 단죄하고 공동선을 강조한다.

극락도 지옥도 있다고 하지만 그곳이 어떤지, 하나의 장소(place)인지 아니면 어떤 조건(condition)인지, 혹은 진화의 단계(degree)인지는 분명하지 않다. 이런 점에서 볼 때, 최준식은 무교가 불교나 기독교, 또는 이슬람교 같은 세속을 초월하고 극복해야 한다는 세계적인 윤리 종교가 나오기 전 단계에 해당하는 종교 형태가 아닐까 생각한다고 말했다.[64]

무교에는 미래에 대한 종교적 구원의 관념이 없다. 그렇기 때문에 무교의 내세관은 종교적 구원의 의미가 아닌 자연적 순환의 의미로 나타난다. 즉 사람이 죽으면 저승으로 돌아가는 순환의 원리로 본 것이다. 따라서 무교의 신앙은 인간을 자연 속에서 태어나 살다가 죽는 존재, 그리고 고생하며 불행하게 살다가 죽거나 또는 갑작스러운 죽음이 아닌 자연스러운 죽음을 맞이하고 죽은 후에도 살아 있는 자와 자연스럽게 관계를 유지하거나 단절하는 것을 이상으로 여겼다. 그러므로 무교에서는 현 존재의 초극이나 부정의 모습을 찾아볼 수 없다.

## 구원의 방법 : 굿을 통한 재수의 회복

무교에서 죽은 자가 구원을 얻는 방법은 굿을 통해서다. 굿을 통하여 앙금으로 남아 있던 원한이나 유감을 깨끗이 씻고, 재수를 회복한다. 재수는 단순히 '금전이나 건강, 장수를 위한 좋은 운수'를 나타내는 말에 국한된 것이 아니라 오히려 삶 전체의 안전·보호·생존의 보장 등을 의미한다. 이것은 잃어버린 조화 내지는 부조화를 제거하고 새로 얻는 조화로 말미암아 실현되는, 궁극적이고 총체적인 구원을 뜻한다.[65]

이승과 저승이 명백하게 갈라지지 않는 원시미분(原始未分)의 일원적인 신앙체계 안에서는 자연세계와 인간사회의 질서가 서로 중첩되고 교차하면서, 자연 요소들과의 우주적인 친교를 통하여 사회의 조화가 확보된다. 이러한 과정을 통하여 신령들과 인간 사이에는 소원해졌던 관계가 활성화되어 친교가 이루어진다. 굿상의 음식은 그리스도인의 입장에서 이해하자면 성찬(聖餐)과 비교된다. 신령과 인간들이 굿떡을 나눔으로써 신령과의 합일을 상징적으로 이루어 구원을 체험하는 것이다. 그러므로 굿상에서 '우주적 종교성'이 형성된다. 이렇게 계발된 소속감은 의례 공동체 구성원의 연대적인 삶의 원동력으로 작용한다. 즉 공동 식사와 대동 음복으로 요약되는 대동잔치인 굿은 공동생활을 통하여 삶의 갈등과 모순에 공동으로 대처하고, 불운이나 재앙의 해소를 위해 공동으로 노력함으로써 연대적 집단 치유를 진행하는 것이다.[66]

사람의 행복과 불멸성은 사후에 그 사람의 친척들이 보여 주는 보살핌과 존경에 달려 있다. 만약 어떤 사람이 종족에서 추방되거나 공동체를 위협한 죄로 살해되었을 때, 그는 사실상 소멸된다. 왜냐하면 그가 살아 있는 사람들에게 기억되지 않고서는 그에게 적절한 의식을 치러 주는 것이 불가능하기 때문이다. 그는 사자(死者)들에 대한 씨족의 기록부에서 지워진다.

또한 무교에서 사회적 영향력이 없는 사람들은 사후에 실제로 존재하지 않는 것처럼 보인다. 그들은 완전한 인간들이 아니며 생존할 수 있는 인격을 가지고 있지 않다. 영원의 세계에서 확실한 위치를 차지하고 있는 사람들은 그들의 공적과 사회적 지위를 통해서 영원히 기억될 사람들로서 예컨대 용사와 우두머리 같은 이들이다.[67] 그러나 결국 그들도 사라진다. 노만 앤더슨(Norman Anderson)은 고대인들의 생활환(生活環)[68]을 설명하면서 죽음 이후 상당한 기간 동안 출몰하지만 점차 잊히는 존재가 된다고 했다. 죽은 자는 다시 해체되어 사라지거나 탄생할 수도 있다. 그러므로 자연순환론적이다. 박일영은 무교에서 구원관은 이러한 영원한 생성 변화의 과정을 말하는 음양론적 구원관이라고 했다.[69]

## 2. 유교의 죽음이해

### 핵심 교리 : 지천명(知天命)

유교는 종교인가? 린위탕(林語堂)[70]은 말했다. "유교는 기독교와는 달리 땅 위에 관한 것이고 땅에서 난 것이다. 엄격하게 말해서 그것은 종교가 아니다. 그것은 거의 종교적 감정이라고 말할 수 있는 삶과 우주에 대해 어떤 감정을 가지고 있지만 종교는 아니다."[71]

수많은 유학자들도 유교는 종교가 아니라 윤리나 철학이라고 말한다. 그러나 유교는 종교적인 가르침이라고 할 수 있다. 왜냐하면 자기 존재의 근원을 찾기 위해 삶 너머의 존재인 조상들을 숭배하고, 더 나아가 제사 의식이 있기 때문이다.

제사란 자신의 뿌리, 자기 존재의 근원에 대한 확신 혹은 모색이라는 해석이 가장 일반적인 설명이지만, 사실은 유교식 '영생법'이다. 불멸에 대한, 혹은 영생에 대한 인간의 욕구가 제사를 통해 표현되기 때문이다. 비록 간접적이긴 하지만 영원히 존재하고 싶은 인간의 열망을 제사라는 형식을 통하여 표현하는 것이다. 제사란 바로 자신이 죽지 않고 자식을 통해 살아 있다는 것을 확인하려는 종교적 행위다. 그러므로 제사는 인간이 가지고 있는 궁극적 문제에 대해 종교가 제공할 수 있는 두 가지 기본적인 해결책, 즉 삶에 대한 궁극적 의미와 죽음에 대한 극복 방법을 제시하고 있다.[72]

가지 노부유키(加地伸行)는 이렇게 말했다.

> 유교의 기원은 샤머니즘에 있다. 죽은 이에 대한 초혼이 그것이다. 게다가 혼(정신)만이 아니라 백(육체)도 불러들인다. 이를 신주(神主)에 깃들게 하여 '이 세상'에 죽은 사람을 재생시킨다. 물론 자연환경과 관습이 다르기 때문에 지역과 민족에 따라 표현 방법은 각각 다르다. 그러나 초자연계나 초자연적인 존재에 접할 수 있었던 점은 공통적이다. 샤머니즘의 대부분은 한낱 샤머니즘 수준에 머물렀거나 머무르고 있는 데 비해, 유교는 나중에 천재적인 사상가 공자의 손을 거쳐 가족도덕으로 연결되고, 황제제도가 확립된 중국 전한 시대에는 정치이론의 단계까지 발전했다. 그 후로도 자체 내에서 계속 발전하면서 중국을 지탱하는 큰 문화로 존속했다. 이와 같이 샤머니즘을 기반으로 역사를 움직이는 거대한 이론체계를 만들 수 있었던 것은 아마도 전 세계에서 유교뿐일 것이다.[73]

요약하면 유교의 기원 자체가 종교적이라는 뜻인데, 더 중요한 것은 제사가 종교성을 가진다는 점이다.

그렇다면 유교의 가르침은 무엇인가? 고대로 올라가면 은나라에서는 상제(上帝)가 궁극적 실재였다. 그러나 공자는 상제에서 인격적 개념을 뺀 자연과 만물을 주관하는 개념으로 천(天)을 말했다. 천에서 생명이 시작되어 만물로 이어지고, 그 만물 속에서 정신을 가진 인간이 나온다는 것이다. 그러므로 생명의 원인은 하늘이다. 정신 작용이 부여되지 못한 동물과 식물과 달리 인간은 생명을 준 하늘로 되돌아가는 환원 운동이 가능하게 되었다. 하늘이 인간에게 준 것이 천명(天命, the mandate of heaven, 하늘의 위임)이다.

'천'(天)이 궁극적 실재라면 '도'(道)는 천(天)의 작용이다. 만물을 창조하고 유지하는 천(天)의 작용을 일정한 길이 있는 것으로 파악함으로써 붙은 개념이다. 그러니까 도(道)는 우주 만물의 규율·원리·본원·본체 등을 가리키는 하늘의 작용이다. 천(天)이 내재되면 성(性)이 된다.

천(天)으로 이해된 궁극적 실재는 인간의 본성으로서 인간에 내재한다. 인간에 내재한 천(天)이 성(性)이고, 성(性)이 인간을 포함한 만물의 존재 원리로 확장된 것이 천(天)이다. 그러니까 상제(上帝)에서 천(天)으로, 천(天)에서 성(性)으로 이어지는 일련의 연속성을 가진다.[74]

《중용》(中庸)의 첫 구절은 "하늘이 명(命)한 것을 성(性)이라 하고, 성에 따르는 것을 도(道)라고 하며, 도를 닦는 것을 교(敎)라고 한다"[75]로 시작되는데, 이는 공자의 천명사상이 바로 유교의 출발점임을 단적으로 말해 주고 있다. 이 천명을 알고 행하는 것이 유교의 핵심이다.

## 세상과 인간 : 수기치인(修己治人)

이 세계는 태곳적부터 존재했고, 또 존재할 것이다. 그러므로 유교는 세계의 운행원리(運行原理)에 관해서는 많이 언급하고 있지만, 창조원리나 종말에 관해서는 특별한 주장이 없다. 창조론이 문제된 것은 송대(宋代) 성리학(性理學)에서 우주 만물의 생성원리를 이기론(理氣論)으로 해명하는 과정에서 비롯되었다. 이기론의 논리체계에 의하면, 이 가시적인 세계가 있기 전에 이미 순수한 이치(理)와 순수한 기운(氣)이 존재했다. 이 순수한 이치가 순수한 기운을 응결시키는 과정에서 가벼운 것은 하늘을 만들고, 무거운 것은 땅을 만들었으며, 그 가운데 만물을 빚어 만들었다. 그때 기운이 맑고 순수한 것이 응결되면 고등생물이 만들어지고, 탁하고 잡박(雜駁)한 것이 응결되면 하등생물이 만들어졌다. 따라서 사람은 가장 우수한 기운이 응결되어서 만들어진 존재다. 그러나 이는 어디까지나 기(氣)의 세계에 국한된 물질적 차원에서의 논의에 지나지 않는다. 이(理)의 세계에서는 여전히 창조, 운행, 종말의 시간적 변화가 없다.[76]

지구를 운행하는 하늘의 작용에는 시작과 종말이 없기 때문에, 지구의 본질을 천명으로 이해한다면 지구는 시작과 종말이 있을 수 없다. 물질적인 지구(地球)가 종말을 맞이하면 천명은 또 새로운 형태의 지구를 만들어 낼 것이므로 천명의 입장에서 판단한다면 모든 것은 영원하다.

유교의 이러한 사고방식 때문에 유교에는 종말론이 강하게 대두되지 않는다. 반면에 유교에서는 하늘의 뜻을 따르는 것과 그렇지 못한 것을 구별하는 것에 관심을 집중한다. 하늘의 뜻에 따르는 사람은 종말을 초월하여 영원성을 확보하지만 그렇지 못한 사람은 단절된 삶을 살 수밖에 없는 존재로 이해된다. 이러한 논리가 가장 여실히 적용되는 것이 왕조(王朝)의 흥망성쇠다.

특히 인간의 육체는 하늘이 음양오행(陰陽五行)이라는 재료를 가지고 빚어 만든 결과다.[77] 그러나 인간의 마음은 하늘과 통하므로 하늘의 이치와 인간 삶의 합일을 추구하는 것이 삶의 목적이며, 하늘은 영원성을 가진 존재이기 때문에 천인합일(天人合一)의 경지가 되면 하늘과 인간은 일체가 되어 영원히 지속되는 존재가 된다. 그렇게 되면 이미 삶과 죽음, 시작과 끝, 창조와 종말이라고 하는 한계성은 극복된다.[78]

유교에서는 이 세계의 운행을 하늘의 작용으로 이해했지만, 하늘을 사람의 본질과 연결된 존재로 파악함으로써 이 세계의 운행이 사람의 마음과 의지에 의한 것으로 설명한다. 민심을 천심으로 이해하는 논리 구조가 바로 여기서 연유한다.[79]

유교에서 말하는 참다운 인간, 그리고 어떻게 그 목표에 도달하느냐는 다음과 같다. 유교는 참다운 인간이 되는 방법으로 수기(修己)와 치인(治人)을 제시한다. 우선 자기를 닦고, 그것을 바탕으로 다른 사람을 다스리고 편안하게 해주는 것이다. 수기의 방법은 인(仁)과 의(義)다(공자는 인을 강조했고, 맹자는 의를 강조했다). 치인의 방법은 덕이며, 덕을 가지고 다스릴 때 왕도(王道)정치가 되고, 그렇지 못할 때 패도(覇道)정치가 된다. 이 가치관을 요약하면 수신제가치국평천하(修身齊家治國平天下)다. 이 길을 따라가는 사람을 군자(君子)라 하며, 이는 유교의 이상적인 인간상이다.

후에 맹자는 이런 사람은 군자에 머물지 않고 성인(聖人 : 하늘에서 타고난 본래의 성품을 완벽하게 회복하여 실천하고 있는 사람이며, 이런 의미에서 성인은 하늘과 합일되는 존재)이 될 수 있다고 했다.[80]

## 죽음이란 무엇인가 : 혼백의 분리

죽음은 삶의 끝이거나 부정이 아니다. 오히려 죽음은 항상 우리와 함께, 여기 삶의 일부로서 언제나 존재한다. 죽음은 삶 속에 있고, 삶은 죽음 안에 있다. 이것은 자연의 법칙이요, 변화의 관념에 근거한다. 죽음은 삶의 다른 편이자 삶의 연장이요, 삶은 죽음의 다른 편이고 연장이 되는 이유다.[81]

무의식은 의식의 잠재력이요 의식은 무의식의 표현인 것처럼, 죽음은 그 잠재력이나 배경으로 돌아오는 것을 의미한다. 그러므로 죽음은 삶의 잠재적 본성에로의 전이 혹은 회귀다. 죽음이 임하면 우리의 의식은 활동을 멈추고, 잠재력 즉 무의식의 배경으로 남는다. 이렇게 그들은 상호보완적이다. 그러므로 죽음은 삶의 연장이요, 삶은 죽음의 연장인 것이다. 육체와 영체는 상호의존적이기 때문에 우리는 둘 중에서 어느 한쪽을 제외하고 한 가지만을 말할 수 없다.[82]

북송 시대 이학의 대가 장재(張載)는 생사기화론(生死氣化論)에 근거하여 죽음을 이렇게 설명했다. "원기(元氣)가 모여들어도 내 몸이요, 흩어져도 내 몸이니 죽음이 완전히 소멸이 아님을 아는 사람은 그 본성에 대하여 말할 수 있을 것이다."[83]

결국 죽음은 우주의 모든 생명체가 맞이하는 자연스러운 결과이자 모든 생명이 발전하여 도달하는 최종의 완성형으로 여기며, 한 걸음 더 나아가 양극이 서로 통하는 원시적이고 소박한 우주 관념을 빌려 이러한 종결의 합리성을 인정했다.

《주역》(周易)에서는 "시작에 근원하여 끝으로 돌아가는 것이니 여기에서 삶과 죽음을 알 수 있다"고 하였다.[84] 시작이 있으면 끝이 있는 것과 마찬가지로 삶이 있으면 곧 죽음도 있다. 이는 자연 변화의 상리(常理)이므로 무서워하거나 곤혹스러워할 필요가 없다. 죽음은 생명 자체가 발전하는 하나의 자연스러운 단계에 지나지 않으므로 마음을 편안히 하고 자연에 순응한다면 별로 신비스러울 것도 없고, 사람을 질식시키는 공포도 있을 수 없다.

낮과 밤이 바뀌는 것이 바로 삶과 죽음의 도(道)다. 삶의 도를 알면 곧 죽음의 도를 알게 된다. 사람을 섬기는 도를 다하는 것이 바로 귀신을 섬기는 도를 다하는 것이다. 삶과 죽음, 사람과 귀신은 하나이면서 둘이고, 둘이면서 하나다.[85]

삶의 도리를 깨달으면 자연히 죽음의 도리도 깨닫게 된다. 왜냐하면 죽음은 사실 삶의 연속이며 삶의 일부분이기 때문이다. 그러므로 삶을 받아들인다면 동시에 죽음도 받아들여야 한다. 사람은 마음을 고요히 하고, 본성을 잘 다스리며, 자연스럽고 소박한 심신을 양성하여 모든 것을 자연에 따라야 한다. 이처럼 삶과 죽음을 생명이 발전하는 자연스러운 단계로 여긴다면 그 수수께끼를 풀고 생존 의식을 분명하게 획득할 수 있으며, 죽음의 두려움과 같은 풀기 어려운 매듭이 다시는 마음속에 얽히지 않을 것이다.

사람이 태어나는 것도, 죽는 것도 하늘의 뜻이기 때문에 장례식을 하는 것은 하늘의 뜻을 따르는 것이다. 그러므로 슬픔은 너무 지나쳐서도 안 되고 너무 모자라서도 안 된다. 하늘에서 타고난 성품에서 발휘되는 자연스러운 것이 가장 적합하다. 따라서 장례식에서 슬픔을 표현하는 가장 적당한 선을 제시해 놓은 것이 상례다.[86]

이런 전제하에서 좀 더 구체적으로 말하면 인간은 정신과 육체로 이루어져 있고, 정신을 주재하는 것을 혼(魂), 육체를 지배하는 것을 백(魄)이라 한다. 이것이 심신이원론(心身二元論)이다. 혼백은 인간이 살아 있을 때는 공존하면서 안정된 상태를 유지하지만 죽으면 분열한다. 분열된 혼은 하늘로 부유(浮遊)하고 백은 지하로 간다. 지하라 해도 아주 깊은 곳이 아니라, 인간이 관여할 수 있는 범위 안에 있다. 그렇기 때문에 혼을 혼기(魂氣)라고도 하고, 백을 형백(形魄)이라고도 한다. 그것은 기(氣) 즉 혼의 부유 상태, 형(形) 즉 백의 고정 상태를 나타낸다. 혼(魂)이라는 글자 왼쪽, 즉 운(云)에 우(雨, 비)를 붙이면 운(雲, 구름)이라는 글자가 된다. 운은 기운이 올라가는 것을 묘사한 문자다. 이 기운이 모이거나 흩어진다고 중국인은 생각했다. 하늘에 있는 구름, 그 구름이 혼의 이미지인 것이다.

고야마 기와무(合山究)는 중국인과 구름의 깊은 관계를 논한 유명한 저서 《운연(雲烟)의 나라-풍토로 본 중국문화론》을 낸 바 있는데, 예로부터 중국인은 구름과 친숙하다. 혼은 정말로 구름처럼 떠도는(遊魂) 것이다.

백(魄)이란 글자는 부수로 쓰이는 백(白)에 깊은 의미가 있다. 이것은 백골(白骨)을 의미한다. 사체 처리는 백골을 만드는 것이 궁극적인 목적이다. 가장 효과적인 방법은 육체를 들판에 내버려 두는 것이다. 부패의 진행이 빠르기 때문이다. 사실 먼 옛날에는 사체를 들판에 내버려 두었다. 하지만 들판에 버려두면 개나 들짐승이 사체의 일부를 뜯어먹거나 물어가 버릴 우려가 있어 유족이 받아들이기 어려웠다. 그래서 사체를 관리하는 일이 필요했는데, 그 관리 방법의 하나로 흙을 덮어 유골이 흩어져 없어지지 않도록 했다. 그래서 묘(墓, 봉분을 만들지 않고 유체를 묻기만 하는 것), 또는 봉분을 한 무덤인 분(墳)이 만들어지게 되었다.[87]

## 죽음 이후 : 초혼(招魂)과 재생(再生)

유교에 의하면 모든 생명의 정점에 인간이 있으며, 타고난 성명(性命)을 잘 닦아 귀천(歸天)하는 것이 인간 삶의 본분이다. 죽으면 혼과 백은 분리되어 각각 천상과 지하로 간다. 그러므로 사체를 불태우거나 그냥 버리지 않는다. 그런 일은 있을 수 없다. 왜냐하면 백골, 즉 그것이 추상화된 백(魄)이 없으면 그것을 매개로 한 중요한 의식을 치를 수 없기 때문이다.

그 의식이라는 것은 혼을 '이 세상'으로 불러오는 것이다. 그래서 분리된 혼과 백을 다시 결합시킴으로써 '이 세상'에 재생할 수 있다. 원래의 장소로 혼을 불러들여 백을 회복시키는 일, 이것이 초혼복백(招魂復魄)이다. 혼이 돌아오고 백이 돌아와서 혼과 백이 공존한다. 죽은 사람이 '이 세상'에 다시 나타나는 것이다. 그래서 유족과 대면한다. 이미 현세에 있을 때와 같은 모습은 아니지만 재생한다. 이를 초혼복백재생, 줄여서 초혼재생(招魂再生)이라고 한다. 이 경우 죽은 사람의 혼백은 어디로 돌아오는가?

고대에는 사람이 호흡을 하지 않게 되면 혼이 육체에서 뛰쳐나와 승천했다고 생각했다. 그래서 고대 중국에서는 지붕에 올라가 죽은 사람이 입고 있던 옷가지를 흔들며 돌아오라고 외쳤다. 이것을 복(復)의 예(禮)라고 했다. 그 뒤 얕은 구덩이를 파고 사체를 그곳에 넣어 햇볕을 받게 하는 사(肂) 또는 빈(殯)이라는 의례를 행했다. 이렇게 하면 살이 부패하여 골격이 새하얗게 드러난다. 이것을 사(死)라고 했고, 이 백골을 백(魄)이라고 했다. 백(白)이라는 글자와 결합시킨 것은 뼈가 하얗게 되었기 때문이다. 새하얀 뼈 중에서 두개골만을 남기고 나머지는 땅에 묻었다. 이렇게 묻는 것을 장(葬)이라고 했다.[88]

두개골을 사당(廟 : 혼을 모시는 곳)에 모시고 제사를 지냈다. 죽은 혼을 불러낼 때 두개골을 탁자 위에 올려놓는다. 술은 백을 부르기 위함이며, 향을 피우는 것은 혼을 부르기 위함이다. 혼은 천상을 떠다니고 있기 때문에 손을 댈 수 없어 안전하지만, 백은 땅 위에 있기 때문에 확실히 관리하지 않으면 잃어버릴 가능성이 있다. 백을 잃어버리면 초혼재생이 곤란하다. 그 때문에 백, 구체적으로는 백골을 관리하는 분묘를 중요하게 여긴다. 죽은 이의 육체를 불태우거나 내버리는 일은 있을 수 없다. 유교 문화권의 중국·한국·일본에서 분묘를 중시한 것은 바로 이러한 이유에서다.

그런데 죽은 이의 두개골은 불쾌감을 주기 때문에 점차 그 대체물을 사용하게 되었다. 처음에는 기두(頭), 즉 죽은 사람 얼굴과 비슷하게 만든 마스크를 사용했다. 그러나 이것도 어색하여 더욱 단순화해서 만든 것이 나무판자로 된 신주(神主)다.《주자가례》(朱子家禮)를 보면 신주의 모양은 사람의 모습을 나타낸 것으로 인형의 상징이다. 현대적 용어로 말하면 죽은 이의 사진, 즉 영정이다. 이렇게 혼(魂)이 깃드는 곳을 신주라고 한다. 불러낸 혼·백이 신주에 의지한다. 이 신주에 혼·백이 깃들게 하는 초혼재생 의례가 조상제사다. 그래서 신주를 위패라고 칭하여 선조 공양을 하게 되었다.[89]

혼을 부르면 '이 세상'에 돌아올 수 있다고 생각한 것은 중국인의 세계관 때문이다. 중국인은 발로 밟을 수 있는 현실적인 이 땅을 인정한다. 대지의 존재를 인정한 다음, 하늘을 원형의 둥근 천장으로 생각했다. 이

둥근 천장은 낮에는 태양이 지나가고 밤에는 별자리로 아로새겨진다. 이 원형인 하늘과 직선인 땅으로 둘러싸인 범위 내, 즉 하늘 아래(天下)와 땅 위(地上)로 제한된 유한한 공간만을 중국인은 믿었다. 중국인에게 무한한 공간이라는 감각은 없다.

그러므로 이 천하, 즉 지상 이외의 장소, 이를테면 기독교가 말하는 천국이나 지옥, 불교가 말하는 극락이나 지옥은 중국인과는 무관한 세계에 지나지 않았다. 혼(魂)은 아무리 위쪽으로 올라가도 하늘의 둥근 천장 부근에서 멈추며 그 선을 넘어 밖으로 나가는 일은 없다. 즉 천국이나 극락에는 가지 않는다. 아니 갈 수 없다. 백(魄) 역시 지하라고 해도 땅 표면에 가까운 곳에 백골로 있는 것이다. 혼도 백도 하늘 바깥(天外)이나 땅 바깥(地外)으로 나가는 일은 없기 때문에, 살아 있는 인간 그리고 만물과 함께 '이 세상' 속에 있는 것이다. 그렇기 때문에 혼·백을 부르면 '이 세상'에 돌아올 수 있다. 혼도 백도 '저세상'이 아닌 '이 세상'에 있다. 제사에서 혼·백이 온다고 생각한 것은 혼·백이 '이 세상'에 있기 때문에 부르면 돌아온다는 것이며, 그러한 합의 위에서 초혼(招魂)을 하는 것이다.[90]

죽은 이의 혼과 백을 기일에 불러들일 때는 혼과 백이 깃들 장소가 필요하다. 그 때문에 유교는 신주를 만들었다. 신주에 깃든 혼·백은 그 의식이 끝나면 신주에서 벗어나 원래의 장소로(혼은 그대로 넓은 하늘을 떠다니고, 백은 관리 장소인 묘로) 돌아간다. 남은 신주는 종묘, 또는 사당이나 주거 내의 사단(社壇)으로 옮겨 안치한다. 이것이 유교의 조상제사의 핵심이다. 그러므로 조상제사는 유교의 것이다. 유교는 살아 있을 때는 성인이 되려 하고, 죽은 뒤에는 조상제사를 통해 삶의 세계로 회귀하려 한다.[91]

초혼재생의 목적은 위령(慰靈 : 영을 위로함)이다. 죽음의 두려움에 떠는 이에게 "우리가 당신을 잊지 않고 반드시 불러들이겠습니다"라는 초혼재생을 약속해 주면, 죽음이 무섭기는 해도 어느 정도 안심할 수 있다. 이 초혼재생의 맹세를 현대의 말로 옮기면 '죽은 이에 대한 기억'이다. 자신이 이 세상에 살아 있었음을 기억해 주기 바라는 소망인 것이다.

누구보다도 더 절실하게 회상할 사람은 가족이나 친지들, 곧 혈연관계에 있는 사람들이다. 그러므로 초혼재생, 즉 조상제사를 행하는 주체는 그 '자손'이다. 그래서 자손을 갖는 일이 중요한 의미를 지닌다.

## 구원의 방법 : 조상제사

유교에서 영혼이 있는 곳은 결코 '저세상'이 아니다. 기독교나 불교 같은 신앙을 가지고 있지 않은 사람은 죽은 뒤에 그 혼이 '이 세상'에 머무른다고 생각한다. 사후에 영혼이 존재한다는 것은 인정하지만 천국이나 극락, 지옥이라는 '저세상'을 믿지 않는 것이 사실이다.[92]

그러므로 제사를 통해 주기적으로 후손들에게 기억됨으로써 영원히 존재하고 싶은 인간의 보편적 욕구를 충족시키는 것이 구원이다. 그러므로 유교 제사는 '간접 영생법'이다. 자기 영혼이 사후에도 계속 존재하는 것이 아니라 자기는 소멸되지만 분신인 후손을 남겨 놓아 그를 통해 영생한다는 의미에서 간접적이다.[93]

이렇게 볼 때 조상은 과거이고 자손은 미래다. 효(孝)라고 하면 대부분의 사람들은 자식이 부모에게 복종하는 미덕으로 이해하는데 그것은 오해다. 유교의 효는 죽음과 연관된 '종교적인 효'다. 왜냐하면 효를 통해서 인간은 생명을 이어 갈 수 있기 때문이다. 그러므로 효를 현대 말로 말하면 '생명의 연속에 대한 자각'이다. 다시 말하면 '현재를 영원히 자각하는 것'이다. 여기서 '죽음'을 보는 눈이 '삶'을 보는 눈으로 바뀐다. 죽음의 의식에서 광대한 삶의 의식으로 바뀌는 이것이 유교의 사생관이다. 궁극적으로는 '생명의 연속에 대한 자각'을 발견하고 이어 가는 것이다.

그러므로 초혼재생을 핵심으로 하는 조상제사는 '정신(魂)의 영원성'을 가르친다. 자기는 죽지만 자손이 대를 이음으로써 '육체(魄)가 영원'할 수 있음을 가르쳐 준다. 그러므로 형태는 바뀌지만 자신의 정신과 육체는 영원히 '즐거운 이 세상'에 '현재로서 계속 존재'할 수 있다는 사실을 자각하는 것이 유교이며, 그것을 반복하는 것이 구원이다.

## 3. 도교의 죽음이해

### 핵심 교리 : 불로장생(不老長生)

도교(道教)는 엄격히 따져서 두 가지를 의미한다. 하나는 도가(道家) 사상이요, 다른 하나는 도교(道教) 신앙이다. 도가사상은 정신적으로 누릴 수 있는 절대 자유와 초월을 추구하고, 도교 신앙은 육체적인 불로장생을 기본 목적으로 한다. 도가사상은 노자(老子)와 장자(莊子)의 사상을 중심으로 이루어지므로 '노장사상'이라고도 한다. 도교 신앙은 기원후 2세기경 장도릉(張道陵)이 세운 종교를 말한다.

민간 종교로서 도교는 노자와 장자의 글을 인용하지만 그 목적은 노장사상과 정반대라고 해도 과언이 아니다. 앞에서 지적한 대로 도가사상이 죽음과 삶의 문제마저도 초월하는 참 자유를 추구하는 데 반해, 민간종교로서 도교는 육체적 생명을 최대한 연장하고 죽음을 맛보지 않는 육체적 불멸을 최고의 가치로 여기는 종교 전통이다. 여기에는 노자의 사상뿐 아니라 오행(五行), 신선(神仙), 양생(養生), 무술(巫術), 치병(治病) 등에 관련된 사상이 포함되었다.

4세기의 갈홍(葛洪)이 민간 종교로서의 도교를 《포박자》(抱朴子)에 종합 정리했다. 이 책에서는 신선이 되는 방법으로 올바른 음식물과 약초의 섭취, 한 번 들이마신 숨을 오래 지속하고 천천히 내보내는 호흡 조절, 될수록 많은 젊은 여인과 성교를 하되 사정을 하지 않고 그것을 온몸으로 순환하게 해서 정신을 맑게 하고 몸을 가볍게 한다는 방중술, 연금술로 만든 금단 등 선약 복용, 기를 보존하기 위한 방법 등을 제시한다.[94]

도교의 중심 개념은 도(道)다. 노자는 도가 천지만물의 근본이라고 보았다. 그는 도에 대하여 이렇게 말했다.

> 혼돈 속에 이루어진 어떤 것이 있으니 천지보다 먼저 생겼다. 그 소리를 들을 수 없고 또한 그 형체도 볼 수 없다. 독자적으로 존재하되 영원히 변치 않고 어느 곳에나 통하되 쉬지 아니하여 일체 사물들의 어머니가 될 수 있다. 나는 그 이름을 알지 못하여 그것을 도라 부르고 억지로 그것을 이름하여 지극히 큰 것이라고 하고자 한다.[95]

이와 같이 노자는 천지만물의 어머니를 도(道)라 하였다. 그 도는 형체도 없고 소리도 없으나 다른 어떤 것에도 의존하지 않는다. 또한 천지 사이 어디에나 통하여 영원히 변치 않고 쉬지도 않으면서 천지만물을 존재하게 하고 자라게 하는 궁극적 실재다.

도가(道家)의 생사관은 천명 따위의 초월적 실체를 설정하지 않고 무위자연의 천도(天道)를 바탕으로 삼는다. 유가(儒家)의 천일합일은 만물 창생의 원리를 이 세계에 펼쳐 드러내는 천도(天道)와 나날이 새롭게 도덕적 행동을 실천하는 인도(人道)의 궁극적인 합치를 의미한다. 그러나 도가(道家)는 유가(儒家)가 세속적인 것에 머물러 범위가 좁다고 여겨서, 인위적인 도덕률을 초월하고 천도의 자연 무위에 순응하여 다다를 수 있는 천인합일을 강조한다. 유가는 천도의 운행에서 끊임없이 만물을 창생하는 천명의 한없는 덕과 힘을 보았다. 그러나 도가는 유가가 인륜 도덕이라는 색안경을 끼고 천도(天道)를 보아서 창생의 힘은 보았으나 사멸은 보지 못했고, 있음의 세계는 보았으나 없음의 세계는 보지 못했으며, 나날이 쌓아 나가는 원리는 보았으나 덜어 내는 원리는 보지 못했다고 주장한다. 따라서 유가의 천도관은 단편적인 견해일 뿐이지, 심원하고 오묘한 자연의 실상을 참되게 관찰하지는 못했다고 강조한다. 노자는 "도는 자연이다"라는 말로 궁극적 진실에 대한 관점과 체득을 표현하며, 자연 무위인 천도의 품으로 돌아가서 그것과 하나가 되는 것을 생명의 궁극적인 목표로 삼는다.[96]

### 세상과 인간 : 무위자연(無爲自然)

천지만물은 궁극적 실재인 도에서 분화되어 나왔다. 태초에는 아무것도 존재하지 않았다. 그러한 무에서 일자(一者)가 생기고, 그 일자에서 점차 다양한 분화가 일어났다. 이러한 세계 창조는 일종의 자연적인 분화 과정이라 할 수 있다.[97]

여기서는 자연을 절대적으로 보았다. 자연이 도(道)의 근원이다. 이것은 자연의 신격화다. 자연에 순응하는 것이 최고의 가치이며, 삶의 원리가 된다. 자연이라는 말만 생각해도 알 수 있다. 자연(自然)은 스스로 자(自), 그럴 연(然)이다. 스스로 그런 것이다. 다른 어떤 존재에 의하여 움직이지 않는다. 위진시대 철학자 곽상(郭象)이 지적한 것처럼 자연은 '사연'(使然)이 아니다. 사연은 '시켜서 그러한' 것이다. 자연이 주동적이고 능동적이라면, 사연은 피동적이고 수동적이다. 도는 절대자이기 때문에 그 위에서 무언가를 시키는 존재가 있을 수 없다. 도는 그 자신 이외의 어떤 것에 의해 존재하고 움직이는 것이 아니라 스스로 자기 존재를 성립시키며 자기 조절을 하면서 스스로 움직여 간다. 도교는 억지가 아니라 자연에 따라 살아가기(무위자연)를 주장했다.[98]

노자와 장자가 이상적으로 여기는 인간형은 지인(至人) 또는 진인(眞人)이다. 이들은 모두 수련을 통해 만들어진 선인(仙人)이다. 지인은 인간과 자연 사이에 간격 없이 자연과 조화를 이룬 사람이다. 자연과 하나 된 지인은 어떤 것에도 의존하지 않을 수 있는 독자적 인생관을 가지고, 걸림 없는 자유를 누리며 소요자재(逍遙自在)하면서 자연에 따라서 살아갈 수 있다. 이러한 사람은 구름을 타고 해와 달을 몰아 사해(四海) 밖에서 노니는데, 죽음이나 삶도 그의 마음을 움직이지 못한다.[99]

도교에서는 불로장생하는 신선이 되는 것을 이상으로 여긴다. 신선은 재물과 권력과 명예와 세속적 가치에 초연하면서 산수간(山水間)을 자유롭게 오가며 시간과 공간에 제한받지 않고 자연을 벗 삼아 살아갈 수 있다.[100]

## 죽음이란 무엇인가 : 생사일여(生死一如)

장자의 관점에 의하면 인간이 태어나고 죽는 것은 천지에 가득 널려 있는 기(氣)가 모이거나 흩어진 결과로 자연의 끊임없는 변화의 현상 중 하나일 뿐이다. 탄생이 있으면 반드시 죽음이 있고, 죽음이 있으면 반드시 탄생이 있으므로 둘을 따로 떼어 놓고 보아서는 안 된다. 장자는 말했다. "삶은 죽음의 계승이고 죽음은 삶의 시작이다. 그 규칙을 알 수 있는 자가 누구인가? 사람이 태어나는 것은 기(氣)의 모임이다. 기의 모임이 탄생이고 기의 흩어짐이 죽음이다. 죽음과 삶은 본래 순환하는 것이니, 내가 또 무엇을 걱정하겠는가?"[101]

그러므로 노장에서는 죽음의 세계와 삶의 세계가 구분되어 두 개의 세계로 말할 수 있는 성질의 것이 아니다. 그저 삶의 세계로서 있고, 죽음의 세계로서 있을 뿐이다. 언제나 하나의 세계로만 있는 것이다.[102]

장자는 생사가 기의 변화일 뿐이라는 관념에서 출발하여 상대주의적 사유 방식으로 생사에 대해 선악의 가치 판단을 내릴 수 있는 가능성을 부정했다. 장자의 시각에서 볼 때 죽음을 싫어하거나 두려워하는 것은 지극히 현명하지 못하며, 생명의 자연스런 변화에 대하여 사람의 형체로 태어났다고 해서 기뻐하고, 기가 사라져서 사람의 모습으로 다시 응결되지 못한다고 해서 두려워할 필요가 없다. 삶과 죽음의 본질적인 기초에서 본다면 생과 사는 결국 하나이므로 생사를 두 극으로 대립시킴으로써 삶을 기뻐하고 죽음을 싫어하는 가치 판단을 내려서는 안 되는 것이다. 장자는 이렇게 말했다. "사람이 탄탄한 대도에 밟으면 살아 있다고 해서 기뻐하지 않고, 죽는다고 하더라도 재난으로 여기지 않게 된다.

우주 만물의 처음과 끝은 어느 것이 근본이며 중요한 것이라고 정해져 있지 않음을 알기 때문이다."[103]

개체 생명에는 모이고 흩어지고 생겨나고 소멸하는 등의 변화가 생기지만 그 존재의 본질인 우주의 자연 생명은 거침없이 흘러가면서 영원한 생명의 기백이 넘쳐흐른다. 개체 생명의 소멸은 우주의 생명 본체가 다른 어떠한 형태로 전환된 것이지, 우주 생명 자체의 소멸이 아니다. 때문에 사람은 '나'의 존재나 유한한 개체의 존재 형식에 얽매이지 않아야 한다. 장자가 죽음의 공포를 합리적으로 부정한 것은 바로 개체의 자아 생명에 집착함으로써 생명 본질의 영원성을 꿰뚫어 보지 못하는 것을 지적한 것이다. 오늘 자신이 존재한다고 해서 기뻐할 것도 없으며, 내일 자신이 소멸한다고 해서 두려움에 떨 필요도 없다는 것이다.

장자의 아내가 죽었을 때 장자의 친구 혜시(惠施)가 문상하러 왔다가 장자가 슬피 울지 않고 오히려 동이를 두드리며 노래 부르는 모습을 보며 "너무 심한 것 아니냐?"고 나무랐다. 그러자 장자는 이렇게 말했다. "그렇지 않네. 아내가 막 죽었을 때 내 어찌 슬프지 않았겠는가? 그러나 그가 태어나기 전에 생명이 없었네. 형체도 없었네. 기(氣)도 없었네. 그러다 어렴풋한 가운데 뒤섞여 있다가 변해서 기(氣)가 생기고, 형체가 생기고, 생명이 갖추어졌네. 그것이 지금 또 바뀌어 죽음으로 간 것이네. 이것은 마치 춘하추동 사시(四時)의 운행과 다를 것이 없네. 아내는 지금 천지의 거대한 방에서 편안히 잠들어 있네. 그런데 내가 큰 소리로 운다면 내 스스로 천명에 통하지 못하는 것 같으므로 울기를 그쳤네."[104]

## 죽음 이후 : 무릉도원(武陵桃源)

도가사상은 죽어서 가는 저승을 묘사하기를 적극적으로 부정한다. 왜냐하면 도가는 이승과 저승을 둘로 나누지 않고 하나로 생각하기 때문이다. 그러나 도교는 신선의 세계, 선경(仙境)을 가장 적극적으로 묘사하는 종교다. 엄밀히 말하면 그 선경은 이 세상에 있는데, 그렇다고 아무나 보거나 누릴 수 있는 곳은 아니다. 선경을 누리려면 이 세상에서 그것을 볼 수 있는 눈으로 먼저 바뀌어야 한다. 자신이 변해야 하는 것이지 저승이라는 또 다른 공간적이거나 시간적 위치가 있는 것이 아니다. 도교적 수련을 끝까지 하게 되면 눈이 열려서 의식의 확대가 이루어졌을 때 오는 죽음 체험과 유사한 경지에서 선경을 체험할 수 있다.[105] 이 선경을 흔히 무릉도원이라고 한다.

## 구원의 방법 : 양생(養生)의 도

도가에서 구원은 궁극적 실재인 도를 체득할 때 경험할 수 있다. 이것을 체득하려면 사적 자아의식을 버리고 무아(無我)의 경지로 들어가야 한다. 노자는 "되돌아가는 것이 도(道)다"라고 말했고, 장자는 그것을 실제로 보여 주었다.

장자가 이 세상과 이별하려고 했을 때 제자들이 후장을 주장하자, 장자는 "나는 하늘과 땅으로써 속관과 덧관을 삼고, 해와 달로써 한 쌍의 구슬을 삼으며, 별로써 장식의 옥으로 삼고 만물로써 재물을 삼고 있으니, 나의 장례 도구 중에 무엇이 부족하겠는가? 무엇을 더 보태려 하느냐"라고 말했다. 제자들은 "독수리 떼가 선생님을 쪼아 먹을까 염려하여 그렇게 하려는 것입니다"라고 대답했다. 그러자 장자는 "땅 위에 두면 독수리 떼가 쪼아 먹고 땅속에 묻으면 개미 떼가 뜯어먹을 것이다. 한쪽을 빼앗아 다른 쪽에 준다면 공평하지 못한 처사다"라고 말했다.[106]

장자는 진인의 무심(無心)으로 일체의 형이상학적·신학적 사변을 뛰어넘어 유무(有無)의 대립을 초월하고, 삶과 죽음, 선과 악, 아름다움과 추함, 크고 작음, 꿈과 현실 등 상대적인 것들을 동등한 가치로 바라보았는데 이것이 궁극의 경지다. 그는 삶과 죽음을 하나로 보고 자신의 것으로 여기지 않으며, 초연히 생사의 대립을 타파하려고 했다.

그러나 이것은 이론적인 것이고, 사실은 양생(養生)의 도(道)를 통해 장수에 이르는 것이 도교의 구원이다. 이런 의미에서 갈홍은 "도교의 가장 중요한 비결은 바로 장생의 방술이다"[107]라고 했다. 또 초기 도교의 중요한 경전인《태평경》(太平經)에는 "옛날부터 지금까지 중요한 도는 모두 한 가지 책무를 가지고 있는데, 바로 장생하여 늙지 않게 하는 것이다"라고 했다.

도교는 장생하여 신선이 되는 것을 근본 취지로 삼았다. 그래서 도교는 죽음을 초월하는 현실성을 믿게 하기 위하여 수많은 신화를 만들어 초월의 길을 걷도록 고무하고 격려했다. 도교에서 말하는 장생불사의 매력은 현실성에 근거를 두고 있다. 도교는 신선이 되는 것이 환상이 아니라 사람들이 배워서 실현할 수 있는 것임을 입증하려 했다. 이 양생의 실제적 방법이 방술(方術)이다.

# 4. 무신론적 죽음이해에 대한 평가

## 세속적 죽음이해 평가

'무신론적 죽음이해'는 기본적으로 절대적인 신이 존재하지 않는다는 가정하에 출발한다. 그중에서 '세속적 죽음이해'는 신이 세상을 창조했지만 다스리지 않는다는 이신론(理神論)을 거치면서, 신을 제치고 인간이 모든 것의 주인으로 등극한다. 그러나 자신의 근원을 진화론적 유물론으로 설명하면서 모든 것은 물질이 된다. 여기서 인간은 진화론의 산물로 갇혀 버린다. 사람은 단지 기계의 한 부품이나 장난감(매우 복잡하지만 우주의 비인격적인 힘에 의해 움직이는)이 된다. 인간의 자기의식이란 단지 부수적인 현상이며, 의식도 기계의 부품일 뿐이다. 그러므로 인간은 자기 결정력을 지닌 인격적 존재가 될 수 없다. 이것이 자연주의적 유물론이다.

자연주의적 유물론의 원래 의도는 인간의 존엄성과 가치를 드러내려는 것이었다. 우주에서 유일하게 자기의식과 자기 결정력이 있는 인간은 만물의 영장으로서 자신이 원하는 대로 가치를 창출하고 미래의 진화까지도 자유롭게 조절할 수 있다고 보았다. 그들은 스스로를 자유로운 행위자라고 생각했다. 그러나 그들의 인식은 하나의 환상이다.

찰스 다윈은 다음과 같이 말했다.

> 하등 동물의 머리에서 발전되어 온 인간의 두뇌에서 나온 신념이 어떠한 가치가 있는지, 또는 도대체 신뢰할 만한 것인지에 대한 무서운 의심이 항상 제기된다. 설혹 원숭이의 머리에 어떤 신념이 있다 하더라도 누가 원숭이의 머리에서 나온 신념을 신뢰하겠는가?[108] 따라서 엄격한 유물론은 모순에 빠질 수밖에 없다. 내 정신 과정이 순전히 뇌 속 원자의 운동에 의해서만 결정되는 것이라면, 나는 내 소신이 옳다고 가정할 수 있는 어떠한 이유도 갖지 못한다. 따라서 나는 내 뇌가 원자로 구성되어 있다고 가정할 수 있는 이유도 갖지 못한다.[109]

C.S. 루이스는 말했다.

> 과학적 세계상의 신봉자들은 자신의 세계상이 관찰된 사실들에서 추론해 낸 결과물이라고 주장한다. 이 말은 추론이 정당하지 않다면 그 세계상 전체가 설 자리를 잃게 됨을 뜻한다. 지구에서 가장 멀리 떨어진 성운(星雲)이나, 가장 멀리 떨어진 지역에 실재하는 것들 역시 지구의 실험실에 있는 인간 과학자의 사고 법칙을 따른다고 확신할 수 없다면, 다시 말해 이성이 절대적인 것이 아니라면, 모든 것은 무너지고 만다. 그런데 이 과학적 세계상을 믿으라고 말하는 사람들은 이성이 맹목적인 물질의 끝

없고 목적 없는 변화의 어느 한 단계에서 어느 누구의 의도와도 상관없이 뜻밖에 나타난 부산물일 뿐임을 함께 믿으라고 한다. 이것은 명백한 모순이다. 그들은 나에게 한 가지 결론을 들이밀면서 동시에 그 결론의 근거가 될 수 있는 유일한 증언을 의심하게 한다. 이 난점은 치명적이다.[110]

'세속적 죽음이해'에서 죽음은 영혼이 없는 개체와 인격의 소멸일 뿐이다. 기계의 부속품이 되어 버린 인간은 자기 가치를 찾지 못하고, 의미를 찾기 위하여 몸부림치지만 죽음 앞에서 궁극적 의미를 잃어버린 존재가 된다. 왜냐하면 그의 모든 존재가 끝난다고 생각하기 때문이다. 따라서 어떤 윤리나 가치도 존재하지 않는다. 그러나 다른 죽음이해에서의 죽음은 인간 생명의 끝일 뿐이지 그 존재의 끝은 아니다.

여기서 인간이 생각하는 구원은 결국 남은 자들에게 기억되는 것이며, 죽음의 의미는 개체로서 종의 발전에 기여하는 것뿐이다. 자연 앞에 자기를 내주는 것에서 인간은 궁극적으로 최고의 가치를 찾는다. 그들의 딜레마를 카우프만(Walter Kaufmann)은 이렇게 묘사했다. "인간은 신이 되고 싶어 하는 원숭이다."[111]

## 비세속적 죽음이해 평가

'비세속적 죽음이해'는 세속적인 죽음이해의 한계점에서 출발한다. 세속적 인간이 마지막으로 자기를 내려놓은 자연(여기서 자연은 객체이고, 인간은 주체다)을 인정하고 내가 그 속에 들어가는 것이다(여기서 자연은 주체가 되고, 인간은 객체가 된다). 여기서 인간은 세상의 주인이 아니다. 또한 어떤 절대자도 존재하지 않는다. 다만 나보다 더 위대한 실체(나를 그 속에 태어나서 살게 하는, 내가 죽어서 그 속에 묻힐 수밖에 없는), 눈에 보이는 세계, 그 자연이 나의 주인이다. 나는 다만 그 속에서 그 원리에 따라 살아갈 뿐이다.

'비세속적 죽음이해'에서 죽음이란 자연으로 돌아가는 것이다. 그래서 여기서는 자연과의 합일, 자연과의 동화를 최고의 이상으로 여긴다. 물론 인간의 욕심이 그를 사로잡지만, 자기를 부인하고 자연과 그 원리에 합일하려는 노력을 게을리하지 않는다.

'비세속적 죽음이해'를 구성하는 3개의 종교인 무교·유교·도교를 순서대로 살펴보면, 계속해서 인간의 욕심은 작아지고 자연에게 자기를 점점 내주고 있다. 무교에서는 신령(神靈)도 인간의 욕심에 따라 다스리려고 한다. 유교는 자연이 부여한 인간의 도리를 다하려고 한다. 도교에서는 유교의 그러한 가르침도 너무 인위적이므로 자연 앞에 인간의 의지를 다 내려놓고 완전히 자연과 하나가 되어야 한다고 주장한다.

그러나 이것은 표면적인 모습이고, 현실 속에서는 그렇지 못하다. 유교와 도교는 모두 다 피안의 세계, 혹은 초월적인 세계를 생각하지 않았다. 그들이 추구했던 것은 천지와의 합일이다. 여기서 생각하는 초월의 의미는 이 땅을 벗어난 영원한 세계가 아니라, 이 땅에서 인간이 죽음에 대해 이성적이고 담담한 자연주의적 태도와 생존 정서를 갖는 것이다. 유한한 개체 생명과 우주의 영원한 생명의 내재적인 화합을 체험함으로써 천인합일의 영원한 경지에 도달하는 것이다.

'비세속적 죽음이해' 중에서 유교는 좀 더 천(天)의 도(道), 즉 자기를 완성시키고 눈에 보이는 세상을 의미 있게 만들려는 사회적 성격을 가진다. 반면에 도교는 좀 더 생명의 본질에 대한 인식을 중요시한다. 다시 말하면 개체 생명을 형성하고 존재하게 하는 원래의 근본 토대인 우주의 영원한 생명의 흐름을 체험하고 개체와 전체, 그리고 유한과 무한의 내재적 관련을 체험하려는 것이다. 그러므로 눈앞의 현실 생명에만 집착하지 않고, 우주 자연의 영원한 생명 속에서 자기 생명의 영원한 근거를 체험함으로써 물질과 자아, 생과 사, 천과 인이 하나로 합일되는 정신적 경지를 경험하려는 것이다.

그러나 죽음 앞에서 생의 의미는 암담해지고, 그 욕구는 거세진다. 그래서 유교는 후손이 드리는 제사에서 구원을 찾았다. 제사와 조상 숭배는 생명의 종착점을 두려워하는 사람들에게 정신적 위안을 준다. 제사를 통해 죽은 조상과 연결됨으로써 죽음 앞에서 더 이상 혼자가 아님을 확인할 수 있기 때문이다.[112] 여기서 죽은 조상은 사실상 초월적 신을 대신하는 세속적인 신(神)의 의미를 가진다.

자식을 낳고 기르는 것도 엄밀하게 말하면 자식에 대한 사랑이 아니라 영원한 생명을 이어 가려는 강렬한 염원에서 시작된 것이다. 그렇기 때문에 '아이를 어떻게 길러야 하는가'라는 질적인 문제보다 '얼마나 많은 아이를 낳는가'라는 수적인 문제를 더 중시하게 되었다. 생명을 이어간다는 입장에서 자자손손 끝이 없는 것이 가장 의미 있으며, 중요한 것은 개인의 생명이 자손의 몸에 이어졌다는 사실이다.[113]

그러므로 후손이 없다는 것은 단순히 한 개인이 자식이 없다거나 개인의 생명이 소멸되는 비극을 의미할 뿐 아니라, 대대로 이어져 내려온 생명의 연속이 단절됨을 의미한다. 누군가의 손에서 연속성이 중단된다는 것은 그의 무능함 때문에 조상의 생명이 영원히 존재할 수 있는 가능성이 사라지는 것이며, 조상들의 영생에 대한 갈망도 깨어지는 것이다. 그러므로 후손이 없는 것은 가장 큰 불효다. 따라서 혈통을 잇는 것을 가장 신성한 의무로 삼지 않을 수 없었다. 중국이 세계에서 인구가 가장 많은 대국이 된 것은 바로 이런 토양 위에서 탄생한 것이라고 생각할 수 있다.[114]

일반적으로 유교 문화가 주류였으므로 지식인들은 유교 가치에 큰 영향을 받았다. 개인적으로 청장년기에는 웅대한 포부를 품고 사회적 가치를 추구하기 위해 열중하며 죽음에 대해 달관적인 기개를 가지지만, 일단 인생에서 좌절을 겪고 자신이 추구하던 가치가 허사로 돌아가면, 이때는 모든 세속적 가치에 들어 있는 규범의 속박을 초월하고, 모든 생명의 가치를 추구하기를 포기하며, 다만 생명의 본래 의미를 추구하는 도교의 가치가 매력으로 다가온다. 이런 의미에서 도교는 좌절한 많은 지식인들의 공통적인 종착점이었다.[115]

결국 무교(巫敎)의 사고 구조(신령을 자기중심적으로 다루며 이 땅에서의 욕망 추구를 극대화하는 구조)는 유교에서 더 차원 높은 천(天)의 개념으로 추상화되고, 그것을 이 땅에 펼치려는 이상(理想)이 되었으나 유교는 그것을 더 높은 가치로 승화시키지 못했다. 그 이유는 이 땅을 넘어서는 궁극적인 초월의식이 없었기 때문이다. 그러므로 유교의 현실적인 좌절과 생명에의 집착은 도교의 자연생명 중시 사상에 붙들려 불로장생의 갈망으로 퇴색되었다.

도교는 생명의 유한성을 초월하는 데 취지를 두었으나 궁극적인 초월이 없었으므로 세상을 넘어서는 가치를 확립하지 못하고 양생과 방술을 통한 감각적인 선계(仙界)를 탐함으로써 현실을 극복하는 가치를 창출하지 못했다.

유교가 이성과 냉정 그리고 근엄을 대표한다면, 도교는 이성 뒤에 숨은 감정과 충동을 대표한다. 결국 무교와 유교와 도교에는 더 높은 가치, 더 완전하고 궁극적인 정신적 고양이 결핍되어 있다. 여기서 인간은 결국 죽어서도 이 세상을 떠돌아다니는 존재인 것이다.

'세속적인 죽음이해'는 인간을 절대시하였고, '비세속적인 죽음이해'는 자연을 절대시하였다. 양쪽 다 세상이 전부다. 그러나 세속적인 입장에서는 인간의 이성으로 파악되는 세상(자연)이 전부이고, 비세속적인 입장에서는 보이지 않는 도(道)에 의하여 이루어진 자연(세상)이 전부다. 이런 의미에서 균형을 잃어버렸다. 한쪽은 인간을 넘어서는 영역을 인정하지 않았고, 한쪽은 그것이 자연이라고 인정한 것이다. 초월적 신이 없으므로 인간이 신이 되든지 자연이 신이 되는 것이다.

## 5. 무신론과 관련된 문제들

### 무신론의 쾌거

어떤 의미에서 무신론은 인간의 근본적인 가능성이다. 왜냐하면 인간이 세상의 실재를 눈으로 보고 긍정하는 것처럼 신을 직접 보고 긍정하는 것은 불가능하기 때문이다. 그러나 무신론이 거부하는 신이 어떤 것인지는 별개의 문제다.

옛날에는 인간이 이해하기 어려운 것은 신의 간섭으로 받아들였다. 천둥과 번개를 이해하지 못했을 때는 그 원인을 제우스에게 돌렸고, 바다의 바람을 잠재우고 싶을 때는 포세이돈이나 용왕에게 빌었다. 이제 과학이 발달한 시대에 이런 신들은 필요 없다. 왜냐하면 그것은 진정한 신이 아니고 사이비 신(세계 내의 인과적 요소)이기 때문이다. 이것을 제거하는 것은 과학의 위대한 작업이며, 좋은 종류의 무신론이다.[116]

이런 의미의 무신론은 윤리적이다. 왜냐하면 이런 종류의 무신론은 인간에게 자유를 주며, 인간을 인간 되게 하기 때문이다. 이런 경우 물리과학이 과학적 탐구의 자유를 요구하는 것은 옳은 일이며, 만일 신학이 이것을 막는다면 이런 잘못된 신학과는 싸워야 한다.

그러나 모든 신을 사이비 신으로 볼 수는 없다. 엄밀한 의미에서 무신론에서 공격하는 신은(성경에서 말하는) 진정한 신(하나님)이 아니라 인간이 창조한 신, 자기를 투사한 신이다. 진정한 신을 거부하는 무신론은 그들이 강조하는 합리성이 결여되었다고 할 수 있다.

과학주의는 측정으로 검증될 수 있는 것만이 사실이며, 과학이 검증할 수 없다면 의미가 없다고 한다. 이것은 물리과학의 절대주의이며, 과거에 잘못된 신학이 범했던 오류가 오늘날 과학의 이름으로 반복되는 것일 뿐이다. 더 중요한 것은, 과학주의는 모든 윤리학을 제거한다. 그렇지만 윤리학은 과학으로 제거되지 않는다. 모든 초월을 부정한 가치 체계는 그것이 세속적이든 비세속적이든 근본적으로 인간의 모든 문제를 풀어낼 능력을 상실하기 때문이다.

가치란 인간이 만드는 것이다. 윤리가 성립하려면 의식과 자기 결정력, 즉 인격이 있어야 하는데, 무신론에서는 그것이 인간과 함께 생긴 것이므로 결국 선악과 관련된 그 어떤 초월성도 인정할 수 없으며, 도덕적 가치의 근원도 '인간의 경험'에서만 찾을 수 있다. 결국 인간의 이성과 가치를 절대시하여 생겨난 무신론적 진화론은 인간의 이성과 가치를 궁극적인 가치로 인정할 수 없는 모순에 봉착하게 된다. 이런 의미에서 비윤리적이다. 무신론의 극단인 과학주의는 오늘날 죽음을 배제한 기술 문명으로 치닫고 있다. 이것의 비극적 결과를 말해 주는 것으로 프로메테우스(Prometheus) 신화가 있다.[117]

인간에게 불을 가져다준 프로메테우스에게 화가 난 제우스는 그를 코카서스 바위에 묶고, 맹렬히 타는 태양빛과 차가운 달빛에 노출되는 형벌을 주었다. 매일 독수리들이 그를 공격하여 내장을 찢어 놓고 간을 파먹었다. 밤이 되면 간은 다시 회복되어 다음 날 독수리들이 무섭게 다시 공격할 수 있었다. 그의 고통은 인간에게 통찰력을 주지 않고 자기 인식을 훈련시키지 않은 상태에서 야망과 문명의 이기들을 가져다줌으로써 인간의 상황을 개선하려고 노력한 결과를 극명하게 보여 준다.

이 이야기는 죽음을 배제한 기술 문명의 한계에 대한 이야기다. 믿을 수 없을 정도의 엄청난 진보, 인간의 본질에 대한 반항적인 무관심, 이것이 각 사람에게 초래하는 고통스러운 결과가 무엇인지 보여 준다.

그러나 이 신화는 해결책을 제시하지 않는다. 왜냐하면 이 신화의 핵심이 해결책은 없다는 것을 깨닫게 하는 데 있기 때문이다. 베르너 예거(Werner Jaeger)는 프로메테우스 신화가 인간 본성에 깃든 비극을 가장 훌륭하게 표현한 작품이라고 말했다.[118]

현대의 기술문명은 매우 프로메테우스적이다. 이전 세대들은 프로메테우스의 비극을 일종의 경고로 여겼다. 그러나 현대인들은 프로메테우스의 이야기를 제멋대로 개정하고 요약하여 그것을 비극이 아닌 승리로 바꾸어 놓았다. 그래서 신에게서 불을 훔쳐 낸 내용만 강조하여, 그것이 마치 유토피아로 통하는 관문인 것처럼 말한다. 이 이야기에 포함된 그 외의 다른 요소들(죽음에 대한 망각, 모호한 야망, 지혜 없는 상태에서 반항과 도전을 일삼으며 살아가는 결과로 생겨난 고통)은 무시되고 있다.

우리는 지금도 여전히 엄청난 기술의 진보를 이루고 있으며 이 시대의 문제들을 해결할 수 있다는 환상을 가지고 있다. 신들에게서 불을 조금만 더 받으면 완전한 세계를 이루게 될 것이라는 미련에 끊임없이 매달리고 있다. 그러나 프로메테우스적인 정신이 인간의 자기 한계에 대한 인식을 흐리게 하거나 제거할 때, 다시금 죽음 인식으로 관심을 되돌릴 필요가 있다. 죽음에 대한 깊은 고찰과 인간의 한계 인식은 그것이 지혜를 가르쳐 준다는 이유에서 매우 중요하다. 신이 아닌 인간으로서 어떻게 살아야 하는지, 인간의 한계를 넘어서는 것이 아니라, 그 한계 속에서 어떻게 살아야 하는지 배워야 하기 때문이다.

성경은 이렇게 외쳤다. "우리에게 우리 날 계수함을 가르치사 지혜로운 마음을 얻게 하소서"(시 90:12). 베르너 폭스는 말했다. "인간이 죽어야만 한다는 사실은 결코 인간이 모든 실재의 자율적인 통치자일 수 없다는 명백한 징표다."[119] 결국 인간은 세상의 주인이 아니며, 한계가 명백한 피조물에 불과한 존재인 것이다.

### 유교와 도교의 관련성

유교는 인간의 사회적 가치 창조를 둘러싸고 죽음과 인생의 유한성, 인생의 가치 실현, 생명의 초월성 같은 일련의 문제에 비교적 체계적으로 설명했다. 하지만 유교는 인생의 가치에 대한 기대가 지나치게 실제적이며 이상적이라 할 수 있다.

지나치게 실제적이라는 것은 삶의 궁극적 의미를 현실적 이상 사회 실현에 두고 있으므로, 그 과정에서 좌절을 당하면 결과적으로 인생의 모든 의미가 사라진다는 면에서 그렇다. 지나치게 이상적이라는 것은 사회적 가치의 목표와 생명 개체의 역량이나 냉엄한 현실의 차이가 너무 크기 때문이다. 수천 년 동안 진정으로 완전하게 그 이상을 실현한 사람은 극히 드물며, 이런 가치를 신봉했던 많은 사람들이 잔혹한 현실 앞에서 여지없이 무너졌다.

도교에서 볼 때 생명의 가치는 인간 본연의 자연 생명에 있다. 그러므로 이 본연의 생명을 방해하는 것이라면, 어떤 가치에 대한 추구도 의미가 없다. 때문에 유교가 적극 추구하는 명예나 지위, 도덕과 같은 사회적 가치체계는 절대 생명의 의미에 접근할 수 없고, 잔혹한 현실 앞에서 실현되기도 어렵다. 결국 유교의 이상은 인위적이므로 도교에서는 유교가 추구하는 성공의 가치를 부정했다.

장자는 여기에 대해서 이렇게 표현했다.

> 하(夏)·상(商)·주(周), 삼대(三代) 이후로 세상에는 자신의 자연 본성을 외물(外物)과 바꾸지 않는 사람이 없다. 소인은 이로움을 위하여 목숨을 버리고, 선비는 명예를 위해 목숨을 버리고, 대부(大夫)는 집안을 위해 목숨을 버리고, 성인(聖人)은 천하를 보전하기 위하여 자신의 몸을 희생하였다. 그러므로 이 사람들은 신분이 다르고, 하는 일이 다르고, 이름과 명성이 다르지만 본성을 해침으로써 목숨을 버리게 되었다는 점에서는 모두 똑같다.[120]

우나무노(Miguel de Unamuno (y Jugo))는 《생명의 비극 의식》에서 인류의 비극적인 역사는 근본적으로 이성과 생명 사이에 일어나는 충돌의 역사라고 했다. 이성은 계속해서 생명을 이성화하고 억지로 회피할 수 없는 죽음에 굴복하도록 강요한다. 그러나 생명은 계속 이성을 생명화하여 억지로 생명의 욕망을 위하여 일하게 한다. 이것은 유교와 도교의 경우에도 정확하다.

유교 철학은 고대 중국에서 가장 이지적이고 냉정한 실천 정신을 가지고 있다. 따라서 이론적으로 유교의 천명을 추구하는 이념은 도교의 장생불사에 대한 추구와는 다소 거리가 있다. 유교의 신념은 죽음의 두려움에 사로잡히지 않도록 조정하며, 윤리적 의지와 이지적이고 냉정한 생활 태도는 영생에의 갈망을 억제한다. 이성과 지혜를 입신의 도로 삼는 지식인들은 '수신제가치국평천하'(修身齊家治國平天下)의 위대한 일에 몰두하면서 자신을 충분히 드러냈지만, 죽음에 대면해서는 도교의 초월의식의 유혹을 이겨 내지 못하고 방술에 집착했다. 그래서 유교를 진심으로 믿었던 많은 사대부들이 선단을 복용하고 생명을 연장하는 데 매우 열심이었으며, 심지어는 유교를 포기하고 도교에 입문하기도 했다.

가장 탁월한 도교 이론가인 갈홍도 원래는 유교를 숭상하였는데, 당시 세상이 혼란스러워지자 유가를 벗어나 도교에 입문하였다. 이런 여정에 대해 그는 다음과 같이 서술하였다.

> 이제까지 벽을 마주하며 유교에만 갇혀서 오경(五經)과 삼사(三史), 100명에 달하는 언설, 화려한 시구와 무익한 문장만 있는 줄 알고 몇 년 동안이나 이것만을 외우고 지켜 왔다. 그런데 일생에 재난도 많아 세상이 어지러워져서 예문(藝文)이 귀하게 여겨지지 않으니 세월만 낭비하는구나. 머리를 동여 가며 문장을 써 냈지만, 봉록도 얻지 못하고 정력과 심사가 손상되어 생명에 도움될 것이 전혀 없구나. 천하에 도가 없으니 원대한 포

부도 걷어치우고 되돌아가서 삶의 도나 찾을까 하노라.[121]

도교의 유교 비판에는 확실히 깊은 통찰이 있다. 그러나 도교 역시 사람들에게 궁극적인 가치를 주지 못했다. 도교의 영생 신앙은 자연에 자신을 맡기는 무위자연에서 외재적인 사물, 즉 단약을 복용함으로써 신체를 튼튼하게 하려는 것으로 이동했다.

이런 상황을 가장 극명하게 보여 주는 것이 황제들의 불로장생에 대한 갈망과 그 참혹한 결과다. 당태종은 말년에 천하 각지에 사자들을 보내 신비한 약초와 돌을 채집하여 영약(靈藥)으로 복용하였는데, 정관(貞觀) 23년에 천축의 방사가 만든 장생약을 먹고 끝내 급사했다. 헌종과 목종 역시 이런 전례에도 불구하고 더욱 열중하여 결국 목숨을 잃었다. 한편 무종의 경우에는 방사들을 중히 여겨 그들의 말대로 약을 복용하고 친히 도가의 술서를 보기도 했다. 그런데 약의 부작용으로 기쁨과 노여움이 일정하지 않은 병에 걸리더니, 그 병이 점점 더 심해져 열흘 후에는 말도 하지 못하게 되었다. 결국 33세의 나이로 죽고 말았다.[122]

도교의 장생 이론은 언뜻 듣기에는 아주 현묘한 것 같지만 실상은 단순하고 조잡하다. 생존과 향락에 대한 욕망과 충동이 이렇게 허황된 생각을 하도록 만드는 것에 탄식을 금할 수 없다. 이런 의미에서 도교는 불멸을 추구하면서 생존에 필요한 최소한의 이성마저 완전히 던져 버렸다. 그러므로 도교에는 인간의 존재 의미, 개성이나 자유, 진정한 감정 생활 등은 거의 없다. 남은 것은 육체의 향락과 생명에 대한 노골적인 집착과 광기뿐이다.[123]

이와 같은 도교의 초월 방식은 실제로 편협하고 이기적인 생명 의식을 표현한다. 여기서 죽음을 초월하는 목적은 유한한 세속 생명으로 하여금 개체 존재의 한계를 넘어 생존의 의미를 가지게 하려는 것이 아니며, 사람들로 하여금 죽음의 공포를 초월하거나 그들의 몸과 마음을 전체적으로 발전시키게 하는 것도 아니고, 단지 육체의 생명을 좀 더 오래 유지하려는 것뿐이다. 그러나 생존의 의미가 단순히 육체의 생명을 지속시키기 위한 것으로만 이해된다면 이런 생존은 별 의미가 없다.

도교가 유교에 비해 인생의 비극 문제에 더욱 분명한 인식을 가지고 있었던 것은 사실이지만, 그럼에도 불구하고 도교는 적극적인 인생을 선택하지도 않았고, 진정한 의미에서 궁극적 가치체계를 세우지도 못했다. 오히려 도교는 인생에 대하여 의미 있는 사회적 가치의 추구를 부정하고 한사코 생명 본연의 상태로 돌아가 감정이 없고(無情), 자아도 없는(無我) 생존 상태를 유지하려고 했다. 즉 순수한 자연적 생명의 유지만 갈망했는데, 이것은 사실상 생명 자체를 생존의 유일한 가치로 여기는 데 지나지 않는다.

이처럼 유교와 도교가 상호 보완하며 죽음을 넘어서려 했지만, 그 관심이 속세를 떠나지 못하였으므로 결국 자손에 집착하는 방법(유교)을 사용하거나, 불로장생의 길에서 몸부림치면서(도교) 현실을 초월하는 가치를 창출하지 못했다. 이들의 몸부림은 결국 부활과 영생에 대한 갈망이다. 이렇게 볼 때 인간은 초월을 부정하고서는 현실을 극복할 수 없으며, 참다운 윤리적인 삶으로 나갈 수 없다. "윤리적인 삶을 위하여 신은 요청되어야 한다"[124]라는 철학자 칸트의 말이 옳다.

무신론적 윤리는 가능성과 목적과 방향이 인간 중심이다. 인간의 행복과 안녕이 윤리의 핵심이다. 그러나 중요한 것은 인격의 기초가 없다는 것이다.[125] 물질로 된 우주는 가치의 근거를 전혀 주지 못한다. 여기에 인본주의의 딜레마가 있다. 그들은 진리, 모든 시대와 모든 사람에게 참된 설명을 할 수 없는 것이다.[126]

## 그리스와 로마 문명의 죽음이해

'무신론적 죽음이해'를 살펴보면서 그리스와 로마 문명의 죽음이해를 어떻게 볼 수 있을까 계속 생각했다. 그래서 이 부분을 간단히 언급하는 것이 좋겠다.

먼저 그리스와 로마 신들의 성격을 보면, 그들은 단수가 아니라 복수다. 많은 신이 있다는 말이다. 로마는 그리스를 정복했으나 문화적으로는(특별히 신화와 철학, 세계관에서) 우월한 그리스의 영향을 지대하게 받았음은 주지의 사실이다. 여기에 그들의 실용적인 성격을 가미한 것이 로마 신화다. 그래서 그리스 신화의 내용은 대개 로마 신화와 유사한 구조를 가진다.

그 신들은 세상과 인간을 창조한 것이 아니라 자연 속에서 나온 존재들이다. 예를 들면 카오스(혼돈) 상태에서 하늘의 신 우라노스(Uranus)가 나타나 대지의 여신 가이아(Gaea)와 결혼하여 거인족 티탄(Titan)을 낳는다는 식의 구조다. 자연이 신보다 먼저 있었다.

또한 그 신들은 인간의 상상의 산물로서 몇 가지 기능을 하고 있다.

첫째, 신비로운 자연 현상을 설명하고 형상화했다. 대표적으로는 농경과 결실의 여신 데메테르(Demeter)가 저승의 신 하데스에게 자기의 딸

페르세포네(Persephone)를 빼앗긴 이야기를 들 수 있다. 저승으로 딸을 찾아가 결국 지상으로 데리고 왔으나 이미 그 딸은 저승에서 네 개의 석류를 먹었으므로 1년에 넉 달(11, 12, 1, 2월) 동안 저승 지하의 세계에 가서 하데스의 아내로 살아야만 한다. 그 딸이 지상으로 돌아오면 어머니 데메테르는 기쁨에 넘쳐 봄이 오게 하고, 땅에는 풍요로운 열매를 맺게 한다. 다시 딸이 지하세계로 돌아가면 어머니가 슬픔에 잠겨 지상의 모든 농작물은 시들어 버리고 추위가 세상을 뒤덮어 계절이 생긴 것으로 해석했다.

둘째, 인간의 운명이나 욕망을 합리화하는 기능도 있다. 잔인한 군인들은 사람을 죽이면서 마르스(Mars)를, 음탕한 자들은 비너스(Venus)를, 술을 좋아하는 사람들은 바커스(Bacchus)를, 잘못된 사랑을 하는 사람들은 큐피드(Cupid)의 화살 때문이라고 핑계할 수 있었다. 마음껏 술 마시고 방탕하고 싶은 인간의 욕망을 술과 미와 사랑의 신을 위한 경배(일종의 신앙적 행위)로 미화시킨 것이다.

셋째, 인간 중에서 신들의 자녀로 태어나거나 영웅적인 행위 때문에 신으로 편입되는 경우도 있다. 헤라클레스(Heracles)나 아킬레우스(Achilleus) 같은 경우가 대표적이다. 이런 이야기를 통해서 수많은 사람들에게 이상적인 인간의 모습을 제공하면서 본받아야 할 모델로 제시하는 동시에, 그들이 저지른 실수와 인간이 범해서는 안 되는 규범을 깨닫게 함으로써 기초적인 사회질서를 심어 주는 역할도 했다.

그 신들은 너무나 인간적이고 비도덕적인 모습으로 나타난다. 제우스의 불륜과 그 아내 헤라(Hera)의 질투, 마르스가 훗날 로마를 창건하는 두 아들 로물루스(Romulus)와 레무스(Remus)를 버린 이야기는 유명하다.

그러므로 그리스 로마 신들의 성격은 절대 신이 아니다. 상대적이고, 다양하며 지극히 인간적이다. 그러나 동시에 그 문화는 철저히 신을 의식하고 신에 붙들려 있는 구조다. 이런 과정에 반발하면서 '인간은 누구인가?' 하며 인간 중심의 철학이 그리스에서 시작된 것은 우연이라고 할 수 없다.

분명한 것은 죽음으로 모든 것이 끝나는 게 아니라는 점이다. 인간에게는 죽음 이후의 세계가 있다고 보았다. 그곳이 하데스다. 하데스는 어둡고 음침한 죽은 자의 세계이며, 죽은 자는 그곳에서 목적도 없이 영원히 지내야 한다. 그래서 하데스에게서 사랑하는 사람을 데려오는 이야기가 많다.

디오니소스는 온갖 난관을 극복하고 어머니 세멜레(Semele)를 신들의 세계인 올림포스로 데려오는 데 성공한다(인간의 나라로 데리고 온 것이 아니다). 오르페우스(Orpheus)와 에우리디케(Eurydice)의 이야기도 있다. 사랑하는 아내 에우리디케가 죽자 오르페우스는 지하세계의 여신 페르세포네를 설득해서 아내를 데리고 온다. 지상에 도착할 때까지 뒤를 돌아보면 안 된다는 것을 잊어버리고 뒤를 돌아보는 순간 아내를 놓치고 만다.

두 가지 이야기 모두 죽은 자는 이 세상으로 돌아올 수 없다는 것을 교훈한다. 그리스 신화는 윤회나 환생에 대한 가능성을 철저히 배제하고 있다. 그러나 분명한 것은 죽음 이후의 세계가 있다는 것이다. 그 세계의 자세한 모습은 묘사되지 않는다.

결국 하데스는 이 세상은 아니나 초월적 세계도 아닌 세계라고 할 수 있다. 죽은 사람들은 여기서 인간이었을 때보다 본질에서 더 멀어지고, 행복하지 못한 상태로 존재한다고 믿었다. 이것은 사람들이 기대하는 상태가 결코 아니다. 그들이 원하는 것은 지상의 삶이다. 호메로스의 유명한 시구는 이 점을 잘 보여 주고 있다. "나는 죽은 자들 가운데서 만왕이 되기보다는 차라리 가난한 자의 종일지언정 땅 위에 거하는 쪽을 택하겠다."[127]

이 말은 "개똥밭에 굴러도 이승이 좋다"는 우리 속담을 생각나게 한다. 이것은 '무신론적 죽음이해' 중에서 '비세속적 죽음이해'의 저승관과 별로 다르지 않다. 그러므로 그리스와 로마에서는 신을 말하지만 그 신들이 인간과 비슷하거나 좀 더 나은 존재, 어떤 면에서는 인간보다도 더 부패했다. 이런 면에서 이 책의 구분에 의하면 무신론적이라고 할 수 있다.

그러나 죽음 이후의 세계를 인정하고 신의 존재를 인정한다는 면에서 세속적이지는 않다. 죽음 이후는 삶의 그림자이며 어둠의 세계로 간주하고, 이 땅의 삶을 저세상의 삶보다 더 긍정하는 측면에서 이러한 죽음이해를 '비세속적 죽음이해'의 범주로 넣는 것이 바람직하다.

# 3장

## 범신론적 죽음이해

### : 자신을 신이라고 믿는 자들의 죽음

나의 전생이 얼마나 많이
거듭되었는지 난 말할 수 없네.
앞으로 맞을 내 생이
얼마나 거듭될지 아무도 말할 수 없네.
그러나 내가 아는 한 가지는,
줄곧 고통과 슬픔으로
가득하다는 것이라네.

서양사상은 우주에 어떤 계획과 목적이 있다고 보았다. 유대교와 기독교는 이 계획과 목적이 우주를 창조한 이성적이며 사랑이신 하나님의 성품을 반영한다고 설명한다. 그러나 범신론적 세계관에 의하면 세상의 '모든 것'은 일시적이고, 변하며, 덧없고, 비실제적이다. 또한 우리의 지각이 혼동이나 착각에 빠진 경우가 흔하다.

물리적 우주는 합리적이며 질서정연한 것이 아니라 '궁극적 실재'에 대한 경험을 훼방한다. 동양에서는 자기가 신(神)임을, 적어도 신의 일부임을 직관적으로 깨달음으로써 각 개인이 궁극적 실재에 도달할 수 있다고 생각한다. 대체로 신은 개인들에게 관심을 기울이지 않는 비인격적인 어떤 힘이다. 우주를 주관하며 보편적인 도덕을 요구하는 창조주에 대한 개념은 거부된다.

'범신론적 죽음이해'는 윤회를 통해 자기가 신이 되는 것이라고 생각한다. 그러나 엄밀한 의미에서 신은 없다. 왜냐하면 신도 궁극적 존재가 아니라 더 발전해야 할 과정적 존재이기 때문이다. 사람이 죽은 다음에 신으로 태어났더라도 다시 윤회의 길을 가야 한다.

유신론에서는 인격적인 신이 세상을 창조하고 법칙을 관장한다. 그러나 범신론적 세계관에 나타나는 우주의 질서는 비인격적이고 기계적으로 움직이며, 이에 기초한 법칙은 자연법이든 도덕법이든 예외 없이 적용된다. 심지어 신들조차도 이러한 법칙에 종속되어 있다. 여기서 죽음은 윤회의 한 과정이며, 이 반복되는 과정을 통해 어떤 궁극적인 상태로 들어가는 것을 목표로 한다.

## 1. 힌두교의 죽음이해

### 핵심 교리 : 윤회와 업

힌두교라는 말은 인더스강에서 유래했다. 지금 인더스강 지역을 옛날에 '신두'(Sindhu)라고 하였는데, 알렉산더 대왕이 침입했을 때 그리스인들이 '신두'를 '힌두'로 부른 데서 기원했다. 여기서 '인도'라는 말이 파생했다. 기원전 3천 년경, 인더스강 유역에서는 모헨조다로 문명이 번창했으며, 드라비다족이 거주했다. 드라비다족은 자연의 힘을 숭배하고, 각종 의식들을 거행하며, 풍성한 수확을 바라는 마음에서 다신론적 다산종교를 신봉했다.[1]

기원전 2천 년경, 흰 피부를 지닌 호전적인 아리안족이 코카서스산맥을 넘어왔다. 아리안족 역시 다신교를 믿었고, 드라비다족의 신들 가운데 가장 인기 있었던 몇몇 신들에게는 아리안식 이름을 새로 붙였다. 아리안족은 찬송, 기도, 신화적인 이야기, 영창들을 모으고 그것을 기원전 15세기경《베다》라고 했다. '베다'(Veda)는 '앎'이라는 뜻이다. 그중에서 가장 오래되고 중요한 것이《리그베다》다. 독일의 동양학자인 막스 뮐러(Max Müller)에 따르면 이는 자연숭배 사상으로서, 여기서 자연은 지금 우리가 생각하는 자연이 아니라, 고대인 나름대로 어떤 성스러운 힘이 있다고 느낀 대상물을 일컫는다. 대략 76개의 대상물이 등장하는데, 의인화되고 신격화되어 찬양과 기도의 대상이 되었다. 태양이 태양의 신 '수리야'가 되고, 불이 불의 신 '아그니'가 되는 식이다.

기원전 1천 년경, 베다 후기에 생겨난《브라마나스》(Brahmanas)는 제사장 계급인 브라만이 제사를 지낼 때 필요한 '제사 요람' 같은 것이다. 여기서 가장 강조하는 종교 형식은 제사다.

그 후 기원전 900~700년경에《우파니샤드》라는 문헌이 생겼다. 우파니샤드(Upanisad)란 '우파'(upa, 가까이near), '니'(ni, 아래에down), '샤드'(sad, 앉다 to sit)라는 세 마디가 합쳐진 말이다. 즉 '심오한 가르침을 전수받기 위해 제자가 스승에게 가까이(다가가 그 발) 아래에(겸허하게) 앉는다'는 뜻으로, 후대로 내려오면서 깨달은 스승들의 가르침을 집대성한 문헌을 의미한다.[2]《리그베다》에서는 구원의 수단으로 기도가 중요시되고,《브라마나스》에서는 제사가 중요시된 데 반해,《우파니샤드》에서는 '이해' 혹은 '깨달음'이 무엇보다도 중요한 것으로 강조된다.

인도 종교사에서 가장 영향력 있는 경전은 기원전 200년에서 기원후 300년에 걸쳐 만들어진《바가바드기타》(Bhagavad Gita)일 것이다.《바가바드기타》에는 이전까지의 모든 종교 사상이 흘러 들어가 있고, 또 거기서 이후 모든 종교 사상이 흘러나왔다고 해도 과언이 아닐 정도로 힌두교 역사에서 중요한 문헌이다. '바가바드'는 주(主), '기타'는 '노래' 즉 '주님의 노래'라는 뜻이다.

《바가바드기타》는 '신애'(信愛, 헌신)가 종교생활에서 가장 중요하다고 강조한다. "신애로서 나를 공경하는 사람들, 그들은 내 안에 있으며 나 또한 그들 안에 있다"(9:29). 더 놀라운 사실은 신애를 통해 심지어 태생이 천한 사람, 여자, 바이샤, 그리고 수드라도 지고의 목표에 이르게 된다(9:32)는 것이다. 이것은 인도 종교사에서 중요한 전환점이다.

또 한 가지 놀라운 일은 비슈누 신이 인간을 사랑해서 언제나 필요할 때마다 여러 모양으로 이 세상에 나타난다는 생각이 강조되는 것이다. 이렇게 신이 여러 모양으로 나타나는 것을 아바타르(avatar : 化身)라고 한다.

《베다》로 시작된 힌두교의 '고전 시대'는 《바가바드기타》와 함께 끝이 난다. 《베다》에 나타난 다신론 종교, 《브라마나》에 나타난 제의적 종교, 《우파니샤드》에 나타난 철학적 종교, 《바가바드기타》에 나타난 헌신적 종교 등이 '고전 시대'에 속한다. 그다음부터를 '고전 이후의 힌두교'라 하는데, 이때 생겨난 중요한 종교 현상은 첫째가 삼신(三神) 경배이고, 둘째는 철학적 학파들이다.

고전 이후 힌두교에는 '삼신사상'(trimurti)이 크게 부각된다. 첫째 브라마(Brahma)는 창조의 신인데, 이는 《우파니샤드》에 나오는 궁극적 실재인 브라만과 다르다. 궁극적 실재인 브라만은 중성 명사이고, 창조의 신 브라마는 남성 명사다. 둘째는 시바(Shiva)로 파괴의 신이고, 셋째는 비슈누(Vishnu)로 보존의 신이다. 이 신들 중에 하나를 믿고 헌신하면 해탈(moksha)에 이를 수 있다고 믿는 것이 삼신사상이다.

고전 후기 시대에 나타난 또 하나의 현상은 신을 숭배하지 않더라도 철학적으로 깊이 천착함으로써 해탈에 이를 수 있다는 것이었다. 이런 생각에서 상키야 학파와 요가 학파, 그리고 베단타 학파가 발생했다.

힌두교는 상고 시대의《베다》와《우파니샤드》를 뿌리로 하고,《바가바드기타》를 성전(聖典)으로 삼는다. 이런 의미에서 힌두교는 사실상 한 종교가 아니라, 여러 종교가 서로 혼합된 것이다. 권위 있는 신조로 내세우는 신앙 고백도 없다. 누구나 좋은 힌두교인이 될 수 있으며, 한 신이나 여러 신을 믿거나 아예 신을 믿지 않을 수도 있다. 힌두교에서는 상충적인 개념들이 문제가 되지 않는다. 각자의 관점과 체험에 의거하여 서로 다른 해석을 통해 필요한 것들을 취하면 된다. 그러나 거의 모든 힌두교인들이 의심 없이 받아들이는 두 가지 기본 가설이 있다. 그것은 바로 윤회와 업(Karma)이다.

## 세상과 인간 : 범아일여

힌두교는 우주 만물의 기원에 대하여 통일된 신화나 이론은 가지고 있지 않으며, 창조주와 피조물을 엄격하게 구분하지도 않는다. 세계는 우주 만물을 품고 있는 어떤 모태와 같은 궁극적 실재로부터 전개되어 나왔다는 생각이 지배적이며, 창조보다는 생산·산출·방출·전개·생성 같은 개념이 더 적합하다. 우주와 만물은 또한 일정한 기간이 지나면 저절로 다시 근원적 실재로 회귀·흡수되었다가 때가 되면 또다시 전개되어 나온다. 따라서 창조라 해도 일회적 창조가 아니며, 종말이라 해도 최종적 종말이 아니다. 한마디로 말해 힌두교적 세계관은 순환적이다.[3]

따라서 생사를 되풀이하는 인생의 윤회와 마찬가지로 세계의 생성과 소멸 역시 무한히 반복되며, 이러한 과정이 인간에게 제시하는 유일한 목적은 해탈이다. 인생의 최고 목표요 지고선(至高善)은 끊임없이 생사유전(生死流轉)을 반복하는 세계와 인생의 악순환을 벗어나 영원불변의 실재와 하나가 되는 일이다.

보이는 모든 것의 본질인 브라만 속에는 우리의 감각으로 지각할 수 없는 초감각적인 부분(Nir-guna, 無性)과 우리의 감각으로 감지되는 내재적인 부분(Sa-guna, 有性)이 있다. 사구나(Sa-guna) 브라만은 니르구나(Nir-guna) 브라만이 그 자신의 창조 의지에 의해서 구체적인 창조주로 나타난 것을 말한다. 니르구나 브라만은 어떤 외부의 영향을 받지 않은 채 그 자신의 창조 의지를 역동시켜 창조주(사구나 브라만), 영혼(아트만), 그리고 우주 현상으로 나타난다. 니르구나 브라만의 이 창조 의지에 의해서 세상 모든 존재는 태어나 생존을 유지하다가 마침내 다시 그 속으로 되돌아간다. 이처럼 모든 것은 태어났다가 사라지지만 브라만은 이 삶과 죽음의 주시자로서 영원히 존재한다.[4]

그렇다면 이 불가사의한 브라만을 어떻게 발견하고 깨달을 수 있는가? 그것은 우리의 경험적 생명 깊은 곳에는 영원히 사라지지 않는, 그러나 결코 우리의 인식 대상이 될 수 없는 참된 자아인 아트만(Atman)이 존재하기 때문이다. 아트만은 주관과 객관의 대립을 초월하여 순수 의식, 순수 실재, 순수한 즐거움이라고 표현할 수밖에 없는 자아(自我)다. 우리는 명상을 통해 자신의 생명 깊은 곳에 있는 아트만을 발견할 수 있고, 그 아트만이 우주의 궁극적 실재인 브라만과 본질상 다르지 않다는 것을 체득할 수 있다.

그렇다면 브라만과 아트만은 어떤 관계인가? 브라만은 이 모든 존재를 창조한 다음, 그 자신의 불가사의한 분화력(分化力)을 통해 스스로를 무수히 분화시켜 피조물들 하나하나 속으로 들어가 그 피조물들의 영혼(아트만)이 된다. 이 때문에 이 세상에는 개체의 숫자만큼 무수히 많은 아트만이 있는 것처럼 보인다. 그러나 실은 하나인 브라만이 무수히 많은 아트만으로 존재할 뿐이다. 브라만은 대우주요, 아트만은 소우주다. 브라만이 전체 숲이라면 아트만은 그 전체를 구성하고 있는 나무 한 그루에 해당한다. 그러므로 전체인 브라만과 개체인 아트만은 그 능력에서는 하늘과 땅 차이지만 질적인 면에서는 동일하다.

브라만은 마야(maya)를 통제하며, 아트만은 이 마야의 통제를 받는다. 그 자신의 창조 에너지인 마야의 제한력 때문에 브라만은 수많은 개체처럼 분화되어 나타나는데, 브라만의 이 개체화 현상이 바로 아트만인 것이다.

따라서 아트만은 선악, 고락, 인과법칙 등 상대적인 차원에 갇혀 삶과 죽음의 순환 고리(samsara : 輪廻) 속에서 방황하고 있다. 그러나 그 자신의 본질은 전혀 오염되거나 거기에 영향을 받지 않는다. 서양의 종교에서는 창조주(브라만)와 피조물(아트만) 사이에 절대적인 단절이 있지만, 우파니샤드에서 이 둘은 본질적으로 불리(不離)의 관계에 있다.[5]

아트만에게는 초월적인 면(超自我, Paramatma)과 내재적인 면(自我, Jivatma)의 두 가지 성질이 있다. 이 두 가지 성질 가운데 파라마트마는 브라만의 개체화 현상으로서 영적(靈的)인 나요, 지바트마(自我)는 파라마트마의 그림자 현상으로서 비실재적이며 육체적인 나다. 우파니샤드의 유명한 이미지에서는 두 가지 아트만의 진실(찰나성에서 독립적인 브라만으로서의 아트만과, 현상에 의존하면서 형상에서 형상으로 전전하는 찰나적인 아트만)이 한 가지에 앉아 있는 두 마리 새로 묘사되고 있다.

> 여기 두 마리 새가 있다. 이 둘은 절친한 친구로서 같은 나무(생명의 나무)에 살고 있다. 그런데 이 둘 가운데 앞의 새(지바트마 : 自我, 행위자)는 언제나 나무 열매를 먹기에 정신이 없다. 그러나 뒤의 새(파라마트마 : 超自我, 주시자)는 열매를 먹고 있는 앞의 새를 지그시 응시하고 있다. 같은 나무에 앉아서 앞의 새는 그 자신의 나약함을 슬퍼하고 있다. 그러나 그가 불멸의 존재인 뒤의 새를 알아볼 때, 그는 그 순간 이 모든 생존의 고통에서 자유롭게 된다.[6]

아트만이 마야의 현상적 세계에 고착되어 있으면 살아 있는 자아로서 지속된다. 왜냐하면 개아(個我)는 그것이 경험 대상에 부착되어 있는 한, 필연적으로 무수히 많은 새로운 형태로 다시 태어나거나 다시 나타날 것이기 때문이다. 그럴 수밖에 없는 것이 참된 자아인 브라만은 죽지도 않고 파괴될 수도 없기 때문이다. 윤회의 부단한 흐름 속에서 다시 태어난다. 때로는 동물로, 때로는 신적 존재로, 때로는 천상에 때로는 지옥에 태어난다. 하지만 아무리 오래 지속된다고 해도 환생의 상태는 영원하지 않다.

그렇다면 무형(無形)의 본질인 브라만(니르구나 브라만)이 무엇 때문에 인격신(사구나 브라만)으로, 또 수많은 개체(아트만)로 분화되어 나타나는가? 이에 대한 언급이 마야(maya)다. 마야란 '마술'이란 뜻으로 브라만의 창조 의지(창조 에너지)를 일컬으며, 동시에 그 의지에 의해서 만들어진 이 현상계(세상과 물질)를 지칭하는 말이다. 또한 물질의 제한력(구속력)을 가리키기도 한다. 마야에는 두 가지 특성이 있다.[7]

첫째는 흔들림 현상(reflection)이다. 흔들리는 물에 사물이 비치면 그 사물은 무수히 분화(分化)된 것처럼 보인다. 이를 흔들림 현상이라 하는데, 마야의 이 흔들림 현상 때문에 유일자인 브라만이 수많은 개체(아트만)처럼 분화되어 보인다. 이것 때문에 유일자인 브라만과 수많은 개체(아트만)가 분리되어 있다고 착각하게 되는 것이다. 이 잘못된 인식 때문에 영혼의 기나긴 방황인 삼사라(samsara : 輪廻)가 시작된 것이다.

둘째는 베일 현상(veiling)이다. 커튼을 내리면 그 커튼에 가려서 저쪽 사물이 희미하게 보인다. 이를 베일 현상이라 하는데, 마야의 베일 현상 때문에 브라만의 빛이 은폐되어 버린다. 이 베일 현상 때문에 인과법칙, 공간과 시간, 그리고 형체와 명칭들이 나타난다.

이 베일 현상은 올바른 식별력(識別力)을 흐리게 하고, 그래서 브라만을 감지하지 못하는 무지(無知)가 생겨난다. 이는 사물의 본질을 볼 수 없는 영적인 어두움이다. 이처럼 마야는 브라만을 제한하지만 동시에 브라만의 불가사의한 힘(창조 의지)이기도 하다. 브라만(니르구나 브라만)은 자기 속에 있는 이 마야와 연결되면서 역동적인 창조주(사구나 브라만)가 된다. 만일 마야를 작동시키지 않으면 브라만은 그의 호흡작용(창조, 유지, 파괴)을 할 수 없다. 왜냐하면 불생불멸적인 브라만은 그가 창조한 이 현상계(물질)의 가변성을 통해 호흡하기 때문이다.

그것은 마치 거미가 그의 몸에서 거미줄을 뽑아낸 다음, 그 줄을 타고 활동하는 것과 같다. 이처럼 마야에는 창조 의지와 구속력이라는 두 가지 상반되는 성질이 있는데, 이는 결과적으로(無明의 상태에 있는) 아트만을 속박하는 구속력이 된다. 그러면 마야의 제한력에 갇힌 개체는 어찌 되는가? 이에 대한 언급이 삼사라다.

## 죽음이란 무엇인가 : 아트만(我)의 종말

죽음이란 윤회를 통해 불사(不死)로 가는 해탈의 기회다. 이번에 가능한지, 수없는 과정을 더 지나야 하는지는 알 수 없다. 인간은 마야에 현혹되어 스스로가 행한 그 행위(karma : 業)의 결과에 따라(因果應報) 삶과 죽음 사이를 끝없이 떠돌고 있으며 이를 윤회라고 한다.[8]

그러므로 불사(不死)란 단지 수명의 시간적 연장이 아니라, 시간적 현상적 나(ego)의 죽음을 통해, 초시간적 절대적인 나(Self)로 다시 태어나는 것이며, 세속적 제약과 조건을 넘어 새로운 존재의 지평에서 사는 것을 의미한다. 불사(不死)는 이와 같이 초시간적 지평에서 실현되는 것이므로 육체적인 나의 죽음과는 관계가 없다. 불사는 현상적 나의 비실재성, 허구성을 통찰함과 더불어 본래의 참 나가 드러나는 것뿐이며, 육체가 죽은 '다음에'라는 시간적 제약을 받을 수 없다. 그러니까 시간도 죽음도 실재가 아니라 우리의 사고가 만들어 낸 허구이며, 죽음에 대한 공포는 자신이 그린 괴물의 그림을 보고 두려워하는 것과 다름없다.

그러므로 진아(眞我)를 실현한 자는 과거-현재-미래의 시간 가운데서가 아니라 '영원한 지금'(Eternal Now)으로 살며, 신체를 갖는 상태에서 그대로 불사(不死)를 얻는다. 그에겐 더 이상 생(生)과 사(死)의 대립도, 오고 감도 없으며, 세속적 차원에서 이미 죽어 버렸기에 더 이상 죽음도 없다. 힌두교는 그러한 상태를 생해탈(生解脫)이라 불러 죽은 후의 해탈과 구분한다.

우리의 육신은 현상적 가아(假我 : 지바트마)지만 전개 상황에 따라서 조대신(粗大身 : Sthulasarira), 미세신(微細身 : Suksma sarira), 원인신(原因身 : Karana sarira)의 구조를 가지고 있다. 조대신이란 오관으로 지각되는, 부모에게 받은 몸으로서 소위 육체(Physical body)다. 뼈·살·피·지방·골수 등으로 구성되며, 태어나서 늙고 죽을 때는 버려지는 몸이다. 건강·허약·유년·청년·장년·노년은 이 몸의 여러 가지 상태이며, 신분과 계급, 가문 등의 제약이 가해진다. 또한 이 몸은 아트만의 경험 매체이며, 각성 의식의 토대가 된다. 죽을 때 개아(jiva)는 이 몸을 버리고 다른 조대신을 찾아간다.[9]

미세신은 오관으로 인식되지 않는 미세한 물질적 요소로 이루어진 몸으로 그 자체로는 의식이 없으나 미세하므로 아트만의 빛을 반사하여 개체 의식을 갖게 한다. 이것은 윤회의 매체가 되는 몸으로서, 사후에 어떤 육신으로 태어나는가는 이 미세신에 기록된 과거의 카르마와 경험의 잔여물에 의해 결정된다.

원인신은 미세신과 조대신의 근원이며 현상계를 생성시키는 원초적 몸이다. 이중에서 미세신이 육신과 갖는 관계의 양태에 따라서 개체는 깨어 있는 상태(각성위覺醒位), 꿈꾸는 수면 상태(몽면위夢眠位), 깊은 수면 상태(숙면위熟眠位), 죽음의 상태(사위死位)의 네 가지 경험 상태를 갖게 된다.

죽음이란 노년이나 질병, 사고 등으로 육신이 더 이상 미세신의 활동을 담보할 수 없을 때, 마치 망고나 무화과나무의 열매가 줄기에서 떨어지듯이 미세신이 육신에서 벗어나는 현상이다. 임종 때 호흡이 곤란해지는 것은 마치 짐을 가득 실은 수레가 힘겹게 삐걱거리듯이 육신 속의 미세신이 육신을 떠나고자 움직이고 있는 것이다. 눈이나 머리의 끝, 혹은 신체의 다른 구멍을 통해 신체에서 벗어날 때 과거의 경험과 카르마도 그것을 따라간다. 신체를 떠난 영혼은 마치 풀벌레가 풀잎 끝에서 다른 풀잎으로 접근한 후에 그것을 향해 자신을 당기듯이, 이 몸을 버린 후 다른 몸으로 접근한다. 개아인 아트만이 종말을 고하는 것이다. 이때 미세신에 수반된 전생의 선악 행위와 욕망에 따라 새로운 몸이 결정된다.

## 죽음 이후 : 윤회의 반복

죽음의 순간에 영혼은 정수리에 있는 미세한 문을 통해 몸을 빠져나간다.[10] 장작더미 위에서 불타고 있는 시신의 두개골을 부수는 이유가 이 때문이다. 그러나 이 탈출은 오직 생전에 악을 행하지 않고 타락하지 않은 사람에게만 일어난다. 타락한 자의 경우 영혼이 항문을 통해 방출된다. 이때 영혼은 혼자 가지 않고 무언가를 같이 데리고 나간다. 왜냐하면 그 영혼이 재생할 때까지 도와주는 원조자가 꼭 있어야 하기 때문이다.[11]

인간이 죽으면 네 단계를 거치게 되는데, 첫째는 '신들의 길'이라고 불리는 데바야나(devayana)로 브라만을 명상하는 데 온 힘을 기울였으나 죽기 전에 완전한 깨달음을 획득하는 데 성공하지 못한 영들의 인도를 받아서 지순한 생명으로 인도되어 간다. 그들은 최고천으로 가서 거기서 적절한 과정을 거쳐 자유를 획득하게 된다.

두 번째 과정은 '아버지의 길'이라고 알려진 피트리야나(pitriyana)로 의식주의자(儀式主義者)들과 만민동포주의자(萬民同胞主義者)의 인도를 받는다. 그들은 박애와 엄격함과 맹세와 예배 등의 욕망이 강한 사람이므로 찬드라로카라고 불리는 달(月)의 영역으로 간다. 거기서 그들의 선한 행위에 대한 보상으로 큰 행복을 누리다가 다시 지상으로 가게 되는데 아직도 지상의 욕망이 남아 있기 때문이다.

세 번째 과정은 '지옥으로 인도되는 길'인데 경전에서 금한 행동을 한 대가로 불순한 생명으로 이끌림을 받는다. 이들은 인간 이하의 종(種)으로 다시 태어난다. 그들의 악한 행실에 대한 보상을 모두 받은 후에 다시 인간으로 태어난다.

네 번째 과정은 생각과 행실에 있어서 가장 '극악한 영들이 가는 곳'이다. 그들은 모기나 파리와 같이 전혀 의미가 없는 생명으로 거듭거듭 태어난다. 물론 이들도 악한 행실에 대한 보상이 모두 끝나면 인간으로 이 지상에 다시 태어날 수 있다. 하나의 영이 인간의 몸을 가질 때, 전생의 영적 진화의 끈을 한 단계 높여 자기실현을 향해 진화를 계속해야 한다. 힌두교에 따르면 모든 영은 궁극적으로 어느 땐가 깨달음을 획득하게 된다.[12]

죽음 이후에는 우리가 지상에서 행했던 생각과 행동의 결과들을 경험하게 된다. 죽음 이후의 경험만이 영들에게 실재적인데, 마치 꿈꾸는 자에게 꿈이 실재적인 것과 같다. 영들이 잠에서 깨어날 때는 인간 존재로 다시 태어난 것을 발견하게 된다. 힌두교 경전에 따르면, 어떤 영들은 죽음 이후에 천당과 지옥의 경험을 통과하지 않고 인간으로 태어날 수 있다. 비록 인간의 생명에서 인간 이하의 생명으로 떨어진다 하더라도 그것은 단순한 우회에 불과하다. 죽어 가는 사람의 내생(來生)은 차생(此生)에서 그의 마지막 생각에 의해 결정된다. 왜냐하면 죽어 가는 사람의 마지막 생각

은 그의 마음 안의 가장 깊은 욕망을 반영하기 때문이다.[13]

### 구원의 방법 : 해탈(윤회에서의 해방)

윤회에서 해방되어 브라만과 다시 연합한 상태인 해탈이 그들의 궁극 목표다. 그런데 해탈이란 깨달음이다. 그것은 존재의 지속과 유지는 일시적으로 투사되어 세계와 온갖 행위들에 집착하는 그런 지바로서의 아트만 때문이 아니라는 깨달음, 오히려 반대로 아트만이 곧 브라만이라는 깨달음, 이러한 브라만이 이미 흔들리지 않고 변하지 않는 것으로 우리 안에 있다고 하는 깨달음이다.

그러므로 인과와 변화와 재생의 무한한 순환 고리에서 해방되기 위해 인간이 해야 하는 것은 바로 지금 있는 그대로를 발견하고 자기 자신이 되는 것, 즉 자신 안에 이미 자아를 가능케 하는 참된 자아인 아트만으로서의 브라만이 내재되어 있다는 사실을 깨닫는 데 있다.[14]

힌두교에서는 이 궁극 목표인 해탈에 이르는 세 가지 기본적인 길, 곧 행위의 길(Dharma), 지식의 길(Jnana), 열정적인 헌신의 길(Bhakti)이 있다. 덕행의 길인 다르마(Dharma)를 따르는 사람에게는 반드시 수행해야 할 사회적, 종교적 의무들이 있다. 그 계율이나 도덕 규범을 잘 지키고 이웃에 선행을 많이 하여 구원의 길에 이르려는 것이다. 이 의무들을 이행함으로써 덕행의 길을 따르는 사람은 보다 나은 환생을 하고, 수천 또는 수만의 환생을 거친 후 마침내 해탈에 이를 것이라고 소망할 수 있다.

해탈에 이르는 보다 힘든 방법은 지식(지혜)의 길, 지나나(Jnana)이다.

무지무명(無知無明)이 모든 문제의 근원이므로 이를 없애고 궁극 실재를 직접 꿰뚫어 보는 통찰과 직관과 예지 등을 통해 구원에 이르려는 것이다. 이 길은 지름길이기는 하지만 가파르기에 몇몇 특별한 사람들에게만 열려 있으며, 《우파니샤드》에서 강조하고 있다.[15]

그런데 우리를 불사(不死)로 인도하는 세속적 욕망의 포기나 아트만에 대한 지(智)를 획득한다는 것은 결코 쉬운 일이 아니다. 무지는 탐욕을 낳고, 탐욕은 업(業)을 낳으며, 그 결과 우리의 마음은 오염되고 더욱 무지해지는 악순환이 지속된다. 아트만의 실현을 가로막는 오염된 마음을 순화시켜 불사에 이르는 수행 방법이 바로 요가다. 그러므로 지식의 길은 흔히 요가(결합)를 포함한다. 요가는 몸의 자세와 호흡 조절, 그리고 정신 집중을 통해 의식을 통제하여 자신의 참된 자아인 불사의 영혼(아트만)이 브라만과 하나 됨을 체험적으로 깨닫는 단계에 이르려는 시도다.

신에 대한 열정적인 헌신의 길(바크티)은 해탈을 얻는 가장 대중적인 방법이다. 바크티에 의하면 독실한 신자가 힌두교 만신전에 있는 3억 3천만의 신들(또는 반신반인들) 중 하나를 택하여 그 특정한 신을 열정적으로 숭배할 수 있다. 그러나 실제로 거의 모든 힌두교인은 비슈누 또는 시바를 숭배한다. 가장 대중적인 신은 비슈누다.

막스 뮐러는 이렇게 많은 신을 인정하되 그중 어느 한 신을 골라 섬기는 신앙 형태를 특별히 강조하기 위해 단일신론(單一神論 : henotheism)이라는 용어를 만들었다. 여러 신을 두루 섬기는 다신론과 비교해 단일신론은 그중 어느 한 신을 택해 특별히 경배하는 점을 부각한 것이다. 유일신론(唯一神論)이 다른 신의 존재를 부정하고 오로지 한 신만을 경배하는 데 비해, 단일신론은 다른 신의 존재를 부정하지 않은 채 한 신을 경배한다.

바크티는 대다수를 차지하는 낮은 계층 사람들에게 선호되는 방식이다. 이는 그들에게 환생을 통해 더 높은 신분으로 태어날 수 있게 해주고 마침내 해탈에 이르게 하는 보다 쉬운 길을 제시한다. 바크티를 택한 자는 고통스러운 요가를 행하지 않아도 되며, 굳이 지식층이나 상류 계급의 일원일 필요도 없다.

구원은 인간의 참 자아가 우주의 절대적 실재 그 자체라는(내가 곧 브라만이라는(Aham Brahmo Asmi)) 범아일여(梵我一 如)의 진리를 깨닫고 체득하는 데 있다. 이 진리는 경험적 세계의 차별성이 완전히 사라지고 언어가 정지되는 신비의 경지다.[16] 그러나 이것을 깨닫는 과정은 참으로 요원하다. 힌두교의 윤회에 대한 인도의 민요가 있다.

나의 전생이 얼마나 많이 거듭되었는지 난 말할 수 없네.
앞으로 맞을 내 생이 얼마나 거듭될지 아무도 말할 수 없네.
그러나 내가 아는 한 가지는,
줄곧 고통과 슬픔으로 가득하다는 것이라네.[17]

## 2. 불교의 죽음이해

### 핵심 교리 : 사성제와 팔정도

불교는 힌두교의 나라 인도에서 태어난 종교다. 한때 인도 전체를 지배할 정도로 융성했으나 다시 힌두교에 의해 거의 소멸되다시피 했고, 결국 인도 밖으로 퍼져 나가 동양인의 정신을 지배하는 종교로 자리 잡았다. 그러므로 불교의 핵심 교리는 그 뿌리가 힌두교다. 공통점이 두 가지 있는데 하나는 자기 행위의 결과를 자기가 감당해야 한다는 업보의 개념이고, 또 하나는 윤회사상이다. 그러나 불교의 창시자 싯다르타는 힌두교에 많은 모순이 있다고 느끼고 이를 부정했다.

첫째, 카스트제도의 부정이다. 브라만(승려), 크샤트리아(귀족), 바이샤(평민), 수드라(천민)라는 결코 헤어 나올 수 없는 엄격한 계급제도의 불평등과 모순을 지적하고 남녀노소, 빈부를 막론하고 모든 인간은 평등하다는 것을 주장했다. 초기에 이모이자 계모인 마하프라자파티(mahaprajapati)가 비구니가 되는 것을 허용함으로써 여성 성직자를 인정했다. 카스트제도는 일종의 엘리트 중심 개념이지만, 불교는 만민을 위한 대중적인 성격을 갖는다.

둘째, 신들에 대한 부정이다. 힌두교에는 수많은 신이 있다. 창조신 브라마, 유지신 비슈누, 파괴신 시바 외에도 3억 3천만이 넘는 신들이 있다. 이들 중에서 자기에게 맞는 신을 섬기는 힌두교 시스템을 보며 이런 신들이 열반을 향해 나가는 데 소용이 없다면서 모든 신들의 필요성을 부정했다.

셋째, 경전에 대한 부정이다. 힌두교에 있는 경전, 예를 들면 우주와 인간의 근원에 대한 탐구서인《베다》만 해도《리그베다》,《야주르베다》,《사마베다》,《아타르바베다》등 그 수가 무수하다. 여기서 나온《우파니샤드》만 해도 방대한 분량이다. 이런 경전들도 중요하지 않다고 보았다.

넷째, 자아에 대한 부정이다. 힌두교에서는 영원한 자아인 아트만이 모두에게 있다고 보았으나 불교는 이 아트만의 실체성(불멸성)을 부정했다. 자아라 부를 수 있는 영구한 것이 없다고 보았다. 사람들이 '나'라고 생각하는 것은 오온의 복합체일 뿐이므로 무상하며 정체성이 없는 것이라고 보았다. 아트만의 실체성을 부정한 이론이 바로 삼법인(三法印) 가운데 두 번째 항목인 제법무아설(諸法無我說)이다.

이밖에도 싯다르타는 힌두교의 수많은 의식(儀式)과 까다로운 희생제사를 거부하고 윤리와 실천을 강조했으며, 극단적인 금욕이나 관능에 치우치는 것을 경계하여 중도의 길을 제시했다.

이것은 당시로서는 혁명적이었다. 그는 고통에서 벗어나 해탈하는 길을 단순하게 제시했다. 그것은 사성제를 전제로 팔정도를 지키면 된다는 것이다.

사성제(四聖諦)는 네 가지 성스러운 진리인데, 첫 번째 진리인 고제(苦諦)는 인생은 고통스럽다는 것이다. 두 번째 진리인 집제(集諦)는 그 고통의 원인이 집착(이기적인 욕망) 때문이라는 것이다. 실체를 모르고 헛된 것에 집착하므로 인간은 번뇌(탄하)의 희생물로 전락하는 것이다. 세 번째 진리인 멸제(滅諦)는 고통을 해결하려면 무지를 극복하고 집착을 멸해야 한다는 것이고, 네 번째 진리인 도제(道諦)는 중도를 따름으로써 집착을 억제하라는 것이다. 그럴 때 해탈할 수 있다는 것이다. 그러니까 도제(道諦)는 불교 특유의 해탈에 이르는 길을 말하는데, 그 방법은 중도(中道 : middle path)다. 극단을 버리고 바르고 조화된 길을 실천하는 것을 말한다.

부처는 깨닫기 전까지 누구보다도 양극단에 치우친 삶을 살았다. 출가 전에는 감관의 쾌락을 통해 행복을 추구했다는 점에서 세속적으로 극단이었고, 출가 후에는 엄청난 고행을 통해 궁극적인 깨달음을 추구했다는 점에서 극단을 달렸다. 부처는 이 양극단을 모두 피해서 중도를 가야 한다고 가르쳤다.

그 중도로 가는 방법이 팔정도(八正道)다. 팔정도는 여덟 가지 바른길로 불교 수행의 세 가지 길인 계율(戒)·선정(定)·지혜(慧)의 삼학(三學)을 완성시키는 구체적인 방법이다. 일체의 잘못된 집착과 나쁜 견해를 멀리하고 사성제를 깨달아야 한다는 정견(正見), 생각할 것과 생각하지 않을 것을 마음에 잘 분간하는 정사유(正思惟)는 지혜에 속한다. 바르게 말하는 정어(正語), 바른 일을 하는 정업(正業), 정당한 방법으로 적당한 의식주를 구할 것을 권한 정명(正命)은 계율에 속한다. 끊임없이 노력하여 물러서지 않고 마음을 닦는 행위인 정정진(正精進), 생각한 것에 따라 잊지 않고 바르게 기억하는 정념(正念), 마음을 한 곳에 집중하는 삼매의 수행법인 정정(正定)은 선정에 속한다. 이 팔정도를 따를 수 있는 사람은 누구나 죽음과 윤회의 끝없는 순환에서 벗어나 마침내 열반에 이른다.[18]

불교의 유형은 다양하지만 소승불교(小乘佛教 : Hinayana), 대승불교(大乘佛教 : Mahayana), 탄트라(Tantra)불교, 이렇게 세 유형으로 크게 나뉜다.

소승은 '작은 수레'라는 뜻으로, 부처의 원래 가르침대로 철저한 자기 수양을 통해서만 열반에 이를 수 있다고 보기 때문에 소수의 사람만 열반이 가능하며, 여기서 부처는 단지 고뇌를 피하는 방법을 가르쳐 준 스승일 뿐이다. 소승불교는 비판자들이 사용한 부정적인 표현이므로 이 길을 지지하는 사람들은 그 이름을 상좌부불교(上座部佛教 : Theravada)로 바꿨다. 소승불교에서 일반 신도가 바랄 수 있는 최선책은 내생에서 승려가 될 수 있도록 더 높은 수준으로 태어나는 것이다.

대승은 '큰 수레'라는 뜻으로, 만인에게 열반의 길이 열려 있다고 본다. 원래 부처는 자신을 구원할 수 있는 자는 오직 자신이라고 가르쳤으나, 대승불교는 여러 신들이나 '보디사트바'(보살 : Bodhisattva)들에 대한 개념을 개발했다. 깨달음을 얻은 자가 최종적인 열반(Nirvana)을 실현하려는 순간에 여전히 무지와 카르마에 사로잡힌 중생에 대한 연민의 정 때문에 이생으로 다시 몸을 돌리는 경우도 있다. 이들이 바로 보살이다. 이런 보살 신앙은 대승불교를 통해 널리 확산되었다.

대승불교에 의하면 부처는 곧바로 열반에 들 수도 있었지만 45년 동안 이 땅에 머물렀다. 그는 인류를 구원하기 위해 이 세상에 머물기로 결심했으며, 첫 번째이자 최고의 보살이 되어 신실한 신자들의 구원 요청에 응했다. 열반에 들어간 다른 승려들도 부처처럼 깨달음을 얻어 보살들이 되었다.

여기서 확인할 수 있듯이, 소승불교와 대승불교는 부처에 대한 견해에 현격한 차이가 있다. 소승불교에서 부처는 단지 스승일 뿐이지만(부처 자신도 그렇게 주장했다), 대승불교에서는 그를 모든 사람의 구원자인 신으로 격상시켰다. 이런 이유로 대승불교가 지금까지 더 널리 보급되었다.[19]

대승불교의 이론적 토대를 마련한 중관학파의 시조인 용수(龍樹)는 '연기성공'(緣起性空)이라는 네 글자로 인연법의 진상을 드러냈다. 그는 중도설에서 "인연이 모여서 일체의 사물이 생기므로 나는 그것을 공(空)이라 하지만, 이 또한 가명(假名)으로서 중도의 뜻이다. 인연에 의지하지 않고 생겨나는 사물은 하나도 없다. 그러므로 일체의 사물은 공(空)이 아닌 것이 없다"고 하였다. 일체의 사물은 인연의 화합에 의해 생기므로 고정불변인 자아라고 일컬을 그 무엇이 본래 없다. 그러므로 공이다.[20]

여기서 공(空)은 아무것도 없다는 뜻이 아니라 자성(自性)이 없다는 뜻이다. 생겨나고 없어지는 모든 내적인 인(因)과 외적인 연(緣) 자체도 독립된 자성이 없어서 임시로 붙인 이름에 불과하므로 공(空) 또한 다시 공(空)인 '필경공'(畢竟空)에 이르러야만 공과 공 아닌 것의 이원적 대립을 없앨 수 있다. 이른바 제법실상(諸法實相)의 궁극적인 진리, 혹은 중도는 있음과 없음의 대립, 삶과 죽음의 대립, 생사윤회와 열반해탈의 대립 등 공과 공 아닌 것이 상징하는 일체의 이원적 대립을 초월하여 원래 그러한, 대립이 없는 불가사의한 경지를 일컫는다.[21]

## 세상과 인간 : 색즉시공, 공즉시색(色卽是空, 空卽是色)

불교의 연기(緣起)사상이나 공(空)사상은 궁극적 실재라는 개념을 인정하지 않는다. 이것을《반야심경》(般若心經)에서는 "색즉시공, 공즉시색"(色卽是空, 空卽是色)으로 표현한다. 현상계(色)는 실체와 자성이 없으며(空), 공은 현상계와 독립한 어떤 것이 아니라 현상계 자체의 모습이라는 뜻이다. 그러므로 현상계와 공은 다르지 않고(色不異空), 공은 현상계와 다르지 않다(空不異色)다.

불교에서 궁극적 실재는 존재가 아니라 있는 그대로의 실상을 바르게 보는 깨달음의 관점에서 이해되어야 한다. 존재론적으로 공(空)은 모든 존재의 무자성성(無自性性)과 연기성(緣起性)을 의미한다. 인식론적 차원에서 볼 때 공은 얻을 것도 없고 얻어야 할 진리도 없는 세계다. 인식의 주관인 몸과 마음의 요소, 즉 감각·지각·사고 뿐만 아니라 인식의 대상이 되는 외적 객관도 모두 공하다. 모든 이원적(二元的) 사유에서 벗어난 평등일미(平等一味)한 제법의 진실상이 곧 공성(空性)이다.

> 사리자(舍利者)여, 삼라만상은 공한 것이며 공한 그 모습이 삼라만상이니, 감정이나 생각·욕망·의식 등 마음의 작용도 또한 공한 것이니라. 그러므로 공의 세계에는 이렇다 할 물질(色)도 없고, 감정(受), 생각(想), 욕망(行), 의식(識)도 없고, 눈(眼)과 귀(耳)와 코(鼻)와 혀(舌)와 몸(身)과 뜻(意)도 없으며, 빛깔(色)이나 소리(聲)나 냄새(香)나 맛(味)이나 촉감(觸)의 관념(法)에 매일 것이 없으며, 그러한 것들의 모든 상대 또한 없느니라. 그러므로 미혹된 어리석음도 없고 어리석음을 벗어나는 것도 없으며, 늙고 죽음도

없으며, 끝내 늙고 죽음을 벗어나는 것도 없으며, 괴로움도 없고 괴로움의 원인도 없고 괴로움을 없애는 일도 없느니라.[22]

진여(眞如)란 존재 그대로의 모습으로, 연기(緣起)의 원리에 의해 상호의존적으로 존재하는 우주의 참 실상(實相)이다. 그러니까 진여란 있는 그대로의 존재 모습이며, 인간의 사유나 개념을 초월하는 경계다. 거짓이 아닌 진실이며 변치 않는다는 의미에서 진여라고 한다. 진여는 적정(寂靜)한 무활동의 체가 아니라 인연을 만나면 생멸하는 존재가 된다. 이것은 물과 파도의 관계와 같다. 실상은 진여와 같이 있는 그대로의 만유의 참된 모습을 말한다.[23]

불교의 우주관은 현대 과학의 원리와는 달리 물질적 우주와 정신적 우주의 통합에서 우주의 기원과 생성의 문제를 이해한다. 이 세계를 욕계(欲界)와 색계(色界)와 무색계(無色界) 등의 삼계(三界)로 나누는 것은 이 때문이다. 욕계는 탐욕의 세계이고, 색계는 욕계와 같은 탐욕은 없으나 미묘한 형체가 있는 세계다. 무색계는 순정신적인 존재의 세계다. 이를 육도(六道)나 삼종세간(三種世間)으로 나누기도 하는데, 육도는 중생이 윤회하는 천상·인간·수라(修羅)·아귀(餓鬼)·축생(畜生)·지옥을 말한다. 삼종세간이란 무생물 세계인 기세간(器世間), 생명체의 세계인 유정세간(有情世間) 혹은 중생세간(衆生世間), 그리고 정각자(正覺者)들의 세계인 지정각세간(智正覺世間)을 말한다.[24]

물질과 정신은 둘이 아니지만 둘로 나타난다. 욕계(欲界), 색계(色界), 무색계(無色界)는 중생의 업력(業力)으로 나타나는 물질세계다. 우주 공간의 헤아릴 수 없이 많은 항성과 혹성, 세계의 일체 물질상은 중생의 업력과 관계가 있다. 마음속에 세계와 물질이 포함되어 있으며, 마음은 물질의 주체가 되기 때문이다. 이 세계는 마음에서 만들어진 업력이 작용하여 대폭풍과 폭발이 있었고, 여기에서 구름과 바람, 빗물과 물질적 성질이 인연하여 지층을 만들었다. 이러한 풍륜(風輪), 수륜(水輪), 금륜(金輪)의 과정에서 세계는 탄생되었다. 이와 같이 마음과 물질의 상호 인과관계와 업력의 인연 화합에 의해 이 세계와 생명체는 탄생되고 존재하고 소멸하는 것이다.[25]

그렇다면 인간은 어떤 존재인가? 이 세상에는 영구적 실재는 아무것도 없으며, 불변의 자아라든가 영혼 같은 것도 존재하지 않는다. 어떤 물체도 존재하지 않으며, 어떤 감정이나 어떤 지각이나 어떤 형체나 어떤 의식도 결코 영원하거나 불변적인 것은 없다. 그것들은 모두 변한다.

그렇다면 인간의 현재 모습은 무엇인가? 그것은 다섯 가지의 '칸다'(khandhas), 즉 인간을 구성하는 오온(五蘊)의 복합체다. 오온이란 첫째, 기본 구성 물질인 '루파'(rupa), 둘째 시각과 청각과 후각과 촉각과 미각 및 내적 지각(manas) 등의 여섯 가지 감각기관을 가리키는 '베다나'(vedana), 셋째 외부에서의 자극을 받아들여 그것을 감각으로 조직하는 수단인 지각 능력으로서의 '삼즈나'(samjna), 넷째 정신 상태를 구성하는 '삼스카라'(samskhara), 다섯째 내용을 담지 않은 중립적인 감각 및 지속적인 의식을 가리키는 '비즈나나'(vijnana)로 이루어져 있다.

인간을 오온(五蘊)의 존재, 즉 5요소(蘊)가 집합된 존재라고 하는데, 그 이유는 우리 인간이 물질과 정신으로 이루어져 있지만 그것들은 자아에 집착하는 원인이기 때문이다. 즉 오온을 취하여 자아를 상정하기 때문이다. 그러나 이러한 상정은 잘못이며, 영원한 실체는 어디에도 없다는 것이 오온설의 목적이다. 그러므로 오온설은 단지 우리의 존재를 분석하는 것만이 아니라, 우리를 잘못된 자아의식에서 해방시키기 위해 만들어졌다.[26]

누가 '나'라고 말할 때 그는 오온의 합성체 혹은 그중의 하나를 가리키는 것일 뿐이다. 그런데도 그는 그것이 '나'라고 생각하여 스스로를 기만한다. 가령 연꽃의 향기가 꽃잎과 색깔과 꽃가루 등에 속한 것이라고 말할 수 없듯이, '루파'가 곧 '나'라든가 혹은 '베다나'가 '나'라든가 또는 '칸다'의 일부가 '나'라고 말할 수 없는 것이다. '칸다' 안에 '나'라고 말할 수 있는 것은 아무것도 없다.[27] 비유하자면 어린아이가 자라서 60세 노인이 되었을 때, 그 노인은 이전의 어린아이가 아니면서도 동시에 다른 사람인 것도 아니라는 논리다.[28]

만일 하나의 생명에서 다른 생명으로 전이하는 불변의 자아 혹은 영혼이 없다면, 하나의 생명에서 다른 생명으로 이동하는 것은 도대체 무엇인가?

한 남자가 갠지스 강물 위에 떠다니는 무수한 거품들을 붙잡아서 그것들을 주의 깊게 조사한다고 하자. 그러나 아무리 조사해 보아도 거품은 텅 비고 실체가 없는 비실재로 나타날 것이다. 이와 마찬가지로 사람들은 육체적 현상과 느낌과 지각과 정신 현상과 의식의 상태를 붙잡아 보려 한다. 하지만 결국 그것들은 그의 앞에 텅 비고 실체가 없는 비실재로 나타날 것이다.[29]

그럼에도 불구하고 한 특정 집합체를 어떤 이름으로 부르는 것도 가능하다. 인간의 외적 형식을 구성하는 그 특정 집합체는 그것이 스스로를 의식하는 방식으로 구성되어 있으며, 따라서 그것은 스스로를 '나'라고 지칭할 수 있다. 자신의 과거 상태를 기억한다 해도 나 자신이라고 하는 감각, 시간의 흐름 속에서 지속적인 자기 정체성에 대한 이러한 감각은 집합체에 의해 유지되는 불변적인 자아를 창출하거나 구성하지는 않는다. 그것은 단순히 인간이라고 하는 오온의 집합체가 급조한 복합적 현상을 나타낼 뿐이다.[30]

불변의 자아가 없는데도 이런 종류의 기억을 가능케 하는 연속성의 본질은 '비즈나나'(vijnana : 識)이다. 한 생명에서 다른 생명으로의 현현 과정을 수행하는 비즈나나를 '아라야 비즈나나'(alaya vijnana : 八識(팔식))이라고 하는데, 이것은 '의식의 창고'를 뜻한다. 다시 말하면 의식에서 일어나는 특정 사건들 밑에 깔려 있는 지속적인 현존을 가리킨다. 이는 마치 수면에 이는 파도 밑으로 물이 흐르는 것과 같다. 하지만 이 아라야 비즈나나가 영원한 것은 아니다. 그것 역시 결국에는 멈추고 만다.[31]

이처럼 지속적인 불변의 자아가 없으며 오직 연속성 그 자체만이 있다고 한다면 윤회를 말할 수 없다. 왜냐하면 다시 태어날 만한 실체라든가 자아 혹은 영혼이 존재하지 않기 때문이다. 그러나 불교에서는 양극단, 즉 죽으면 모든 것이 소멸된다는 입장과 사후에 불멸의 영혼 같은 것이 계속 남는다는 주장 사이에 중도가 있다고 말한다. 때문에 부처는 영원한 영혼이 존재하느냐 하지 않느냐는 질문을 받았을 때 그것에 대한 직접적인 답변을 회피했다.

고빈다(Anagarika Govinda)는 말했다.

인간 형상을 구성하는 오온이란 그저 물질화된 카르마일 따름이며 과거의 계기들이 가시화된 의식일 뿐이다. 카르마는 다만 활동적인 의식 원리이다. 그런 의식 원리 또한 결과로서 가시적인 형상이 된다. 그러니까 우리 눈앞에 보이는 형상은 본질적으로 '과거적'이며, 따라서 그런 형상을 정신적으로 극복한 자에게 그것들은 낯선 어떤 것으로 느껴진다.[32]

그런데 중생들은 있지도 않은 자아 개념을 만들어 '내가 있다'고 생각하고, 따라서 '내 것'이라는 생각을 갖게 된다. 모든 욕심과 집착은 바로 여기서부터 시작된다. 바로 여기에 인간의 궁극적인 문제가 있다. 따라서 궁극적인 해결책은 내가 없어져야 하는데, 이 '나'는 원래 없는 것이니 이 사실을 명확히 깨닫기만 하면 된다는 것이다.[33]

### 죽음이란 무엇인가 : 오온(五蘊)의 해체

죽음이란 수명과 체온과 의식(識 : 정신작용)이 사라져 신체 기관이 모두 변하여 파괴되는 것을 말한다.《잡아함경》(雜阿含經) '제21'에서는 이렇게 설명하고 있다. "수명과 체온과 의식은 육신이 사라질 때 아울러 사라진다. 그 육신은 흙무더기 속에 버려져 목석(木石)처럼 마음이 없다. 수명과 체온이 사라지고 기관이 모두 파괴되어 육신과 생명이 분리되는 것을 죽음이라고 말한다."

다른 말로는 오온이 해체되는 것이다. 그러나 육체와 정신이 없어져도 업은 없어지지 않는다. 업(業)은 정신과 물질을 결합시키는 힘을 갖기 때문이다. 그 업은 없어지지 않고 있다가 다시 사람이나 짐승이나 귀신으로 오온이 모이는 곳으로 가서 난다(전생轉生). 즉 윤회 전생하는 것이다. 그러므로 죽음은 정확하게 말하면 수명을 지닌 생명체가 전변(轉變)하는 과정 또는 시기 중의 하나일 뿐이다. 죽음은 단멸(斷滅)이 아니라 삶의 연장선에 있는 하나의 추이(推移)일 뿐이다. 새로운 해탈의 기회인 것이다. 수명은 업(業)에 의해 유지되므로 그 업력의 변화에 따라 삶과 죽음도 변화의 과정에 있다.

연기(緣起)의 세계에서는 자기 혼자서 존재할 수 있는 것은 아무것도 없으며, 언어에 대응하는 개개의 실체가 있다고 생각하는 것은 잘못이다.[34] 죽음도 마찬가지다. 죽음이라는 실체는 없다. 죽음은 오직 모든 것이 덧없다고 하는 인식이 실제적이고 절대적이 될 때 일어나는 하나의 과도기 혹은 전이로 간주될 따름이다. 죽음이란 확실히 변화의 기나긴 연쇄속에서 스쳐 지나가는 하나의 순간적인 사건일 뿐이다. 그래서 '생즉사, 사즉생'(生卽死, 死卽生)이 된다. 더욱 간명하게 말한다면 마음의 문제다.[35]

《구사론》 '세간품 43송'은 이렇게 말한다. "마음을 집중(定心)한 자와 무심자(無心者)에게는 그 양자(생사)가 없다." 또한 '세간품 38송'에서 이렇게 말한다.

> 사유(死有)는 삼성에 통하지만, 예외로서 아라한은 일상의 동작에 관계하는 것과 이숙인(異熟因)에서 생기는 것의 이종의 무기심(無記心)에서 열반한다. 점차로 사망하는 경우, 하방(下方)의 악취(惡趣)로 나아가는 자들과 인간으로 나아가는 자들과 천계(天界)로 나아가는 자들과 다시 태어나지 않는 자들의 의식은 순차적으로 두 발과 배꼽과 심장에서 소멸한다.

위의 원문을 해석하면 사유(四有) 중 사유(死有 : 죽음의 찰나)와 생유(生

有 : 생명 결성의 찰나)는 산란한 마음에만 있다. 무심(無心)은 결코 생명을 손상하지 않는다. 생명이 끝날 때는 반드시 의지하는 바의 신체에 따라 다니며 종속하는 마음이 일어난다. 생명을 받는 데에는 번뇌가 원인이 되기 때문에 번뇌가 없는 무심에서는 생명을 받지 않는다. 이 때문에 무심에는 죽음과 출생이 있을 리 없다. 따라서 사유와 생유는 유심(有心)에만 있다.[36] 그러니까 죽음은 한 인간이 다른 존재로 환생하는 중간 상태를 의미한다.[37] 죽은 후 어떤 세계에 태어나는가 하는 문제는 업력의 힘이다.

불교 승려인 나가세나(Nagasena)는 미린다(Milinda)왕에게서 왜 어떤 사람들은 장수하고 어떤 사람들은 단명하는지, 또 어떤 사람들은 병이 들고 어떤 사람들은 건강한지에 대한 질문을 받았다. 나가세나는 다음과 같이 대답했다.

> 그들은 각자의 카르마(업)가 다르기 때문에 같지 않습니다. 존재는 각각 자신의 카르마를 가지고 있기 때문이라고 부처님께서는 말씀하셨습니다. 그들은 카르마에 의해서 태어나며, 카르마에 의해서 가족과 부족의 구성원이 되며, 각자는 카르마에 의해서 지배받습니다. 그들을 높고 낮게 구분하는 것은 바로 카르마입니다.[38]

여기서 중요한 것은 죽음의 문제가 정신의 집중이나 적정(寂靜)의 경지로써 해결될 수 있다는 불교 특유의 인식이다. 생과 사처럼 대립되는 요소들의 본질적인 불가분리성, 즉 '절대적 동일성'은 그들의 비객체적 성격에 주의를 기울이지 않고서는 이해할 수 없다. 이해는 인간 존재 내에서 즉각적인 경험을 통해 실존적으로만 가능하다. 이것은 죽음의 극복이 각자의 내적 체험에 달려 있음을 뜻한다.

그래서 고빈다는 말했다. "불멸성이나 죽음의 극복이라는 문제는 객관적이 아니라 순전히 주관적이며, 따라서 직접적인 내적 체험을 통해서만 해결될 수 있다. 객관적 견지에서 우리는 신체적 기능의 정지와 이 기능을 가능케 하는 물리적 기관의 쇠퇴에 대해서만 말할 수 있다."[39]

죽음의 순간은 힌두교의 경우에서와 마찬가지로 지극히 중요하다. 왜냐하면 죽어 가는 사람은 사후 다음 생애에 무엇으로 태어날지에 관한 징후를 보이기 때문이다. 이 징후는 과거에 그가 행한 선한 카르마나 혹은 악한 카르마의 드러남일 수도 있고, 다음 상태에 대한 예감이나 기대일 수도 있다.

## 죽음 이후 : 윤회의 반복

한 번(一期)의 윤회의 과정을 4단계로 나누는데, 사람이 죽는 순간을 사유(死有), 죽어서 다음의 생을 받는 기간을 중유(中有), 새로 태어나는 순간을 생유(生有), 다시 나서 죽을 때까지의 기간을 본유(本有)라고 한다. 위의 네 단계를 사유(四有)라 하는데, 이런 인식은 인간이 수태(受胎)되어 생명이 주어진 이후 다음 생명이 결성되기까지 모두 4종의 존재를 경과한다는 것을 말한다.

그러니까 사람이 죽으면 중유 상태로 들어가며, 이 상태가 중음신(中陰身)이다. 중유에 대한 이런 믿음 때문에 불교 신도들은 사람이 죽으면 7일마다 사자의 복을 기원하며, 특히 그 기간이 마감되는 49일째 되는 날에 보다 큰 의식을 치르는 것이 관례다.

> 중유는 출생의 조건을 얻지 못하면 7일이 다하도록 지속되며, 7일이 다 지나고서도 출생의 조건을 얻지 못하면 죽어서 다시 태어나 7일이 다하도록 존속한다. 이런 식으로 계속 반복하며 출생의 조건을 얻지 못한 상태로 마침내 칠칠(七七)을 존속한다. 이다음에는 반드시 출생의 조건을 얻게 된다.[40]

티베트 불교의 중유에 대한 내용은《티벳 사자의 서》에 잘 나타나 있다. 이 책에서는 사자가 49일 동안 거치게 되는 단계를 밀교의 교의를 적용하여 자세히 설명하고 있다.[41]

자아가 존재하지 않는데 재생은 어떻게 이루어지는가? 분명히 육체의 재생은 이루어지지 않는다. 구체적으로 말한다면 다음과 같다. 죽어가는 과정에서 의식과 함께 구체적으로 작용하고 있던 감각이나 에너지는 점차 퇴화하여 의식 작용을 할 수 없게 된다. 명료성과 인식의 실체로서의 의식 자체는 감각기관에서 떠나 마침내 마음의 중심에 모인다.

이 과정에서 죽어 가는 사람은 육체의 특별한 영역에서 의식의 철수에 해당하는 8개의 분명한 비전을 보게 된다. 그 여행길을 잘 알고 있는 사람은 전혀 두려움을 느끼지 않는데, 유능한 명상가들은 마음대로 그러한 과정을 조절할 수도 있다. 그 과정을 완전히 조절하는 사람은 불성을 완전히 이루었다고 할 수 있고, 부분적인 컨트롤을 한 사람이라 할지라도 다음의 재생을 선택할 수 있다. 그러나 일반적인 사람들, 즉 자기가 주체적으로 조절하는 것이 아니라 오히려 지배되는 사람은 전에 쌓은 업

(業)에 따라 재생될 수밖에 없다.[42]

8단계를 거치는 것은 모든 중생에 해당되는데 인간은 12시간부터 3일 안에 거치게 된다. 이 과정은 너무도 미묘하게 이루어지기 때문에 명상적 훈련이 상당히 되어 있지 않으면 그것을 인식할 수 없다.

8단계 중에서 첫 단계는 눈이 가장 먼저 영향을 받는다. 시각이 흐릿해지고 환상과 같은 비전이 생겨난다. 둘째 단계는 귀가 듣는 힘을 잃고, 셋째 단계는 코의 감각이 없어지는데 이 단계에서 자기와 밀접히 관련되어 있던 사람들의 일도 더 이상 생각할 수 없고 연기 속에서 불길이 일어나는 것과 같은 내적 비전을 가지게 된다. 넷째 단계는 혀와 몸이 감각 능력을 잃고 자신과 관련된 일도 생각할 수 없다. 내적 비전으로는 촛불이 지글지글 타는 것과 같은 느낌을 받으며, 안으로 들이쉬는 숨이나 밖으로 내쉬는 숨이 멈추게 된다. 그럼에도 불구하고 이 단계까지는 아직 죽었다고 보지 않는다.

일반적으로 불교도들은 의식이 남아 있다고 여겨지는 동안에는 육체를 흔들어대지 않는다. 만약 몸을 심하게 흔들면 영적 목적을 이루는데 방해받는다고 생각하기 때문이다. 경험이 많은 명상가에게는 모든 생각이 멈춰지는 네 번째 단계가 대단히 중요하다. 사람의 마음이 주관과 객관의 뚜렷한 구별 없이 작용하기 때문에 거의 지혜에 가까이 가게 된다. 더욱이 주관과 객관의 이원성을 넘어서고 명료해지기 때문에 공(空)을 실현하는 강렬한 의식을 갖게 된다. 이러한 마음으로 인식하는 일을 하면 깨달음이 가까이 있게 된다.

다섯 번째 단계부터 차례로 다른 색깔의 연속적인 비전을 보게 되는데, 즉 다섯 번째는 흰 달빛, 여섯 번째는 붉은 태양 빛, 일곱 번째는 검은 어둠, 여덟 번째는 흰빛의 먼동이 하늘에 펴져 가는 듯한 상태를 보게 된다. 일곱 번째 어둠의 시간 동안에 마치 기절한 것 같은 상태에 있다가 여덟 번째인 이른바 '죽음의 명료한 빛'이라고 불리는 상태로 깨어나게 된다. 이때의 의식은 에너지의 아주 미묘한 형태에 의하여 지탱되는 대단히 미묘한 마음으로 존재하게 되는데, 이 여덟 번째 단계에 머물러 있는 시간이 길수록 재생 이후의 생을 더 잘 기억할 수 있게 된다고 한다.[43]

이 문제에 관해 티베트의 달라이 라마(Dalai Lama)는 다음과 같이 말했다.

> 이것은 마치 밤에 우리가 잠자러 가기 전에 아침 몇 시에 일어나 무엇을 할 것인가 분명하게 정하고 잠을 자게 되면, 비록 잠자는 동안 깨어 있을 때 다짐했던 내용을 기억하지는 못하더라도 그 시간에 우리는 일어나게 되고, 우리가 해야 할 것을 즉시 기억하는 것과 같다.[44]

이 단계에서 의식은 아직도 육체를 떠난 것이 아니다. 주관과 객관의 구분이 없는 비이원성(非二元性) 가운데 있어서 무아(無我)의 실현을 깊이 할 가능성이 많고 깨달음을 완성하기 쉽다. 만약 성공하면 의식은 자기 뜻대로 다음 단계로 가게 된다. 이 단계에 머물러 있는 동안에 죽은 사람의 종교적 지도자나 친지들이 독경을 외워 죽은 자가 어디에 머물러야 할지를 상기시켜 주는 것이 도움이 된다.

그러나 아주 작은 움직임으로도 8개의 단계가 역으로 갈 수도 있으니 주의해야 한다. 육체를 떠나 마음에 모여 있는 기묘한 에너지와 의식은 죽음과 재생의 중간 상태에 머물러 있게 된다. 이러한 중간 상태의 기간은 49일 이상 지속되지 않는다. 그러므로 이 중간 상태에 있는 영혼들을 위하여 매주 혹은 매일 기도를 드린다.

기도의 목적은 죽은 영혼에게 그가 중간 상태에 있다는 것을 상기시키고, 여러 가지 상들이 나타나 현혹하더라도 그것에 속지 않으면 아무런 해를 받지 않으리라는 것, 그리고 마침내 자유를 얻을 수 있는 절호의 기회가 왔으니 잘 정진하도록 상기시켜 주는 것이다. 또한 기도는 그 사람의 선한 행실과 카르마의 잠재 능력을 증진시킬 수도 있으므로 다음 생을 위해서도 좋은 결과를 가져올 수 있다.

인간으로 재생되지 않은 경우 6개의 영역 중에서 천상계, 축생계, 지옥계, 아수라계, 아귀계 등으로 갈 수 있다. 이런 운명에 떨어지기 전에 중음계에 있는 동안 각종 재를 올리기도 하고, 때로는 지옥에 떨어진 망령을 천상으로 끌어 올리려고 하기도 한다. 비교적 행복한 재생으로 간주되는 것은 인간이나 반신(半神) 혹은 신들로 재생되는 것이다.

그러나 최상의 재생을 맞이한다 하더라도(가령 하늘의 영역에 있는 신들처럼) 고통을 완전히 벗어나는 것은 아니다. 마치 로켓이 연료가 다하면 떨어질 수밖에 없는 것처럼 덕행의 힘으로 하늘에까지 높이 갔더라도 그 행복한 영역을 떠나 보다 열등한 세계로 재생되지 않으면 안 된다. 가장 원하는 것은 이런 세계를 넘어 해탈하는 것이다.

사람들은 마지막 장소로 천국(극락)이나 지옥을 말하지만 그것은 상상력이 만들어 낸 허구다. 하지만 불교도들은 그런 허구들이 실재한다고 느낀다. 바꾸어 말하면 지옥이나 천국은 그들 내면 상태의 투사에 지나지 않는다. 즉 모든 지옥과 모든 천국은 이미 그들 안에 존재하고 있다. 그럼에도 불구하고 그들 자신의 무지를 극복하기까지 그것들은 외적이고 객관적으로 그들에게 실재하는 것으로서 경험될 것이다.[45]

바로 이런 맥락에서 티베트 불교도들은 지옥을 존재하는 것이자 동시에 우리 자신의 상상력 바깥에는 존재하지 않는다고 말한 것이다.

> 생각건대 두 개의 차원이 있다. 첫째, 매우 기초적인 차원에 있는 자라면 그는 무언가 행하기를 두려워할 필요가 있다. 따라서 그런 자는 일종의 형벌과 관련된 금기에 구애받을 수밖에 없다. 둘째, 그러나 우리의 사고가 약간만 더 나아간다면 우리는 지옥이란 것을 자신의 마음이 만들어 낸 것이라고 생각하게 될 것이다. 나는 지옥이 실제로는 존재하지 않는다고 생각한다. 지옥은 우리 자신의 카르마 혹은 우리의 이해 부족이나 무지가 만들어 낸 창작품이다.[46]

## 구원의 방법 : 열반(둑카의 소멸)

불교는 둑카(dukkha, 고통)의 가장 근원이 불변적이고 영원한 자아의 개념에 대한 집착이라고 한다. 요컨대 '내가 존재한다'라는 생각은 헛된 것이다. 그러나 '나는 존재하지 않는다'라는 생각 또한 헛되다. 뿐만 아니라 '나는 존재하게 될 것이다'라는 생각도 헛되다. 이런 헛된 생각들이 고통의 원인이다. 이런 헛된 생각을 극복하면 더 이상 태어나지도 죽지도 않으며 불안에 떨거나 욕망하지도 않는다. 이러한 둑카의 소멸, 이것이 열반이다.

> 무한한 공간과 무한한 의식과 무의 영역 그 어디에도, 또한 의식도 아니

고 무의식도 아닌 영역에도 속하지 않은 그런 상태가 존재한다. 이 세상도 없고 저 세상도 없고, 그 둘 다 없고, 달과 태양도 없는 그런 곳에 존재하는 상태가 있다… 떨어짐도 없고 일어남도 없다. 내가 말하는 상태는 고정된 무엇이 아니다. 그렇다고 계속해서 움직이는 것도 아니다. 그것은 어떤 것에도 기초하지 않는다. 그것은 참으로 둑카의 소멸일 따름이다.[47]

불교에는 수많은 천국들이 있다. 그러나 열반(니르바나)은 그런 천국에 속하지 않는다. 니르바나는 카르마의 흐름이 소멸되는 하나의 상태이자 동시에 비상태다. 그것은 다만 소멸일 따름이다. 때문에 니르바나의 성취를 나타내기 위해 가장 많이 쓰이는 표현은 불길이 꺼지고 소멸되는 이미지다. "버림이 없고 얻음이 없으며, 단절되지도 않고 계속되지도 않으며, 멸하지 않고 생기지 않는 것, 이것을 니르바나라 한다. 니르바나는 존재하는 것이 아니며, 존재하지 않는 것도 아니다."[48]

죽음의 의미를 이해함으로써 얻고자 하는 것이 불멸(不滅)이라 할 때, 불멸(不滅)은 우리의 자아(自我)나 한정된 개성의 보존에 있지 않고 우리의 현생(現生)은 덧없는 찰나에 지날 뿐인 실재의 저 거대한 흐름을 깨우치는 데에 있다. 불멸의 체험과 실현으로 이끄는 죽음에서의 해방은 이 지혜 속에 있다.[49] 여기서 말하는 지혜는 '실재(實在)의 저 거대한 흐름'을 깨닫는 지혜인데, 불교적으로 말하면 우선 무상(無常)을 깨닫는 지혜다. 따라서 죽음이라는 현상이 포함된 전체 현상의 진실(實相)을 철저히 이해하는 것(正覺)은 곧 죽음의 문제를 극복하는 것이 된다.

궁극적인 목표는 해탈이다. 해탈은 윤회의 반복을 벗어나 열반에 이르는 것이다. 열반은 곧 단멸(斷滅)로서 갈욕(渴欲)을 완전히 없애고 탐욕

(貪), 성냄(瞋), 어리석음(痴)의 세 가지 독을 철저하게 없애는 것을 말한다.[50]

하지만 현실적으로 한 시대를 사는 모든 불교도에게 열반과 같은 목표는 너무 멀리 떨어져 있고 어렵다. 그러므로 그들은 보다 단순한 것을 목표로 한다. 예술사가인 스피로(M. E. Spiro)는 이렇게 말했다. “욕망을 부정하는 대신 전형적으로 불교도들은 자신이 원하는 것을 만족시킬 수 있는 그런 세속적인 존재로 다시 태어날 미래를 열망한다.”[51]

## 3. 뉴에이지의 죽음이해

'뉴에이지의 죽음이해'를 '범신론적 죽음이해'의 유형으로 구분하는 이유는 다음과 같다. 엄밀하게 말하면 뉴에이지의 신관은 범재신론(汎在神論 : panentheism)적이다.

범신론(汎神論 : pantheism)에서는 모든 것이 신이다(All is God). 여기서 유일한 실재는 신 외에 아무것도 없다. 이 사실을 모르는 이유는 우리가 마야(無明)에 빠져 있기 때문이다. 그러므로 우리 모두는 부분이나 파편이 아닌 완벽한 하나의 신이다.

그러나 범재신론은 신(theos)이 모든 것(pan) 안에(en) 존재한다는 것으로(All is in God), 신의 내재성과 초월성을 동시에 긍정한다. "신은 모든 것 이상이지만(그래서 초월적이지만), 모든 것은 신 안에 있다(그래서 내재적이다). 범재신론에 있어서 신은 '바로 여기에' 계신 것 이상임에도 불구하고, 그분은 '바로 여기에' 계시다.[52]

뉴에이지 운동에서는 범재신론 개념을 화이트헤드(Alfred North

Whitehead)[53]에게서 가져왔다. 이 사상은 화이트헤드의 《과정과 실재》(Process and Reality : An Essay in Cosmology) 속에 잘 나와 있다. 화이트헤드는 서구 전통적 기독교에 적용되어 오던 대표적인 신 개념, 곧 근원적이고 탁월하게 실재적이며 초월적인 창조자로서의 신, 제국주의적 지배자로서의 신, 도덕적 에너지의 의인화로서의 신, 궁극적인 철학 원리로서의 신 개념을 잘못된 것들로 비판했다.[54] 동시에 신을 전체와 일치시키거나 전체의 통일로 인식하는 동양적 범신론적 신도 비판하면서 양자를 종합하고자 새로운 범재신론을 주장했다.

범재신론을 특징짓는 중요한 개념은 '창조성으로서의 신'이다. 여기서는 전통적으로 신에게 사용되었던 '창조자'라는 말보다 '창조성'(creativity)이라는 말을 선호한다. 범재신론에서는 세계를 무에서 창조한 초월적이고 지고한 신 개념을 거부한다. 신은 창조 이전에 존재한 것이 아니라 창조와 함께 존재하고 있다고 주장한다.[55]

여기서의 신은 세계와 함께할 때만 의미를 갖는다. 다시 말하면 신은 창조성과 시간적인 피조물을 떠나서는 무의미하며, 피조물은 창조성과 신을 떠나서는 무의미하다.[56] 그러므로 신은 세계 안에서, 세계와 더불어 모든 창조 과정에 항상 개입하는 창조성으로 이해된다.

범재신론에서는 세계가 신에 내재한다고 말하는 것은 신이 세계에 내재한다고 말하는 것과 마찬가지로 참이다. 신이 세계를 초월한다고 말하는 것은 세계가 신을 초월한다고 말하는 것과 마찬가지로 참이다. 신이 세계를 창조한다고 말하는 것은 세계가 신을 창조한다고 말하는 것과 마찬가지로 참이다.[57]

그러나 이것은 성경이 말하는 신이 아니다. 이렇게 되면 신과 세계

모두가 '공동 창조자'(co-creator)가 된다. 여기서 신은 하나의 원리가 되고, 인간은 또 하나의 신이 된다. 그리고 종교의 본질은 사랑과 설득의 힘으로 정리된다. 이런 경우 악은 극복해야 할 대상이 아니다. 왜냐하면 모든 것은 과정적이며 유기체적으로 연결되어 있고, 이런 면에서 악도 변화하는 하나의 현실재일 수 있기 때문이다. 이것은 윤리의 문제로까지 연관된다.

그러므로 범재신론은 자신을 유신론의 한 형태로 이해하려고 하지만[58] 이것은 인간을 신격화하는 범신론의 범주를 벗어나지 못한다고 할 수 있다. 이런 의미에서 '뉴에이지의 죽음이해'를 '범신론적 죽음이해'로 분류한 것이다.

## 핵심 교리 : 지옥 없는 천국

뉴에이지 운동(New Age Movement)이란 깨우침과 조화의 새 시대(물병좌의 시대 : Age of Aquarius)를 꿈꾸거나, 그런 공통적인 세계관을 가지고 있는 개인들 또는 단체들로 이루어진 조직망이다.[59] 오늘날의 수많은 신흥 종교 가운데 뉴에이지 운동보다 더 규정하기 힘들고 더 멀리까지 영향을 미치는 것은 없다.[60]

챈들러(Russell Chandler)는 말했다. "뉴에이지란 한 교파나 이단이 아니라 새로운 사유 방식을 제시하는 하나의 세계관이다. 형식적인 구조나 조직이 없음에도 불구하고, 수백만의 뉴에이지 신봉자들은 자기 발견과 영적 성장, 깨달음을 강조하는 재각성 운동을 통해 사회를 변화시키기를 원한다."[61]

구체적인 뉴에이지 활동의 시작은 1875년 뉴욕에서 헬레나 블라바츠키(Helena Pertrovna Blavatsky)[62]에 의해 창설된 '신지학협회'(The Theosophical Society)에서부터다. 그들의 기본 명제 중 하나는 "모든 종교는 그들 사이의 차이점에도 불구하고 공통적인 논리를 가지고 있다"는 것이다. 이 협회의 3대 회장인 앨리스 베일리(Alice A. Bailey)는 뉴에이지 운동의 실질적인 기초를 놓았고, 이 운동이 본격적으로 널리 알려진 것은 미국의 퍼거슨(Marilyn Ferguson)에 의해서다. 1980년에 출판된 《물병좌 음모》(The Aquarian Conspiracy)란 책을 통해 퍼거슨은 전 세계가 새로운 시대(New Age)를 맞고 있으며, 인간이 스스로 주인이 되어 새 시대를 만들어야 한다는 뉴에이지 운동 선언을 공식화 했다.

'물병좌 시대'라는 개념은 점성학에서 왔다. 점성학에 의하면 2천 년 말에 태양의 춘분점이 물고기좌(the Pisces)에서 물병좌(the Aquarius)로 바뀐다. 물고기는 초대 기독교에서 예수 그리스도를 구주로 고백하는 상징이었고, 기독교인을 나타내는 표시로 자주 사용되었다. 뉴에이지 운동 추종자들은 물병좌의 새로운 시대(New Age)가 오면서 물고기좌의 옛 시대(Old Age)가 끝났다고 한다. 물병좌 시대에는 지상에 물이 쏟아져 지구가 치유되고, 인류의 문제들이 사라져 "위대한 우주 의식 속으로 가라앉는다."[63]고 주장한다.

뉴에이지 운동에서는 창조 대신에 영적인 진화를 주장하는데, 그 진화의 의미는 인간이 여러 가지 수행을 통해 진화하여 신이 된다는 것이다. 그렇기에 신인 인간이 다른 신을 숭배하는 것은 어리석은 행위에 불과하며, 진정한 자아를 알지 못하는 무지에서 나온 발산물이다.[64]

덴마크의 선교학자 요한네스 아가르드(Johannes Agaard)는 새로운 세계적인 종교가 출현하고 있다는 학설을 발표했다.[65] 그 새로운 종교는 고전적인 종교에 토대를 두고 있지만 어떤 특정 종교도 선호하지 않는다. 오히려 그들의 목적에 맞는 요소들만 선별한다. 영매·구루·선지자·영원불멸성·윤회·기·영적인 지도자들·요가·업·새로운 탄생·바이오리듬·카드점·점성술이다. 새로운 영성은 특정 종교로 귀의하거나 기독교의 부흥을 통해 생겨나지 않는다. 이질적인 세계관과 종교, 심지어는 밀교·주술·신비주의를 혼합할 때 생긴다. 어떤 전문가는 이것을 '도시의 종교'라고 부른다. 원하는 대로 여러 가게에서 쇼핑을 하는 것과 비슷하다는 뜻이다.

웁살라 대학의 올로프슨(Folke Olofsson)은 《스웨덴의 교회는 어디로 가고 있는가?》(Where Is the Swedish Church Going)에서 신학 어휘에 '혼합주의적 계획'이라는 하나의 용어를 추가했다. 올로프슨은 다음과 같이 썼다.

> 인간은 스스로 그의 생각 꿈, 소망 그리고 이데올로기를 시간과 공간으로 표출한다. 이와 같이 '혼합주의적 계획'에서는 개개인, 이데올로기를 같이하는 그룹, 그리고 정치적·문화적·종교적 조직마저도 그들만이 가진 고유한 이상적인 모델에 따라 인류의 장래를 만들어 가려 한다. 그들은 종교를 유토피아 건축에 필요한 벽돌로 간주한다.[66]

이 '혼합주의적 계획'을 이데올로기적으로 지지한 사람들은 아담 바이스하우프트(Adam Weishaupt)에 의해 결성된 '환상의 질서'였다. 그들은 처음부터 목적을 '연합종교를 영적 기초로 한 새로운 인류를 위한 보편적 질서 창조'로 결정했다. 이것이 현대를 살아가는 인류가 안고 있는 중요한 문제를 해결해 줄 수 있으며, 그러므로 모든 종교는 각자의 장점을 가지고 인류의 보편적 목적에 기여하라는 것이다.

그들은 '종교'(religion)라는 말 대신에 '운동'(movement)이라는 말을 좋아한다. 왜냐하면 종교는 인간을 속박한다. 특히 '죄'라는 개념으로 억압하고, '지옥'을 만들어 놓고 인간을 위협한다. 그러므로 억압적인 개념을 갖고 있는 '종교'라는 용어 대신에 '운동'이라는 보편적이고 현대적인 말로 바꾼 것이다. 과거(old age)의 기독교라는 종교(religion)가 말하는 내용이 아닌, 새로운 시대(new age)의 영적인 운동(movement)이라는 것이다.

이런 운동이 생겨난 이유는 오늘날 종교, 특히 기독교가 너무 변질되었기 때문이다. 18~19세기를 거치면서 활짝 핀 예술과 철학은 인간에게 낭만적이고 아름다운 희망, 온 인류가 인간애를 통해 하나가 되는 환상적인 유토피아를 그릴 수 있게 해주었다. 그러나 20세기에 들어서 인류는 두 차례의 세계대전을 통해 충격적인 사건을 경험하게 되었다. 무한한 풍요와 안락을 가져올 것이라고 기대했던 문명의 발달은 절망을 안겨 주었다.

그래도 종교는 인간에게 정신적인 지주로서 한 가닥 희망으로 남아 있었으나 기독교는 점점 물질문명의 그림자에 가려지고 자기반성, 즉 회개를 통해 거듭나지 못했다.

그래서 인류는 더 이상 기성 종교들에게 걸었던 희망을 버리고 다른 곳으로 희망을 찾기 위해 발길을 돌리게 되었다. 사람들은 노골적으로 기존의 가치들을 부정하고 새로운 가치를 갈망하게 되었다. 이렇게 모든 반문화 운동을 포괄하며 새로운 세계에 대한 사상적 기반을 제공할 수 있는 종합적인 움직임이 필요할 때, 이런 현실을 바로잡아 보겠다고 등장한 것이 뉴에이지 운동이다. 뉴에이지 운동의 지도자들은 교회가 예언자적 책임을 외면하고 침묵을 지킴으로써 생긴 텅 빈 공간을 메우러 들어온 것이다.[67]

이들은 동양으로 눈을 돌리기 시작했다. 그들이 볼 때 신비한 정신적 세계를 가지고 있는 동양은 서구 물질문명에 대한 유일한 돌파구였으며, 물질문명에 대한 반작용으로 신비한 현상인 심령술, 원시종교, 오컬트(occult : 마법, 마술, 손금 보기, 기(氣), 점, 점판, 악마 숭배, 강신술 등)에 관심을 높여 가던 그들에게 그런 현상을 설명할 수 있는 사상적 기반을 제공했다.

뉴에이지 운동의 사상적 배경은 일원론(monism : 모든 것은 하나), 범신론(pantheism : 모든 것이 신이다), 그리고 신비주의(mysticism : 신과의 일체감 체험)에 바탕을 두고 있다.[68]

한편 끊임없는 명상과 수행을 통해 우주와 하나 되어 마침내 완전한 세계에 이를 수 있다고 믿어 온 동양의 사상가들 역시 서구 세계에 자신들의 가르침을 알릴 수 있다는 점에서 긍정적인 태도를 취했다. 특히 인도는 200여 년 동안 영국의 식민지로 지배받은 탓에 동양의 다른 어느 나라보다 서구 세계에 많이 알려져 있었으며, 인도에서 행해지는 요가풍의 밀교적 수행법은 반문명적인 정신의 굉장한 잠재력을 보여 줌으로써 서구인들을 매료시켰다. 이리하여 동양의 신비주의적 사상을 받아들인 서구 세계의 반물질문명주의자들은 인간의 영적 능력을 통해 멸망해 가는 물질문명 세계를 구원하고자 뉴에이지 운동을 일으키게 되었다.[69]

물론 이 뒤에는 수백 년 동안 이성적인 세계관의 지배를 받아 오던 서구 세계의 초월적인 경험을 향한 욕구가 숨어 있다.[70] 물질 소비에 가장 큰 가치를 두는 문명에 식상해진 사람들은 초월적인 무엇인가에 관심을 돌리게 되었고, 그래서 비교적 단순한 사고를 가진 사람들은 하드록 음악을 듣거나 성적인 탐닉, 또는 약물을 복용함으로써 새로운 초월 세계인 황홀경에 빠지는 경험을 시도했다. 어떤 사람들은 초심리학적 통로를 이용하거나 영적인 강신술 모임에 참여했고, 더 깊은 것을 추구하는 사람들은 동방종교에서 사용하는 영적인 방법, 즉 초월명상이나 선불교를 택했다.

여러 가지 이름이 이 운동에 붙었다. 어떤 이는 '새로운 영적 경험'이라 하였고, 다른 사람들은 '영성 추구'(quest for spirituality)라고 했다. 또 다른 이름은 '밀교'(esoteric religion)다. 이러한 성향을 가진 사람들이 모여 워크숍을 열거나 더 큰 행사와 박람회를 조직하여 여러 가지 제안을 하고, 습득할 수 있도록 해주었다. 어떤 리더들은 그룹 간, 개인 간의 세계적 네트워크를 구축하려 했다. 그리고 그를 위해 공통의 종교적 이데올로기를 제공했다. 1980년대에 이 운동은 '뉴에이지 운동'이라는 이름으로 유명해졌다.

뉴에이지 운동은 워낙 절충적(eclecticism)이며, 종교혼합주의적(religious syncretism)이다. 자칭 뉴에이지 신봉자들 외에도 뉴에이지의 사고방식을 유용한 삶의 철학으로 받아들이는 사람들이 허다하다.

최근에 실시된 여러 여론 조사는 많은 사람들이 뉴에이지 활동에 관심을 갖고 있다는 것을 보여 준다. 이를테면, 미국의 성인 66퍼센트가 심령 경험을 한 적이 있다고 한다. 미국인들 중 3천만 명이 환생을 믿는다고 한다. 동양의 어떤 신비주의와 연관을 맺고 있다고 말하는 미국인들이 천만 명이 넘는다. 미국의 성인 42퍼센트는 죽은 자와 접촉한 적이 있다고 믿는다. 14퍼센트의 미국인들이 영매나 접신자를 지지한다. 그런가 하면 67퍼센트가 신문의 점성술난을 읽는다.[71]

'뉴에이지의 죽음이해'는 자기를 신이라 생각하고, 죽은 다음에는 환생을 한다는 면에서는 힌두교나 불교의 죽음이해와 일맥상통한다. 그러나 '뉴에이지의 죽음이해'는 환생 시에 다른 것으로 태어나지 않고 반드시 인간으로 태어난다고 본다.

또한 다음 생은 지금보다 반드시 더 발전된 삶으로 이어진다고 생각한다. 결국 점진적으로 향상되는 환생을 강조한다. 어떤 경우에는 이 땅에 다시 태어나지 않지만 끝없이 진화한다는 의미에서 환생의 의미를 생각하기도 한다. 그러므로 윤회라는 말보다는 테야르 드 샤르댕(Pierre Teilhard de Chardin)의 오메가 포인트(omega point)라는 개념을 더 선호하고, 그 지점을 향하여 계속 상승하는 환생을 생각한다. 샤르댕의 '오메가 포인트'를 향해 진화해 간다는 이론을 뉴에이지의 환생 이론에 결합해서 신과의 합일을 향해 끊임없이 진화해 가는 과정으로 설명한 것이다. 그러나 이것은 샤르댕의 이론을 오용한 것이다. 뉴에이지의 죽음이해에는 죽은 다음에 심판은 없다. 형벌도 없다. 어떻게 살았든 지옥은 없고 천국만 있다.

### 세상과 인간 : 내 뜻대로 되는 세상

다른 범신론과 달리 보이는 세상은 헛것이 아니다. 이 세상은 있는 그대로 그 가치를 가진다. 그러나 보이는 세상이 전부는 아니다. 보이는 세상을 넘어서는 세상, 더 차원 높은 세상이 존재한다.

미국의 켄 윌버(Ken Wilber)[72]는 《에덴으로부터의 도약》이라는 책에서 에덴동산에서 두 사람은 인간으로 진화한 것이지 타락한 것(down 혹은 fall from Eden)이 아니라고 했다. 이렇게 자의식이 생긴 아담과 이브를 두고 기독교는 두 사람이 선악과를 먹지 말라는 신의 뜻을 어겼기 때문에 죄를 지었다(원죄론)고 주장해 왔다는 것이다. 기독교는 원래의 신화를 너무 글자 그대로 해석해서 이 신화가 가진 의미를 간과했다고 그는 보았다. 에덴동산에서 아담과 이브는 죄를 저지르고 타락한 것이 아니라, 인간 이전 단계에서 인간으로 진화한 것으로 본 것이다.

윌버는 이것을 자신의 용어로 다음과 같이 설명했다. 인간은 전인격적(pre-personal : 자기의식이 생기기 전의 단계) 단계에서 삶을 시작한다. 유아 시절 어느 순간에 자신이 이 세상에 존재한다는 것을 안다. 이때부터 사람은 인격적(personal) 단계로 접어든다. 진정한 의미에서 인간이 된 것이다. 그러나 여기서 끝나면 안 된다. 다음 단계는 인격을 넘어서는 초인격적(trans-personal) 영역이다. 인간의 진화는 초인격적 영역에 들어가야 끝난다. 초인격적인 단계는 보통 사람들이 쉽게 갈 수 있는 곳이 아니다. 종교적으로 혹은 영적으로 뛰어난 극소수의 사람들만 갈 수 있다. 인간의 발전 단계는 세세하게 나누면 복잡하지만 이렇게 크게 셋으로 나눌 수 있다.[73]

인간이 지금 어떤 진화 단계에 있는가를 알려면 자연에 존재하는 사물들의 진화 단계를 살펴보면 더 명료해진다. 우주에 존재하는 실재(reality)는 일정한 순서에 따라 진화하는데 그 순서는 물질(matter : 물리학) → 생명(life : 생물학) → 마음(mind : 심리학) → 혼(soul : 신학) → 영(spirit : 신비주의)으로 전개된다. 이것은 우주 존재들의 양태이며 여기에는 분명한 위계질서가 있다. 즉 다음 단계는 전 단계를 포함하며, 동시에 그것을 넘어서 전 단계가 가질 수 없는 특징을 갖는다. 단계가 높아지면서 포함하는 단계는 더 커지고 더 깊어진다.[74]

이것을 순차적으로 보면 다음과 같다. 먼저 우주에는 물질만이 존재했다. 이 물질을 다루는 학문이 물리학이다. 여기서 생명이 나왔다. 그 생명은 물질이 가지지 않은 성질, 즉 스스로를 복제할 수 있는 성질을 갖고 있다. 생명은 물질보다 관장하는 범위가 더 커지면서 동시에 수준이 더 깊어진다. 생명에 관한 것을 탐구하는 학문이 생물학이다.

이 우주는 동물에서 인간이라는 아주 특별한 종이 진화해 오면서 새로운 진화의 국면을 맞이한다. 인간이 탄생한 것이다. 윌버는 이 단계를 마음(mind)의 단계로 표현했고, 이 단계를 관장하는 학문을 심리학이라고 했다. 이 단계의 가장 큰 특징은 무엇보다도 자신이 존재한다는 것을 아는 '자기의식'의 출현이다. 자기가 존재한다는 것을 알았으니 자신이 죽는다는 것을 아는 단계이기도 하다. 죽음 인식이 나타난 것이다.

그러나 만일 삶이 여기서 끝난다면 인생은 살 가치가 없다. 삶이라는 것이 온갖 고통으로 가득 차 있을 뿐 아니라 죽어서도 아무것도 남지 않는다면 도대체 무슨 의미가 있겠는가? 그리고 이 우주가 스스로를 만들어 내어 생물이나 인간을 만들어 낸 목적이 어디에 있는가? 이런 문제에 대해 깨달음을 얻은 사람들은 인간의 진화는 자기의식을 갖는 수준에서 끝나는 것이 아니라, 그다음 단계로 가야 완성된다고 주장했다.

이 영역이 혼과 영의 영역이다. 혼의 단계부터는 다분히 종교적인 단계로 들어간다. 여기서 혼의 단계와 그다음 단계인 영(spirit)의 단계를 구별할 필요가 있다. 요컨대 혼이 개개인의 영혼을 말한다면, 마지막 단

계의 영은 개개인의 혼들이 다 합쳐져 하나가 된 대영(大靈)을 말하는 것이라고 보면 된다.[75]

힌두교와 불교에서는 '아트만은 브라만이다'라고 하여 브라만을 강조한다. 즉 들통에 든 물속으로 떨어지는 물방울이 개별성을 잃듯이 사람은 전체 속에서 자아를 잃는다. 뉴에이지는 같은 문장을 정반대로 해석한다. '아트만은 브라만이다.' 여기서는 아트만을 강조한다. 우주는 자아를 위해 존재하고, 자아에 의해 조정되어야 하는 대상이다.

셜리 맥클레인(Shirlely MacLaine)[76]은 실제로 그녀가 자기 자신의 실재를 창조했는지를 탐색하면서 이렇게 말했다.

> 만일 내가 나 자신의 실재를 창조했다면 나는 내가 보고 듣고 만지고 냄새 맡고 맛보았던 모든 것, 사랑하고 미워하고 두려워하고 혐오한 모든 것, 내가 반응했고 내게 반응했던 모든 것을 창조한 것이다. 그것이 사실이라면 나는 모든 것이다. 나는 나 자신의 우주다. 그것은 내가 신을 창조했다는 것과 내가 삶과 죽음을 창조했다는 것을 의미한다. 자신의 힘에 책임을 지는 것이 우리가 신적인 힘이라고 부르는 것의 궁극적인 표현이다. 이것이 "나는 스스로 있는 자이니라"(출 3:14)는 말이 의미하는 것이다.[77]

그들은 자기 자신의 우주를 만들고 있는 것이다. 그들은 자기가 생각하는 대로 세상이 만들어진다고 생각한다. 왜냐하면 나는 신이니까! 우주는 인간의 의식이 끌어당기는 대로 이루어지기 때문이라는 것이다. 이것이 론다 번(Rhonda Byrne)이 《시크릿》이라는 책에서 주장하는 내용이다.

우주는 또 다른 두 개의 영역, 즉 평범한 의식을 통해서 도달할 수 있는 보이는 우주와 새로운 의식의 상태를 통해서 접근이 가능한 보이지 않는 우주(혹은 큰 정신 : Mind at Large)로 구분된다. 이것을 그림으로 나타내면 중앙에 있는 자아는 먼저 오관을 통해 직접 접근할 수 있고, 자연과학에 의해 밝혀진 '자연의 법칙'을 따르는 보이는 우주에 둘러싸여 있다. 그리고 그다음 마약, 명상, 신접(trance), 바이오피드백, 최면술, 무아경의 춤, 특정한 음악, 교령술을 통한 육체 이탈을 한 영혼과의 대화(퍼거슨Marilyn Ferguson)은 이러한 접근 방법들을 '심리공학'이라고 부른다) 같은 '인식의 통로'를 통해 접근이 가능한, 보이지 않는 우주에 둘러싸여 있다.[78]

여기서 보이는 우주는 환상이 아니라 질서 있는 우주다. 새로운 의식을 주장하는 사람들은 대부분 과학에 대한 건전한 존중심을 가지고 있다. 그러나 그 체계는 그것을 궁극적으로 통제하는 자아와 자아가 변화의 대리자로 삼기도 하는 '큰 정신'(Mind at Large)에서 나온 존재들에 의해 재조정될 수 있다.

큰 정신은 보이는 우주의 법칙을 따르지 않는다. 의식은 눈 깜짝할 사이에 지구 표면을 수백 킬로미터나 여행할 수 있으며, 시간과 공간은 탄력적이다. 우주가 뒤집힐 수도 있고, 시간이 거꾸로 흐를 수도 있다. 특수한 힘과 에너지가 한 사람을 통해 다른 사람들에게 전달될 수도 있다. 육체의 치료에 영향을 줄 수도 있고, 타인에게 육체적, 감정적, 정신적 고통을 줄 수도 있다. 그러나 '큰 정신'은 혼란스러운 것이 아니다. 그것은 보이지 않는 우주의 법칙이 보이는 세계의 법칙과 꼭 같다고 생각하는 사람에게만 혼란스럽게 보일 뿐이다. 큰 정신은 나름대로의 규칙, 나름대로의 질서를 가지고 있다. 다만 그 질서가 무엇인지를 깨닫기 위해서

는 오랜 시간이 걸릴 수 있다.[79]

범신론 체계에 의하면 궁극적으로 존재하는 실재는 하나인데 어떻게 개별적 다수가 생겨나게 되었는가? 셜리 맥클레인은 말했다.

> 기본적으로 우리는 하나의 거대한 연합된 에너지다. 그러나 다양한 종류의 생명 형태를 만드는 중에 개별 영혼이 상위 진동에서 떨어져 나오게 되었다. 스스로 만든 것들의 아름다움에 매료되어 그들은 육체 안에 갇히게 되었고 신성한 빛과의 연결을 잃어버렸다. 그 공포는 너무도 심각하여 지금 너에게 선과 악이라고 알려진 전쟁터를 만들어 놓았다. 카르마 즉 원인과 결과가 선과 악의 인위적인 개념을 없애는 통로, 수단, 방법이 되었다. 결국 영혼은 나중에 호모 사피엔스가 되는 진화하는 영장류 안에 거하게 되었다. 환생은 카르마에게 필수적이고 카르마는 환생에 필수적이다. 이것은 각 영혼이 모든 인간 조건을 경험하여 완전한 영성과 궁극적인 신세력과의 합일로 돌아가게 하는 통로가 되는 과정이다.[80]

뉴에이지의 핵심적인 경험은 우주의식(cosmic consciousness)인데 그 안에서는 공간과 시간 그리고 도덕성과 같은 보통의 범주들은 사라진다. 우주의식의 가장 중요한 특징은 우주의 생명과 질서에 대한 의식이다. 우주에 대한 의식과 더불어 그 사람을 존재의 새로운 차원으로 올려놓는 지적 각성이다. 이와 함께 불멸성의 느낌, 영생의 의식이라고 부를 수 있는 것이 따라오는데 이것은 자신이 이것(영생 혹은 불멸성)을 갖게 될 것이라는 확신이 아니라 자신이 이미 그것을 소유했다는 의식이다.[81]

우주의식이란 자기가 우주와 하나가 되었다는 인식인데, 다른 말로는 아트만을 브라만으로 경험하는 것이다. 여기서 중요한 것은 단일성의 경험이다. 먼저는 우주의 전체성을 인식하는 경험이고, 그다음에는 전 우주와 하나가 되는 경험, 그리고 마지막으로 우주와 하나 됨을 넘어서 자아가 모든 실재의 창조자임을 인식하고 그런 의미에서 자아가 우주이며 우주의 창조자임을 경험하는 것이다. 그러나 그 자아가 믿을 만한가에 대해서는 말이 없다.

### 죽음이란 무엇인가 : 신성(神性)을 향한 성장

뉴에이지 운동에서는 모든 것이 하나이고, 신이다. 따라서 '나는 모든 것이고, 신이다.' 이러한 사실을 깨달아 신이 되는 것이 뉴에이지의 목적이다. 뉴에이지의 죽음관도 이러한 관점에서 볼 수 있다. 죽음은 이러한 깨달음을 얻는 과정이다. 죽음의 목적은 신과의 합일이다.

중요한 것은 환생 개념이다. 환생은 개인의 영혼이 이 세상에서 저 세상의 다른 삶으로 갔다가, 다시 이 세상으로 돌아와 인간으로 태어나는 것이다. 환생은 단순히 이 몸에서 저 몸으로 옮겨 가는 것이므로 죽음이란 단순히 하나의 통과이며, 그래서 사실상 죽음이란 없다. 죽음은 단순히 환상이고 다음 생의 시작이다. 환생은 이렇게 신성을 지향하며 나아가는 진화의 과정으로서 신과 하나 되는 과정이고 우주의 진화에 참여하는 것이다. 개인의 영혼은 환생을 통해 성숙하고 정화된다. 그래서 환생은 개인의 점진적인 성취 과정이다.[82]

이 과정은 인간이 완전하게 될 때까지 끊임없이 계속된다. 한 번의 생으로는 깨달음을 얻기가 힘들기 때문에 거듭되는 환생이 영적, 도덕적 성장을 위해 필수적이다. 그러므로 환생은 무한한 진보를 위한 기회가 된다.[83]

환생을 통해 인간은 완전으로 나아간다. 그러므로 모든 사람은 시간이 얼마가 걸리든 결국 깨달음을 얻을 수 있다. 따라서 다른 구원자는 필요 없다. 인간을 심판하는 신도 없다. 인간은 심판받는 것이 아니라 끊임없이 완성을 향해 나아갈 뿐이다. 인간은 생을 거듭할수록 더욱 성숙해지며, 이생에서 축적된 지혜는 다음 생에서도 사용된다. 이런 의미에서 뉴에이지의 환생은 아주 낙관적이다. 챈들러에 의하면, "전부는 아닐지라도, 대부분의 뉴에이지 환생론자들은 인간의 영혼이 보다 낮은 형태의 생명으로 바뀔 수 있다는 개념을 거부한다."[84]

힌두교나 불교에서는 다시 태어나는 것은 고통이므로 업에서 벗어나야 하지만, 뉴에이지에서는 깨달음으로 나아가는 과정이고 기회이기 때문에 환생은 좋은 것이며, 계속 상승적이다. 힌두교와 불교에서는 윤회를 통해 여러 가지 존재로 태어날 수 있지만, 뉴에이지에서는 인간으로 다시 태어나는데, 이는 열성적인 지식층 추종자들을 고려한 것이다.[85]

죽음은 자아의 끝이 아니므로 인간은 죽음을 두려워할 필요가 없다. 인간은 우주적 의식의 한 부분으로서, 육체는 이 의식이 한 사람으로 표현되는 것일 뿐 그 자체가 인간은 아니다. 그러므로 우주적 의식을 경험한 사람은 죽음을 두려워하지 않는다. 그것은 그가 또 다른 사람의 모습으로 되돌아올 것이기 때문이고, 언젠가는 깨달음을 얻어 신이 될 것이기 때문이다.

인간은 죽음 앞에서 신성을 향한 마지막 성장을 한다. 다음의 사행시는 뉴에이지의 삶과 죽음의 문제를 잘 보여준다.

삶은 영원한 것,

그리고 사랑은 죽지 않는 것,

그리고 죽음은 다만 하나의 지평선에 불과한 것,

그리고 지평선이란 우리 시야의 한계일 뿐.[86]

이제 뉴에이지의 죽음이해는 근사체험 이론과 연결된다. 1970년대에 역사상 처음으로 죽음 뒤의 삶에 대해 객관적이고 과학적인 연구가 시작되었다. 그전까지는 종교를 통해서만 죽음 뒤의 삶에 대한 지식을 얻을 수 있었다.

계몽주의 사조와 과학의 발전에 따라 비과학적 세계관들은 배격되었고, 그 결과 죽음 뒤의 삶이 존재한다는 사실을 불신하기 시작했다. 이런 와중에 1970년대 들어서면서 근사체험에 대한 본격적인 학술 연구가 시작되었다. '근사체험'(Near-Death Experience)이란 사망 판정을 받은 사람이 다시 살아나 의식이 없었을 동안 겪은 체험을 말하는데 보통 '근사(近死)체험' 또는 '임사(臨死)체험'이라고 한다.

근사체험에 대한 연구로 세계의 주목을 받은 사람은 레이먼드 무디 2세[87]다. 그는 근사체험을 했다고 주장한 사람들의 자료들 가운데서 50여 개를 엄선해서《잠깐 보고 온 사후의 세계》(Life After Life)라는 책을 펴냈다. 동시에 이들의 체험을 묘사하는 용어로 '근사체험'이라는 말도 만들어 냈다. 이 책은 출간 즉시 전 세계의 관심을 받았으나, 근사체험자들의 체험만 모아 놓았을 뿐 근사체험에 대해 객관적이거나 과학적인 방법으로 접근한 것은 아니었다. 따라서 대중 사이에서는 인기가 있었지만 학계나 전문적인 집단의 관심을 끌지는 못했다.

미국 코네티컷대학 심리학과의 케네스 링(Kenneth Ring) 교수는 1980년에 《삶과 죽음》(Life at Death : A Scientific Investigation of the Near-Death Experience)이라는 책을 썼는데, 이 책은 근사체험 연구에서 첫 번째 학술서로 인정받고 있다. 링은 이 책에서 객관적인 방법으로 주제에 접근하고 분석한 결과, 자신도 대체적으로 무디의 입장에 동의한다는 결론을 내렸다.

그의 주도로 국제근사연구학회(International Association for Near-Death Studies, IANDS)가 생겨났다. 물론 죽음 뒤의 삶에 관한 연구는 그 속성상 객관적이고 과학적으로 연구된 바가 거의 없다. 그러나 1970년대부터 아주 잠깐이지만 죽음을 체험했다고 믿는 사람들이 나타나기 시작했고, 이들의 체험을 통해 완전하지는 않으나 죽음 이후의 실상에 대해 어느 정도 가늠할 수 있게 되었다.

링의 연구는 중요한 의미를 가진다. 링은 102명에 달하는 체험자를 대상으로, 통계를 이용하여, 과학적이고 객관적인 방법으로 연구 결과의 신빙성을 높였다. 근사체험자만 조사한 것이 아니라 체험하지 않은 사람들(대조군)을 선별, 양자를 비교하여 조사 결과의 타당성을 살폈다.

이 과정에서 표준 오차를 계산하여 결과의 유의미성에 대해서도 확실하게 밝혔다.

링은 대상들의 성별, 인종 구분, 결혼 여부, 종교 교파, 교육 정도, 면담 당시의 평균 연령, 근사체험 당시의 평균 연령 등을 상세히 조사했으며, 대상들을 조사할 때도 무디처럼 면담 기법만 쓴 것이 아니라 척도를 사용하여 만든 설문 문항을 가지고 보다 정밀하게 조사했다. 나아가 링은 근사체험을 할 때 일반적으로 겪는 여러 요소를 세세하게 분류하고 중요성의 비중에 따라 다른 점수를 매겼다. 그는 이렇게 추출한 요소들을 가지고 '주요 체험 비중지수'(Components and Weights for the Core Experience Index)를 만들었다.[88]

그는 이것을 5단계로 나누고 각 단계에서 겪는 체험을 '핵심 체험'(core experience)이라 명명했다. 이것은 '주요 체험 비중지수'와도 통하는데, 근사체험을 했다고 해서 누구나 모든 단계를 체험하는 것은 아님을 의미한다. 링은 단계별로 얼마나 많은 대상자들이 이 단계를 체험했는가를 산술적으로 계산했다.

근사체험을 한 사람들의 숫자는 미국의 경우 약 800만 명이 경험했다는 보고가 나왔다(1982년 갤럽조사). 이 숫자는 해마다 늘어 1997년에 'US News & World Report'라는 기관에서 조사한 바에 따르면 1500만 명이나 된다. 이것은 죽음의 문턱을 드나든 사람의 3분의 1이나 되는 숫자다.

근사체험의 내용과 단계들에 대해서는 많은 학자들이 언급했지만 그 내용은 거의 비슷하다. 다만 각각의 단계들을 나누는 방법이 조금씩 다를 뿐이다.

다음은 무디가 《잠깐 보고 온 사후의 세계》에서 구분한 11단계다. ①말로 표현하기 힘들다(ineffability) ②자신이 죽었다는 말을 듣는다. ③평화로움과 고요함을 느낀다. ④소음을 듣는다. ⑤어두운 굴이 보인다. ⑥몸 밖으로 나간다. ⑦영적인 존재들을 만난다. ⑧빛의 존재를 만난다. ⑨삶을 돌아본다(panoramic life view). ⑩경계에 다다른다. ⑪몸으로 돌아온다.

칼 베커(Carl Becker)의 주장은 이보다 단순한데, 그는 다음의 7개 요소 중 두 가지 이상을 갖고 있으면 근사체험의 예로 볼 수 있다고 했다. ①체외 이탈 ②검은 공간 속으로 들어간다(종종 멀리서 빛이 보인다). ③천상의 빛이나 극히 생생한 빛을 지닌 자연이 펼쳐진다(이른바 저승의 길목에 도착한다). ④안내자(혹은 안내하는 영이나 빛)가 출현한다. ⑤삶을 회고한다. ⑥장벽 또는 전환점을 만난다(여기서 돌아가는 결정을 한다). ⑦깊은 평안함을 느낀다(죽음에 대한 공포가 사라진다).[89]

링은 더 단순하게 요소나 특성이라는 표현을 쓰지 않고 '단계'라는 용어를 사용하여, 근사체험을 5단계로 분류했다. ①평화(peace) ②체외 이탈(body separation) ③어둠으로 들어가기(entering the darkness) ④빛을 보기(seeing the light) ⑤빛 속으로 들어가기(entering the light)[90]

이것을 종합해서 각 단계를 살펴보면, 먼저 '체외 이탈 체험'(Out-of-Body-Experience, OBE)이다. 말 그대로 어떤 사람의 의식(영혼)이 몸 밖으로 빠져나가 위에서 자기 몸을 바라보기도 하고, 자기가 있는 주위를 돌아다니기도 하는 것인데, 일반적으로 근사체험 때 가장 먼저 경험하는 현상이다. 이 상태에서는 육체를 갖고 있는 사람과 소통이 되지 않는다.

이렇게 몸을 빠져나오면 체험자들은 깜깜한 공간 속을 빠른 속도로 통과한다. 이 공간은 터널, 동굴, 우물, 나무통, 진공, 계곡, 원통 등 여러 가지 용어로 표현한다. 이것을 통칭해서 '터널 체험'(tunnel experience)이라 한다. 굴의 끝쪽으로 환한 빛이 보이는데, 이 빛은 가까이 갈수록 커지고 밝아진다. 근사체험자들이 터널 체험을 하는 이유는 물질적인 차원에서 그보다 한 단계 높은 영혼(혹은 의식)의 차원으로 이동하는 과정을 의식이 이미지화한 것이다.

그다음은 저승에서 빛의 존재를 만나는 것인데, 진정한 의미의 근사체험은 여기서부터다. 색깔이 아주 선명한 세계를 보기도 하고, 형용할 수 없이 아름다운 음악을 듣는 경우도 있으나, 이 단계의 핵심은 빛의 존재를 만나는 것이다. 이 존재는 영적인 안내자 역할을 한다.

영혼이 빛의 존재와 만나서 하는 일은 첫째, '삶의 회고'다. 빛의 존재와 만났을 때 의사소통은 텔레파시로 매우 짧은 시간에 이루어진다. 이 순간 자신의 삶을 도덕적인 관점에서 재평가한다. 자신의 삶이 영상으로 펼쳐질 때 빛의 존재가 평가에 참여하는데, 이 존재는 시종일관 평가 대상인 영혼을 무조건적인 사랑으로 대한다. "왜 저렇게 나쁜 행동을 했는가? 당신은 저렇게밖에는 못하는가?" 하고 힐난하는 것이 아니라, 안온하게 감싸면서 당사자가 잘못을 스스로 깨닫게 해준다. 이런 의미에서 삶의 회고는 '궁극적인 가르침의 방편'(ultimate teaching tool)이다.[91]

삶의 회고를 겪었던 사람들은 하나같이 가장 놀라운 경험은 빛의 존재로부터 오는 무조건적인 사랑이라고 말한다. 빛의 존재에 대해 애트워터(P. M. H. Atwater)는 이렇게 말했다.

> 당신은 그것(빛의 존재)이 신(God)이라는 것을 안다. 다른 사람이 그렇다고 말해 줄 필요가 없다. 당신은(그냥) 안다. 당신은 더 이상 신을 '믿을' 필요가 없다. 믿음에는 의심이 포함되기 때문이다. 이제 의심이란 더 이상 없다, 전혀. 이제 당신은 신을 '안다.' 그리고 당신이(이 사실을) 안다는 것을 안다. 당신은 더 이상 이전과 같지 않다. 그리고 당신은 자신이 신의 자식이고 큰 전체(Greater Body) 안에 있는 한 세포이며, 한 큰 기운(One Force)에서 나온 하나의 연장이고, 일심(One Mind)이 표현된 것이라는 것을 안다. 거기에는 한 존재(the One)가 있고, 당신은 그 존재이기도 하다. 그렇다. 한 존재다. 빛은 당신에게 그런 존재다.[92]

여기서 말하는 일심은 '궁극적 실재'의 불교식 표현이다. 불교에서는 우주에 궁극적으로 존재하는 실재에 대해 '우주는 하나의 큰 마음밖에는 없다'고 말한다. 큰 마음, 즉 일심만이 실제로 존재하고, 나머지는 모두 그것의 표현이거나 그림자다. 이 이론은 거의 모든 인도 사상의 근저에 깔려 있다. 세상에 실제로 존재하는 것은 브라만뿐이고 나머지는 브라만의 그림자일 뿐이다. 일심과 가장 가까운 용어는 '우주의식'(宇宙意識)이다.[93]

우주의식은 우주에 편만해 있고, 그 의식이 각 개인에게 각인된 것이 개인의식이다. 이렇게 보면 개인의식 안에는 우주의식이 들어 있다. 신이라고 불리는 존재에 대해 알고 싶다면 우리의 의식으로 들어가면 된다. 우리의 의식이 신의 의식이기 때문이다. 이런 맥락에서 본다면 근사체험 때 만나는 빛의 존재 역시 초월적 존재인 신이라기보다는 바로 우리 자신의 의식이라고 볼 수 있다.

베커는 이렇게 말했다.

> 근사체험은 보다 도전적인 생각을 제시한다. 즉 임종자를 심판하는 것(빛의 존재)은 바로 자신이라는 것이다. 당사자는 그때 자신이 다른 사람에게 행했던 고통을 알게 되고, 다른 사람에게 빚진 것도 알게 되며, 자신의 이기심이나 무모함에 대해서도 뉘우치게 된다. 이때 많은 근사체험자들이 그 이후의 자신의 삶에 영향을 미치는 큰 변화를 마음속으로 겪는다.[94]

베커의 견해에 대해 다음과 같은 질문을 할 수 있다. 빛의 존재가 다름 아닌 '나'라면 평가받고 있는 '나'는 누구인가? 내가 둘인가? 그러려면 두 개의 '나'는 도대체 어떤 관계인가? 어떻게 이 두 존재가 같을 수 있는가? 어떻게 빛이 나란 말인가?

이 문제에 대해 링은 빛으로 나타난 자아는 일상적인 상태에 있는 속된 자아가 아니라, 이것을 뛰어넘은 자아라고 한다. 빛으로 나타난 자아는 당사자에게 전체적 자아(total self), 혹은 진아(眞我 : higher self)가 된다. 평상시에 보는 인격은 전체적 자아에서 파생된 부분에 불과한 것이다. 그러나 문제가 많다고 해서 표층적인 자아가 전체적 자아와 연결되어 있지 않은 것은 아니다. 이 표층 자아는 마치 파도가 바다 그 자체와 떨어질 수 없듯이 전체적 자아와 한 번도 떨어져 본 적이 없다. 그러나 평상시에는 표층 자아가 전체적 자아를 만나는 일이 거의 없다. 이것은 서로가 너무 다르다고 느끼기 때문이다. 그런데 사람이 죽은 직후에는 전체적 자아를 다시 만날 수 있다.

> 진아(higher self)는 너무 경외스럽고 너무 압도적이며 너무 사랑스럽고 무조건적으로 수용적이다. 각자의 개별화한 의식은 너무나 낯설게 보여 사람들은 그것을 자기와는 명확하게 '다른' 분리된 것으로 느낀다. 진아는 자신을 밝게 빛나는 황금빛으로 나타내 보이지만 사실 그것은 상위의 형태로 나타나는 '자신'일 뿐이다. 황금빛은 내재되어 있는 자신의 신성(神性)이 반영된 것(reflection)이며 진아를 상징한다. 죽은 당사자가 보는 빛은 바로 자신의 빛이다.[95]

빛을 만난 다음에는 장벽 앞에 서게 된다. 장벽은 이승으로 돌아올 수 없는 마지막 관문을 뜻한다. 삶의 회고를 마친 영혼들은 이 장벽을 넘어갈 것인가, 아니면 돌아올 것인가를 결정해야 한다. 이때 빛의 존재는 "돌아가라"고 제안한다. 여기서 중요한 것은 '소명'이다. 여기서 알 수 있는 것은 사람은 누구나 소명을 갖고 태어났고, 죽음이란 아무리 우연인 것 같아도 사실은 소명이 끝난 다음에 찾아온다는 것이다.

마지막 단계는 빛의 존재와 상의한 뒤에 몸으로 돌아오는 것이다. 이때 특이하게도 몸을 빠져나갈 때는 터널을 통과했는데, 돌아올 때는 터널 통과 체험이 없다. 이렇게 몸으로 돌아온 사람들은 공통적으로 죽음의 공포가 사라졌다고 느낀다. 왜냐하면 죽은 뒤에 이승보다 훨씬 아름다운 세상이 있다는 것을 알게 되었기 때문이다. 그래서 체험자들의 인생관은 극적으로 변화된다.

1985년에 쓴 《오메가를 향하여》(Heading toward Omega : In Search of the Meaning of the Near-Death Experienced)에서 링은 근사체험자의 출현이 인류가 새로운 도약을 시작했음을 알리는 것이라고 주장했다. 여기서 오메가란 세상의 진화가 끝나거나 인간이 완성되는 끝점을 말한다. 이 때문에 링을 비판하는 이들은 그를 뉴에이지 운동가라고 한다. 여기서 말하는 뉴에이지 운동이란 지금 인류가 정신적으로 도약 혹은 진화하는 거대한 변혁기에 들어갔다는 주장인데, 이 점에서 링의 주장은 분명히 이 운동과 닮은 점이 있다.[96]

빛의 존재와 만나는 체험에서 알 수 있듯이, 우리는 항상 절대적인 사랑을 받고 있다. 그러나 이런 사실을 모른 채 일생을 보낸다. 반면 근사체험을 한 사람은 절실하게 그 체험을 하고, 그 사랑에 눈을 뜬다. 아울러 빛과 만나 삶을 회고하고, 거기서 자신이 괴롭힌 다른 사람의 입장에 서서 그것이 얼마나 좋지 않은 일인가를 절실하게 깨닫는다. 단순히 윤리적으로만 좋지 않은 것이 아니라, 그보다 훨씬 높은 수준에서 보면 우주의 질서 자체에 반한다는 것을 알게 된 것이다. 이것은 지금까지 잊고 있던 종교의 진정한 의미를 되찾게 하는 중요한 기회가 된다.

지금까지 여러 종교에서 용서와 사랑을 말했지만 왜 그래야만 하는지 대답할 수 없었으나, 링에 의하면 이제 근사체험 연구를 통해 다른 사람을 무조건 사랑하고 용서해야 하는 이유를 알게 되었는데, 그것은 우리가 항상 그런 사랑을 받았기 때문이라는 것이다.

> 거기에는(빛으로부터) 어떤 비난도 없다. 당신은 심판받지 않는다. 당신은 당신을 무조건적으로 사랑하는 존재와 함께 있다. 당신은 완전한 자비심으로 대해진다. 당신은 이미 용서받았다. 당신은 그저(빛과 함께 삶을 회고하면서) 당신의 삶을 바라보고 이해하기만 하면 된다.[97]

과학이 발전하기 전까지는 죽음 뒤의 세계를 인정했지만, 그에 대한 정보가 대다수 종교로 윤색되어 죽음 그 자체를 보는 데에는 실패했다. 그러나 과학이 발전하면서부터는 죽음을 그저 소멸로만 인정하고 더 이상의 의미를 부여하지 않았다. 오히려 과학이라는 미명 아래 죽음 뒤의 세계는 철저히 부정당했다. 이것을 해결해 준 것이 근사체험 연구이며, 근사체험자들의 등장과 그에 대한 연구는 인류가 한 차원 더 높게 진화할 수 있는 계기를 마련해 주었고, 앞으로 계속해서 지평을 열어 줄 것이라고 그들은 주장한다.

링은 말했다.

> 나는 우리가 육체적 죽음 이후에 의식을 가진 존재로 계속 존재한다는 것과 핵심 체험은 앞으로 오게 될 것(사후생)을 흘끗 보는 시작이라는 것을 굳게 믿는다. 사실상 나는 '다른 실재'(죽음 뒤의 세상과 그에 대한 인식)들을 인식하는 일이 가능하다고 확신할 뿐만 아니라 죽음에 가까워진다는 것은 상위 차원에 속하는 '파동 영역'(frequency domain)으로 가는 하나의 길임을 확신한다. 이 영역은 우리가 죽은 다음에는 완전하게(fully) 접근할 수 있다.[98]

사람이 죽은 후에도 그 존재는 사라지지 않는다. 오히려 아름답고 복된 미래가 있다. 그가 살아온 과거와는 상관없다. 한마디로 말하면 천당은 있고 지옥은 없다. 근사체험을 조사한 수많은 저술가들 중에서 부정적이거나 궁극적 파멸 경험을 보고한 사람은 거의 없다. 그들이 조사한 사례가 모두 긍정적이고 영광스런 것이라고 한다. 그래서 종교나 믿음의 깊이에 관계없이 죽는 사람 모두에게 천국 문이 활짝 열려 있다는 확실한 가설을 세울 수 있다는 것이다.

그들의 주장은 분명하다. 죽음은 더 이상 망각이나 모든 것의 끝이 아니다. 지옥은 없다. 내세에는 '좋은' 경험만 있다. 근사체험에서 한결같이 '영광의 일별'(A Glimpse of Glory)을 경험했기 때문에, 이를 기반으로 새 종교와 철학을 탄생시킬 수 있다. 그것을 '오메가 포인트'(Omega Point)라고 부른다. 결국 종합해 보면 죽으면 누구나 힘들이지 않고 천국에 갈 수 있다는 것이다. 이것은 죽어 가는 많은 환자들에게 더할 나위 없이 위로가 되는 복음이다.

결국 이 '오메가'를 통해 말하고자 하는 것은 하늘과 땅 모두에서 우주적인 사랑과 연합이 나타나리라는 것이며, 이것이야말로 근사체험을 바탕으로 탄생한 철학, 즉 모든 사람이 사후에도 오직 아름다움만을 경험하리라는 뉴에이지 철학의 근간을 이룬다.

그러니까 여기서 말하는 '오메가 포인트'는 인간이 자기 스스로를 발견하되, 자신 안에 내재된 신성이 개화됨을 발견하는 포인트다. 이것은 힌두교의 '니르바나' 개념을 '우주의식'이라는 현대적 표현으로 탈바꿈한 것이다.

링에 의하면 지금 인류는 과거와는 전혀 다른 고차적인 수준으로 자기의식을 끌어올리는 초보 단계에 들어와 있다. 근사체험자야말로 이러한 전환의 시대가 왔음을 알리는 선봉장과 같은 존재들이다. 더 나아가서 체험자들도 새로운 진화 도상에 있는 인류가 좀 더 빠르게 진화할 수 있도록 자신이 촉매 역할을 하고 있다고 주장한다.

죽은 사람이 더 나은 세계를 향해 나아갈 수 있는 방법에 대하여 그들은 사람이 죽으면 물질적인 몸은 소멸되지만 비물질적인 몸은 계속해서 생존한다는 힌두교의 이론을 이용한다.

베커는 인간이 죽은 후에 그 인격이 계속된다는 것을 설명하기 위해서는 육체를 가지지 않은 몸을 생각하는 것이 가장 쉬운 방법이며, 육체를 가지지 않은(보이지 않는) 몸을 '아스트랄(astral)체'라고 불렀다. 사람이 죽었을 때나 체외 이탈을 할 때 몸에서 빠져나오는 것은 바로 이 몸이다. 그뿐만 아니라 사랑하는 사람에게 자기가 지금 이승을 떠난다는 것을 알리기 위해 혹은 죽은 다음에라도 자신의 건재함을 알리기 위해 나타나는 것 역시 이 몸이다.

또한 우리의 의식과 인격이 소재하는 곳은 머리 안에 있는 물질적인 뇌가 아니라 아스트랄적인 뇌라고 한다. 그래야만 죽었거나 큰 사고로 물질적인 뇌가 정지해서 더 이상 작동하지 않더라도 우리의 의식이 지속될 수 있다는 것을 설명할 수 있다.[99]

그는 세 가지 몸을 말하는데(힌두교에서 다룬 조대신, 미세신, 원인신), 이는 종이를 접어 그 위에 그림을 그리고 가위로 오린 다음 펴보면 이해하기 쉽다. 거기에는 똑같은 모양의 몸이 모두 연결되어 나타난다. 이 몸들은 보이지 않는 줄로 이어졌는데 사람이 죽으면 육체와 연결된 줄은 끊어진다. 그렇게 되면 아스트랄체만 남는다. 흔히 인간의 죽음을 애벌레가 죽고 나비가 되는 것으로 묘사하는 경우가 많은데, 이것을 인간의 복수 몸 이야기와 대비하면 애벌레(육체)와 나비(영혼 혹은 아스트랄체)는 은줄로 연결되어 있고, 그 사이에는 에텔체가 있다. 은줄은 육체와 에텔체를, 또 에텔체와 아스트랄체를 잇고 있는데, 인간이 완전히 죽으면 이것은 모두 차례로 끊어진다. 이렇게 해서 나비로 상징되는 아스트랄체만 남아 새로운 몸이 되는 것이다. 이렇게 바뀌어 태어날 때 인간은 또 다른 아름다운 몸을 가지고, 새롭고 멋있는 세계로 도약하게 되는 것이다.[100]

## 구원의 방법 : 신성의 자각

인류는 곧 신이다. 인류의 신성은 일원론적 범신론에서 나온다. 모든 것이 하나이고, 모든 것이 신이기에 인간도 신이다. 인간은 신의 창조물이 아니니, 인간은 완전하고 전지전능하며, 인간의 영혼이 우주의 핵심이다. 자아에 있어 경계나 분리는 없고, 제한되지 않는다.[101]

인류는 자기 개선의 무한한 가능성을 가지고 있다. 그리고 본질상 죄도 존재하지 않는다. 문제는 이것을 깨닫는 것이다. 인간은 깨달음, 즉 인간은 신이라는 영적 각성을 통해 신이 될 수 있다. 인간은 변장한 신임에도 불구하고 이를 깨닫지 못하고 있다. 이러한 무지가 우리 자신의 신성을 깨닫는 것을 방해하고 있다.[102]

인간은 신과 자신의 근본적 일치에 대해 눈멀게 하는 그릇된 분리 정체감의 희생자다. 이러한 무지는 경험을 제한하고 형이상학을 억눌러 온 서구문화에서 기인한다. 서양의 합리주의는 신비가 들어설 자리를 빼앗았는데, 따라서 인간은 자기의 제한성과 한계성을 당연하게 받아들이고 일상적 환상에 만족하게 되었다. 이에 따라 자신이 신이라는 정체성을 잃어버린 것이다. 이제 인간은 자기가 신이라는 사실을 다시 깨달아야 한다. 이러한 지식을 획득할 때 진정한 구원에 이르게 된다. 인류의 최종적인 구원은 인간이 죄인이라는 사실을 깨닫는 것이 아니라 의식 수준을 높여서 인간 안에 내포되어 있는 신성, 즉 무한한 잠재력을 깨워 그것을 완성하는 것이다.[103]

이것을 위하여 모든 실존에 영을 불어넣고, 모든 것을 통합하는 우주적 에너지를 각성해야 한다. 신을 느낄 수 있는 의식의 확장을 이루어야 하는 것이다. 그래서 우리 안에 있는 완전한 사랑, 완전한 지혜, 완전한 이해 등의 신적인 속성을 다시 소유해야 하며, 자기 안의 하나님을 찾

아야 한다.[104]

이제 인간은 스스로를 경배해야 하며, 스스로를 구원해야 한다. 구원은 우리 안에 있고, 우리는 그것을 경험하기만 하면 된다. 이러한 깨달음을 통해 인간은 자신이 신이라는 것과 동시에 자신이 모든 것, 우주라는 것, 곧 자신이 우주적 에너지와 하나라는 것을 알게 되며, 그리하여 스스로 신이 되는 것이다.

인간 자신이 신이고, 모든 것이라는 깨달음은 모든 것을 신성하게 보도록 하며, 동시에 모든 것을 자신처럼 보게 한다. 우주 만물의 어느 하나도 배제할 수 없다. 그래서 자연이나 다른 사람들에게 관심을 가져야 하고, 조화를 이루며 살아야 한다. 깨달음을 통해 모든 경계와 이원론과 개체성이 사라지고, 우주적이고 차별 없는 하나를 이루는 것이다. 그래서 깨달음은 이 세상의 진정한 변화를 이룰 수 있다.[105]

오늘날 인간은 소외되고, 세상은 파국으로 치닫고 있다. 인간은 조직의 부품으로 전락하고 있고, 빈부격차·전쟁의 위협·환경 파괴 및 오염이 더 심화되고, 의학이 발달함에 따라 새로운 질병도 나타난다. 이러한 세상을 변화시키는 것은 정치·경제·사회의 혁명이 아니라, 인간의 내적 의식 변화로 이루어질 수 있다. 깨달음을 통해 인간답게 사는 사회를 이룩하고 세계 평화와 기아 해결 등을 이루며, 인간 사이의 유대성을 강화하고 전체성을 회복하여 정신적인 기아를 고칠 수 있다. 그럼으로써 인류의 현안이 해결될 수 있다. 문제는 세상을 변화시키기 위해서는 먼저 인간이 변화되어야 한다는 것이다. 인간은 내면을 들여다봄으로써 세계를 알게 되고, 세상을 변화시킬 수 있다.

이러한 깨달음을 얻기 위해 뉴에이지 운동에서는 다양한 운동 즉 요가, 명상·주문·무아경의 춤·마약·환각제·의식확장 요법 등을 사용하며, 특히 마약 복용으로 인한 사이키델릭(psychedelic)한 의식 상태, 죽음 직전까지 간 경험들이 중요시된다. 육체는 인간이 깨달음으로 나아가는 데 방해가 되는 반면, 이러한 경험들은 빛·사랑·통교·깨달음·에너지·영원성에 대한 초월적이고 초정신적인 체험으로 이끌며, 우주적인 에너지를 향해 자신을 열어 놓게 하고 신이 자신을 이끄는 대로 맡기게 한다. 그래서 인간은 자신의 초인격성을 경험할 수 있으며 '깨달음' 즉 신과의 합일을 의식적으로 경험할 수 있게 된다.[106]

깨달음을 얻는 사람은 여러 가지 초능력을 사용할 수 있는데, 이것은 인간이 신이기 때문에 당연하다. 초능력은 인간이 원래 가지고 있었는데, 영적 깨달음을 통해 다시 사용하게 되는 것뿐이다.

이러한 초능력은 뉴에이지 운동을 정당화하는 증거로 사용되어 굉장한 매력으로 사람들에게 다가간다. 여기에는 투모술(자연의 힘과 영을 통제하는 것), 축지술, 텔레파시(특별한 기구 없이 마음으로 대화하는 것), 아스트랄체로의 분리(영이 육체에서 떨어져 나와서 움직이는 것) 등이 있다.

그들은 특히 과학을 통해서 뉴에이지 사상을 증명하려고 애쓴다. 아인슈타인(Albert Einstein)의 상대성 이론은 물질과 에너지가 서로 다른 것이 아니며, 모든 질량은 에너지로 옮겨질 수 있고 모든 에너지도 질량으로 옮겨질 수 있다고 했다. 이러한 상대성 이론은 뉴턴 물리학이 세운 기존의 우주 모델을 부정한다. 새로운 모델로 양자역학이 등장했는데, 양자역학은 물질의 개념을 에너지의 개념으로 대체한다. 서로 다른 것이라고 여기던 물질과 에너지가 하나이고, 우주는 하나의 에너지다. 그들은 이것이 뉴에이지의 일원론적 범신론을 증명한다고 주장한다.

더불어 관찰자와 피관찰자 간의 구별을 무너뜨린 '불확정성의 원리'도 뉴에이지의 사상을 뒷받침한다고 본다. 현대의 우주론은 우주를 대폭발(Big Bang) 이후 진화하고 자라는 에너지로 보고 있다.[107]

뉴에이지 운동은 현대의학에서 말하는 전인적 건강에 대한 관심이 그들의 사상을 뒷받침한다고 말할 뿐 아니라, 융(Carl Gustav Jung)의 심리학에서 말하는 집단 무의식, 매슬로(Abraham Maslow)의 심리학과 거기서 파생한 초인격 심리학도 그들의 사상을 증명한다고 주장한다. 뉴에이지 운동가들에 의하면, 이러한 모든 것들이 우주 만물을 부분과 부분으로 나누어 보지 않고 전체적이며 연관적으로 보게 하며, 만물과 인간은 신적 에너지의 일부임을 알게 해준다고 말한다. 우리 자신과 우리를 둘러싼 모든 것과 삼라만상이 신인 것이다. 모든 것이 신이라면 인간 또한 신이다.

깨달음의 방법 중에서 중요한 것은 채널링(channelling)이다. 채널링은 주파수 맞추기인데, 영적인 안내자에게 메시지를 얻기 위해 의도적으로 명상이나 무아지경 같은 상태에 들어가는 작업으로, 뉴에이지식 접신법(接神法)이라 할 수 있다.

채널링의 목적은 두 가지인데, 첫째는 내생의 삶에 관한 정보를 얻는 것이며, 또 하나는 세상을 떠난 이들과 접촉하는 것이다. 오늘날 뉴에이지 운동에서 진행되는 채널링은 '보다 높은 원천'에서 오는 메시지에 초점을 맞춘다. 보다 높은 원천이란 "죽음은 실재적이지 않다, 우리 모두는 신성하지만 육체를 입고서 존재한다, 우리는 우주적인 정신의 능력을 통해 실재를 통제할 수 있다" 등의 개념이다.[108]

뉴에이지에 의하면 우리 모두가 하나님이고, 우리 자신의 실체를 만들어 낼 수 있는 무한한 잠재력을 지니고 있다. 우리를 속박하거나 제한

시킬 절대적 규범이란 존재하지 않으며, 우리 중 누구도 하나님의 심판을 받지 않을 것이다. 근사체험을 통해 알 수 있듯이 죽은 다음에는 더 나은 환생이 있고 궁극적으로는 내가 신이 된다. 이것을 깨닫는 것이 구원이다.

# 4. 범신론적 죽음이해에 대한 평가

'범신론적 죽음이해'는 무신론적 죽음이해가 끝나는 곳에서 시작한다. '무신론적 죽음이해'의 약점은 이성을 따른 것이다. 그러므로 이성을 포기하고 나간 것이 '범신론적 죽음이해'다. 여기서는 보이는 세상이 전부가 아니다. 인간은 보이는 자신과 자연에 묶이기에는 너무나 큰 신적 존재다. 눈에 보이는 일시적 생명이 아니라 영원토록 존재하는 불멸의 존재, 이것이 인간 생명의 본질이다.

'범신론적 죽음이해' 중 '힌두교와 불교의 죽음이해'에서는 영원한 우주의 본질을 브라만, 그 브라만이 개인의 모습으로 드러난 개인의 본질을 아트만이라고 한다. 그러므로 범신론적 논리에 의하면 아트만은 브라만이다. 즉 인간의 영혼은 우주의 영혼이다. 그러므로 인간은 신이다. 아트만이 브라만을 향해 나아가는 몸부림, 그것이 인생이다.

인간은 자기 힘으로 궁극적 원리에 도달해야 하는데 이것은 어려운 작업이며, 너무도 오래 걸린다. 그래서 한 번으로는 불가능하기 때문에 수없이 반복하면서 조금씩 앞으로 나가는 윤회가 필요하다. 이것은 눈에 보이는 자연을 극복했다는 점에서 상당한 수준이라고 할 수 있다. 인간이 자연을 넘어선다는 것은 쉽지 않은 일이다. 왜냐하면 자연은 우리의 육체를 지탱해 주는 환경이기 때문이다. 창조주를 상정하지 않고 눈에 보이는 자연을 극복한다는 것은 엄청난 일이다.

여기서 관심을 가져야 할 것은 왜 똑같은 동양인데 중국 중심적 종교(무교와 유교, 도교)와 인도 중심적 종교(불교와 힌두교)는 그렇게도 다른가 하는 점이다. 그 원인은 중국인의 세계관과 인도인의 세계관의 차이 때문이다. 중국인은 이 세상을 즐거운 곳으로 생각했다. 오감(五感)이 주는 즐거움을 소중히 여겼다. 이것은 불교에서 오감의 즐거움 따위는 한낱 꿈이나 환상에 지나지 않는다고 하는 것과는 출발점이 전혀 다르다.[109]

중국인의 사고방식이 감각적이고 현실적이며 즉물적인 이유는 인도보다 중국의 자연이 사람 살기에 편했기 때문이다. 그러나 더 근본적인 이유는 중국인의 언어인 한자와 관련이 있다. 한자는 형을 본떠 만든 상형문자(象形文字)가 기본이다. 이른바 표의문자(表意文字)다.

왜 그들은 표의문자를 사용했는가? 표의문자는 그 성립 과정이 보여주듯이 주위에 있는 사물을 즉물적으로 묘사한다. 즉 사물이 먼저 있다고 인정하고 그것을 묘사해 낸다. 그러므로 처음부터 사물이 존재한다는 전제로 이야기를 진행하는 것이다. 이른바 소박한 실재론(實在論)이다.[110]

현실적이고 경험적이고 구체적이고 즉물적인 중국인에게 이 세상은 사물로 넘치는 만물의 세계이지, 결코 추상화된 세계가 아니다. 그러므로 당연히 개별적인 사물에 친숙함을 느꼈으며 추상적이 아닌 구체적인 것을 좋아했다. 이처럼 구체적·현실적인 것에 관심이 높았기 때문에 중국인은 '이 세상'을 즐겁다고 여겼고, 오감의 즐거움 따위는 꿈이나 환상처럼 덧없는 것이므로 그런 집착은 버리라는 인도인과 근본적으로 다르다.

이런 중국인의 경우, 그 민족성에 적합한 죽음이해가 생긴다. 그들은 인간이 정신과 육체로 이루어져 있고, 정신을 지배하는 것은 혼, 육체를 지배하는 것은 백이며, 죽으면 분열된다고 보았다. 그러므로 그들이 생각하는 세상은 하늘 아래, 땅 위로 제한된다. 그것을 넘어가고 싶지 않았던 것이다. 그래서 혼은 구름처럼 하늘에 있고, 백은 무덤에 머물며 지내다가 후손들을 통하여 이 세상에 돌아오기를 기대했다.

중국인들은 자연이란 언제나 우호적이고, 인생은 근본적으로 즐겁기 때문에 죽어서도 이 세상에 있으려고 했다. 그래서 하늘에 떠 있는 혼과 땅 밑에 놓여 있는 백을 만나게 하려는 제사가 필요했다. 무덤이 중요한 이유는 백이 거처하는 곳이기 때문이다.

그러나 인도인들에게 자연은 우호적이지 않다. 그 속에서 안주하기에는 너무나도 버거운 대상이었던 것이다. 그래서 비우호적인 자연을 넘어서려고 했다. 이처럼 인생은 견디기 어려운데, 모처럼 이 세상에 태어나 오래 살지도 못하고 죽는다는 것은 괴로운 일이다. 이 짧은 인생에게 희망을 주는 죽음이해가 필요했고, 그것을 통해서 죽음에 대한 불안이나 공포를 없앨 수 있기를 원했는데, 이런 요구에 합당한 것이 윤회 전생의 개념이다.[111] 결국 똑같이 무신론적이지만 삶의 현장이 다르기 때문에 이렇게 다른 죽음관이 나온 것이라고 생각할 수 있다.

존재하는 모든 것은 신인데 어떻게 현재의 형태를 가지게 되었는가를 설명하는 것이 업보다. 업보란 현재의 상태가 과거의 행동, 특히 전생(前生)에서 행동한 결과라는 개념이다. 업보는 엄격한 필연성을 요구하므로 인간은 선을 행해야 한다. 만일 선을 행치 않는다면 그 결과를 거둘 것이다. 비록 이생에서 거두지 않는다 해도 다음 세상에서, 아마 더 낮은 단계의 존재로 환생함으로써 그 열매를 거둘 것이다. 그러므로 선을 행하는 근거는 선을 행하는 것이 마땅하기 때문이라거나 또는 다른 사람에게 유익을 주기 때문이 아니다. 업보는 모든 영혼이 과거의 죄로 고통받을 것을 요구하기 때문에, 타인의 고통을 경감시키는 것은 아무 가치도 없다. 그러므로 여기서는 이타적 사랑은 존재하지 않으며, 그 사랑은 받는 사람에게도 유익하지 않다. 그러므로 선을 행하는 것은 결국 자신의 환생을 위한 최상의 방법일 뿐이며, 어떤 의미에서는 이기적이다.

그러나 한편 모든 행동은 전체 환상계의 일부분일 뿐이다. 유일한 참된 실재는 궁극적 실재이며 그것은 모든 구분, 선악을 초월한다. 그러므로 선악의 구분도 궁극적으로는 사라진다. 모든 것은 선이다. 도둑도 성인(聖人)이고, 성인도 도둑일 수 있다. 범신론에서는 논리적으로는 선악의 구분이 없으나, 실제로는 그 체계가 주장하는 것과 다르게 도덕적 행동을 강조한다.

유일자와 합일을 체험하는 것은 시간을 초월한다. 그러므로 시간은 비실재적이며 역사는 순환적이다. 마치 강둑의 한 지점에서 바라보면 강은 흐르고 있지만(시간이 존재한다) 전체(우물, 시내, 강, 바다, 수증기, 비, 우물의 순환계)의 관점에서 보면 강은 흐르지 않는다(시간이 존재하지 않는다). 시간이란 강을 하늘에서 내려다보기보다는 강가에 앉아 바라봄으로써 만들어낸 환상이다. 역사도 강가의 한 지점을 통과한 물의 흐름에 의해서 만들어진 환상이다. 그러므로 범신론에서는 역사가 의미를 지니지 못한다. 신성(神性)으로 돌아가려는 인간의 임무는 역사를 초월하는 것이다.[112]

'힌두교와 불교의 죽음이해'에서 죽음은 개인적, 인격적 존재(각 개인에게 구현된 아트만)의 종말을 뜻한다. 각 개인의 본질적 영혼은 불멸이다.

죽음과 함께 사라지는 것은 본질적인 것이 아니다. 그러므로 죽음은 별로 의미가 없다. 개별적 인격성(고유한 개인으로서의 너와 나, 혹은 그 사람)은 존재하지 않는다. 그러나 본질에서는 모두 영원한 존재들이다. 그러므로 궁극적으로는 죽을 수 없다. 이 내용은 개성과 인격에 가치를 부여하는 서구적 사고방식으로는 이해하기 어려운 사고 구조다.[113]

범신론은 무신론이 도피할 수 있는 하나의 방편이었다. 그러나 여기서 궁극적 실재를 파악하려면 엄청난 지적 희생이 필요하다. 이것보다 덜 고통스럽고 적은 희생을 치르면서 궁극적 의미를 파악하려는 시도가 뉴에이지 운동이다. 쉽게 말하면 뉴에이지의 사고 체계는 범신론의 서양적 형태라고 할 수 있다. 힌두교와 불교에서는 형이상학적인 것을 강조하지만 뉴에이지에서는 그 강조점이 인식론으로 대체되었을 뿐이다.

## 범신론과 관련된 문제들

### 윤회와 업보

'범신론적 죽음이해'의 가장 큰 특징은 윤회설이다. 그러나 여기에는 너무나 많은 모순이 있다. 그것을 정리하면 다음과 같다.

모든 출생이 환생이며 모든 생애가 전생의 상벌(업보)이라면 최초의 생애는 무엇에 대한 상벌인지 설명할 수 없다. 또한 윤회설이 사실이라면 세상은 갈수록 나아져야 할 텐데 도리어 점점 더 악화되고 있다. 더 나아가서 윤회설을 인정한다면 전 세계 인구는 고정불변이라야 한다. 육체에 깃든 한 영혼이 거듭 돌아와서 또 다른 육체를 입는 것이라면, 인구가 늘어날 이유가 전혀 없다. 게다가 어떤 영혼들은 성공적으로 해탈했을 것이므로 세상의 인구는 도리어 점차 줄어야 한다. 그러나 현실은 그렇지 않다. 인류 역사 이래 최다 인구가 현재 지구상에 살고 있다.

윤회설을 뒷받침하는 증거로 인용되는 전생 이야기를 들어 보면 자신이 "어떤 사람이었다"고 주장하는 경우가 많다. 예를 들면 전생에 조지 워싱턴이었다는 사람이 여럿이나 된다. 그러나 왜 그런 현상이 생기는지 여기에 대한 설명이 없다. 또한 자기가 전생에 현재보다 더 못한 상황이었다고 주장하는 경우는 없다. 예를 들면 전생에 노숙자였거나 장애인이었다는 사람은 없다. 동물이었거나 바위였거나 나무였거나 벌레였다는 사람도 없다. 위대한 사람보다 평범한 사람이 많고, 인간보다 다른 존재로 태어날 확률이 훨씬 많은데도 불구하고 거기에 대한 증거는 전혀 제시된 바가 없다.

윤회 문제에 있어서 가장 큰 문제점은 악에 대한 철저한 응보인 윤회설로는 악의 문제에 진정한 해답을 줄 수 없다는 것이다. 윤회설에 의하면 현재의 삶은 과거 삶의 직접적인 결과다. 결국 인간의 삶에 나타나는 여러 가지 부조리와 불평등은 우연이나 고의성이 없으며 오직 원인과 결과만 있다. 이렇게 운명의 차이와 설명할 수 없는 악의 문제를 인과론, 즉 업으로 해결하려고 한다. 그러나 이것으로는 인간 탄생의 불평등과 악의 문제가 근본적으로 해결되지 않는다. 만일 인간 영혼의 실존이 시작도 없고, 최초의 삶도 없는 윤회의 성격을 인정한다면 불평등의 문제는 영원히 연기되고 해결할 수 없다. 이것은 도덕적으로도 합리적으로도 받아들이기가 어렵다.

교리적으로는 윤리의 근거가 되는 나 자신이 존재하지 않는데 그럼에도 불구하고 윤회설은 철저한 윤리를 말한다. 그렇다면 그 윤리 기준은 누가 측정하는가? 아무리 악한 자라도 결국에는 해탈한다면 그는 그만큼 윤리적이 되었다는 뜻인가? 도무지 설명할 수 없는 모순이 있다.

유학자인 주희(朱喜)는 불교가 초월과 현실을 둘로 나누고 초월만을 지향하며, 현실의 인간사에 무능하고, 윤리를 세울 수 없는 방종함에 대해 비판했다. 그는 인간의 삶이 현실에 대해 윤리적 선택을 떠나서는 존재할 수 없다는 것을 분명히 했다. 그는 불교를 종합적으로 평가하기를 "처음에는 편파적일 뿐이나 편파적인 후에는 다시 방종하고, 방종한 후에는 사악하며, 사악한 후에는 벗어나며, 벗어난 후에는 도망간다"고 하였다.[114]

범신론은 절대적인 존재를 선악의 구분 너머에 있는 존재로 보기 때문에 선악의 구분은 단순히 관점의 차이다. 그러므로 범신론적 사고를 하는 사람들은 선악 구별이 명료하지 않다. 범신론적으로 보면 세상의 고통도 눈을 감을 수 있다. 왜냐하면 그것도 선한 것이니까. 여기서 도덕과 윤리는 절대 기초를 잃어버린다.

《선(禪)과 모터사이클 관리술》(Zen and the art of motorcycle maintenance)의 저자 로버트 피어시그(Robert M. Pirsig)는 이렇게 말했다.

> 어느 날인가 강의실에서 철학 교수가 50년대로 여겨지는 시간에 세계의 환영적 성격에 대하여 즐거운 듯이 설명하고 있었다. 내가 손을 들고 히로시마와 나가사키에 떨어진 원자 폭탄이 환영이었다고 믿느냐고 차갑

게 물었다. 그 교수는 웃으며 그렇다고 말했다. 그것이 대화의 끝이었다. 인도 철학의 전통 안에서는 그런 대답이 옳을지 모르지만, 이런 대답은 절망적이며 충분하지 못하다. 나는 강의실을 떠났고, 인도를 떠났다.[115]

또한 범신론 안에서는 궁극적인 자아가 없다. 그러므로 이 체계 안에서 인간은 비인격화된다. 독립적인 실체인 자아가 마야(maya), 즉 환영(幻影)이기 때문이다. 여기서는 남성도 여성도 없고, 너도 없고 나도 없다. 여기서는 통일성만 의미를 가질 뿐 다양성은 아무런 의미도 가지지 못한다. 따라서 인간 각자의 개성은 여기서 아무런 의미가 없다.

또한 범신론은 인간의 지위를 승격시키기보다는 비인격적인 낮은 자리로 격하시킨다. 왜냐하면 '모든 것이 신이고, 신이 모든 것'이므로 자기를 신으로 생각하는 사람은 바위나 나무보다 나을 게 없기 때문이다. 존재하는 모든 것이 옳다고 가정할 때 인간과 자연은 동등하게 된다. 인간은 풀이나 벌레나 다름없는 존재가 되고 만다. 자연을 인간의 차원으로 승격시킨 결과, 인간이 자연으로 강등되어 버리는 것이다. 쉐퍼(Francis A. Schaeffer)가 말하듯이 범신론 안에서는 때로 쥐와 소가 인간보다 우선된다.[116]

더 나아가 범신론에서는 현실이 영원한 피안 세계에서 분리되어 자체로 의미를 지니지 못하고 덧없이 사라지는 무상한 실재로 간주되면서 부정적 실재가 된다. 그러므로 차안과 피안의 분리에 정초하고 있는 범신론적 죽음관은 탈사회적이고 탈세계적인 성격을 지니게 된다. 이것은 현실의 삶을 피안에 이르는 통과 단계로만 인식할 수 있으며, 그 결과 현실을 공허하게 만들 수 있다. 이것은 숙명론과 무감각을 초래할 수 있다.

구체적인 삶의 현실이 없는 것이다. 여기서 우리는 범신론에서 말하는 가치관 그대로 살아갈 수 있는지 물어야 한다.

### 장례와 제사 그리고 묘지 문제

범신론의 윤회론을 믿는다면 묘지나 조상제사, 장례조차 필요 없다(그러나 유교에서는 이 세 가지가 반드시 필요하다). 그런데 불교는 죽은 자를 위해서 성대하게 장례도 지내고, 납골당을 만들어 유골을 안치하고, 조상들을 위하여 제사도 지낸다. 무엇이 문제인가?

먼저 묘지의 문제다. 윤회설에 의하면 죽은 자의 의식은 죽은 몸에서 분리되어 다른 곳으로 옮겨지므로 본래의 몸은 아무 쓸모도 없다. 사후에 그 혼이 본래의 신체로 돌아오는 일은 있을 수 없기 때문이다. 그래서 원래 힌두교에서는 시신을 불태워 화장을 하고, 뼈는 강에 버린다. 그러므로 불교에서는 무덤이나 납골당을 만들어서 유골을 안치할 필요가 없다.

그다음은 제사인데, 윤회를 진정으로 믿는다면 제사가 필요 없다. 사람이 죽어서 다시 태어날 때까지의 시간을 중음(中陰) 또는 중유(中有)라고 하며, 이 기간은 길어야 49일이다. 이 기간 안에 육도(六道)의 어디로 전생하는지가 결정된다. 그러므로 '저세상'에 있는 것은 중음에 있을 때뿐이며, 그 이후는(잘되어 인간으로 환생한다면) 전부 '이 세상'에 살아 있다. 윤회의 결과 이미 죽은 자의 혼은 어딘가 다른 신체에 들어가므로 그 혼이 돌아와 옛날의 유족과 상봉하는 일은 결코 있을 수 없다.

이 세상이 아니라 축생계·아귀계·지옥계에 떨어진 선조의 혼도 불러들일 수 없기는 마찬가지다. 해탈하지 않는 한, 몇 만 년, 몇 억 년이고 윤회를 계속하기 때문이다. 그러므로 혼의 행방은 그 누구도 알 수 없다. 그러므로 조사(弔辭)에서 '푹 쉬라'거나 '영면했다'는 말을 자주 쓰지만, 불교식으로 말하면 잘못된 표현이다. 푹 쉬거나 영원히 잠들거나 할 시간이 없다. 이생에서 저생으로 계속 떠돌아다녀야 하기 때문이다. 결국 죽은 자는 무척 바쁜 셈이다. 그러므로 사후 제사는 무의미하다. 결국 묘지나 제사나 불교적인 관점에서는 아무 쓸모가 없다.

그런데 많은 사람들이 불교의 교리와는 상관없이 장례를 지내거나, 제사를 드리거나, 유골을 안치하면서도 아무런 모순을 느끼지 않는다. 오히려 불교에서는 납골당을 만들고 제사를 지내면서 사람들의 마음을 얻고 있다.

### 근사체험 이론에 대한 반론들

'뉴에이지의 죽음이해'의 근거인 근사체험 이론에 대한 세 가지 반론이 있다. 그러나 이러한 모순에 대해 뉴에이지 이론가들 중에 어느 누구도 답변하지 않는다.

첫째, 뉴에이지의 죽음 이론이 과학적 사실에 근거한 것이라고 하지만 그 이론은 과학적이지 않다. 그들은 초월적인 영의 세계를 갈망했던 사람들이다. 새롭게 만들어진 현대 과학이나 학문적인 용어를 사용했을 뿐, 사실은 무당이나 마술사들이 했던 일들을 했다. 중요한 사람들 중에 한 사람도 예외가 없다.

특별히 융[117]은 죽은 시체들에게 설교하고, 죽은 사람들의 영혼과 교통했고,[118] 점성술에 몰두했으며,[119] 영들이 물질화되어 나타난 '필레몬'이라는 영의 지도를 받으며 심리학을 연구했다.[120]

융은 이렇게 말했다.

> 집안 전체가 영들로 가득 찼다. 특히 문 오른편 위쪽으로 많이 몰려 있었으며 나는 공기가 어찌나 무겁던지 숨쉬기가 괴로울 정도였다. 하나가 나에게 날아들었으며 그때로부터 불과 사흘 만에 나는 '죽은 자를 위한 일곱 개의 설교'를 완성할 수 있었다. 무의식은 죽은 자들의 세계와 감응한다. 누군가가 떠도는 혼을 생각했다면 그것은 무의식의 세계에 들어간 것을 의미한다. 내 혼이 사라지자마자 그 '죽은' 이가 나타났고 그의 도움으로 나는 책을 쓸 수 있었다. 이 기간 동안 나는 무의식 세계의 심상에 너무나 사로잡혀 있었기 때문에 도무지 강단에 설 수가 없었다. 그래서 나는 8년 동안 가르쳐 온 대학 강단을 떠나기로 결심했다. 나는 도무지 지적 세계에 머물러 있을 수 없다고 느꼈다. 무의식 세계와의 접촉이 나를 문자 그대로 생각할 수 없는 멍청이로 만들어 버린 것이다. 정신분석학자인 내가 모든 실험의 거의 대부분을 미친 자나 정신병자에게서 볼 수 있는 그런 걸로 채워야 했다는 사실은 참 역설적이다.[121]

무디는 '꿈 부화 실험'(dream incubation experiment)과 수정구슬점을 강조했고, 퀴블러 로스도 체외 이탈을 하여 다른 은하까지 갔다 왔다고 주장했다.[122] 그녀는 자기를 개인적으로 안내하는 영들을 '살렘'과 '앵카'와 '윌리'라고 불렀는데, 그 안내령들의 도움을 받아 연구할 뿐만 아니라 이 안내령들의 음성을 녹음하는 작업을 하기도 했다.[123]

뉴에이지에 관련된 많은 사람들이 최면술, 주역(칼 융), 코카인(프로이트), 메스칼린(올더스 헉슬리), LSD(티모시 리어리), 강신술(케이시, 로저스, 무디,

퀴블러 로스 등), 안내령(뉴에이지 신봉자들 대부분이 쓰는 방법), 오메가 게임이라 일컫는 신비로운 술법(케네스 링) 등을 사용한다.

그 외에도 초월 명상, 소리의 요정(poltergeist : 집안에서 원인 불명의 소리나 사건을 일으킨다고 여겨지는 요정), 마법, 점술, 교령술, 요가, 텔레파시, 부두교(Voodoo)의 마법, 마녀술, 점성술 등을 통해 의식 상태를 바꿈으로써 소위 안내령과 교신할 수 있는 상태로 들어가 그 영으로 하여금 자신의 마음을 다스리게 하는 방법을 사용하고 있다.[124]

물론 이들의 학문적인 성실성과 업적은 존중할 만하다. 프로이트의 무의식 연구에 대한 학문적 중요성이나, 융의 집단 무의식이나 자기 개성화에 대한 학문성은 정신 의학계가 공유하는 것이며, 퀴블러 로스 여사의 호스피스 연구의 학문적 성과 역시 높이 평가할 만하다. 그러나 뉴에이지의 많은 사람들이 사랑과 성숙을 말하고 빛을 향해 나아가는 것 같지만, 그러한 주장들이 열어 놓은 가능성 속에서 수많은 사람들은 파괴적인 삶을 살아갈 수밖에 없다. 이러한 모순을 윤리학적 관점에서 비판하지 않을 수 없다.

어떤 약물이나 기법 또는 상상을 통해 정체를 모르는 영의 세계와 접하는 것은 과거에 신비주의 종교들이 비밀의 에너지를 가동시키려는 목적으로 사용했던 방법들이다. 학문적인 권위와 영향력을 가진 이들의 이런 행태는 많은 사람들에게 악영향을 끼칠 수 있고, 궁극적으로는 인간성 자체를 위협할 수 있다.

둘째, 뉴에이지의 죽음이해는 근사체험 연구에 그 기초를 두고 있다. 그들은 사람이 죽은 다음에 부정적인 체험을 하지 않는다는 사실을 근거로 이론을 전개했는데 사실은 죽은 다음에도 부정적인 체험을 하는 사람들이 아주 많다.

미국의 심장전문의 롤링스(Maurice S. Rawlings)는《지옥에 다녀온 사람들》(To Hell and Back)이라는 책에서 근사체험의 과정에서 뉴에이지의 주장과 반대되는 일, 즉 부정적인 사례가 얼마나 많은지를 구체적인 예를 들어 설명하고 있다.[125] 다시 말하면 근사체험 중에(뉴에이지의 주장과는 달리) 지옥을 본다든가 끔찍한 고통을 당하는 경우가 많은데, 그런 사례가 고의적으로 무시된다는 것이다.

근사체험은 심폐소생술을 하는 동안 가장 많이 일어난다. 더구나 심폐소생술을 받는 경우 거의 확실하게 생명이 끊어졌다가 회복되기 때문에 근사체험으로서는 더욱 믿을 만하다. 그런데 근사체험 연구자들은 심폐소생술 전문가들의 주장에 귀를 기울이지 않는다.

지옥 체험이 잘 보고되지 않는 이유는 일단 죽었다 소생한 환자와의 면담이 며칠, 혹은 몇 주에서 몇 달까지 미뤄지기 때문인데 이렇게 되면 부정적인 체험을 듣게 될 기회가 상실된다. 이것은 꼭 의도적이라기보다는 환자 자신이 그런 무서운 기억을 견딜 힘이 없기 때문이다. 또한 죽었다가 다시 살아난 사람들의 체험에 관해 쓴 사람들은 대개 심리학자이거나 정신과 의사들이다. 그런데 심리학자나 정신과 의사는 실제로 사람들이 죽었다 깨어나는 현장에 있기 힘들고, 환자에게 소생술을 직접 실시해 본 경험도 없다. 또 하나는 자존심의 문제다. 좋지 않은 체험을 말한다는 것이 당사자들에게는 괴로운 일이다. 더구나 지옥을 갔다 왔다는 것은 그 사람의 일생 자체가 실패였음을 드러내는 것과 같다. 그래서 부정적 체험을 은폐시킨다.[126]

더 중요한 이유는 연구자들의 자료 수집 방법이다. 근사체험이나 영혼 이탈 체험에 관해 책을 쓴 저자들에게 부정적 체험 사례를 제공하겠다고 하면 일제히 거부하거나, 지금까지 그들이 주장했던 긍정적 체험 사례와 내용이 상충하기 때문에 받아들일 수 없다고 말한다. 그 이유는 이미 내려진 결론을 수정할 수 없기 때문이다. 퀴블러 로스도 관찰 범위를 넓히자는 제안을 거절할 이유가 명백하지 않음에도 불구하고 거절했다.[127]

이것은 그들이 죽은 다음에 좋은 경험을 하는 사람들의 주장에만 집중하고, 죽은 다음에 좋지 못한 경험을 한 사람들의 주장을 외면하거나 의도적으로 묵살하면서, 그들이 원하는 죽음과 그 이후에 대한 자신들의 확신을 위해 자료를 선별 이용하여 현대인들에게 과학적 이미지를 강조하는 것이라고 볼 수 있다.

무디와 링은 최근 수천 건의 임사체험을 조사한 결과 오직 1퍼센트 미만(실제로는 0.3퍼센트 정도라고 두 사람은 주장한다)이 좋지 않은 체험을 했을 뿐이며, 온갖 증거를 검토한 결과 죽음 이후의 삶이란 전적으로 좋은 것이라는 주장을 폈다.[128]

그러나 가필드(Garfield)는 다음과 같이 말했다. "모두가 죽어서 천상의 경험을 하는 것은 아니다. 적어도 내가 인터뷰한 사람들 중에는 좋지 않은 것들을 보는 체험을 했다고 고백한 사람들의 숫자가 좋은 체험을 했다고 말한 사람들 숫자만큼은 된다."[129] 이들은 겉으로는 객관적인 듯한 태도를 취하지만 마음속으로는 '과학을 넘어선 저세상'이 존재하고, 그 세계가 이 세상의 과학보다 더 진리의 세계에 가깝다고 믿고 싶은 것이다.[130]

그들이 주장한 자료는 암묵적으로 '임사체험의 새로운 믿음'을 형성시켰다. 다시 말하면 '죽은 후에는 심판이나 지옥이 없고, 오직 아름다운 미래만이 전개된다'는 것이다. 죽은 다음에 좋지 못한 체험을 하는 사람들의 주장은 이러한 자기들의 이론에 정면으로 위배되기 때문에 자신들에게 유리한 경우만을 선별하여 오메가 이론을 주장하는 것은 아닌지 충분한 증명이 필요하다.

셋째, 죽음 이후에 근사체험자들의 대부분이 만나게 되는 그 빛의 정체에 대하여 상반되는 주장이 있다.

이 주제를 오랫동안 추적해 온 퀴블러 로스는 이 빛을 '무조건적인 사랑의 빛'이라고 했다. 많은 심령술사들도 그 빛이 자비심 많은 어떤 존재, 즉 신앙 여부에 상관없이 누구에게나 무조건적인 사랑을 보이며, 부정적인 것은 절대로 없는 존재라고 주장한다. 그 빛은 따뜻하고 아름답고 화려하며, 만나는 사람이 누구든지 무조건적으로 그의 일생을 용서한다. 아무리 악한 사람이라도 질책하지 않는다. 이런 사례들을 모아서 그들은 죽음 후에는 밝은 빛을 만나고 천국이 주어진다고 주장한다. 그러나 반대쪽(기독교 계통)에서는 그 빛의 실체는 좋은 것이 아니라 아주 나쁜 성격의 것이라고 주장한다.

그렇다면 그 빛은 어떤 존재인가? 하나님의 아들 예수 그리스도는 "참 빛 곧 세상에 와서 각 사람에게 비추는 빛"(요 1:9)이다. 그러나 타락한 천사 루시퍼(Lucifer)도 '빛'이라는 의미다. 그러므로 대부분의 신학자들은 그 빛이 사탄이거나 빛의 천사를 가장해 많은 사람을 속이는 사탄의 부하일 것이라고 말한다. "사탄도 자기를 광명의 천사로 가장하나니 그러므로 사탄의 일꾼들도 자기를 의의 일꾼으로 가장하는 것이 또한 대단한 일이 아니니라 그들의 마지막은 그 행위대로 되리라"(고후 11:14-15). 이렇게 함으로써 믿지 않는 자들이 구원이 따로 필요 없다고 믿게 하려는 술

책이 숨어 있다는 것이다. 사람들로 하여금 죽은 다음에 심판도 없고, 정죄도 없고, 예수 그리스도를 믿을 필요도 없고, 그러므로 신앙은 필요 없는 것이 된다면 사탄의 술책은 승리를 거두게 되는 것이다. 그러나 뉴에이지 이론가들은 이런 반론에 대하여 답변하지 않는다. 그 대신 좋은 체험을 한 사람들의 경우를 보편화하여, 이 빛의 존재가 무조건적 용서를 베푼다고 주장한다. 그 빛의 존재는 묻기도 전에 자동으로 그 사람의 모든 악행을 사면한다.

그러나 진정한 용서는 언제나 조건적이다. 성경을 보면 "만일 우리가 우리 죄를 자백하면 그는 미쁘시고 의로우사 우리 죄를 사하시며 우리를 모든 불의에서 깨끗하게 하실 것이요"(요일 1:9)라고 말한다. 여기서 보듯이 자백 그 자체에 용서함과 치유가 들어 있다. 그러나 근사체험자들이 만나는 빛의 존재는 모든 것을 무조건 용서한다. 그러므로 그 존재는 의로운 존재라고 말하기 어렵다.

그들이 인정하는 윤회설을 보아도 어떤 사람의 업보는 무조건 사라지지 않는다. 윤회의 개념은 바로 이 업보를 씻어야 하기 때문이라는 생각에서 비롯된 것인데, 그것도 다름 아닌 책임성의 강조라 할 수 있다. 따라서 윤회를 주장하는 사람들에게도 이 무조건 용서한다는 빛의 존재는 용납하기 어렵다. 궁극적으로는 자기 책임이라는 윤리의 근본이 무너지기 때문이다.

더 나아가 뉴에이지 이론가들은 루시퍼를 공공연하게 찬양한다. 신지교(神智教)의 창시자 헬레나 블라바츠키는 "창세기의 사탄이야말로 진짜 창조주요 인류의 은인이자 장차 등장할 영적 인류의 아버지"라고 공공연히 말했다.[131]

대표적인 뉴에이지 운동가인 슈펭글러(Oswald Spengler)도 드러내 놓고 루시퍼를 인정했다.

> 루시퍼는 우리들 각자의 내면에서 활동하여 우리로 하여금 온전함에 이르도록 한다. 이제 새로운 시대를 향해 다가가고 있는 지금(그리고 이 새로운 시대는 온전한 인간의 시대가 될 것인데) 우리 각자는 어떤 식으로든 그 온전함, 내가 '루시퍼 입문'(The Lucifer initiation)이라 이름 붙인 그 상태에 도달할 것이다. 이 루시퍼 입문이란 한 개인이 스스로의 빛과 온전함에 이르기 위해서 반드시 통과해야 하는 문이다. 루시퍼는 우리에게 온전함이라는 최종의 선물을 주기 위해 우리를 찾아온다. 우리가 그 선물을 받아들이기만 한다면 루시퍼도 자유로워질 것이요, 우리도 자유로워질 것이다. 이것이 바로 루시퍼 입문이다. 이미 많은 사람들이 이를 맞이하고 있으며 장차 더 많은 사람들이 맞이하게 될 것이다. 새로운 시대는 오직 이 입문을 거쳐야만 올 것이기 때문이다.[132]

그러므로 선교운동가인 린드(Mary Ann Lind)는 말한다.

> 뉴에이지 운동에 대해 확실하게 말할 수 있는 사실은 뉴에이지 영성이 기독교 신앙과 전혀 맞지 않는다는 것이다. 루시퍼가 천상에서 축출된 이래로 사탄은 창조주께 반역하며 심지어 '지극히 높은 이'와 같아지려는(사 14:14) 계획을 품어 왔다. 그 원칙과 교리들이 성경에 정면으로 위배되기 때문에, 뉴에이지 운동은 '예수 그리스도의 나라를 멸하려는 사탄의 계획을 유지시켜 주는' 중요한 도구 역할을 한다.[133]

# 4장

# 유신론적 죽음이해

## : 유일신을 믿는 자들의 죽음

그날의 저울은 공평하나니
선행으로 저울이 무거운 자가
번성하리라.
저울이 가벼운 자는
알라의 말씀을 거역한 자들로
그들은 자신들의 영혼을 잃게 되리라.

유신론적 죽음이해를 가진 종교는 유대교와 이슬람교 그리고 기독교다. 시간적인 발생 순서는 유대교, 기독교, 이슬람교 순이지만 유사성의 기준으로 유대교와 이슬람교를 먼저 다루고, 기독교를 후에 다루려 한다. 유신론적 종교의 상호관계는 다음과 같다.

**절대자에 관한 차이**

세 종교는 절대자 하나님의 존재를 인정하며, 하나님이 세상을 창조하셨다는 것을 인정한다. 그들은 모두 같은 하나님을 믿는다고 하지만 사실은 똑같은 하나님이 아니다. 이슬람의 '알라'는 성경의(창 1:1)의 '엘로힘'(창조의 하나님)과 동일한 뜻을 가지고 있다. 하지만 이슬람의 '알라'에는 창세기 3장 1절의 '여호와'(구원의 하나님)의 의미를 찾아볼 수 없다. 다시 말하면 이슬람의 알라와 기독교의 하나님이 한 분 하나님이라는 면에서는 동일하지만, 알라와 하나님이 가지고 있는 성품은 이렇게 다르다.

알라는 인격에는 관심을 두지 않고 오로지 복종에만 관심이 있다. 인간이 할 일은 오로지 그의 뜻에 복종하는 것이다. 알라의 전능이 너무나 절대적인 나머지 피조물의 자율적인 행동이 배제되는 것이다. 그러나 기독교에서 하나님은 인격적 존재로서 인간과 교제한다.

이슬람의 하나님은 공평하지 않다. 이슬람교도들은 선행을 하면 알라가 그들의 죄를 용서해 준다고 믿는다. 그러나 용서의 객관적이고 명백한 기준이 없다. 오직 알라의 뜻이다. 유대교의 하나님은 공정하지만 인간과의 거리가 멀다. 율법적으로 접근해야 하는데 율법을 완전히 지키는 것은 불가능하다. 기독교의 하나님은 여호와이며 동시에 아버지이시다. 그 아버지는 공정하고 은혜롭다. 하나님과의 친밀성은 이슬람교, 유대교, 기독교 순으로 커진다.

이슬람에서는 기독교의 삼위일체를 부정한다. "셋이라고 말하지 말라. 그런 말을 그치라. 그것이 너희에게 더 좋을 것이다. 실로 알라는 단 한 분이니 그에게 아들이 있을 수 없음이니라"(수라 4:171). 이슬람교는 알라를 인간에게서 완전히 멀리 떨어진 초월적 존재로 표상하기 때문에 알라를 아버지로서 이해할 수 없으며, 더구나 아버지가 아들을 낳는다는 것은 초월적 존재인 알라에 대한 모독으로 여긴다. 이러한 이슬람의 유일신론 주장은 기독교의 삼위일체론을 극단적으로 반박하고 수정한 것이다.[1] 이슬람교에서는 기독교의 삼위일체를 성부 하나님, 성모 마리아, 성자 예수의 삼신 가족(Dreigötterfamilie)으로 구성되는 다신론이라고 생각한다.[2]

이슬람에서는 모든 사건의 유일한 원인이 알라이며, 인간이 자기 행위의 원인이 될 수 있다는 것을 인정하지 않는다. 무함마드 이전 아랍 사회의 보편적 신앙이던 이 운명론이 무슬림 사회의 사상과 행동을 통제하는 힘이 된 것이다. 이슬람 전문가 사무엘 즈웨머(Samuel M. Zwemer)는 "운명론이 무슬림의 신앙을 지배하고 있다"고 말했다.[3]

그러나 가장 큰 차이점은 예수에 대한 견해다. 이들이 다른 종교가 된 이유는 누구를 통해서 하나님께로 가는가 하는 문제 때문이다. 유대교는 모세가 중재자다. 이슬람교는 무함마드가 중재자다. 기독교는 예수 그리스도가 중재자다. 그러니까 유대교는 모세를 통하여 하나님께 나아가고, 이슬람교는 무함마드를 통하여 하나님께 나아가며, 기독교는 예수 그리스도를 통하여 하나님께 나아간다.

기독교는 예수를 인류를 구원하기 위해서 인간의 몸으로 이 땅에 오신 성자 하나님이라고 믿는 반면, 유대교와 이슬람교는 단지 하나님의 말씀을 전달한 선지자 중 한 사람으로 여긴다. 즉 기독교는 예수의 신성(神性)과 인성(人性)을 모두 믿는 반면, 유대교와 이슬람교는 예수의 신성을 인정하지 않는다.

기독교는 성경에 예언된 메시아가 바로 예수라고 하지만, 유대교는 예수를 신성 모독죄로 십자가에 처형했다. 주위 여러 나라들의 침략과 압제에서 그들을 구원해 줄 막강한 정치적 힘을 가진 메시아를 고대하던 유대인은 초라한 목수의 아들로 태어난 예수가 메시아가 될 수 없다고 생각했던 것이다. 그들은 아직도 메시아가 오기를 기다리고 있다. 이슬람교는 무함마드가 완성된 계시를 전한 가장 위대한 선지자이므로 예수 그리스도는 그보다 못한 선지자 중 하나로만 여긴다.

### 죄에 관한 차이

죄에 대해서 유대교와 이슬람교는 근본적으로 원죄(原罪)의 존재를 부정하며, 따라서 예수가 그리스도라는 것을 인정하지 않는다. 정통 유대교는 아담의 죄악 때문에 죽음이 세상에 나타났음을 인정할 뿐, 아담 이후의 모든 인류가 원죄를 가지고 태어난 것은 아니라고 주장한다. 아담과 하와의 죄는 신(神)의 율법을 위반했을 뿐이다. 따라서 인간이 스스로의 힘으로 신의 율법을 믿고 따르는 것은 곧 하나님에 대한 복종을 의미하고, 마침내 신의 용서를 받아 죽음에서 해방될 수 있다.

이슬람과 유대교는 각각 코란과 구약 성서를 통해 독특한 율법을 형성해 왔고, 지금까지도 그 율법을 매우 중요하게 여기고 있다. 그러나 기독교에서는 율법이 중시되지 않는다. 그것은 다만 예수가 재림하실 때까지 후견인 역할을 하는 것으로 여겨진다(갈 4:1-4). 오히려 율법에 속해 있는 자는 노예 신분이며, 자유로운 하나님의 자녀가 되지 못한다고 말한다. 바울은 율법에 속한 자는 하나님의 언약의 상속자가 아니라고 하였다(롬 4:14). 그렇다고 기독교인들에게 율법이 자유를 속박하는 감옥의 역할만을 하는 것은 아니다. 로마서 3장 20절에 의하면 "율법으로는 죄를 깨달"으며, 로마서 7장 6절에 따르면 "이제는 우리가 얽매였던 것에 대하여 죽었으므로 율법에서 벗어났다."

이렇게 기독교인은 율법의 낡은 것으로 살지 않고, 거듭난 영의 새로운 것으로 살기를 소망한다. 이러한 관점에서 기독교인은 혈연을 이유로 이스마엘의 자손(아랍인)은 구원받지 못하고, 이삭의 자손(유대인)은 구원받게 된다(갈 4:21-31)는 식의 해석을 하지 않는다.

세 종교는 히브리 성서를 경전으로 공유한다. 그러나 여기에 다른 부분들이 추가된다. 유대교에서는 타나크(Tanakh)라고 하는 히브리 성서와 이에 대한 해석인 탈무드가 중요하다. 이슬람교는 히브리 성서와 코란을 경전으로 한다. 기독교는 히브리 성서를 구약 성경이라고 부르며, 여기에 신약 성경이 추가된다.

### 경전에 관한 차이

경전과 관련해 기독교는 구약 성경과 신약 성경을 모두 하나님의 계시로 믿는다. 반면, 유대교는 구약 성경만 믿는다. 특히 처음 다섯 권인 모세오경을 중시하며, 예수에 대해서 기록된 신약 성경은 믿지 않는다. 이슬람교는 구약과 신약 성경을 모두 사용하고는 있으나 무함마드가 하나님에게서 계시받은 것을 기록하였다는 코란을 더 권위 있는 경전으로 여긴다. 성경은 시간이 지나면서 변질되었지만, 그보다 나중에 만들어진 코란은 완전하게 보존된 하나님의 계시라고 믿기 때문이다. 그래서 무슬림은 성경과 코란의 내용이 서로 다를 경우, 언제나 코란이 옳다고 주장한다.

무함마드에서 시작된 이슬람은 코란의 율법으로 통치되는 종교적이고 정치적인 성격이 강한 집단으로 형성되었다. 마찬가지로 하나님이 시내산에서 주셨던 십계명의 율법에 따라 이스라엘 백성을 이끌던 모세의 유대교 공동체 또한 종교적이고 정치적인 성격이 뚜렷하다. 이 두 종교는 이 땅 위에 그들의 국가를 건설하는 것을 목표로 한다. 반면 기독교는 하나님의 나라는 이 세상에 속한 것이 아니라(눅 20:25)는 입장에서 정치와 종교를 분리하고 있다.

창조된 세상은 종말을 향하여 나아가고 있다는 직선적인 역사관을 갖는다. 무신론적 입장에서는 인간이 기계이거나 자연의 부속물이다. 범신론적 입장에서 보면 인간은 신이다. 그러나 유신론적 입장에서 인간은 하나님의 피조물이며, 하나님 앞에서 응답해야 하는 청지기적 존재이며, 세상을 다스리는 책임을 맡았다(창 1:28). 이것이 유신론적 인간 이해다.

여기서는 아브라함이라고 하는 공통의 조상을 인정한다. 이슬람교에서 아브라함은 그들의 위대한 조상이다. 유대교에서 아브라함은 위대한 조상일 뿐 아니라, 그들이 하나님께 특별히 선택된 선민의 근거가 된다. 기독교에서 아브라함은 믿음의 조상이다. 그 후손이 하늘의 별이나 바다의 모래처럼 많게 된다(창 22:17)는 것은 육체의 후손을 의미하는 것이 아니라 아브라함이 가졌던 하나님에 대한 믿음을 가진, 예수 그리스도의 십자가 죽음과 부활에 대한 믿음을 가진 영적인 이스라엘을 의미한다(갈 3:6-9).

그러나 그들의 뿌리 체험은 조금씩 다르다. 이슬람교의 뿌리

체험은 아브라함의 아들 이스마엘과 그 어머니 하갈이 이삭으로 인하여 집에서 내쫓겨 광야에서 방황하다 울었을 때 하나님이 그 소리를 들은 사건(창 21:14-18)이다. 그러나 유대교의 뿌리 체험은 출애굽 사건(출 12:31-42)이다. 그들은 출애굽 이후 광야 40년을 지내면서 모세를 통하여 하나님의 율법을 받고, 이스라엘 국가를 건설한다. 기독교의 뿌리 체험은 오순절 성령 강림 사건(행 2:1-13)이다. 십자가에 못 박혀 죽은 예수가 부활했다는 것이 교회의 메시지다(행 2:22-41). 기독교에서 출애굽 사건은 이스라엘 백성의 역사적 사건일 뿐 아니라, 한 인간이 영적으로 하나님의 백성으로 다시 태어나는 상징이 된다(고전 10:1-4).

### 구원에 관한 차이

또 다른 차이점은 구원에 대한 견해다. 기독교는 믿음에 의한 구원을, 유대교와 이슬람교는 행위에 의한 구원을 주장한다. 기독교는 우리의 행위로는 구원에 이를 수가 없고, 오로지 우리의 죄를 대신해서 희생당하신 예수의 은혜를 믿음으로써 구원을 얻게 된다고 믿는 데 비해서, 유대교는 이 세상에서 사는 동안에 얼마나 거룩한 태도로 행동해 왔느냐에 따라서 내세(來世)가 결정된다고 믿는다. 유대인과 무슬림이 율법적으로 철저하게 종교적 의식과 의무를 이행하려고 하는 것은 이처럼 그들이 행위에 의해서 구원을 얻을 수 있다고 믿기 때문이다.

기독교에서 말하는 이스라엘의 회복이란 이스라엘 국가의 정치적인 회복을 의미하는 것이 아니다. 왜냐하면 진정한 자유란 정치적인 부자유에서의 자유보다 더 근본적인 인간의 죄와 죽음의 권세에서의 자유이기 때문이다. 이러한 영적 부자유에서 인간을 진정으로 자유롭게 하기 위하여 하나님은 메시아를 약속하셨다.[4] 구약에서도 메시아는 고난의 종으로 불렸다(사 53장). 그런데 이스라엘은 왜 그것을 몰랐을까? 이스라엘이 나라 형편이 어려워지자 정치적 메시아를 더욱 기대하게 되었고, 더 중요한 것은 예언의 진정한 의미를 모르고 문자에만 집착했기 때문이다.[5]

그러나 진정한 메시아인 예수는 약속대로 오셨고, 약속대로 죽으셨고, 약속대로 부활하셔서(고전 15:3-4) 인간을 죄와 악과 사망의 권세에서 자유롭게 했다. 이제 예수 그리스도 안에서 모든 인류는 하나님께로 가는 길을 얻게 되었다. 그래서 예수는 "내가 곧 길이요 진리요 생명이니"(요 14:6)라고 했다.

'유신론적 죽음이해'란 죽음 이후에 부활하여 인격적인 하나님 앞에 서는 것이다. 그러나 그 안에서도 유대교, 이슬람교, 기독교의 죽음이해는 상당히 다르다.

# 1. 유대교의 죽음이해

## 핵심 교리 : 토라와 십계명

유대교는 기원전 5세기경부터 토라(Torah) 중심의 종교관을 체계화하여 발전한 종교다. 초기 유대교 전승에 의하면, 토라는 모세가 시내산에서 하나님께 받은 모세오경을 가리키는 경우가 많으며 '하나님의 가르침' 혹은 '하나님의 계시'를 뜻하는 경우도 흔하다. 또한 '법규, 규범, 도리' 등을 뜻하기도 한다. 토라는 법 조항뿐만 아니라 사회 규범과 종교관습 등을 포괄하는 총칭으로 하나님이 이스라엘 백성에게 준 가르침(계시)이다. 따라서 토라를 '율법'이라고 번역하는 것보다 히브리어 고유명사 '토라'로 표기하는 것이 바람직하다. 유대인의 관념에서 토라는 고유명사다. 유대교의 핵심 교리는 십계명이다.

## 세상과 인간 : 피조물과 청지기

하나님이 세상과 인간을 무에서 창조하셨다. 그러므로 세상과 인간은 피조물이며, 인간은 하나님 앞에 청지기로서 세상을 다스리는 권세를 받았다. 인간은 흙으로 지어졌으며 하나님의 형상을 가지고 있다.

## 죽음이란 무엇인가 : 자연적 죽음에서 죄의 결과로

사람은 왜 죽는가? 여기에 대해 성경은 두 가지 이유를 말한다. 첫째는 하나님이 사람을 흙으로 만들었기 때문에 흙으로 다시 돌아간다는 설명이며(창 2:7, 3:19; 욥 10:9), 다른 하나는 에덴동산에서 아담과 하와가 지은 죄 때문이라는 것이다.[6] 죽음은 인간이 경험하는 당연한 결과다. 유대교 현자들도 인간의 죽음을 하나님의 선(善)에 대한 도전으로 생각하지 않았다. 오히려 인간이 죽음을 맞기 위해 가져야 하는 자세를 설명하려고 애쓴다.

창세기 미드라쉬(Midrash: 성서 해석서)에서 죽음에 대한 단적인 예를 볼 수 있다(창세기 미드라쉬 랍바 ix, 1). 메이르 랍비의 성서에 "보아라, 매우 좋다"(창 1:31)라고 기록되어 있다. "보아라, 죽음은 좋다."

창세기 1장에 전해진 창조 이야기 중 다른 날에는 "좋다"라고 하나님이 말씀하시는데 왜 이 경우에는 "매우 좋다"라고 말씀하시는가? 사람을 만드시고 그에게 양식을 준비하시는 하나님은 '매우(메오드: מְאֹד 좋으신 분이지만 사람에게 '죽음(무트: מוּת)'을 정해 주셨다. 왜냐하면 "참으로(하나님의)

사랑은 죽음처럼 강하다"(아 8:6)고 말씀하기 때문이다. 여기에서 '죽음처럼'의 문구를 '매우'라는 뜻으로 해석하는 것이다. 따라서 '매우 좋다'(창 1:31)는 것은 '죽음처럼 좋다' 다시 말해서 '죽음은 좋다'로 해석되었다.[7]

유대교의 죽음이해는 성서 전체에 걸쳐서 중요한 비중을 차지하는 동시에 그 자체에 함축된 의미를 많이 지니고 있으며 일관된 죽음에 대한 견해보다는 시대에 따라서 조금 다른 입장을 보이고 있다.[8]

### 전인적이며 자연스러운 죽음

성서에 의하면 인간은 영혼과 육체의 통전적 전체성을 가진 존재다. 희랍철학에서 강조하는 영혼과 육체의 이분법적 인간 이해는 성서에 없다. 성서에서 인간은 하나님이 창조한, 창조자의 의지에 따라 살아야 할 통일적 존재(einheitliches Wesen)다. 육체와 영혼은 본래 인간의 한 부분을 가리키는 것이 아니라, 특수한 관점에 따라 파악되는 인간 존재의 측면들을 가리킨다. 이런 중첩되는 부분에 대해 볼프(H. W. Wolff)는 '입체 기하학적 사고'(stereometric thinking)라는 개념을 사용했다.

육 혹은 육체(바사르basar)는 하나님이 아닌 인간 존재의 허무성과 사멸성, 연약함과 일시성 안에 있는 인간을 나타낸다. 인간은 육을 가진 것이 아니라 육이다. 혼(네페쉬nefesh)은 육체와 결합되어 있는 인간의 삶, 그의 영적신체적 생동성(geistig-leibliche vitalitat)을 가리킨다. 인간은 영혼을 가진 것이 아니라, '살아 있는 영혼'이다. 인간의 영(루아흐ruah)은 인간의 생명이 하나님에 의해 선사되었으며, 하나님이 주관하는 것임을 가리킨다. 하나님이 그의 영을 불어넣으므로 인간은 살아 움직이게 되며, 하나님이 그의 생명의 영을 거두시므로 인간은 죽게 된다(창 2:7; 시 104:29-30). 인간의 심장 혹은 마음은 이웃과 하나님과의 관계 속에 있는 인간의 인격적 중심, 곧 하나님과 이웃에 대한 인격적 결단과 책임의 주체로서의 인간을 가리킨다.[9]

따라서 성서에 의하면 인간의 죽음은 인간의 한 부분, 곧 육의 죽음이 아니라 전체적 존재로서의 인간의 죽음을 뜻한다. 죽음은 육에게만 일어나는 것이 아니라, 영과 육을 포함한 인간 존재 전체에 일어난다. 물론 이것은 인간의 존재가 죽음과 함께 총체적으로 없어져 버린다는 것을 뜻하지는 않는다.

죽음은 인간에게 '자연적 요소'로 파악된다. 인간은 '흙에서 왔으니 흙으로 돌아가야 한다'거나 인간은 '하나님께로부터 왔다가 다시 하나님께 돌아가야 한다'는 죽음의 자연성을 의미한다. J기자[10]에 의하면 인간은 흙으로 창조되었다(창 2:7, 3:19, 23). 흙 속에서 살다가 다시 흙으로 돌아가는 존재임을 말하고 있다(창 3:19). 아담인 인간은 처음부터 죽음에 속한 자요(고전 15:44-49), 죽음은 인간에게 창조부터 주어진 것이다. 이렇게 태초부터 인간은 죽음을 향한 존재로 창조되었다.[11] 따라서 죽음은 하나님의 선한 창조의 한 부분으로 이해되어야 하고, 인간의 한계로서의 죽음은 하나님께서 뜻하신 인간 본성으로 이해해야 한다는 것이다.

죽음은 유대인들에게 인생 여정 마지막에 겪게 되는 필연적 과정으로 이해되었다. 인간은 태어나면서부터 죽음의 씨앗을 몸속에 지닌 채 한평생 살아가며, 이는 어느 누구도 피할 수 없다. 일생 동안 생존을 위해 싸우지만 결국 한 줌의 흙이 되고 마는 것이다(욥 10:9; 시 90:3; 전 12:7). 그러므로 성서는 모든 사람 앞에 놓인 죽음의 문제를 회피하지 않고 받아들인다. 그러나 사후에 무엇이 일어나는가는 살아 있는 자의 이해를 벗어나기 때문에 죽음에 대한 첫인상은 비(非)실존의 양상으로 묘사된다.

그러므로 성서적 신앙으로 볼 때 죽음은 완전한 소멸이 아니다. 비록 죽음이 개인에 따라 서로 다른 인상으로 다가오기도 하지만, 죽음이 어두운 표상으로서가 아니라 장수하여 노년에 죽은 경우 적극적으로 해석되기도 한다. 따라서 천수를 누리다가 노년기에 맞게 되는 자연적 죽음은 하나님이 주시는 이상적인 죽음으로 생각되었다(창 25:8, 35:29). 그렇더라도 죽음이라는 불가피한 숙명 앞에서 느껴지는 삶의 무상함은 여전하다. 심지어 왕이라 할지라도 마지막 운명은 다 같기에(시 49:8) 인생은 한낱 그림자요, 하나의 숨결, 허무일 따름이다(시 89:47; 욥 14:1-12).

또한 이스라엘의 신앙은 죽음에 직면하여 다음과 같은 기본 확신을 가지고 있었다. 하나님만이 영원히 살아 계신다. 그분만이 절대적으로 살아 계신 유일한 존재다. 그분만이 모든 생명의 원천이시다(시 36:9). 그러므로 생명 없는 흙에 생명의 입김을 불어넣음으로 살아 있는 인간을 만드신 권능의 하나님은 언제라도 당신이 원하시기만 하면 이 생명의 입김을 당신의 자유재량에 따라 거두어 가실 수도 있는 분이라는 확신을 가지고 있었다(욥 1:21). 따라서 인간은 어떤 경우라도, 비록 죽음까지도 하나님의 뜻에 맡기는 순종으로 받아들여야 한다.

이런 확신 때문에 성서의 사람들은 죽음을 담담하게 받아들였다(시 89:48). 죽음을 목전에 두고 남기는 유언에서도 죽음에 대해 전혀 '이상한 것'을 느끼지 않고 있다.[12] 이런 죽음은 성취된 인간의 마무리로서 누구나 받아들여야 할 죽음이지 특정한 인간의 죽음이 아니다. 이삭, 다윗, 욥 모두 인생에 만족한 죽음을 맞이했다(창 35:29; 대상 29:28; 욥 42:16-17). 그들에게 죽음은 그저 어두운 결말이 아니라 평화스러운 성취였다.[13]

그렇다면 왜 죽는가? 성경은 의로운 사람들의 죽음을 쉬는 것(안식)으로 비유한다. 의로운 사람이 토라를 배우고 악한 성향을 누르며 일생을 살다가 죽게 되면 그러한 싸움에서 쉬게 된다는 말이다. 안식의 관점에서 보면 악한 자의 죽음으로 하나님은 쉴 수 있으며, 의로운 자는 자신의 죽음으로 악한 성향과의 싸움에서 해방되는 것이다. 랍비 요하난은 의로운 자는 죽음으로 안식을 얻게 된다고 욥기를 인용하며 악한 자와 의로운 자의 죽음을 해석했다. 그는 이렇게 말했다.

> "무엇 때문에 악한 자들에게 죽음의 판결이 내려졌느냐? 악한 자들은 사는 동안 항상 찬미받으시는 거룩한 분을 화나게 하였다" 이렇게 쓰여 있다 : "너희는 너희 말로 주님을 지치게 하였다"(말 2:17). 그러나 그들이 죽으면 찬미받으시는 거룩한 분을 더 이상 화나게 하지 않는다. 이렇게 말한다 : "거기에서 악한 자들이 불화를 멈추었다"(욥 3:17). 무엇 때문에 의로운 자들에게 죽음의 판결이 내려졌느냐? 의로운 자들은 살아 있는 동안 항상 악한 성향과 싸웠다. 그러나 그들이 죽으면 그들은 쉰다. 그래서 이렇게 쓰여 있다 : "힘 다한 이들은 거기에서 쉰다"(욥 3:17). (그들은 말한다) "우리는 할 만큼 다했다"(창세기 랍바 ix, 5).[14]

### 죄의 결과로서의 죽음

인류 죽음의 기원은 에덴동산 이야기에서 비롯된다. 죽음은 최초의 인간 아담과 하와가 선악과를 따먹었을 때 징벌로 나온다. "선악을 알게 하는 나무의 열매는 먹지 말라 네가 먹는 날에는 반드시 죽으리라 하시니라"(창 2:17). 하나님의 처벌은 실제로 죽음 대신에 죽을 때까지 노역을 하는 것으로 바뀌었다. 결국 죽음은 인간의 죄 때문에 나타나게 되었다. "얼굴에 땀을 흘려야 먹을 것을 먹으리니 네가 그것에서 취함을 입었음이라 너는 흙이니 흙으로 돌아갈 것이니라 하시니라"(창 3:19). 죽음의 기원이 하나님의 명령을 불순종하고 금령을 어기는 데 있다는 것이다. 이것은 바로 죽음이 여호와 하나님과의 관계에서 불순종의 결과로 나오게 된 것을 의미한다.

창세기 2장 17절에서 죽음은 분명히 선악을 알게 하는 열매를 따 먹은 것에 대한 징벌로 규정된다. 하나님은 인간을 선하게 창조하셨으나 인간은 하나님과의 관계를 단절함으로써 죄를 짓고 심판을 받게 되었으며, 그 결과 죽음을 맞이할 운명에 처하게 되었다. 달리 말해 아담의 타락 이후 죽음은 자연적인 사건이 아니라 저주의 사건으로 이해된 것이다.[15] 그러므로 죄의 극복이 곧 죽음의 극복으로 이해된다.

아담과 하와가 에덴동산에서 죄를 짓자 하나님은 죽음의 천사를 보내 이 세상에서 죄와 악을 일으키는 무리를 다스리게 하셨다(출애굽기 랍바 30:3). 그러나 이스라엘이 죽음의 천사로부터 자유로워지기(해방되기) 위해 모세는 시내산에서 하나님에게서 토라를 받았다. 이스라엘 백성은 하나님의 손가락으로 새긴(하루트) 토라를 받음으로 생명의 길을 추구하고 죽음의 굴레에서 해방(헤루트)될 수 있는 기회를 얻었다. 그러나 금송아지 사건으로 사람들은 에덴동산에서의 아담처럼 다시 죽음의 심판을 피할 수 없게 되었다(출애굽기 랍바 32:1). 사람은 죄를 지어 지옥행의 죽음을 피하기 어렵다는 것이 랍비들의 지론이다. 바빌로니아 탈무드에 편집된 다음과 같은 단락은 유대교 문헌에 흔히 인용된다(샤바트 55b).

아미 랍비는 말했다.

"죄 없이 죽음이 없으며 잘못 없이 고난이 없다." 이렇게 쓰여 있다 : "죄 지은 사람 그는 죽는다. 아들은 아버지의 잘못을 짊어지지 않고 아버지는 아들의 잘못을 짊어지지 않는다. 의로운 자의 정의는 그에게 있게 되고 악한 자의 악도 그에게 있게 된다"(겔 18:20). 죄악 없이 고난이 없다. 이렇게 쓰여 있다 : "나는 지팡이로 그들의 죄악을 벌하고 역병으로 그들의 잘못을 벌하리로다"(시 89:32). 그들은 논박했다. 시중드는 천사들이 찬미받으시는 거룩하신 분 앞에서 말했다 : "세상의 주군이시여, 무슨 이유로 첫 번째 사람(아담)을 죽음으로 벌을 내리셨습니까?" 그분은 그들에게 말했다. "나는 그에게 오직 한 가지 단순한 계명을 주었으나 그는 그것을 어겼다." 그들은 그분에게 말했다. "그러나 모든 토라를 지켰던 모세와 아론도 죽지 않았습니까?" 그분은 그들에게 말했다. "모두 같은 운명이다. 의로운 자에게나 악한 자에게나"(전 9:2).[16]

아담의 죄 때문에 아담 이후의 세대에 죽음의 심판이 있는 것은 아니라고 랍비들은 말한다. 오히려 다음 세대의 사람들은 스스로 신들처럼 되려고 하였기 때문에 아담에게 죽음의 벌을 주었다고 죽음의 기원을 해석한다(창세기 랍바 ix, 5).

## 죽음 이후 : 스올에서 부활의 소망으로

### 스올

유대교에서는 사람이 죽으면 가는 곳을 스올(Scheol)[17]이라고 한다. 사람은 죽으면 무덤에 묻힌다. 그러나 동시에 죽은 자들의 영역, 곧 성서에서 가장 흔히 언급되는 스올로 내려간다고 생각했다(창 37:35).

스올이란 '음부'라고 불리는 곳으로, 70인역에서는 '하데스'(Hades)라고도 하는데, 먼저 세상을 떠난 조상들이 거하는 곳(창 25:8)으로 혹은 무덤(시 30:3)으로 묘사되곤 한다. 그리고 하늘이 높은 곳에 있다면, 스올은 세계의 아주 깊은 곳에 있는 것으로 생각된다(시 88:4-6).[18]

이와 관련하여 연세대 김균진 교수는 스올 혹은 음부란 공간적이고 지리적인 어느 위치를 말하는 것이라기보다는 오히려 '죽음의 세력'으로 보는 것이 타당하다고 주장한다.

왜냐하면 죽음의 세계는 살아 있는 모든 것을 삼켜 버리는 큰 파도와 물결의 형태로 인간의 삶 속에 공격적이고 파괴적인 세력으로서 현존하기 때문이다. 이러한 그의 지적은 죽음의 세력이 현실 속에 현존한다는 점과 그 죽음의 세력에 대한 저항을 성서의 신앙으로 적절히 지적한 점에서 유익하다. 그런데 그것이 성서 곳곳에서 언급된 열조와 죽은 자들이 잠자는 곳(왕상 2:6)으로 묘사되고 있다는 점을 간과할 수는 없다. 따라서 스올이 절대적 공간을 의미하는 것이 아니라 할지라도 죽은 자들이 머무는 히브리적 내세의 개념으로 발전되었다고 이해할 수 있을 것이다.

버크(Shannon L. Burkes)는 이 스올은 우울함, 침묵, 망각, 어두움의 장소라고 말한다.[19] 버크는 히브리 성서의 죽음(인간의 덧없음 : ephemerality)에 대하여 먼저 언급하면서(시 39:4-6, 90:3-6; 욥 7:9-10), 스올은 인간이 무엇을 할 수 있고 없는 상태라고 묘사한다(시 30:9, 88:10-12; 욥 10:20-22). 그곳은 찬미할 수 없는 곳이다. 네페쉬나 루아흐, 영(spirit)이 있지 않은 곳으로 스올에 생존하는 사람은 영이 아니라 나약하고 깨어지기 쉬운 자신의 그림자라고 본다.

그러나 스올이 곧 망각의 상태는 아니다. 거기에서는 생명과 하나님에게서 비참하게 분리된, 기억처럼 흐릿한 그림자가 존속된다. 따라서 사울이 죽은 사무엘의 충고를 필요로 했을 때, (자신이 당시 제정한 법과는 반대로) 스올에서 사무엘의 그림자를 불러내는 '엔돌의 여자 무당'을 찾아갔다. 무당은 사무엘을 그의 외모가 아니라 그가 입고 있는 예언자의 외투로 식별하였다.

사울은 그녀에게 무엇을 볼 수 있느냐고 물었다. 여인이 사울에게 대답했다. "내가 영이 땅에서 올라오는 것을 보았나이다 하는지라 사울이 그에게 이르되 그의 모양이 어떠하냐 하니 그가 이르되 한 노인이 올라오는데 그가 겉옷을 입었나이다 하더라 사울이 그가 사무엘인 줄 알고 그의 얼굴을 땅에 대고 절하니라"(삼상 28:13-14).

따라서 죽은 사람도 식별할 수 있다. '백성을 억누르고, 억압을 그칠 줄 모르던' 폭군인 바빌론왕이 스올로 내던져질 때, 그는 식별될 수 있다. 그렇지만 다른 망령들은 그가 자기들처럼 무력해졌다고 조롱한다. "너도 우리같이 연약하게 되었느냐 너도 우리같이 되었느냐 하리로다 네 영화가 스올에 떨어졌음이여 네 비파 소리까지로다 구더기가 네 아래에 깔림이여 지렁이가 너를 덮었도다"(사 14:10-11).

스올을 고통의 장소인 후대의 지옥 관념과 동등하게 취급해서는 안 된다. 그러나 가능한 한 피해야 할 장소인 것은 분명하다. 초기 유대인들은 하나님께 계속해서 스올에서 구원해 달라고 요청한다. 스올의 고통은 하나님과의 모든 관계를 갈라놓는다는 점에 있었다. "여호와여 돌아와 나의 영혼을 건지시며 주의 사랑으로 나를 구원하소서 사망 중에서는 주를 기억하는 일이 없사오니 스올에서 주께 감사할 자 누구리이까"(시 6:4-5).

계속 반복되는 시편의 탄원은 어떤 낙원으로 들어가기 위한 것이 아니다. 오히려 스올로 들어가는 것이 가능한 한 연기될 수 있기를 탄원한다. "여호와여 나의 기도를 들으시며 나의 부르짖음에 귀를 기울이소서 내가 눈물 흘릴 때에 잠잠하지 마옵소서 나는 주와 함께 있는 나그네이며 나의 모든 조상들처럼 떠도나이다 주는 나를 용서하사 내가 떠나 없어지기 전에 나의 건강을 회복시키소서"(시 39:12-13).

유대인은 자신의 하찮은 생명이 간과되고 잊히는 것을, 그래서 그토록 음산하고 버림받은 조건 속으로 들어가는 순간을 연기할 수 있기를 희망했다.

하나님에게 드릴 수 있는 유일한 보답은 그분이 지상에서 생명의 기간을 연장해 주는 동안 그분을 계속해서 찬양하는 것이다. 이 모든 것은 죽을병에서 회복한 히스기야의 노래에서 선명하게 나타난다. 그것은 기도와 찬미로 가득 차 있지만, 영원한 생명에 대한 것은 아니다(사 38:10-20; 시 102, 116편 참조).

죽은 자들의 영역을 흑암의 장소로 보는 성서의 개념에 따르면, 죽은 자들은 사람들과 하나님에게서 격리되어 하나님을 찬양하지도 못하며, 아무 일도 못하는 어두운 생활을 한다. 이사야 14장 9-20절, 에스겔 32장 17-32절, 시편 88편, 욥기 3장 13-19절, 10장 21-22절, 14장 12절, 전도서 9장 5, 10절 같은 구절에서 이 영역을 생생하게 묘사한다. 여기서는 이 영역의 성격을 논하려는 것이 아니라 단지 죽은 자들이 매우 미약하고 축소된 상태이기는 하지만 계속 스올에서 존재하는 것으로 믿었다

는 사실을 보려는 것이다.[20]

특히 죽은 자들의 거처로 인식된 스올과 그곳에서의 존재 방식에 대한 관심은 죽은 자의 지위에 관하여 보다 큰 관심을 불러일으켰다. 사람들은 죽음을 여전히 하나님의 섭리로 돌리면서도, 삶이 너무나도 짧게 느껴지고 하나님과의 관계가 끝나는 것으로 인정했기 때문에 죽음을 두려워했다. 그전에는 살아 있는 사람들의 땅만이 하나님의 세력 범위라는 데 만족하고 있었던 것으로 보인다.[21]

죽음에 대한 두려움은 특히 이스라엘의 '계약 공동체' 이해에서 온 것이다. 즉 야훼께서 이스라엘을 선택하였고, 애굽의 속박에서 그들을 구원하였으며, 그들을 거룩한 백성으로 만들었기 때문에 삶의 의미와 가치가 있다. 따라서 그들을 야훼와 맺은 계약 공동체와 야훼의 관심에서 멀어지게 하는 죽음의 '유한성'에 대해 탄식하는 것은 당연했다(시 88:3-5;10-12; 사 38:18-19).

여기서 주목해야 할 것은 탄식의 내용이 '유한성'에 대한 것이라든지 '죽음으로 없어지게 될 자신'에 대한 것이 아니라, '관계성의 상실' 즉 야훼 하나님을 섬기도록 부름 받은 공동체 및 하나님과의 관계 상실이 탄식의 대상이 되고 있다는 사실이다. 학자들 중에는 하나님과 지속적인 관계를 맺기 원하는 이스라엘 민족의 열망이 '사후의 삶'에 대한 사유를 발전시키는 기반이 되었다고 주장하기도 한다.[22]

하나님에 대한 당연한 신뢰는 죽음 이후의 보상을 위한 것이 아니다. 하나님의 지속적인 실재가 하나님이 선택한 민족의 회복을 보증한다는 것은 분명하다. "예루살렘에 대하여는 이르기를 거기에 사람이 살리라 하며 유다 성읍들에 대하여는 중건될 것이라 내가 그 황폐한 곳들을 복구시키리라"(사 44:26). 그러나 이러한 기본적인 신뢰에도 불구하고, 이에 필적하는 죽음 이후 개인들의 회복은 나타나지 않는다. 단지 민족적인 연속성과 자기 자손을 통한 연속성만이 있을 수 있다. 이러한 생각은 과부가 아직 자식이 없다면 죽은 남편의 형제와 결혼하고, 첫아들을 죽은 형제의 이름을 따서 명명할 것을 요구하는 신명기 율법(신 25:5-6)에서도 나타난다. 그러나 개인에게는 그(녀)가 죽음 이후에 하나님과 함께 행복하게 살아갈 것이라는 약속이나 보상은 제시되지 않는다.

이스라엘과 그 신앙이 형성되던 성서 시대 전체에 걸쳐서, 어떤 것도 죽음 이후에는 존재할 수 없다는 엄격히 사실적인 인정만 나타난다. 어떤 것도 하나님과의 관계성과 비교될 수 없었다. 결과적으로 희망하거나 간구할 수 있는 최고의 것은, 가능한 한 하나님과의 관계 파기가 뒤로 미루어지는 것이다. 따라서 성서 시대의 죽음 탐구는 각각의 개인들이 죽지 않고 하나님과 함께한다는 보상을 추구하지 않는다. 오히려 하나님과 함께하는 가운데 질서와 안정을 지속시킬 수 있을지를 탐구한다.

포로기 이후부터는 이전 단계와는 전혀 다른 반응이 나타난다. 죽은 자는 더 이상 이름 없는 자로 취급받지 않는다. 또한 죽은 자의 거처에 사는 이들의 비참함에 대한 언급도 더 이상 찾아볼 수 없다. 그 대신에 죽은 자를 잠자는 상태로 묘사하기 시작한다. 잠자는 상태라는 이미지는 죽음의 공포를 격감시켰으며, 마치 꿈처럼 하나님과 보다 친밀하게 교제하는 계기로 생각될 수 있었다. 이와 같이 죽음을 잠자는 상태로 인식했던 사상이 발전하여 다니엘서 12장 2절에 이르러서는 죽은 자들의 잠자는 상태에 대한 언급은 자연스럽게 부활에 대한 언급으로 바뀌어 갔다.[23]

## 부활

만약 죽음 이후에 하나님과 함께하는 바람직한 삶이 존재하지 않는다면, 그리고 만약 우리가 의롭건 그렇지 않건 간에 마찬가지로 스올이라는 동일한 음산한 상태로 가게 된다면, 왜 의로운 사람들이 이승에서 아무런 보상을 받지 못하는 일이 빈번히 일어나는가? 결국 이승 너머에 어떠한 보상도 존재하지 않는다면, 만약 궁극적인 보상이 없다면, 의롭게 되는 것의 이점은 무엇인가? 이 문제는 마카비 혁명에서 극적으로 부각되었다.

셀류쿠스왕 안티오쿠스 에피파네스(Antiochus Epiphanes)의 핍박, 그 당시 주변 국가들의 종말론, 그중에서도 특별히 페르시아 종말론의 영향도 고려해야 한다. 페르시아의 종교는 부활 및 죽은 자에 대한 심판을 내포하는 철저히 우주적인 이원론적 성격을 가지고 있었는데, 이런 외적인 영향으로 이스라엘 민족은 자신들의 고유한 신앙과 사상을 더욱 명료하게, 동시에 보다 확대시켜 나갈 수 있었다.[24]

거기서 셀류쿠스인들에게 대적하여 학살될 위험이 가장 높은 사람은 의로운 사람들이었다. 만약 의로운 자들이 하나님의 계명을 지키려고 노력하는 자들로 정의된다면, 그들은 토라와 배치되는 이방인들의 명령을 거부한 자들이다.

지혜서에서 표현하듯이 "의로운 자들의 영혼은 하나님의 손에 있으니, 어떠한 고통도 그들을 건드리지 못할 것이다. 어리석은 자들의 눈에는 그들이 죽은 것같이 보이겠지만 그들은 평화를 누리고 있다"(지혜서 3:1)는 믿음이 형성되기 시작한 것은 이 무렵, 혹은 바로 그 직전이다. 율법을 명백히 지킴에도 불구하고 죽음에서 구출되지 못한 사람들인 순교

자의 문제는 죽음 이후 하나님이 생명을 회복시키신다는 믿음이 커지도록 하는 분명한 구심점이었다.

그러므로 마카비(Judas Maccabeus) 시대[25]에는 비록 모든 사람이 널리 믿은 것은 아니지만 하나님이 그의 충성스러운 자들의 생명을 회복시킬 가능성이 자리 잡았다. 마카비 혁명이 일어나기 얼마 전에 쓰인 집회서에는 징벌이 이승에서 일어나고(집회서 3:26, 9:12, 12:1-7), 반대로 의인들은 지금 여기서 보상을 받으며(집회서 2:10 이하), 특히 스올로부터 지켜진다(집회서 51:6 이하)는 관점을 반복한다.

부활의 소망은 배교 행위를 완강하게 거부하는 의로운 자들에게 약속된 것으로 명백하게 제시되기 시작했다. 이 부활의 소망은 계속해서 순교를 당하는 자들을 위한 만족할 만한 보응이었다(마카비2서 7:10-11, 23). 이때 죽음은 피조 질서의 한 자연적인 부분이 아니라, 하나의 부정적인 존재론적 지위를 갖게 된다. 몸의 부활에 대한 소망은 옛 세대를 통치하는 죽음의 세력을 물리친다는 확신이다. 새 세대는 죽음의 멸망에 의해서 특징지어질 것인데 믿음 안에서 죽은 자들의 몸이 영광의 몸으로 변형될 때가 바로 부활의 때이다(바룩2서 51).

다윗 왕권이 시작된 후, 기름 부음 받은 자(ha Mashiach)에게 집중된 희망이 현존하는 다윗의 후손에서 미래의 인물에게로 옮겨졌을 때, 약속은 더욱 상세해지고 환상적으로 되었다. 변화는 바빌론 포로기(기원전 6세기) 때, 그리고 그 이후에 일어났으며, 메시아(혹은 메시아들)에게 집중된 희망은 랍비 시대(대략 기원후 7세기 무렵까지)를 거치면서 대단히 다양해졌다. 그러나 일반적 믿음에서 메시아 시대는 하나님의 통치가 실행되고 인정되는 평화와 번영의 시기로 여겨진다. 이것은 이스라엘의 회복이며 하나님이 주도적으로 활동하신 결과다. 그러면 하나님이 약속한 회복 활동에 하나님께 충실한 성도들의 재창조를 포함시키거나, 이전에 신앙을 지켰던 사람들의 흩어진 잔해에 생명을(숨과 피를) 되돌려서 안 될 까닭은 무엇인가?[26] 후기 성서 시대에는 이러한 방식으로 희망이 펼쳐지기 시작했다. 예를 들면 이사야의 묵시(사 24-27장, 특히 26:7-19)와 에스겔 37장의 마른 뼈 환상이다.

마카비2서는 몸의 부활이 의인을 위한, 특히 순교자를 위한 보상이라고 보며, 그러한 관념은 경전으로 지정된 전통에 나타나는 자료를 통해 구성된다. 예를 들면, 그것은 의인과 악인이 죽었을 때 구별되지 않고 스올로 간다는 성서의 관점을 보유한다. 그러나 스올 자체는 하나님의 지배(그리고 창조) 속에 있다는 함축적 의미가 나타난다. 따라서 엘르아자르는 그에게 강요된 돼지고기 먹기를 거부하면서 "내가 당장에는 인간의 벌을 피할 수 있다 하더라도 살아서나 죽어서나 전능하신 분의 손길을 피할 도리는 없을 것입니다"(마카비2서 6:26)라고 말했다.

그러나 마카비2서가 최후에 처형당할 어머니 앞에서 잇달아 죽임을 당하는 일곱 형제들 이야기를 할 때, 스올은 의인들을 위한, 그리고 무엇보다도 명백히 토라의 계명을 파기하기를 거부하는 충실한 유대인들을 위한 일종의 통과 장소가 되었다. 따라서 넷째 아들은 죽는 마지막 순간에 소리쳤다. "나는 지금 사람의 손에 죽어서 하나님께 가서 다시 살아날 희망을 품고 있으니 기꺼이 죽는다. 그러나 너는 부활하여 다시 살 희망은 없다"(마카비2서 7:13 이하).

비슷한 일반적인 희망이 둘째 형제에 의해 표현된다. 머리카락째 머리 가죽을 벗겨 낸 후 그들은 "네 사지를 다 잘라 내기 전에 돼지고기를 안 먹겠는가?" 하고 물었다. 그러자 그는 히브리어로 "절대로 못 먹겠습니다!"라고 대답했다. 맏아들처럼 고문을 당하고 마지막 숨을 거두면서 그는 이렇게 말했다. "이 못된 악마, 너는 우리를 죽여서 이 세상에 살지 못하게 하지만 이 우주의 왕께서는 당신의 율법을 위해 죽은 우리를 다시 살리셔서 영원한 생명을 누리게 할 것이다"(마카비2서 7:7-9).

그러나 일단 네페쉬와 루아흐(생명과 숨)가 그리스어로 쓰이게 되면서, 그리고 점점 더 많은 유대인들이 지중해 연안 세계의 공통어인 그리스어를 쓰기 시작하면서 유대인의 희망과 그리스적 사색이 결합되기 시작했다.

유대교를 그리스적 상상과 실제로 결합해서 해석하려 했던 유대교 저자는 필로(Philo)다. 그는 토라에 충실하게 남아 있으면서도 토라를 그리스 철학에서 수립된 용어들로 해석했다. 그는 선과 악 사이에서 개인을 끌어당기는 두 가지 경향들이라는 유대교의 관념과, 악한 욕망과 성향의 얽힘에서 스스로를 해방하려는 영혼의 이원론적 투쟁이라는 관념 사이에서 동일함을 발견하는 데 어떠한 어려움도 느끼지 않았다.

그러나 필로는 '천국'과 '지옥' 같은 용어들이 단지 그가 '신화적 가치'라고 부르는 것을 가지고 있다고 강조했다. 그는 죽은 뒤 하나님께 올라감으로써 신성화 혹은 신격화되는 영혼에 대해 다음과 같이 썼다. "거룩한 영혼이 공기 속으로, 혹은 에테르로, 혹은 모든 것 위에 있는 천국으로 올라감으로써 신성화되는 것은 아니다. 오히려 모든 천국들의 범위를 넘어서 올라감으로써 신성화된다. 왜냐하면 우주 너머에는 하나님 외에는 어떤 자리도 없기 때문이다(non locus sed Deus)."[27]

이 마지막 구절은 필로가 진정 무엇에 관심을 가지고 있었는지를 보여 준다. 당시 유대교의 상상력이 주로 발휘되었던 묵시에서처럼 천국과 지옥을 문자적으로 정밀하게 표시하기보다 그는 단지 불멸의 생명과 영원한 죽음을 이야기하는 데 만족했다.

죽은 뒤 하나님과 함께하는 삶이 있을 것이라는 생각 그 자체에 대해서 이의를 가진 이들은 사두개인들이다. 부활에 대한 그들의 반대는 마태복음 22장 23-28절에 잘 나타나 있다. 그들은 신명기 25장 5절의 율법에 의해 일곱 형제들과 결혼해야 했던 불행한 과부를 예로 들면서, 만약 부활이 있다면 그녀는 누구의 아내가 될 것인지를 물었다. 또한 사도 바울은 사도행전 23장 8절에서 "사두개인은 부활도 없고 천사도 없고 영도 없다"라고 말한다는 점을 부각시킴으로써 의회를 분열시켰다.

요세푸스(Josephus)[28]는 사두개인들이 죽음 이후 영혼의 지속, 저승에서의 형벌, 그리고 보상에 관한 한 어떤 것도 용인하지 않으며, 또한 영혼이 그 몸과 함께 소멸한다고 주장한다고 했다. 그들은 우리에게 명백히 주어진 삶과 구별되는 다른 삶을 살아가려고 추구하지 않았다. 다시 말하면 그들은 죽음을 포함해서 창조된 질서가 지금 그대로 선하다고 단언했다.[29]

그들은 앞으로 더 좋은 삶이 있다고 가정하면서 현재의 삶을 거부하는 것을 일종의 불경(不敬)으로 보았다. 그들은 하나님의 피조물로서 하나님에게서 생명을 받았고, 하나님이 그들에게 주신 기간만큼 삶을 살아갈 준비가 되어 있었다.

사람들은 이승에서 하나님의 영향력이 틀림없이 발휘되는 것을 경험하면서, 하나님을 부인하기보다는 차라리 죽음을 선택하는 헌신적인 신앙을 가지게 되었고, 죽음 뒤에도 하나님과 함께하는 생명의 연속성이 존재하리라고 믿게 되었다. 이 시대의 유대교 역사가인 요세푸스는 그러

한 신앙을 다음과 같이 요약한다.[30]

> 우리의 율법에 따라서 살아가는 자들에게 주어지는 상은 은이나 금도, 야생 올리브의 관도 아니다. 각각의 개인들은 하나님의 확실한 증언으로 확인된 입법자의 예언과 자기 양심의 증거에 의지해서 율법을 준수하고 (만약 그것을 위해 죽을 필요가 있다면) 기꺼이 죽음을 맞이할 사람들에게 하나님이 새로워진 존재를 부여하며, 시대가 크게 바뀌면 더 나은 생명의 선물을 주신다는 것을 확실히 믿는다.

그러한 희망은 의심할 여지없이 확립되었고, 널리 퍼지게 되었다. 랍비 시대에 그 상세한 설명이 채워졌다. 그러나 사색적 상상은 매우 엄격하게 성서의 자료들로 되돌아갔다. 달리 말해서 그리스적 사색은 대부분 버려졌다. 물론 그것은 놀랄 만한 일이 아니다. 왜냐하면 로마에 대항한 두 차례의 반란이 실패하고 기독교가 출현해서 널리 퍼지는 상황에서, 랍비들은 유대교를 재건하고 연속성을 지키는 데 관심이 있었기 때문이다. 유대교가 소멸될 위협 아래서 랍비들은 토라와 그 해석에 철저히 주목하면서 이스라엘의 정체성을 새롭게 서술했다.

그들은 매우 단호하게 부활을 선택했다. 왜냐하면 그것은 성서 전통에 속하기 때문이다. 그러나 그리스적 사색은 그렇지 않았다.

부활에 대한 믿음은 이 시점에서부터 유대교의 기본 원칙들 중 하나가 된다. 토라에 대한 랍비의 해석들을 통일하고 편찬한 마이모니데스(Moses Maimonides)는 나아가 죽은 자의 부활을 믿지 않는 사람은 유대교 신자가 아니라고 말하기에 이르렀다.[31]

인생은 하나님 자신이 생명의 본질이 되기 때문에 인간이 죽음으로 끝나지 않는다. 하나님을 가까이하는 사람과 그와 함께하는 사람은 영원한 생명의 근원이 된다. 묵시문학적 사고를 반영하는 이사야 25장 8절은 하나님이 계시면 사망이 더 이상 존재하지 않음을 보여 준다. "사망을 영원히 멸할 것이라 주 여호와께서 모든 얼굴에서 눈물을 씻기시며 자기 백성의 수치를 온 천하에서 제하시리라 여호와께서 이같이 말씀하셨느니라"(사 25:8).

부활의 첫 번째 약속이 이사야서 26장 19절에 있는데, 이 우주적 비전은 주로 이스라엘의 희망으로 천명된다. "주의 죽은 자들은 살아나고 그들의 시체들은 일어나리이다 티끌에 누운 자들아 너희는 깨어 노래하라 주의 이슬은 빛난 이슬이니 땅이 죽은 자들을 내놓으리로다"(사 26:19).

소이어(J. F. A. Sawyer)는 죽은 자의 부활에 대해 시편 1편, 욥기 19장 25절 이하, 이사야서 53장 11절에서 어원적으로 다룬다.[32] 다니엘 12장 2절은 부활의 마지막 단계에서 심판을 받게 된다는 것을 시사한다.

"땅의 티끌 가운데에서 자는 자 중에서 많은 사람이 깨어나 영생을 받는 자도 있겠고 수치를 당하여서 영원히 부끄러움을 당할 자도 있을 것이며 지혜 있는 자는 궁창의 빛과 같이 빛날 것이요 많은 사람을 옳은 데로 돌아오게 한 자는 별과 같이 영원토록 빛나리라"(단 12:2-3).

여기서는 죽음 이후 세계와 현 세상의 삶의 과정의 중요성을 보여 주고 있다. 볼프는 여호와를 아는 지식이 인생의 파도를 넘어서게 하고 죽음의 신학적 공허를 극복하게 한다고 말한다.[33]

## 구원의 방법 : 율법 준수

잘 살기(잘 죽기) 위해 해야 할 일은 무엇인가? 사람은 하나님이 주신 생명을 누리기 위해 당연히 하나님의 가르침을 배우고 행해야 한다는 것이 유대교 랍비들의 지론이다. 유다 왕 히스기야가 죽을병에 걸렸을 때, 하나님께 기도하여 회복되고 백성에게 토라를 열심히 가르쳤다는 이야기는 유명하다. 앗시리아의 침입으로 봉쇄되었던 예루살렘은 천사의 도움으로 해방의 기쁨을 맛보게 된다. 이 구원의 원동력은 히스기야가 백성에게 토라를 잘 가르쳤기 때문이라고 랍비들은 설명한다. 히스기야의 구원의 가르침(토라)은 죽기 위해 무엇을 해야 하는지를 알려 주는 좋은 예다.[34]

신명기 법은 다음과 같이 생명과 죽음에 대하여 말한다. "보라 내가 오늘 생명과 복과 사망과 화를 네 앞에 두었나니"(신 30:15). 토라(율법)에 순종하면 생명을 유지하지만, 불순종하면 죽음을 당한다는 사실을 말해 주고 있다. 예언서에서도 예언자의 선포를 통하여 여호와의 부르심을 들어야 했다.[35] "너희는 나를 찾으라 그리하면 살리라"(암 5:4). 지혜도 생명을 주는 교훈의 말씀으로서 해석된다. "지혜 있는 자의 교훈은 생명의 샘이니 사망의 그물에서 벗어나게 하느니라"(잠 13:14). 잠언은 음녀에게서 멀리 떨어지라고 경고한다(잠 2:16 이하). 생명을 구하려면 율법과 예언, 지혜를 좇아야 하고 이 생명을 따르지 않고 죄를 범하면 죽음을 당하게 된다.

인간의 성향으로 행한 일들은 결국 토라에 의해 저울질된다. 기원전 30년경까지 살았던 현자 아카비야의 다음과 같은 언명에서 이와 같은 해석을 읽을 수 있다(아보트 3:1).[36]

아카비야 벤 마하랄렐은 말했다.

세 가지 것들을 쳐다보아라.
그러면 죄의 손아귀에 들어가지 않는다.
네가 어디에서 왔는지, 어디로 가는지,
훗날 누구 앞에 전말서(顚末書)를 내는지 알라.
네가 어디에서 왔느냐? 악취 나는 몇 방울에서.
네가 어디로 가느냐? 흙과 구더기와 벌레가 있는 곳으로.
훗날 누구 앞에 전말서를 내느냐?
왕들 중에 왕들 중에 왕, 찬미 받으시는 거룩하신 분 앞에.

전말서는 글자 그대로 '판결을 받기 위한 계산서' 혹은 '결산서'라고 설명할 수 있다. "너는 흙이니 흙으로 돌아갈 것이니라"(창 3:19)는 구절과 "하물며 구더기 같은 사람, 벌레 같은 인생이랴"(욥 25:6)라는 구절에서 '흙과 구더기와 벌레'를 선택한 문구다. 사람은 죽지만 그것으로 끝나는 것이 아니고 하나님 앞에서 자신의 삶을 심판받게 됨을 상기시킨다. 이 전말서의 내용이 토라에 위배되면 그는 지옥으로 가게 된다. 따라서 토라에 따라 걷지 않는 뻔뻔스러운 사람들은 지옥으로 가고 하나님의 법도를 배우고 수치를 아는 자들은 에덴동산으로 간다고 말한다(《선조들의 어록》 5:20).

그러므로 여호와 하나님과의 올바른 관계가 바로 생명과 죽음의 기로에서 생명으로 가는 길임을 알고 율법과 예언, 지혜의 말씀에 귀 기울여야 한다. 그리고 한시적 일생임을 알고 죽음을 준비하며 유한한 인생임을 깨닫고 하나님을 찬양하며 살아야 한다. 그것이 바로 인생의 목적이다. 죽음을 이기는 방법은 말씀(토라)과 지혜와 예언을 소유하고 실천하는 것이다.

## 2. 이슬람교의 죽음이해

'이슬람'이라는 말은 '복종'이라는 뜻이고, '무슬림'은 '복종하는 사람'이라는 말이다. 이슬람교는 현재 거의 12억 신도를 가진 종교로서 수적으로 기독교 다음으로 클 뿐만 아니라, 세계의 큰 종교들 중에서 가장 빨리 성장하고 있다.

이슬람교의 현대적인 해석과는 반대로 '이슬람'이라는 이름은 평화(살람 : 샬롬)를 의미하지 않는다. 언어 의미학상으로 이 단어는 아슬라마, 즉 하늘에 계신 유일하시며 거룩하신 알라(하나님)께 완전히 복종하는 것을 뜻한다. 이슬람교도 개개인은 하나님의 절대적인 뜻에 완전히 복종하는 사람이다. 하나님과 사람은 주인과 종의 관계다. 이 개념에서 두 가지의 행동적 표현이 나온다. 운명론과 광신주의다. 후자는 이슬람교를 매우 호전적으로 만들었다. 하나님의 거룩하신 뜻과 그의 계명은 어떤 방법을 통해서라도 지켜져야 한다고 가르친다. 어떤 대가도 감수해야 하며 내가 혹은 다른 사람이 그 대가를 치르든지 상관없다고 이해한다.[37]

## 핵심 교리 : 알라의 절대주권

이슬람교의 가장 중요한 경전은《코란》(Quran)이다. '읽다', '읊다'라는 뜻이다. 가브리엘 천사를 통해서 무함마드에게 온 하나님의 계시를 그대로 읽거나 읊은 것이라는 데서 나온 말이다. 이것은 비신앙인의 눈으로 보면 기적이다. 물론 그가 외운 것을 기록자가 받아서 적고 나중에 편집한 것이지만, 이름도 제대로 쓸 줄 모르던 무함마드가 완벽하고 아름다운 말을 읊었다는 사실 자체가 보통 일이 아니기 때문이다.

코란은 114장으로 이루어져 있으며 2장부터 114장까지 긴 것부터 짧은 것 순으로 배열되어 있다. 약 6천 절로 된 전체 길이는 신약 성서의 약 4/5 정도 된다. 무함마드가 외운 것을 일단 '전문 기억사들'이 기억하도록 하고, 그가 살아 있는 동안에 종려잎이나 돌 같은 곳에 기록했다. 그가 죽고 2대 지도자가 나와서 이렇게 기록된 것을 모으고, 3대 지도자가 이를 최종 확인해서 지금껏 그대로 내려오고 있다. 무함마드가 죽고 20년 후의 일이다.

코란은 하나님이 직접 들려주신 말씀이므로 아랍어 이외의 다른 말로 번역하면 안 된다. 다른 말로 나온 것은 모두 번역이 아니라 해석이다. 이슬람교는 유대교와 기독교도 본래는 완전한 계시로서의 성서를 가지고 있었지만 지금은 불완전하고 부패했다고 본다. 완전한 것은 인간이 영적으로 발달하기 전에 주어진 것이기 때문이고, 부패한 것은 그 전수 과정에서 와전되었기 때문이다. 그러므로 다른 경전보다 최근에 완성된 경전인 알라의 계시된 말씀이 더욱 필요하다고 주장한다.[38]

코란은 점진적인 계시가 논리적으로 타당하다고 주장한다. 그리스도인은 하나님이 나중에 말씀하신 것을 신약이라고 인정한다. 유대교인은 그렇게 인정하는 믿음은 이단적이라고 반발한다. 그런데 이 문제에 있어서 무슬림은 유대교인이나 그리스도인보다 한 걸음 더 전진한다. 유대교인, 그리스도인 그리고 무슬림은 자신의 경전이 완성된 것이며 전적으로 권위 있다고 주장한다. 하디스(Hadith : 무함마드의 언행록)는 이 문제에 관하여 이렇게 말한다.

> 알라의 사도 무함마드에게 계시된 너의 책 코란이 가장 새로운 것인데, 성경을 믿는 사람들에게 질문을 하는 이유는 무엇인가? 코란은 정결하고 왜곡됨이 없으며 변함이 없다. 알라는 성경을 믿는 사람들(유대교인과 그리스도인)이 자기들의 경전을 바꾸고 왜곡시켰으며, 자기들 손으로 쓴 것을 팔아서 돈이나 좀 벌려는 목적으로 "이것은 신이 주신 것이다"라고 말한다는 사실을 너에게 알려 주셨다.[39]

무슬림은 성경에 복음서가 4권이나 있는 이유는 초대 교회가 예수께서 불러 주신 원래의 복음서를 잃어버렸기 때문이라고 말한다. 그래서 지도자 몇 명이 그리스도의 삶을 재구성하려고 시도했으나 서로 모순된 이야기를 만들어 냈다는 것이다. 그들의 이름이 바로 마태·마가·누가·요한이며, 지금까지 그들의 서로 다른 이야기가 남았다는 것이다.[40]

또한 무슬림은 서신서가 하늘에서 내려온 수직적인 것이 아니라 서로를 위한 개인적 서신이므로 수평적인 것이라고 본다.

> 이곳에서 저곳으로 쓴 서신이 아무리 지혜롭고 거룩하다 한들 어떻게 권

위 있는 계시가 될 수 있다는 말인가? 이슬람이 삶의 지침으로 삼고 있는 탠질(Tanzil)의 개념은 개인적 서신이 하나님의 말씀이 될 수 있다는 것을 인정하지 않는다. 탠질은 오로지 하늘에서 온 것이다.[41]

코란의 기본 가르침은 세 가지다.

첫째, 한 분 하나님('알라'는 아랍어로 '하나님'이라는 뜻이다 )을 강조한다. 무함마드 이전 아라비아에서는 여러 신을 섬겼다. 코란은 하나님이 한 분뿐이라는 유일신 사상을 철저하게 강조한다. 이것을 어기는 것은 '용서받을 수 없는 죄'(시르크shirk)로서 이슬람에서 가장 무서워하는 죄다. 하나님은 창조주요, 역사를 다스리시는 분이요, 말세에 세상을 심판하실 심판자이시다.

둘째, 하나님은 역사를 통해 그때그때 필요한 예언자를 보내셨다. 지금까지 12만 4천 명이나 보냈다고 한다. 직접 이름을 거론한 예언자는 무함마드를 포함하여 28명이다. 가장 중요한 5명은 노아, 아브라함, 모세, 예수, 무함마드다. 물론 이중에서도 가장 중요한 한 명은 무함마드다. 그는 '말세를 위한 예언자' 혹은 '예언자들의 인(印)'으로서 이후에는 다른 예언자도 다른 계시도 있을 수 없다.

셋째, 최후의 심판이 있다. 세상 끝날이 되면 하나님이 모든 사람을 그들의 공과에 따라 심판하신다. 사람이 죽으면 부활의 날까지 일단 잠자는 상태에 들어간다. 부활의 날이 되어 하나님의 천사가 나팔을 불면, 무덤이 열리고 잠자던 상태에서 깨어난다. 부활하게 된 사람은 하나님 앞에 나아가 심판을 받는다. 모든 사람은 자신의 행위를 기록한 책에 따라 상벌을 받는다. 이런 종말관은 유대교나 기독교와 비슷하지만 그들이 받는 상이 조금 다르다. 천국은 정금(황금)으로 된 거리보다는 물이 흐르고 꽃이 피는 동산으로 묘사되고, 의로운 사람은 취기나 숙취가 따르지 않는 술을 마시게 된다.[42]

코란과 성경의 관계를 살펴보면 우선 공통된 주제와 인물이 보인다. 언뜻 보기에 코란은 성경의 이야기를 담은 책처럼 보인다. 경전 수라의 내용 중 70퍼센트가 성경적 주제 즉 창조, 타락, 홍수 그리고 예수의 일생 중에 일어났던 사건들을 기록하고 있다. 무함마드는 아담, 아브라함, 모세, 그리고 다윗을 포함한 모두를 선지자로 여겼다.

그러나 성경과 코란의 유사점은 그다지 분명하지 않다. 아마도 그가 성경의 정경과 외경의 내용을 잘 구분하지 못했기 때문일 수도 있다. 그러나 어떤 경우에는 의도적으로 왜곡했을 수도 있다. 그는 자기가 받았다고 주장한 계시가 유대교와 기독교의 경전에 의해 정통성을 인정받기를 원했다. 그가 가졌던 결정적인 관심사는 성경이 공개적으로 혹은 은밀히 다가올 알라의 최후 선지자인 그의 위치를 지지하고 있다는 것을 발견하는 것이다(수라 7:157). 그래야만 이슬람교가 인류의 마지막으로 완벽한 종교라는 주장을 고수할 수 있기 때문이다. 결국 이슬람교와 기독교 간의 대화에서 가장 중요한 차이점은 예수 그리스도의 궁극성에 대항하여 예언자 무함마드의 궁극성을 주장하는 것이다.

코란은 신약과 신경(信經)에 나타난 그리스도론이 담고 있는 그분의 신성을 표현한 용어를 별 생각 없이 사용한다. 메시아, 동정녀 마리아, 하나님의 말씀, 그리고 하나님의 영이라는 용어들이다. 그러나 이슬람교 경전 수라에서 발견할 수 있는 내용은 그리스도의 고유성에 대한 확신을 증오하며 이를 반박한다. 예수는 알라의 아들이 아니며(수라 9:30f), 삼위일체 중 그 위치가 낮은 자라고 하였다. 그는 우리를 위해 죽지 않았다. 왜냐하면 유대인이 그분 대신 다른 사람을 십자가에 못 박았기 때문이다. 이것은 기독교 고대 영지주의의 이단설과 동일한 주장이다. 무함마드는 십자가의 구원 관념을 전면 부정한다. 그 진짜 이유는 고난 가운데 죽음으로 향하는 길을 저버린 채 승리의 길만을 가기 원했기 때문이다. 나중에 예수의 거룩함과 종말론적인 역할을 무함마드와 비교한 이슬람 교도들은 그 차이로 인해 부끄러움을 느끼게 되었다. 그래서 그들의 전설 속에 무함마드는 점점 더 그리스도와 같은 면모를 갖추게 되고 변하게 된다.[43]

무함마드는 원래 알라가 그에게 준 계시, 즉 코란 속에는 유대인에게 준 계시 타우랏(Thaurat)과 기독교인에게 준 계시 인드질(Indjil)이 완벽하게 계속되고 있다고 확신하였다. 마찬가지로 그는 유대인과 기독교인이 그를 새로운 예언자로 받아들이기를 기대했다. 그래서 그들은 성경의 인물을 따뜻하게 대했다(수라 5:82-83). 그러나 양측 모두 그의 주장을 부인하고 전통적 성경의 계시와 상반됨을 주장하자 그가 가지고 있던 호의는 적개심과 분노로 변했다. 그때부터 그는 기독교인들을 향해 차별화된 정책을 쓰기 시작했다.

코란의 자료가 되었던 것들 중에는 기독교 위경에서 온 것이 있다. 그 당시 아라비아반도에 퍼져 있던 아랍 기독교인들의 전설이나 위경에서 무함마드가 인용한 것이다. 코란 신학은 위경에 근거를 두었으며, 그 영향을 받아 그리스도와 그의 죽음과 부활, 삼위일체가 잘못된 방향으로 나가게 한 원인이 되었다. 코란은 이단을 배격하기도 하지만 기독교의 이단을 받아들이기도 했다. 코란은 구약의 유대인 주석의 영향도 받았다. 코란을 한 권의 책으로 모으는 데에는 정치적인 동기와 종족우월주의가 영향을 끼쳤으며, 소수의 사람들에 의해, 그것도 짧은 시간에 쓰였다. 그리고 수세기에 걸쳐 코란에 대한 질문과 비평의 자유가 금지되었다. 코란의 여러 사본과 서로 다른 기록들은 의도적으로 소멸시켰다.[44]

이슬람교는 아랍인들이 다른 문화권의 도전에 위기의식을 느끼고 비잔틴 교회가 동방 사람들에 대한 지배력을 잃어 가고 있을 때 생겨났다. 무함마드는 섬세한 영혼의 소유자였고, 어린 시절 고아로서 겪은 비극적인 경험에 많은 영향을 받았다. 그는 매우 신앙심이 깊었고 영을 매개하는 감수성도 예민했다. 상인으로서 그는 시리아를 여행했으며, 수도원적인 영성을 접하기도 했다. 그곳에서 그는 유일신 하나님과 그분의 임박한 심판에 관한 선교사들의 설교에 깊은 인상을 받았다. 이 경험으로 그는 카바(Kaaba)에서 행해지고 있는 우상숭배에 깊은 우려를 갖게 되었다. 그는 묵상하기 위해 광야로 갔다.

기원후 610년에 그는 그곳에서 일생에 일대 변혁을 일으킨 경험, 즉 환상 혹은 환청을 경험하게 된다.[45] 이슬람 경전인 수라(수라 96:15)에는 그가 아랍 민족에게 최고의 신인 알라를 전파하는 선지자가 되라는 부름을 받았다고 기록되어 있다. 이 영감의 원천이 무엇이었는지는 분명하지 않다. 한스 큉(Hans Küng)을 포함한 일부 학자들은 이것이 심리적인 것이었다고 한다.[46] 또 다른 사람들은 그 현상이 영적인 것이었다고 믿는다(수라 25:8, 52:29). 그 자신도 처음에는 확신을 갖지 못했다.

그가 히라산(Mt. Hira) 동굴에서 경험한 것은 종교 역사를 보면 그 지방에만 국한된 것이 아니었다. 그가 주장하듯 이슬람교는 가브리엘 천사의 말씀만으로 시작된 종교가 아니다. 무함마드의 의식, 그리고 잠재의식 속의 생각은 그가 이미 이전에 접한 성경의 믿음에 영향을 받았다.

이러한 성경적인 믿음의 상당 부분 혹은 그보다 더 많은 부분을 카바를 중심으로 한 전통에서 발견했으며, 그 전통은 매우 오래된 요소들을 가지고 있었다. 다른 정보는 아랍권 혹은 그가 이웃 나라에서 만난 기독교인이나 유대인에게 받은 것들이다. 아직도 어떤 종류의 기독교를 그가 접했는지에 대해 학자들의 의견이 분분하다.[47]

예를 들면 시리아 정교회(Syrian Orthodox)일 수도 있고 기독교 이단이었을 수도 있다. 그가 메카 부근 사막에 사는 은둔자와 깊은 대화를 나누었다는 전설도 남아 있다. 무함마드는 이러한 성경적 사상에 감동을 받았고, 우상화된 아랍의 전통 종교를 개혁하는 것에 대해 생각했다. 그가 해야 할 일은 사람들이 회개하도록 하고, 유일신 종교를 재건하는 것이었다. 그는 그 자신을 최후의 가장 위대한 선지자로서 알라의 예언적 계시의 모든 역사에 인을 치는 역할을 담당했다고 생각했다. 그러니까 그가 성경의 중심 교리를 열심히 반박했던 점은 그가 성경에 대해 무지했다는 이유만으로 변명할 수 없다. 신비로운 존재의 출현과 목소리를 의식했을 때, 그는 계시를 받았던 성경의 다른 인물들과 자신을 연관시켜 생각했다.

이 학설을 뒷받침할 만한 많은 증거가 있다. 적어도 기독교에 대한 그의 모호한 태도는 그가 소명을 받는 경험을 할 때 이미 운명적으로 결정지어진 것임에 틀림없다.[48] 이상에서 알 수 있듯이 코란은 성경을 기초로 형성된 것이다. 그러나 종교로서의 이슬람교는 기독교, 유대교 그리고 아랍의 정령 신앙의 요소를 복합적으로 가지고 있다.[49]

이것을 종합하면 이슬람 신자들은 다음의 다섯 가지를 고백하지 않으면 안 된다. 이것을 '이슬람의 5기둥'(Five Pillars of Islam)이라고 한다. 첫째, 양심에 바탕을 두고 알라 이외의 다른 신은 존재하지 않는다는 것을 고백할 수 있어야 한다. 그리고 무함마드는 가장 완전한 하나님의 예언자라는 것을 고백할 수 있어야 한다. 이것을 그들은 샤하다(shahadah : 신앙고백)라고 하는데, 신앙의 기본적인 증언이라는 뜻이다. 둘째, 하루 중 정해진 시간에 규칙적으로 5번 기도(살라트salat : 메카를 향한 공식 기도)에 참여할 수 있어야 한다. 셋째, 1년 중 한 달인 라마단(Ramadan) 기간에 지키는 단식(사움saum)에 참여해야 한다. 넷째, 공동체의 필요에 의하여 물질을 나누어야 한다. 이것을 자카트(zakat : 자선)라고 부른다. 다섯째, 최소한 일생 중 한 번은 다른 신자들과 함께 메카나 메디나와 같은 성지를 순례할 수 있어야 한다. 이것을 하지(hajj)라고 부른다.

### 세상과 인간 : 책임적 인간

하늘과 땅, 그리고 그 사이에 존재하는 모든 것은 하나님이 창조하셨다. 하나님은 이 세계를 인간을 위해 창조하셨다. 그러므로 자연은 하나님의 권능과 인간에 대한 자비를 증거하는 것이다. 그러나 창조주 하나님의 권능과 자비를 증거하는 것은 무엇보다도 인간 자신이다.[50]

"나는 숨겨진 보물로서 알려지기를 원했느니라. 그래서 이 세상을 창조했느니라"라고 하디스 꾸드씨(Hadith Qudsi)의 1절이 말하고 있듯이, 하나님이 인간을 창조한 목적은 그가 하나님을 알아보고 경배하도록 하기 위함이다.

> 그대의 주께서 천사들에게 "나는 지상에 나의 대리자를 두고자 하노라"라고 말씀하셨을 때 천사들은 "그곳에 재난을 불러일으키고 피를 뿌릴 존재를 두시려 하시나이까. 저희들은 당신을 찬양하고 당신께 경배하나이다"라고 하였느니라. 이에 그분이 말씀하셨다. 나는 너희가 알지 못하는 것을 알고 있느니라(코란 2:30).
>
> 우리는 인간을 흙으로부터 창조했느니라. 이어 우리는 그것을 한 방울 정액으로 안정된 곳에 넣었으며, 이어 그 방울로 응혈을 만들었고, 그것으로 태아를 만들었고, 또 그것으로 뼈를 만들었느니라. 그리고 그 뼈를 살로 감싼 후, 또 다른 새로운 피조물로 태어나게 했느니라. 하나님의 축복은 이와 같이 풍성하니, 그분은 최고의 창조자이시니라(코란 23:12-16).

피조세계(被造世界)의 일원으로서 창조된 인간도 하나님의 도움이나 허락 없이는 아무것도 이룰 수 없다. 물론 생로병사도 하나님의 손에 달려 있다. 하나님은 인간에게 다른 피조물에게는 없는 속성을 부여했다. 이성(理性)과 자유의지(自由意志)가 그것이다. 바람의 힘에 의지해 항해하는 배처럼 인간은 하나님의 도움 없이는 옴짝달싹할 수 없는 존재다. 그러나 일단 바람이 불어 배가 물 위를 미끄러지기만 하면 그 방향을 결정하는 것은 바람이 아니라 배의 키듯이, 인간은 자유의지를 통해 자신의 항로를 선택할 수 있다. 자유의지가 주어진 만큼 인간은 자신의 행위를 책임져야 한다.

그러나 죄로 말미암아 인간은 낙원에서 지상으로 추방되었다. 그럼에도 하나님이 인간을 완전히 버린 것은 아니었다. 인간을 지상으로 추방하면서 하나님은 그들에게 약속하셨다. 하나님은 자신의 사자(使者)를 보내 그들을 바른길로 인도할 것이다. 그리고 하나님의 사자를 믿고 도운 사람들에게는 축복을 내릴 것이다. 그러니 자신이 사자를 보내면 그를 믿고 돕겠느냐는 질문에 대해 인류를 대표해서 하나님의 사람들은 그리하겠다고 약속했다(코란 2:38-40, 3:81). 이런 약속을 하나님이 스스로 인간과 맺은 것은 피조물 중에서 유일하게 자유의지와 이성의 소유자인 인간을 바른길로 인도하고자 함이며, 아울러 심판의 날 그들을 심판함에 있어 일종의 정당성을 확보하려는 것이었다. 그러므로 하나님의 사자가 나타나 사전에 경고를 하지 않은 경우, 하나님은 그 사람들의 죄를 묻지 않을 것이라고 코란은 말하고 있다(코란 17:15).[51]

## 죽음이란 무엇인가 : 영혼과 육체의 분리

인간은 알라에 의해 창조되었다. 유일신 알라는 무(無)에서 인간의 영혼을 창조했고, 한 줌의 영혼으로 인간을 창조했다. 다음에는 똑같은 형태로 배우자를 창조하여 그들로 하여금 남녀가 되어 자손을 번성케 했다. 창조주로서 신은 이처럼 지상의 모든 요소를 일시에 생체 조직으로 환원시켜 일련의 정해진 창조 과정을 보여 주었다. 진흙 형태에 생명을 불어넣어 살(肉)이 자라고 뼈가 생장하여 살로써 그곳을 입혀, 궁극적으로 새로운 인간 생명체가 존재하게 되었다. 피조된 남녀 인간 생명체는 오감(五感)의 기능과 함께 지혜와 사랑이 부여되니 지상에서 신의 대리자로 군림하다 결국 언젠가 죽음을 맞이하게 되고, 다시 부활의 날에 소생된다.[52]

알라는 그분이 창조하신 모든 것을 가장 조화 있게 두셨으며 인간을 흙에서 창조하기 시작하셨노라. 이리하여 한 방울의 정액으로부터 인간의 자손을 지으셨노라. 그런 후 그것을 형상으로 만드사 그 안에 그분의 영혼을 불어넣고(코란 32:7-9).

마찬가지로 죽음도 그의 뜻에 있다.

어느 누구도 알라의 허락 없이는 죽지 아니하며 그 기간은 기록되어 있노라(코란 3:15).

코란에서는 죽음을 두 가지로 구분한다. 첫 번째 죽음은 '아직 탄생하기 전의 상태'를 가리키고, 두 번째 죽음은 인간으로 창조된 후 '현세에서 맞게 되는 죽음'을 말한다. "그들은 말하리라 주여! 당신은 저희로 하여금 두 차례의 죽음을 맛보게 하사 두 차례의 생명을 주셨나이다"(코란 40:11). 성경도 죽음을 두 가지로 구분한다. 첫 번째 죽음은 육체적 죽음이고, 두 번째 죽음은 영원한 죽음으로 지옥의 형벌을 말한다. 그러니까 성경에서 말하는 첫 번째 죽음인 육체적 죽음은 이슬람교의 두 번째 죽음을 의미한다. 이렇게 서로 다른 이유는 영벌을 의미하는 성경의 둘째 사망 같은 것이 코란에는 없기 때문이다.

코란은 죽음의 기원을 이야기하면서 사탄의 유혹에 굴복한 아담과 하와의 범죄까지 거슬러 올라간다. 알라는 다음과 같이 말씀하셨다. "지상에서 너희가 살고 그곳에서 너희가 임종할 것이며 그곳으로부터 너희가 부활되리라"(코란 7:25).

죽음은 부활의 날에 몸과 재결합할 때까지 몸으로부터의 분리이며, 죽음은 유예기간이 다한 것으로 이해된다. 유예기간을 한정한다는 것은 개인들이 알라의 창조적인 의지가 결정하고 허락하는 한도 안에서 자유롭게 자신의 삶을 살다가 알라에게 귀의하는 것을 의미한다. 살아 있는 기간은 집행유예, 혹은 시험의 기간이 된다.

> 죽음에 이른 인간의 영혼과 죽지 않고 잠자는 자의 영혼을 앗아 가는 분은 알라이시라. 기한이 된 영혼을 앗아 가며 기한이 이르지 아니한 영혼을 잠시 유예하시는 분도 알라이시라. 실로 이 안에는 숙고하는 백성들을 위한 교훈이 있노라(코란 39:43).

> 알라는 그대 이전에 어떤 인간도 영생을 부여하지 아니했거늘 또한 그대도 영원할 수 없으매 그들이 영원할 수 있겠느냐. 모든 인간은 죽음을 맛보게 되며 알라는 너희를 악과 선으로 시험하리니 이때 너희는 알라에게 귀의하노라(코란 21:35 이하).

그렇다면 왜 죽는가? 성경에 의하면 아담과 하와는 하나님이 먹지 말라고 금하신 선악과를 따먹었고, 그 결과 죽음의 형벌을 선고받게 되었다(창 2:16-17). 그러나 코란은 이렇게 말한다. "알라께서 말씀하셨노라. 아담아 너의 배우자와 함께 천국에 살면서 원하는 장소와 원하는 때에 너희 둘이 원하는 양식을 먹고 마시라. 그러나 이 나무에는 접근하지 말라. 그렇지 않을 경우 너희 두 사람은 죄인이 될 것이라"(코란 2:3, 7:19).

그러나 오랜 세월이 지나면서 아담은 그 약속을 망각하고 그 나무의 열매를 맛보고 말았다. 아담은(성서의 내용과는 다르게) 변명하지 않고 그의 잘못을 인정했다. 그러자 알라는 아담의 약속 위반이 고의성이 전혀 없는 망각에 의한 실수였다는 것을 알고 그의 실수를 용서하셨다. "그가 오래전에 나에게 약속을 하였으나 그가 그 약속을 잊었을 뿐 그에게 아무런 고의성이 없었노라"(코란 20:11). 따라서 코란은 원죄를 인정하지 않는다. 인간이 죄를 짓는 것은 본성이 악하기 때문이 아니라 연약함 때문이다.[53]

그러므로 죽음은 언급한 것과 같이 죄의 형벌과는 무관하다. 물론 인류의 시조인 아담이 알라의 명령에 불순종한 이후 수치감과 죄의식을 느꼈고, 낙원에서 쫓겨나며, 육체적 죽음을 겪는 존재가 되었다는 사실은 두 종교에서 일치한다. 그러나 이슬람교에서 죄의 근거는 "인간은 연약하게 창조되었다"(코란 4:28)는 데 있다. 학자들은 이 구절을 인간의 도덕적 연약함을 암시한다고 해석한다. 따라서 인간 안에 내재된 연약함 때문에 시련을 겪도록 허락한 것이라는 알라의 창조 섭리에서 기인한다.

범죄한 이후에 주시는 약속과 위협도 성서와 다르다. 성서에서는 뒤꿈치 아래 짓밟힌 뱀에 관한 본문이 메시아에 대한 예언으로 해석되었으나, 죽은 몸의 부활을 이야기하는 이슬람교의 방식은 창세기와는 다르다.

> 너희 모두는 여기서(낙원) 나가라. 서로가 서로에게 적이라. 그러나 내가 너희에게 길잡이를 보낼 것이라. 나의 길잡이를 따르는 자는 방황하지 아니하고, 불행하지 않을 것이라. 그러나 나의 기억(dhikr)에 등을 돌리는 자는 누구나 궁핍할 것이며, 심판의 날에 우리는 그를 눈먼 자로 만들어 부활케 하리라(코란 20:123 이하).

따라서 아담과 하와, 그리고 그들의 후손들은 곧장 파멸해서 영원한 형벌을 받지는 않고, 이생이 지속될 동안 하나님의 기억(디크르dhikr)을 회복하도록 유예기간을 받았다. 마찬가지로 이블리스(사탄) 역시 죽은 자들이 무덤에서 다시 되돌아오는 그날까지 유예기간을 받았다. 그동안 이블리스는 인간이 하나님에 대한 그들의 충성(이슬람Islam)으로부터 벗어나도록 유혹하고 타락시키려고 한다(코란 15:26-42, 38:71-85).

그러므로 죽음의 목적은 이러한 유예기간을 한정하는 것이다. 유예기간 동안 개인들은 하나님의 창조 의지가 결정하고 허락하는 한도 안에서 자유롭게 자신의 삶을 살 수 있다. 따라서 죽음은 그 자체로 형벌이 아니다. 죽음은 알라의 창조 섭리에 의하여 주어진 과정으로, 내세에 주어질 기대할 만한 보상에 더 가까운 존재가 된다는 사실 이외에는 알라가 정한 집행 유예기간이 다한 것, 그 이상도 그 이하의 의미도 없다. 죽음은 부활과 최후의 심판에서 절정에 달하는 훨씬 더 긴 기간 가운데 단지 하나의 특수한 단계가 끝나는 것이다.[54]

따라서 이슬람교에서 죽음이란 종말이나 파괴, 또는 생명을 손상하는 것이 아닌, 단지 영혼과 육체의 일체감의 소멸이다. 즉 영혼이 육체에서 분리되는 현상이며, 생명이 한 상태에서 훨씬 가치 있고 숭고한 고차원의 다른 상태로 이전되는 계기다. 그렇기 때문에 죽음은 종말이 아니라 새로운 시작이고, 고통으로부터의 해방이기 때문에 기쁨이다. 알라의 보호 속에서 그와 함께 교통할 수 있는 기회가 주어지기 때문에 이승에서의 삶과는 비교가 되지 않는 은총의 깊은 의미가 함축되어 있다.

## 죽음 이후 : 중간계에서 부활을 기다림

### 중간계

죽음에서 부활까지의 중간 상태를 중간계(Barzakh)라 하는데, 문자적 의미는 '둘 사이에 존재하는 것' 또는 '장벽'이다. 태초부터 개인의 종말을 맞이한 자들이 부활에 참여하기까지의 상태에 관하여 코란은 죽음과 부활까지의 거처로서 바르자크(Barzakh)라고 하는 장벽, 다시 말해 연옥이라는 중간 단계를 반드시 거쳐 간다고 말한다.

죽음 이후, 죽은 사람 뒤편에는 그가 시험의 시기를 다시 살아가려고 이 세계로 되돌아오는 것을 막기 위해 벽이 세워진다. 이 장벽 때문에 한 번 죽은 사람은 이 세상으로 되돌아올 가능성이 전혀 없다.

> 죽음이 저들에게 이를 때 주여 저를 다시 돌려보내 주소서. 저의 여생 동안 선을 행할 수 있게 하여 달라고 말하나 그것은 단지 그가 지껄이는 말에 불과하며 저들 앞에는 부활하는 그날까지 장벽이 있을 뿐이라(코란 23:99-100).

여기서는 윤회라든가 재생의 관념이 전혀 없다. 인간은 이 세상에서 오직 단 한 번의 생명을 가지고 태어나며, 죽은 자의 미래 생명도 이 생명의 연장선에서 생각될 뿐이다. 다만 부활과 심판의 날이 있을 때까지 죽은 자들이 머물러 있어야 하는 과정을 인정하고 있다.

사람이 죽으면 육체를 떠난 영혼은 여행길에 들어서게 된다. 그것은 신비로운 여행이라 할 수 있는데 그 여행을 미라즈(miraj)라고 부른다.[55]

이 여행은 무함마드의 인도를 따라 진행된다. 처음에 영혼은 하늘로 올라가서 지옥의 여러 단계를 내려다본다. 의롭게 산 영혼은 죽을 때에도 영혼이 육체에서 아무런 고통 없이 분리되어 향기 속에 싸이게 되며, 가브리엘 천사의 인도를 받아 천국의 7계단을 통과해서 그가 있을 곳을 보게 된다고 한다. 여행의 종말에서는 하나님을 직접 만나게 되는 비전을 보게 되는데, 그 후에 영혼은 다시 무덤으로 돌아와 거기서 머물러 있게 된다.

한편 간악한 영혼은 죽어서 영혼이 육체에서 분리될 때 큰 고통을 겪는다. 그들은 악취를 견뎌야 하며, 가장 낮은 하늘의 단계에서조차 입장이 거부된다. 심판 때에 그들이 받아야 하는 것이 무엇인지를 알게 하는 비전을 본 후에 다시 무덤으로 되돌아와 심판 때까지 머물러 있게 된다. 즉 무덤(qabr)은 중간계와 같은 상태로서, 모든 인간의 사후 부활 이전의 상태다.[56] 따라서 이슬람에서는 죽은 자를 화장하는 경우 영혼의 안식처가 소멸된다고 보아 매장하여 무덤이라는 영혼의 안식 공간을 만들도록 가르친다.

죽은 사람들은 중간계 상태인 무덤에서도 그들의 과거 행실을 인식할 수 있고, 그것이 현세와 내세 간의 깊은 연관을 이룬다. 영혼들이 잠시 머물러 있어야 하는 중간계는 좁은 의미로는 무덤 속을 말하며, 넓은 의미로는 천국과 지옥으로 이어지는 다리나 저울이 있는 곳이라고 한다. 이 중간계에서는 알라의 허락 아래 특정한 소수에게만 중재의 효력이 주어진다. 무함마드를 비롯하여 예언자들이 그 대상이다.

성경은 부활 전까지와 중간 단계로서의 기간은 인정하지만 거처로서의 연옥은 부정한다. 육체의 죽음과 함께 영혼은 천국과 지옥을 이미 경험하는 상태에 들어가기 때문이다. 《하이델베르크 요리문답서》(The Heidelberg Catechism)는 "몸의 부활이 그대에게 어떤 위로를 주느뇨?"라고 질문하고 그에 대한 답변으로 "금생 이후 즉각적으로 나의 영혼이 머리이신 그리스도께로 취하여 올려질 뿐 아니라, 나의 육신도 그리스도의 능력으로 일으키신 바 되어 나의 영혼과 다시 연합하게 될 것이며, 그리하여 그리스도의 영광스러운 몸과 같이 될 것입니다"가 제시되어 있다. 《웨스트민스터 요리문답서》(The Westminster Shorter Catechism)도 "몸과 분리된 영혼들을 위한 이 두 장소(천국과 지옥) 외에는 성경이 아는 바가 없다"고 밝히고 있다. 《제2스위스 신앙 고백서》(The Second Helvetic Confession)도 마찬가지다. 이에 반해 이슬람교에서는 연옥이라고 하는 중간 단계를 반드시 통과해야 한다.

중간 단계는 죽을 때 통과해야 하는 일차적 관문이기도 하다. 무덤에서의 기간은 코란에서 상세히 논의되지 않는다. 그러나 하디스에서는 논의된다. 하디스에 따르면, 두 명의 천사 문카르(Munkar)와 나키르(Nakir)가 죽은 자들을 심문한다. 죽은 자들은 질문을 받는다. "너희는 누구를 예배했느냐? 그리고 누가 너희의 예언자냐?" 만약 그들이 알라와 무함마드라고 대답하면, 그들은 심판의 날까지 안식한다. 그러나 하나님과 무함마드를 부인한 자들은 즉시 천사들에 의해서 물리적으로, 혹은 심판 뒤에 그들을 기다리는 고통을 보게 함으로써 벌을 받게 될 것이다.[57]

중간 단계의 고통은 코란에는 명시적으로 진술되지 않는다. 다만 암시될 뿐이다.[58] 그러나 하디스에서는 분명하다. 여기서는 무덤에서의 형벌이 강력하게 강조된다. "70마리의 용이 무덤 속의 불신자에 대해 권능을 부여받아서, 때가 될 때까지 그를 물어뜯고 갈아먹을 것이다. 만약 그

용들 중 하나가 지상에서 숨을 쉰다면 어떠한 초목도 남아나지 않을 것이다."[59]

인간은 중간계 상태에서 천국의 축복이나 지옥의 징벌을 미리 경험하게 된다. 중간계 상태는 부활의 시기까지 지속되며, 이 기간에 육체는 무덤 속에서 흙으로 변하든지 흔적 없이 소멸해 버릴 것이다. 따라서 중간계 상태에서 영혼이 축복이나 징벌을 경험하는 것이 죽을 때 남겨 놓은 육체를 통해서가 아님이 분명해진다. 또한 그것에서 어떤 새로운 육체를 부여받게 된다는 것이 확실한데, 영혼이 고통과 쾌락의 경험을 가지게 되는 것은 육체를 통해서이기 때문이다.

모든 주요 종교들 가운데 이슬람교는 중간 단계인 무덤 속의 기간을 가장 명확하게 문자적으로 묘사한다. 그러나 이슬람교는 중간 조건에 있는 사람들이 최종 상태로 이행하는 것을 돕기 위해 의례를 베풀지 않는다. 그런 형태의 간섭이 하나님의 최종 결정(qadr)을 거스르게 될 것이기 때문이다. 이 내용은 확립되어 있으므로 변화될 수 없는 것처럼 보이지만, 민간에서는 대조적으로 중재 역할에 대한 믿음이 강하다.

> 부활의 날 신앙인들이 모여 말할 것이라. 우리가 어느 누구에게 우리 주님과의 중재를 요구해서는 아니됩니까. 알라의 종이요 그분의 예언자이며 알라의 말씀과 그분의 영혼을 받은 예수에게로 가시오. 그리하여 그들이 그에게로 오니 그가 말하니라. 나는 그렇게 할 위치에 있지 못합니다. 무함마드에게로 가시오. 그는 알라로부터 이미 지나간 그리고 미래의 모든 죄를 용서받았던 종입니다. 그래서 그들이 나에게로 오니 나는 나의 주님께 허용하여 달라고 양해를 구하니 허용되니라. 그런 후 나에게

> 말씀이 있을 것이니 그대의 고개를 들고 간구하라. 그리하면 받을 것이요, 말하라 그리하면 들릴 것이며, 중재하라 그리하면 수락될 것이라. 그래서 나는 나의 고개를 들고 그분께서 나에게 가르치신 찬양의 방법으로 그분을 찬미하니라. 그런 후 나는 몇 사람 숫자 정도의 사이를 두고 중재하여 그들로 하여금 천국에 들어가게 하니라.[60]

중재가 필요 없는 사람들이 있다. 예를 들면 하나님을 위해 죽임당한 자들이다. 그들은 낙원에서 하나님의 보좌에 가장 가까운 자리, 특권화된 자리를 얻는다. 그리고 무덤에서 그들은 문카르와 나키르의 심문을 면제받는다. 그들은 그들 죄의 무게에서 자유로워지며, 따라서 무함마드의 중재를 필요로 하지 않는다. 그러한 미래의 보상 때문에, 증언자의 지위에 대한 열망은 때때로 하나님을 위해 죽는 것, 특히 지하드(Jihad)에서의 죽음을 매우 결연히 추구하는 방향으로 발전되었다. 이러한 순교 추구는 시아파(Shia) 이슬람에게서 훨씬 강하다. 이러한 확신은 이슬람 광신주의를 부추긴다.[61]

> 그리고 만약 너희가 하나님을 위하여 죽임을 당하거나 또는 죽는다면, 정녕코 하나님으로부터 용서와 자비가 너희가 간직하는 것보다 더욱 훌륭한 것이니라. 그리고 만약 너희가 죽거나 또는 죽임을 당하거나 정녕 너희는 하나님께로 함께 모이리라(수라 3:158-159).

죽음 이후 시간의 연장선을 따라 계속 가다 보면 자연 질서가 극적으로 끝나는 한 시기에 도달하게 된다. 그것이 종말이다. 재앙이 일어나고 부활이 일어나는 것이다.

### 천국과 지옥

부활과 최후 심판을 통해 인간은 최후의 상태가 결정된다. 성경은 의인들의 거처인 천국은 '하나님의 나라'이며, 이는 창조주와 피조물의 관계가 회복되어 하나님의 무궁한 영광 안에서 함께 조화를 이루는 '살롬 공동체'다. 천국에는 밤이 없고, 각종 진귀한 보석으로 장식된 도성과 정금으로 포장된 길·생명수 강·생명나무 등의 완벽한 환경이 갖추어져 있다. 이곳에서 '하나님과의 교제 속에서 누리는 기쁨'이 영생의 본질이다.

반면 코란은 의인들이 누리게 될 현세와 유사한 것들의 최상 환경이 완비되어 있는 거처로서 천국을 소개함과 동시에 순결한 배우자와 함께 영생의 기쁨을 만끽하는 것을 그 본질적인 요소로 부각시키고 있다. 세속적이며 감각적이고 남성을 위한 천국이라고 할 수 있다. 특히 술과 여자가 천국의 중요한 요소가 된다.

> 의로운 자들에게 약속된 천국을 비유하사 그곳에 강물이 있으되 변하지 아니하고 우유가 흐르는 강이 있으되 맛이 변하지 아니하며 술이 흐르는 강이 있으니 마시는 이들에게 기쁨을 주며 꿀이 흐르는 강이 있으되 순수하고 깨끗하더라 그곳에는 온갖 과일이 있으며 주님의 자비가 있노라… 하나님을 경외하는 자들에게 약속된 낙원이란 그 안에 부패하지 않는 물의 강과 맛이 변하지 않는 우유의 강과 마시는 자에게 기쁨을 주는 술의 강, 그리고 깨끗한 꿀의 강이 흐르는 곳이니라(코란 47:35).

이슬람교가 술을 엄격하게 금지한다는 점에 비추어 볼 때 천국에 영원토록 술이 끊이지 않는다는 것은 놀라운 일이다.

이 세상에 사는 동안 알라에게 충성을 다해 헌신한 사람들을 위하여 아름다운 처녀가 준비되어 있다는 것도 중요한 특징이다. 이 처녀들을 하우리스(houris : 아랍어로는 헐hurl)라고 하는데, 이들을 직접 언급하는 구절이 많다. 무슬림은 그들과 결혼하게 될 것이다(수라 44:55). 그들은 푹신한 의자에 기대 있으며, 크고 사랑스러운 눈을 가진 아름다운 모습이다(수라 52:21). 그들은 어떤 남자나 진(jinn : 영적 존재)과 접촉한 일이 없는 여인이다. 그들은 초록 쿠션과 예쁜 카펫에 기대서 쉬고 있다. 그들이 거하는 곳은 커다란 천막이다(수라 55:73-77). 그들은 감추어진 진주와 같다(수라 56:24). 또한 그들은 새로운 창조물처럼 만들어진 처녀다(수라 56:36-37).

이들에 대한 언급은 감각적이다. 그들은 요염하고 부풀어 오른 가슴을 갖고 있다. 이들은 성적인 면에서 정결하게 보존되었으며, 눈을 아래로 깔고 정숙하게 다닌다. 이들은 세상에 살던 무슬림 남편의 아내가 아니다. 충성스러운 무슬림이 하늘나라에서 성적인 즐거움을 누리기 위해 특별히 마련된 창조물이다.

낙원에 대한 하디스의 묘사는 코란보다 훨씬 명료하다.

알라의 사도가 이렇게 말씀하셨느니라.

모든 사람에게는 두 명의 아내가 있는데, 둘 다 너무 아름답고 정결하고 투명해서 다리의 살을 통해 골수가 들여다보일 것이다. 그들은 아침과 저녁에 알라에게 영광을 돌릴 것이며, 병에 걸리지 않을 것이며, 코를 풀지 않을 것이며, 침을 뱉지 않을 것이다. 그들이 쓰는 도구는 금과 은으로 만들어진 것이며, 그들의 빗은 금이요, 향을 피우는 재료는 알로에우드일 것이며, 그들의 땀에서는 사향의 향기가 나리라(부카리 4권, 307-308).

그러나 독실한 무슬림 여성을 위해 준비된 남성이 있는지는 불확실하다. 코란에 언급되어 있지 않기 때문이다. 그런 이유로 무슬림 여성들은 알라로부터 더욱 큰 은총을 기다리기도 한다. 알라는 모든 것을 할 수 있으므로 여성들을 위한 공간도 달리 준비할 것이라 생각하기 때문이다. 코란은 무슬림 여성도 태초에 남성과 함께 창조할 때처럼 부활 시에 재창조할 것을 약속하고 있다(코란 53:47).

성서에는 천국에서 시집가고 장가가는 것이 없다. 이는 천국에서 누릴 교제는 인간 안에 내주하는 성령의 도우심으로 하나님의 완벽한 자녀가 되며, 어린양 예수의 신부가 되어 천상의 가족으로 회복되기 때문이다.

반면에 코란은 절대자 알라와의 직접적 교제는 천국이라 할지라도 피조물인 인간으로서는 절대 불가능하고, 인간의 모든 연약함을 극복하여 정화가 완료된 상태로서 불완전했던 현세의 삶에서 벗어나 알라의 기쁨 속에 현세에서 바라던 최상의 것을 배우자와 함께 마음껏 누리는 데에 그 핵심이 있다.

그들은 그곳에서 휴식을 취하며 풍성한 과일과 달콤한 음료수를 청하매 같은 나이의 눈을 내려감은 순결한 여성들이 그들 옆에서 시중을 드니라(코란 38:52).

그들이 줄지어 놓여 있는 침상에 기대앉으니 알라는 눈이 큰 아름다운 배우자로 짝을 지어 주시니라(코란 52:20).

알라는 그들을 위해 새로운 배우자들을 두시고 그녀들을 처녀로 두셨노라. 나이들이 비슷한 사랑스러운 여인들이 우편의 동료들 곁에 앉아 있노라(코란 56:35-38).

영원히 사는 소년들이 그들 주위를 돌며 술잔과 주전자와 깨끗한 물과 가득 찬 잔들로 시중을 들더라(코란 56:17-18).

낙원에는 8개의 단계가 있다. 최고 높은 단계는 무함마드가 자리 잡은 천국의 중심이다.[62] 낙원의 꼭대기에는 망우수(忘憂愁) 나무가 자라고 있다. 낙원의 정원을 잔나(Jannah)라고 하는데(Jannah의 문자적 의미는 '의로운 자들의 안식처'란 뜻), 일반적으로 낙원은 단수가 아니라 복수로 표현된다. 낙원의 가장 넓고 높은 부분은 하나님의 옥좌 바로 아래에 있다. 그 정원에서 네 개의 강이 흐른다. 낙원에 거주하는 영혼들은 만족과 평화, 안전을 느끼며, 조용하고 점잖게 대화를 나눈다. 먹음직한 열매들이 도처에 있으며, 신선한 물과 고기들이 얼마든지 있다. 그들은 편안한 의자에 얼굴을 마주 보며 앉아 있고, 푸르고 금빛 나는 옷을 입고 있다. 낙원의 거주자들에게 주어지는 기쁨 중의 하나는 보석처럼 빛나는 눈을 가진 처녀들과 친교를 누리는 것이다.

여기서 특기할 것은 천국이 인간 삶의 발전 과정의 궁극점이 아닌, 보다 고차원적 삶을 위한 시작이라는 것이다. 인간은 계속해서 더욱더 높은 단계를 갈망하게 된다. 안식과 쾌락은 인간 존재의 궁극적 목적이 아니다. 즉 이승에서 부단한 자기 발전을 도모하려는 인간 영혼이 존재하는 것처럼 천국에서도 그러한 발전 의지는 계속된다.[63]

지옥은 성경과 코란에서 동일하게 불지옥으로 다수 표현되고 있으며, 이외에도 상상할 수 없는 고통과 형벌이 있는 곳으로 묘사되고 있다. 그러나 성경의 지옥은 하나님의 은총이 전혀 없는 곳으로서 영원한 형벌인 데 반해, 코란이 말하는 지옥은 알라의 뜻 아래 언제든지 구원의 은총이 있을 수 있는 곳으로서 '정화 과정'이라는 넓은 의미로 이해할 수 있다. 성경의 지옥은 본래 타락한 천사와 그의 추종자들을 위한 곳이었던 반면, 코란의 지옥은 정화를 목적으로 처음부터 인간을 위해 창조된 곳이기 때문이다. 한편 코란에 언급된 지옥은 극심한 고통이 있는 거처임에는 틀림없으나 선행과 악행의 정도가 비슷한 사람의 경우 극심한 고통 없이 한시적으로 머물다 정화되어 천국에 입성한다는 것이 다르다.

코란 15장에 보면 지옥 불은 밑으로 내려갈수록 더욱 뜨거운데, 7단계가 있다. 각 단계의 문 앞에는 문지기가 있어서 죄인들에게 고문을 가한다. 가장 밑 단계에는 자쿰(Zaqqum)이라고 하는 무시무시한 나무가 자란다. 그 나무에는 마귀의 머리를 한 꽃이 피어 있다.

> 확실히 자쿰 나무는 범죄자들의 음식이 될 것이다. 녹은 횟물(석회수)처럼 그들의 위 속에서 끓어오를 것이니 끓는 물과 같을 것이다. 그를 데려가 타오르는 불지옥으로 넣어라. 그리고 그의 머리 위에는 끓는 물을 부어라. 맛보라. 확실히 너는 한때 힘세고 명예로웠다. 실로 이것이 네가 의심했던 것이라.

그러나 지옥은 일반적으로 이승의 악행이나 불신에 대한 결과의 장소로 표상되지만, 지난 행위들에 대한 가혹한 형벌만이 실현되는 장소는 아니다. 그곳에서는 영혼의 정화라는 또 다른 중요한 역할이 행해진다. 다시 말해서 징벌은 고통 자체에 목적이 있는 것이 아니고 정화와 치료를 목적으로 한 것이기 때문에 자신이 저지른 악에서 정화된 인간이 다시 영적인 진보에 적응할 수 있도록 기회를 제공한다. 지옥의 시련은 이생에서 기회를 상실해 버린 인간에게 고양된 삶을 찾아 주기 위한 내세에서의 방편이다. 이는 '신의 자비'라는 속성을 통해서도 명백히 나타난다. 신자일지라도 죄악이 있으면 지옥의 불로 정화된 후에 천국에 가게 된다.[64] 코란에 모든 인간이 지옥의 불길을 통과할 것이라는 언급이 있기 때문이다. "너희들 모두는 그곳에 오게 되리라. 그것이 너희 주님이 정한 섭리이니라"(코란 19:71). 이러한 지옥에서의 구원 개념은 지옥의 영속성에 한계가 있을 때만이 그 의의를 가진다.

코란의 많은 구절은 영원한 불의 징벌을 무섭게 예고한다. 이에 대해 다음 구절은 흔히 지옥에서 구원될 수 있다는 가능성을 설명한다. "지옥의 불과 함께 살지니, 그곳에서 영원하리라. 그러나 하나님의 뜻이 있는 때는 예외이니라. 실로 주님은 지혜와 지식으로 충만하리라"(코란 6:128). "불행한 자는 겁화 속에서 한숨을 쉬거나 눈물을 흘리며 통곡하나 천지가 계속되는 한 그곳에 영원히 머물 것이다. 단지 그분의 뜻이 있을 때는 제외되리라. 그분은 원하시는 대로 행하는 분이시다"(코란 11:106-107). 이 두 구절의 의미는 신의 뜻이 있다면 지옥의 삶이 언젠가 끝날 수도 있다는 점을 분명히 하고 있다.

이슬람교에서는 낙원과 불의 지옥을 극단적으로 대비시키기 때문에 사후(死後)에 대하여 유물론적인 개념이 지나치다는 비난을 받기도 한다. 앞에서도 말한 바와 같이 이슬람에서 묘사되는 낙원과 지옥의 고통 등은 대부분 감각적이고 육체적이라는 점을 감안하면 유물론적이라는 비난도 나올 수 있다. 이러한 인과응보적인 표현들은 대단히 감각적이고 육체적인 성격을 가진 것이라고 할 수 있다.

천국과 지옥에 대한 묘사들은 매우 강렬한 인상을 남긴다. 기억해야 할 것은 대부분의 무슬림들이 이러한 묘사들을 은유적으로 받아들이지 않고 문자 그대로 묘사한 것으로 여긴다는 점이다. 왜냐하면 코란은 하나님에게서 직접 내려온 말씀이기 때문이다. 이슬람교는 대체로 낙원과 불지옥에 대한 묘사들이 은유적이거나 신화적이지 않다고 강력히 주장한다. 최근의 예를 들면 압드 알카디 아수피(Abd alQadi asSufi)는 어떠한 비문자적 해석도 거부하면서 다음과 같이 말했다.

> 계시의 과학이라는 관점에서 사후의 상태를 묘사한 내용을 신화의 영역으로 환원시키는 일은 수용될 수 없을 것이다. 왜냐하면 소위 종교라고 불리는 영역에 대한 모든 인류학적 접근의 배후에는, 신화의 원천인 '상대주의'를 지리적으로나 역사적으로 넘어서는 상위의 입장에서 신화를 검토한다는 매우 형이상학적인 주장이 깔려 있기 때문이다. 처음부터 자기가 검토하는 자료에 대해 자신의 우월성을 선언하는 이러한 주술적인 관점을 가진 자들은 그들이 의례를 검토하고 분석한 결과가 신화 자료들을 무효로 만들게 될 것이라고 주장한다. 즉 시야에 들어온 모든 것을 원시적인 과학 이전의 무지의 소산으로 환원시키는 소위 과학적 방법은 마치 마법의 광선과 같아서, 신화 자료들이 일단 그 빛에 쪼이게 되면 모든

것이 무효화될 것이라는 주장이다. 이러한 완전히 엉터리의, 그렇지만 멋지고 복잡한 환상체계는, 카피룬(불신자들) 가운데 성실한 지식 추구자들은 말할 것도 없고, 수백만 명의 '교육받은' 무슬림들이 이슬람교의 위대한 지혜의 책에 접근하는 것을 막았다.[65]

코란은 낙원과 불지옥에 대해 서술하면서, 그리고 어떻게 후자가 아니라 전자에 확실히 들어갈 수 있는지를 설명하는 데 아주 구체적이고 문자적이다. 이것은 놀랄 만한 일이 아니다. 왜냐하면 이슬람교는 초기(유대 기독교 전통)가 아니라 후기의 종교 전통 형식이기 때문이다. 결과적으로 이전에 불확실하고 다양했던 것들이(죽음 이후 하나님과 함께하는 삶의 연속성이 어떻게 이루어질 것인지에 대해서) 이제는 뚜렷해졌다. 그리고 유대인들과 기독교인들이 천국과 지옥에 대한 특수한 심상들을 그 발생과 쇠퇴를 추적할 수 있는 개념적 삽화들로 여길 수 있는 반면, 무슬림들은 그렇게 할 수 없다는 것을 의미한다. 낙원과 불지옥의 묘사들은 개념적 삽화들이 아니다. 심지어 그것들은 개념들이 아니다. 코란이 종종 우리에게 상기시키듯이 그것들은 장소이고, 상황이며, 종말론적으로 증명될 실재다.

## 구원의 방법 : 행위에 의한 심판

코란은 심판의 기준에 관하여 모든 사람들이 현세에서 무엇을 믿었고, 어떻게 살았으며, 무엇을 행하였는가에 따라 구분된다고 말한다. 이것은 인간이 현세에서 행한 모든 것을 심판함에 있어 공정하며, 믿음이

좋고 그와 더불어 선행을 많이 실천한 자와 불신과 사악함과 죄악을 저지른 자의 구분을 의미한다. 이 구분은 절대적인 것이어서 다른 그룹에 끼어든다거나, 다른 그룹 속에 숨을 수 없다. 천사들은 인간이 서 있어야 할 곳으로 정확히 이동시킬 것이고 그 안내에 따르는 것 외에는 다른 선택의 여지란 있을 수 없다.[66]

코란에서는 부활과 심판의 날이 종종 서술된다. "그날 사람들은 여기저기 무덤에서 떼 지어 나와 그들의 업적들을 보이노라"(코란 99:6). 심판의 날에 모든 말과 행동이 기록된 책들이 만들어지고 펼쳐질 것이다.

> 알라께서는 모든 인간의 행위를 그 자신의 몸에 매어 놓았으니 심판의 날 한 권의 기록으로 그에게 이르게 하니 모든 인간은 배열된 자신의 업적을 보게 되니라. 그리고 말씀이 있으리니 너의 기록을 읽으라. 너를 계산하는 오늘은 그것만으로 너 자신에게 충분하리라(코란 17:13-14).

> 행위의 기록이 제시될 때, 이 기록이 도대체 무엇인가? '작은 일도 큰일도 빠뜨리지 아니하고 전부 다 기록되어 있으니!'라고 말하며 기록된 것을 두려워하는 죄인들을 그대가 보게 되리라. 이때 그들은 그들이 행하였던 모든 것을 그곳에서 발견하리니, 실로 주님은 어느 누구에게라도 부당하게 대하시지 아니하노라(코란 23:64).

> 그날 알라는 그들의 입을 봉하니 그들의 손들이 알라에게 이야기하고 그들의 발들은 그들이 행한 모든 것을 증언하더라(코란 36:65).

뒤이어 심판의 날에 모든 사람이 정확하고 정밀한 계산에 따라서 보상을 받게 될 것이다. 이것은 가장 눈에 띄는 코란의 주제들 가운데 하나다. “그날의 저울은 공평하나니 선행으로 저울이 무거운 자가 번성하리라. 저울이 가벼운 자는 알라의 말씀을 거역한 자들로 그들은 자신들의 영혼을 잃게 되리라”(코란 7:8-9). 대략적인 진술은 다음과 같다. “하나님 곁으로 돌아갈 어느 날을 두려워하라. 모든 인간은 자기가 얻은 것으로 대가를 받게 되나니 어느 누구도 부정하게 대접받지 않을 것이라”(코란 2:281). 이러한 주제는 여러 곳에서 자주 반복된다(예를 들면 코란 2:286, 3:155, 182, 7:38 이하, 10:55, 11:18, 14:51, 22:10, 23:64, 36:54, 40:16 이하).

그날에 각각의 개인들의 행위는 글자 그대로 저울에 달린다. 이러한 측정은 너무나 정확해서 “너는 하루의 수명만큼도 잘못되지 않을 것이다”(코란 4:79, 123). “그날 그의 선행이 무거운 자는 안락한 삶을 영위할 것이다. 그의 선행이 가벼운 자는 불지옥의 함정에 있게 되리라”(코란 101:6-9).

> 부르짖음의 날! 부르짖음의 날이란 무엇인가? 그리고 부르짖음의 날에 너는 무엇을 느끼게 될 것인가? 그날에 사람들은 광풍에 흩어지는 나방처럼 될 것이며, 산들은 빗질된 양모처럼 될 것이다. 그때 저울이 무거운 자는 기쁨과 즐거움 속에 있을 것이요. 저울이 가벼운 자는 구덩이를 벗삼게 될 것이다. 그러면 구덩이에서 너는 무엇을 느끼게 될 것인가? 그것은 맹렬히 타오르는 화염이다(코란 101장).

이슬람교에서는 한 사람의 덕행과 다른 사람들의 악행 사이에서 어떠한 거래도 이루어질 수 없다. 그리스도의 죽음이 어떻게 속죄에 영향을 미치는지에 대한 모든 기독교인의 이해는 말할 것도 없고, 어떤 의미에서도 구속 혹은 속죄라는 개념은 존재하지 않는다. 이슬람교는 하나님이 그리스도 안에서 인간 구원을 위하여 행하셨던 것에 대한 기독교적 이해를 철저히 부인한다. 무슬림의 시각에서 예수(이사Isa)는 무함마드와 마찬가지로 사람들이 바쳐야만 할 계산서에 대해 그들에게 경고하기 위하여 하나님이 보낸 사람일 뿐이다. 거기에는 다른 사람을 위한 한 사람의 속죄 같은 것은 있을 수 없다. 심지어 자기 자신을 위한 속죄도 있을 수 없다. 비록 누군가가 구원의 계약금으로 전 지구를 가져온다고 해도, 그것은 받아들여지지 않을 것이다.

> 하나님을 불신하고 죽은 자(kafaru)는 금으로 가득 찬 지구를 보상으로 바친다 하더라도 그것은 수락되지 않을 것이라. 그들에게는 고통스러운 벌이 있을 것이며, 또한 그들에게는 한 명의 원조자도 없을 것이다(코란 3:85, 91, 10:55-58, 39:48 참조).

> 코란은 심판의 날에 다른 사람의 중재에 의존하려는 것을 경고한다.

> 그들이 주님의 앞으로 불려 감을 그들의 마음으로 두려워하는 자 있나니, 이들에게 이를 경고하라. 그들을 죄악으로부터 보호해 주실 분은 하나님 외에 어떤 보호자도 중재자도 없노라(코란 6:69-70, 40:14-19, 9:81 참조).

그러므로 이슬람교는 종교 전통에서 가장 극단적으로 형식화된 죽음이해를 대변한다. 유대교와 기독교의 후대에 발전된 죽음이해는 천국과 지옥을 문자적으로 묘사하고 세부적인 부분을 형식화하는 측면에서 이슬람교와 겨루어 왔다. 그러나 유대교와 기독교에서 개인들은 축적된 세부적인 설명의 많은 부분을 단지 그림으로 묘사된 상상력의 습작으로 여길 수 있었다. 따라서 적어도 그들 자신의 관점에서는 신앙을 포기하지 않고서도 그것들을 버릴 수 있다고 생각했다.

전통의 선별 과정은 아직도 계속되고 있다. 그러한 과정은 코란을 계시로 여기는 이슬람교에서 더욱 문제가 되며, 확실히 더욱 의심스럽다. 다른 주요 종교들은 그렇지 않지만 이슬람교는 죽음 이후 인간 생명의 최종적 결과를 나타내는 문자적이고 틀림없는 하나의 그림을 믿는다.

이상의 고찰에서 이슬람교에서 죽음은 현세에서의 모든 행실에 대한 일단락이며, 보다 고차원적인 삶으로 향하는 새로운 단계라는 사실을 파악하였다. 현세는 내세에 비해 짧고 하위의 개념이지만, 내세의 삶이 현세 생활의 결과로 결정되기 때문에 단순히 내세를 위한 준비기나 의미 없는 시험기가 아닌, 적극적인 자세로 최선의 삶이 요구되는 세계다.

또한 현세와 내세 사이에 죽음 이후 부활의 날까지 지속되는 중간계를 설정하여 이미 이곳에서 인간은 현세에서의 자기 행실에 대한 인과응보를 경험하며, 상위의 삶을 위한 부단한 준비를 갖는다고 본다. 새로운 육체와 영혼이 부활하여 시작되는 내세는 선악이 반드시 그 대가를 받는 단계이며, 천국과 지옥은 고차원적 새로운 삶의 양태를 존재하게 만든다.

천국은 창조주인 신과의 만남을 통해 궁극적으로 그에게 회귀하는 과정이며, 지옥은 이승에서의 죄악에 대한 길고 긴 가혹한 징벌과 시련의 과정이다. 그러나 이슬람적 지옥은 종말 없는 영원한 응징만이 아닌, 영혼의 정화를 위한 과정이라는 점을 강조한다. 신의 자비에 의해 지옥의 영속성에 한계를 두어 악행자도 철저한 영적 정화를 통해 고차원적인 삶의 진보에 동참할 수 있는 가능성을 배제하지 않고 있다. 이슬람의 구원 방법은 철저히 행위에 의한 심판에 근거한다.

## 3. 유신론적 죽음이해에 대한 평가

'유신론적 죽음이해'는 '범신론적 죽음이해'가 끝나는 곳에서 시작된다. '유신론적 죽음이해'에는 절대자 하나님이 있고, 인간은 그 앞에서 피조물이다. 무신론이라는 극단도, 범신론이라는 극단도 아닌 절대자 하나님 앞에서 응답하는 존재다. 그러므로 그에게 죽음은 생명을 주신 하나님의 부름이다.

죽음은 이제 죄와 연결된다. 유대교와 이슬람교는 원죄를 인정하지 않지만 기독교는 원죄를 인정한다. 그러므로 유대교와 이슬람교는 스스로 하나님께 가려고 하는 노력이 강조된다. 자기 행위와 율법을 지킴으로써 하나님께 나아가려 한다. 그러나 기독교에서는 이것을 부정하고 믿음으로 나아간다.

'유신론적 죽음이해'를 두 종류로 나눌 수 있다. 하나는 '유대교와 이슬람교의 죽음이해'다. 유대교가 스스로를 약속의 자녀로 간주하고, 무슬림들이 육체의 자녀라고 구분하는 데서 양자는 갈라지지만, 구원의 방법이 행위를 통해서라는 점에서 공통적이다. 유대교는 토라에 순종하고 그 명령대로 행하는 것이 구원의 방법이다. 이슬람교는 구원이 알라의 절대적인 뜻에 달려 있지만, 알라의 명령에 순종하는 행위를 통하여 구원을 받는다.

다른 하나는 '기독교의 죽음이해'다. 기독교는 예수 그리스도를 중심으로 모든 것을 이해한다. 특별히 구원의 방법이 믿음을 통해서 이뤄진다. 예수 그리스도의 십자가를 통해 죄를 용서받고 부활을 통해 영원한 생명을 얻는다는 약속은 죽음에 대한 가장 소망스러운 해결책을 제시한다. 죽음에 대한 가장 포괄적이며 정확한 이해는 예수 그리스도의 부활을 통해 보는 죽음이해이다. 십자가와 부활 속에서 초월은 초월이 되고, 현실은 현실이 되며, 주체는 주체가 되고, 객체는 객체가 된다. 그것이 자기 자리에서 서로 섞이지 않고, 분리되지 않으며, 진정으로 만나고 통합되는 것이다. 그것이 '기독교의 죽음이해'다.

## 유신론과 관련된 문제들

### 자살 테러 문제

코란에 의하면 알라는 그의 추종자들에게 투쟁과 이슬람의 원수를 죽일 것을 요구한다(수라 2:191-193, 4:89, 8:39, 9:5). 무함마드는 그의 전사(戰士)들에게 말했다. "너희들은 알라가 택한 자들이다. 기도하라. 지불하라. 그리고 싸우라"(수라 22:77-78). "피 흘리기를 겁내지 말라"(수라 2:116). "알라와 그의 사자들에게 복종하라. 너희 원수를 사랑하지 말라"(수라 3:28,

4:89, 8:72-73, 60:1).

이슬람의 참회장에서 유대인과 기독교인은 별도의 보복과 살해의 표적이 된다. "알라와 선지자가 금기(禁忌)한 것을 지키지 아니하고 진리의 종교를 따르지 아니한 자들에게 비록 성경의 백성이라 하더라도 인두세(人頭稅)를 지불할 때까지 성전(聖戰)하라. 그들은 스스로 저주스러움을 느끼리라"(수라 9:29).

코란에는 즉각적으로 천국의 보상이 명시된 지하드(jihad)[67]가 있다. 지하드의 어원은 아랍어 동사 '자하다'(jahada)이다. 자하다의 의미는 '정신적·육체적으로 최선을 다해 노력하다, 목표를 향해 투쟁하다, 애쓰고 분발하다'라는 뜻이다. 이것은 자기희생의 한 형태로 알라의 목적과 명분을 위하여 싸우는 것을 의미한다.

평화의 종교라고 하는 이슬람교에 지하드가 많은 이유를 생각해 보자. 아랍어는 히브리어처럼 자음만 가지고 글을 쓴다. 똑같은 자음이라고 해도 모음이 어떻게 붙는가에 따라 의미가 달라진다. 아랍어에서 s-l-m의 기본적인 의미는 '하나님의 의지에 대한 복종' 및 '평화'와 관련이 있다. 여기서 우리에게 친숙한 세 단어가 유래했다. salam, Islam, Muslim이 그것이다.[68]

salam은 '평화, 안녕'을 의미하는데, 히브리어 shalom과 어원이 같다. Islam이란 단어는 문자 그대로 '하나님께 복종'과 '평화'를 의미한다. 이 두 가지 개념은 하나님에 대한 복종이 평화를 가져온다는 의미로 연결된다. 알라에게 복종하는 사람을 'Muslim'이라고 한다.

세계를 이슬람화하기 위해서 이교도와의 성전(聖戰)을 망설이지 않는 무슬림들은 타 종교와의 충돌을 끊임없이 발생시키고 있다. 이들은 코란에 있는 알라의 명령이 그들을 무력투쟁에 순종하도록 부른다고 주장한다. 그들은 자신의 생명을 이슬람의 승리를 위하여 희생함으로써 자신을 구원자로 이해하고, 순교자는 확실히 천국에 들어간다고 믿는다(수라 2:154, 3:157-158, 161-171, 193-195, 4:24, 47:4-6).

이슬람은 알라에게 복종하고 이슬람의 율법인 사리아(sharia)를 지키면 구원을 얻는다는 자력 구원을 말한다. 더불어 원수에 대한 증오와 복수를 가르친다. 이슬람은 십자가 없이 알라의 계명에 복종함으로써 알라의 왕국을 세울 수 있다고 믿는다.[69] 무함마드는 성전(聖戰)의 이름으로 무력을 통해 반대자들을 강제로 굴복시키고 이슬람 제국을 세웠다. 여기서 오늘날 팔레스타인의 자살 테러 사건의 정신이 나왔다.

이에 반해서 예수는 자기를 십자가에 못 박고 처형하는 자들을 축복했다. "아버지 저들을 사하여 주옵소서 자기들이 하는 것을 알지 못함이니이다"(눅 23:34). 예수의 영은 사랑과 용서의 영이다. 그러나 이슬람의 영은 화해와 용서의 영이 아니라 파괴와 저주의 영이다.[70]

그러므로 이슬람 지도자들은 앞으로 성전(聖戰)의 건설적인 대안을 찾아야 한다. 또한 현재 여러 나라에서 테러리스트들을 길러 내는 온상의 구실을 하는 진정한 문제들을 밝히고, 스스로 이슬람의 핵심이라고 주장하는 평화의 메시지를 행동으로 옮기는 방법을 찾아내야 한다. 이는 궁극적으로 그들이 살고 있는 나라의 미래와 이슬람의 완전성이 걸린 문제다.[71]

종교의 타락을 경고하는 징후로 '맹목적인 복종'이나 '목적이 수단을 정당화'하거나 '성전 선포' 등이 있다.[72] 이렇게 되면 종교는 사악해진 것이다. 성전에 참여하는 자에게 천국에 대한 감각적인 약속과 연옥에서의 정화 과정이 면제되는 특권을 부여하는 '이슬람교의 죽음이해'는 자칫

하면 많은 젊은이들을 성전이라는 이름으로 자살 테러로 몰아갈 수 있다. 알라의 뜻을 어떻게 해석하느냐에 따라서 평화로울 수도 있고, 테러를 일으킬 수도 있는 것이다. 진정한 평화의 종교가 되기 위해 노력해야 한다.

무슬림들은 개인적으로나 공적으로나 '더 위대한 지하드' 즉 더 좋은 사회를 만들기 위해 자아와 투쟁하며 가슴과 손과 혀로 좋은 일을 하려고 애쓰는 데 중점을 두어야 한다. 또한 이슬람교를 평화의 종교로 생각하는 무슬림들은 이슬람의 이름으로 성전을 치르고자 하는 사람들에 맞서 반드시 평화와 정의를 실현할 방법을 찾아야 한다.

### 메시아의 죽음에 대한 상반된 해석(유대교와 기독교)

유대인들은 예수가 메시아가 아니라고 거부했는데, 예수의 제자들은 예수가 바로 구약의 예언들을 다 성취한 메시아라고 믿고 선포했다. 그런데 그 단서가 되는 구절은 똑같다. "그러므로 우리가 이제부터는 어떤 사람도 육신을 따라 알지 아니하노라 비록 우리가 그리스도도 육신을 따라 알았으나 이제부터는 그같이 알지 아니하노라 그런즉 누구든지 그리스도 안에 있으면 새로운 피조물이라 이전 것은 지나갔으니 보라 새것이 되었도다"(고후 5:16-17). 같은 성경 구절을 근거하여 정반대의 해석을 내린 것이다.

바울은 이 구절에서 자신이 과거에 육신적인 메시아사상을 가지고 예수를 평가했기 때문에 예수를 저주했고 그를 메시아라고 선포하는 자들을 핍박했다고 말했다. 그렇다면 그가 유대 신학자로서 가지고 있던 육신적 메시아사상의 내용은 무엇인가?

당시 유대교의 메시아사상은 다윗의 재현이었다. 다윗이 주변의 이방 민족들을 다 정복하고 다윗 왕조를 세웠듯이, 자신들을 로마와 같은 이방 민족들의 압제에서 해방시켜 줄 새로운 다윗을 기다린 것이다. 그들은 다윗 시대와 같은 경제적 풍요, 사회적 정의, 평등, 평화 등을 가져올 메시아를 기다렸다. 즉 다윗 왕조를 재건할 왕으로서, 이방 민족을 굴복시키는 군사적 영웅으로서, 정치적 자유와 경제적 풍요와 사회적 정의를 가져오는 메시아를 고대한 것이다.

이와 같은 메시아사상은 나단의 신탁(삼하 7:12-14)에 근거한다. 하나님이 다윗에게 왕위를 영원토록 줄 것이며, 그를 아들로 삼겠다고 하신 약속이다. 그러므로 나단의 신탁은 다윗 왕조를 성립시키는 것이었다.

그러나 다윗 왕조에 대한 실망과 더불어 나단의 신탁은 종말에 재현될 예언으로 재해석되었다. 여기서 유대교의 가장 중요한 메시아사상이 나온다. 하나님이 다시 한 번 다윗의 씨를 일으켜 다윗 왕조를 재건하고, 다윗이 이스라엘에게 준 정치적 자유와 경제적 풍요, 사회적 정의를 메시아를 통하여 이룩하리라는 것이다. 이런 유대교의 메시아사상에 비추어 보았을 때 예수는 메시아일 수 없다.[73]

유대 신학자 바울이 유대교의 메시아사상이 틀렸고, 예수가 진짜 메시아임을 깨닫게 된 동기는 다메섹 사건이다. 거기서 그는 기독교인이 말하는 예수가 죽은 자들 가운데서 부활한 메시아임을 확인하게 된다. 그 후 그는 "성경대로 그리스도께서 우리 죄를 위하여 죽으시고 장사 지낸 바 되셨다가 성경대로 사흘 만에 다시 살아나사"(고전 15:3-4)라는 말씀을 자신의 복음으로 삼았다.

그리스도인들이 예수의 죽음과 부활이 성경의 메시아에 대한 예언들의 성취라고 할 때 근거로 삼는 성경 본문은 놀랍게도 유대교 메시아

사상의 가장 중요한 뿌리인 나단의 신탁이다. 나단의 신탁은 하나님이 다윗의 씨를 일으켜 다윗의 왕위에 앉게 하고, 하나님의 아들로 삼겠다는 것이다.

예수의 부활 사건에 대하여 베드로, 요한, 야고보 등 예루살렘 사도들은 "하나님이 다윗의 씨인 예수를 죽은 자들 가운데서 일으켜 자기 우편 왕위에 등극하게 하여 자기 아들로 확증했으며, 만유의 주로 군림하게 하셨다"고 주장했다(행 2:29-33 참조). 바울은 로마서 1장 2-4절에서 예수의 삶과 십자가의 죽음과 부활이 나단의 신탁의 성취라고 했다.

이스라엘의 진정한 왕은 하나님이다. 하나님의 통치를 이 세상에서 대행하는 자가 다윗 계열의 왕이다. 그러므로 다윗 왕조는 하나님 나라의 그림자이며 모조품이다. 따라서 출애굽의 문자적 재현도 진정한 구원이 될 수 없고, 다윗 왕조의 문자적 재건도 궁극적인 의미의 구원이 될 수 없다. 유대인들은 예수에게 다윗 왕조를 문자적으로 재건하는 메시아가 되라고 요구한 것이고, 예수는 이에 반해 다윗 왕조는 그림자 또는 모조품이며, 그것이 가리키는 원형, 즉 진정한 하나님 나라를 가져오는 메시아가 되려고 한 것이다.

유대인들은 예수에게 다윗같이 이 세상적인, 기껏해야 상대적으로 더 많은 정치적 자유와 경제적 풍요와 사회적 정의를 가져다주는 메시아가 되라고 요구했으나, 예수는 인간을 창조주 하나님께 연합시켜 인간에게 영원한 생명을 가져다주는 메시아가 되려고 한 것이다.

유대교적 메시아가 우리에게 제공해 줄 수 있는 것은 하나님 나라의 모조품일 뿐이다. 그 모조품, 그 그림자는 절대적 구원이 되지 못한다. 예수가 선포한 하나님 나라는 그것의 모조품인 다윗 왕조의 재건이 아니라 참된 하나님의 통치를 이루기 위한 것이었고, 하나님 통치의 절대적 자유와 절대적 풍요와 절대적 정의를 가져오는 것이었다.

다윗 왕조의 건설을 말하는 나단의 신탁이나 구약의 메시아에 대한 예언들은 사실 이 세상의 그림자 또는 모조품을 그림으로써 우리에게 하나님의 절대적 구원 즉 다윗 왕조 저편의, 다윗 왕조가 반영하려고 한, 다윗 왕조가 불완전하게 이 세상에서 그려 보려고 한 하나님 나라의 절대적 구원에 대한 예언들이었다.[74]

그러니까 예수는 하늘의 절대적인 것들, 곧 다윗 왕조가 그려 내려고 했던 하나님의 통치 자체와 그 통치의 구원 자체를 가져온 메시아다. 예수야말로 나단의 신탁을 완전한 의미에서 성취한 분이라는 것이다. 그러나 유대인들은 이것을 깨닫지 못하고, 바로 그 예언들에 의해 예수가 메시아적 행위를 하지 않았다고 보고, 그의 메시아 됨을 거부했다. 그것은 그들이 그 예언의 진정한 의미를 깨닫지 못하고 문자에만 집착했기 때문이며(고후 3:6), 시내산에서 받은 모세의 율법을 절대화하면서 정작 그것이 가리키는 예수 그리스도 안에서의 종말론적 성취를 보지 못했기 때문이다.

십자가에 못 박힌 예수가 부활하기 전까지는 예수의 제자들도 유대교적 메시아사상을 가지고 있었고, 그것이 성경의 올바른 해석이라고 생각했다. 베드로는 예수가 십자가에 달리는 그 순간까지 메시아가 죽는다는 사실을 받아들일 수 없어 수난과 죽음에 대하여 말씀하시는 예수께 반대했다.

그러나 예수가 부활했을 때, 제자들은 하나님이 예수를 옳다고 확인하셨음을 깨달았다. 그러므로 예수를 메시아(그리스도)로 인식하고 선포하게 된 것이다. 그들은 예수 그리스도를 통한 하나님의 새 계시에 비추어 구약의 계시를 새롭게 보게 되었다. 그리하여 그것의 유대교적 해석은 외형적 또는 육신적인 것임을 알았고, 예수가 그것의 본질적 또는 '영적' 의미를 제대로 해석하였고 성취하였음을 깨달았다.

따라서 예수가 행한 일, 즉 하나님 나라를 선포하여 하나님 나라로 들어오라 초대하고, 자신의 몸과 피를 대속과 새 언약의 제사로 십자가에서 내어주며, 그들을 하나님의 의로운 백성으로 만들어 그들 위에 하나님의 통치가 실현되게 한 것, 이것이 구약의 예언들이 진정으로 의도한 메시아적 행위였다.

그러므로 예수는 다윗 왕조가 이 세상에서 그려 내려던, 그러나 제대로 그려 내지 못한 하나님 나라를 가져온 메시아였다. 십자가에 못 박혀 죽은 예수야말로 제자들에게는 구약이 말한 진정한 메시아였다.[75] 이렇듯 유대교와 기독교는 똑같은 예수 그리스도의 죽음을 보면서 정반대로 해석했다.

결국 유대교는 메시아를 정치적 억압에서 그들을 구원하는 정치적 존재로 생각했고, 기독교는 메시아를 인간의 가장 큰 적인 죄와 죽음에서 그들을 구원하는 영적인 구원자로 생각했던 것이다. 이런 면에서 유대교의 궁극적 목표는 유대 국가의 회복이다. 그러나 기독교의 궁극적 목표는 죄에서 구원받고 하나님의 자녀가 되는 것이다.

유대교의 하나님 나라 윤리는 공평과 정의의 윤리이며, 기독교의 하나님 나라 윤리는 은혜와 사랑의 윤리다. 예수는 이것을 이렇게 표현했다. "또 네 이웃을 사랑하고 네 원수를 미워하라 하였다는 것을 너희가 들었으나 나는 너희에게 이르노니 너희 원수를 사랑하며 너희를 박해하는 자를 위하여 기도하라"(마 5:43-44).

### 부활과 영혼불멸

'유신론적 죽음이해'에서 말하는 부활과 '범신론적 죽음이해'에서 말하는 영혼불멸은 그 내용이 아주 다른 것임에도 불구하고 많은 사람들이 혼동하고 있다.

영혼불멸은 원래 그리스의 사상이다. 그리스 사상에 의하면 육체는 악하고 유한하며, 영혼은 선하고 무한하다. 더 중요한 것은, 영혼은 피조된 것이 아니라 원래부터 있었던 본질이라는 것이다. 그러므로 죽음이란 육체의 감옥에서 영혼이 해방되는 것이라고 보았다.

이러한 이원론 사상이 기독교 신학 안으로 들어오면서 이것이 성경의 가르침이라고 오해하는 사람이 많았다. 성경 안에도 그와 비슷한 표현들이 나오기 때문이다. 그러나 잘 살펴보면 전혀 그렇지 않다. 성경은 부활을 말하지 영혼불멸을 말하지 않는다.

'무신론적 죽음이해'에서는 죽으면 그것으로 끝이다. 다시 살지 못한다. '범신론적 죽음이해'에서는 인간의 자아 속에 있던 영혼(이 영혼은 창조된 것이 아니라 원래부터 존재했던 인간의 불멸성이다)이 육체를 벗어난다.

그리스인들에 의하면 사람이 한 번 죽으면 어떻게 다시 사는가? 죽을 수밖에 없는 인간의 운명과 연약함을 생각할 때 부활은 터무니없는 개념이었다. 그래서 인간 속에 있는 죽지 않는 요소, 불멸의 영혼이 해방되는 것이 부활의 의미라고 보았다. 여기서 이단이 나온다. 그러므로 예수도 부활한 것이 아니다. 그가 다시 살아났다면 죽은 것처럼 보였지만 실제로는 죽지 않은 것이다. 몸이 정말 죽었다면 그의 영혼이 하늘로 올라간 것을 그렇게 표현한 것이다. 그래서 예수의 부활을 거부하는 이단들이 나오게 되었다.

여기에 대한 오해를 풀기 위해 바울은 예를 들어 설명했다. 세 가지 비유가 있다.

첫째는 씨앗과 그것이 자라난 식물이다. "네가 뿌리는 씨가 죽지 않으면 살아나지 못하겠고"(고전 15:36). 씨를 심으면 그 씨는 땅속에서 죽는다. 그러나 거기서 생명이 나온다. 죽을 수밖에 없는 몸(씨로 비유되는)이지만 다시 사는 예를 자연에서 들고 있다.

둘째는 상황에 따라 여러 종류의 육체가 있다는 것이다. "육체는 다 같은 육체가 아니니 하나는 사람의 육체요 하나는 짐승의 육체요 하나는 새의 육체요 하나는 물고기의 육체라"(고전 15:39). 장소와 상황에 따라 다른 육체가 있듯이 우리 몸이 부활할 때 거기(천국)에 합당한 육체가 있으며, 그 육체는 지금의 육체와 다른 속성을 가질 수 있다는 것이다.

셋째는 영광의 차이에 관한 것이다. "해의 영광이 다르고 달의 영광이 다르며 별의 영광도 다른데 별과 별의 영광이 다르도다"(고전 15:41). 같은 하늘에 있지만 해와 달은 크기도 밝기도 다르다. 같은 별이라도 더 크고 환한 별이 있고, 더 작고 어두운 별이 있다. 하늘에 있는 해와 달과 별을 말한 것은 부활할 때는 이 땅에서의 모습보다 더 영광스러운 모습으로 변하지 더 못한 모습이 되지 않는다는 것을 비유한 것이다.

"죽은 자의 부활도 그와 같으니"(고전 15:42). 이렇게 비유할 수 있다는 것이다. 그러면서 부활의 몸과 죽을 수밖에 없는 몸 사이에 있는 차이점에 대해 이렇게 말한다. "썩을 것으로 심고 썩지 아니할 것으로 다시 살아나며 욕된 것으로 심고 영광스러운 것으로 다시 살아나며 약한 것으로 심고 강한 것으로 다시 살아나며 육의 몸으로 심고 신령한 몸으로 다시 살아나나니 육의 몸이 있은즉 또 영의 몸도 있느니라"(고전 15:42-44).

이 구절은 현재의 죽을 수밖에 없는 몸을 미래에 있을 부활의 몸과 대조한다. 육의 몸은 썩고, 욕되며, 약하지만, 영의 몸은 썩지 않고, 영광스러우며, 강하고 신령하다는 것이다. 이런 대조가 보여 주는 것은 육체적인 것과 비육체적인 것, 물질적인 것과 비물질적인 것의 대조가 아니다. 이 땅에서의 우리 몸과 부활한 미래의 몸을 대조하는 것이다.

그는 이렇게 결론을 내린다. "이 썩을 것이 반드시 썩지 아니할 것을 입겠고 이 죽을 것이 죽지 아니함을 입으리로다"(고전 15:53). 썩고 부패하며 죽을 수밖에 없는 몸은 완전히 폐기되거나 흙에 버려진 채로 끝나지 않고 구원될 것이다. 불멸성을 입게 될 것이다.

그 예를 예수의 부활에서 발견할 수 있다. 예수께서 부활하셨을 때 육체적이고도 초자연적으로 존재했다는 것은 성경의 일관된 입장이다. 구체적인 몸을 가졌고, 그래서 제자들이 알아볼 수 있었다. 그런가 하면 영광스러운 모습 때문에 금방 알아보지 못한 경우도 있었다. 제자들과 말씀도 하고 먹기도 했다. 시공을 초월하여 닫힌 문을 열지 않고 들어오기도 했다.

부활한 예수의 모습은 여전히 육체적이며 영광스럽고 초자연적이며 신령할 뿐 아니라 하늘에서도 땅에서도 적합한 몸이었던 것이다. 부활의 모습이 어떠한가는 아주 중요한 문제다. 왜냐하면 그것은 예수를 따라 부활할 모든 신자들의 예표이기 때문이다. 또한 그것은 부활의 본질과 아울러 부활한 자들이 살아갈 천국에 대한 이해에도 관련되기 때문이다.

그러나 불멸한다는 것(그리스도 안에서 영원한 생명을 얻는다는 것)은 우리 속에 본래부터 존재하는 영혼의 불멸성을 말하는 것이 아니다.

독일의 오스카 쿨만(Oscar Cullmann)은《영혼불멸과 죽은 자의 부활》이라는 책에서 영혼불멸의 교리는 그리스 사상으로서 19, 20세기에 대중적으로 죽은 자의 부활이라는 성경 교리를 대신하게 되었고 이것은 심각하게 성경을 왜곡한 것이라고 설파했다. 성경은 죽은 자의 부활을 이야기하지 영혼불멸을 이야기하지 않는다.

예수 부활의 역사성을 거부하고 하나님이 역사의 마지막에 인간들을 죽음에서 일으키실 것을 의심하는 사람들을 논박하려는 것이었다. 그렇다고 해서 쿨만이 인간의 죽음과 부활 사이에 계속 존재하는 것을 부인하는 것은 아니다. 그가 부인하는 것은 일부는 기독교적이며 일부는 이교도적인 혼합 태도로서, 그 내용은 죽음은 원수가 아니라 친구이며 영혼을 몸에서 자연스럽게 해방시켜 완전한 죽음 뒤의 삶으로 즉각 옮겨 간다는 것이다.

죽음과 부활 사이에서 몸을 떠난 신자들은 그리스도 안에 잠자고 있으면서 몸의 부활을 고대하고 있다. 누군가가 고대하는 상태에 있으려면 먼저 존재해야 하는 것이 너무나 당연하다. 이 상태의 잠정적이고 불완전한 성격을 강조하는 것이다. 역사의 마지막에 인간의 몸이 부활할 때 우리의 몸은 완전해지는 것이다.

죽음과 그 후에 일어나는 일을 바르게 이해하려면 다음의 두 가지 극단을 피해야 한다. 하나는 영혼불멸 사상이다. 그에 따르면 영혼은 인간 존재에 본래적으로 선한 부분으로 온전히 살기 위해서는 몸에서 해방되어야 한다는 것이다. 또 하나는 몸이 죽으면 영혼도 존재하기를 완전히 그친다는 것이다. 그 이유는 영혼이 몸의 생물학적 생명일 뿐이기 때문이라는 것이다. 이 두 가지 입장은 어느 것도 성경적이지 않다.

하지만 불행하게도 기독교 신학은 영혼이 죽음과 부활 사이에서 비물질적, 비육체적 상태로 계속해서 존재한다는 성경의 진리를 표현하는 하나의 방법으로 영혼을 불멸하는 것으로 묘사해 왔다. 그러므로 신앙인들은 그들의 신앙을 묘사하기 위해 영혼불멸이라는 표현을 사용하지 않는 것이 좋다.

쿨만은 두 가지 극단적 오류 사이에서 균형을 끌어내고 있다.

> 신약 성경은 확실히 몸과 영혼, 또는 더 정확하게 말하면 겉사람과 속사람을 구별한다. 하지만 이 구별은 마치 한쪽은 선천적으로 선하고 다른 쪽은 선천적으로 악한 듯, 서로 대적하고 있음을 의미하지 않는다… 둘 다 함께 속했으며, 둘 다 하나님이 지으신 것이다. 겉사람 없는 속사람은 합당하고 온전한 존재가 되지 못한다. 속사람은 몸을 필요로 한다… 헬라의 영혼에 의하면 몸을 떠남으로써 완전한 삶에 이를 수 있다. 하지만 기독교 신앙에 따르면 몸을 요구하는 것이 속사람의 속성이다.[76]

이것을 정리하면 다음과 같다.

| 영혼의 불멸 | 몸의 부활 |
|---|---|
| 몸은 본래 악한 것으로 마땅히 버려져야 한다. | 몸은 본래 선한 것이지만 악에 의해 부패되었고, 따라서 구원받아야 한다. |
| 죽음은 친구이자 축복이다. 그것은 생명의 낮은 단계에서 높은 단계로의 이행이다. | 죽음은 원수이며, 죄의 결과다. 그것은 생명에서 멀어진 불완전한 상태로의 이행이다. |
| 모든 인간은 영혼의 불멸성을 그 자신 안에 가지고 있다. | 모든 인간은 심판을 받을 것이며, 그 결과대로 불멸의 생명을 받게 될 것이다. |
| 죽음 이후에 즉각적으로 완전히 복된 상태가 이루어질 것이다. | 완전히 복된 상태는 미래에, 부활 때에 이루어진다. |

| | |
|---|---|
| 불멸성은 물질세계에서 비물질세계로 옮겨 가는 것을 의미한다. | 불멸성은 이 시대에서 오는 시대로 옮겨 가는 것을 의미한다. |
| 영혼은 몸에 갇혀 있다. | 영혼은 몸에 속해 있다. |

부활은 천상의 존재로서 인간성이 없어지는 상태가 아니라 인간 존재가 회복되고 영화롭게 되는 것을 의미한다. 우리가 거할 곳은 새 하늘이며 동시에 새 땅이다. 우리는 그곳에서 순수하게 영적 존재로서 자기의 개성이 없는 것이 아니라 구체적인 몸, 부활의 영광스럽고 신령한 몸을 가진 모습으로 있게 될 것이다.

# 5장

## 기독교적 죽음이해

: 예수 그리스도를 믿는 자들의 죽음

예수 그리스도 안에 있는 자들에게
죽음은 새로운 의미로 다가온다.
죽음은 자연적 죽음을 넘어서서
부활을 향한 과정이며,
영생을 위한 관문이 된다.

기독교는 예수의 역사적 삶과 죽음, 그리고 부활 사건에서 비롯된 종교다. 이것이 그리스 사상과 만나고 바울과 아우구스티누스를 통해 더욱 체계화되고 교리화되었으며, 그로 인해 보편적이며 세계적인 종교로 발돋움하게 되었다. 2천 년을 지나오면서 1054년 성령론(聖靈論)의 문제, 곧 성령이 성부로부터 나오는가, 성자로부터 나오는가 하는 소위 필리오쿠에(Filioque) 문제[1]로 인해 동방교회와 서방교회가 분리된 이후, 16세기 말 루터의 종교개혁을 통해 로마 가톨릭교회와 개신교(改新教 : Protestant)가 서방교회 내에서 갈라져 존재하고 있다(최근에는 가톨릭을 천주교로, 개신교를 기독교로 부르는 경향이 있다).

가톨릭교회는 중세기 토마스 아퀴나스(Thomas Aquinas)에 의해 정초된 아날로기아 엔티스(Analogia Entis) 즉 존재유비(存在類比)라는 신학 원리를 근간으로 하는데, 이 원리는 초자연과 자연, 복음과 문화, 기독교와 다종교 간 이원적 분리를 강조하지 않고 양자 간의 본질적 유사성까지 존재한다는 이론을 지지하고 있다. 초자연은 자연을 부정하거나 폐기하지 않고 완성한다는 것이 그 핵심이다. 따라서 인간의 이성, 양심 등을 자연적 은총으로 강조한다.

반면 개신교는 아날로기아 피데이(Analogia Fidei) 즉 신앙유비(信仰類比)를 신학적 원리로 채택하고 있는 바, 초자연과 자연 간의 비연속성을 강조한다. 다시 말해 자연 그 자체는 타락해 있으며 오로지 예수 그리스도를 믿는 신앙 안에서만 하나님과 인간 간의 관계 회복이 가능하다는 것이다. 그러므로 인간의 이성과 양심 등의 자연적 은총보다는 예수 그리스도의 특별계시를 핵심으로 받아들인다.

여기서 기독교는 동방교회와 가톨릭, 개신교 모두를 포함한다. 그러나 같은 기독교 안에서도 개신교와 가톨릭의 죽음이해는 구분될 수 있다.

**개신교와 가톨릭의 죽음이해**

먼저 원죄론이다. 개신교는 인간의 전적 타락을 주장하는 데 반해, 가톨릭은 인간이 타락했지만 전적으로 타락하지는 않았다고 본다. 그러므로 가톨릭은 인간의 이성과 노력을 통해서도 하나님을 알 수 있는 가능성이 있다고 본다.

구원의 방법도 개신교는 오직 예수 그리스도 외에는 구원의 방법이 없다고 분명하게 말한다(행 4:12). 그러나 가톨릭은 마리아론(Mariology)과 잉여공덕설을 주장함으로써 예수 그리스도 이외의 존재도 구원에 영향력을 행사하며, 행위를 어느 정도 구원의 조건으로 인정한다.

사람이 죽는 이유도 개신교는 죄 때문이라고 생각하는 경향이 훨씬 우세하다. 그러나 가톨릭은 사람이 죄 때문에 죽기도 하지만 죽음 자체가 인간에게 자연적이라고 보는 경향이 많다(Karl Rahner).

죽음 이후에 있어서도 개신교는 연옥의 존재를 부인하며, 살아 있는 사람이 죽은 사람을 위하여 어떤 일도 할 수 없음을 분명히 한다. 그러나 가톨릭은 연옥의 존재를 인정하고, 살아 있는 사람이 죽은 사람을 위하여 뭔가를 할 수 있다고 말한다. 여기서 나온 것이 면죄부라는 사실은 역사가 증언하고 있다.

하나님에 대해서도 개신교는 삼위의 교통을 강조한다. 그러나 가톨릭의 삼위일체론은 군주론적이다. 이것의 흔적이 가톨릭 교회의 전반적인 제도, 특별히 교황 제도 안에 나타나 있다. 쉽게 말하면 성경은 그 내용을 절대로 가감할 수 없다(계 22:18-19). 가톨릭의 경우는 진리를 제한하는 것이 아니라 교회의 전통에 의해 진리의 내용을 보탠 것이라 할 수 있다.

이와 같은 차이점에도 불구하고 주기도문과 사도신경을 공유한다는 점에서 동방정교·가톨릭·개신교를 기독교라는 범주로 구분하며, 예수 그리스도를 통한 죽음이해라는 공통점을 가지므로 가톨릭의 죽음이해를 기독교의 죽음이해에 포함시키되 이 글에서는 주로 개신교적 입장을 중심으로 다루기로 한다.

## 1. 기독교의 죽음이해

### 핵심 교리 : 창조·타락·구원

전통적으로 기독교 교리의 내용은 조직신학에서 여섯 가지로 구분하여 설명해 왔다. 이것을 조직신학의 여섯 가지 기둥이라고 한다. 맨 먼저 하나님, 그다음에는 인간, 그다음에는 예수 그리스도, 구원, 교회, 마지막으로는 종말이다. 이것을 신론(神論)·인간론(人間論)·기독론(基督論)·구원론(救援論)·교회론(敎會論)·종말론(終末論)이라고 한다.

#### 신론: 하나님은 어떤 분인가?

"하나님의 수는 인간의 수만큼이나 많다"는 말이 있다. 사람들마다 생각하는 하나님이 모두 다르다는 뜻이다. 그러나 이 모든 것을 종합해서 간단하게 요약할 필요가 있다. 성경이 말하는 하나님은 어떤 분인가?

### · 창조주 하나님(창세기 1:1)

창세기 1장 1절은 "하나님이 세상을 창조하셨다"고 선포한다. 기독교 신앙을 요약한 사도신경 첫 부분에도 "나는 전능하신 아버지 하나님, 천지의 창조주를 믿습니다"(새사도신경)라고 나온다. 기독교 신앙의 기초가 하나님이 세상을 창조했다는 것이다. 하나님이 천지를 창조했다는 말은 '모든 것이 신'이라는 범신론을 거부한다. 또한 '저절로 진화하여 오늘에 이르렀다'는 진화론도 거부한다. 하나님이 목적을 가지고 천지를 창조했다는 말 속에는 보이는 모든 것의 존재 이유와 목적과 가치가 드러난다.

흔히 창조를 인정하면 과학과 모순된다고 생각한다. 그러나 창조와 과학의 관계는 모순이 아니다. 하나님이 세상을 창조하신 법칙이 과학적이다. 우주를 비신화화할 수 있었던 것은 창조 신앙 때문이었다. 여기서 과학이 발달했음은 주지의 사실이다. 인격적 창조, 지성적 창조를 말하고 있다. 무에서 유를 창조(creatio ex nihilo)한 것이다.

과학적(的)이라는 말과 과학주의(主義)는 다른 말이다. 하나님이 세상을 창조하신 원리가 과학적이다. 그러므로 과학은 연구되고 활용되어야 한다. 과학주의는 지금의 과학으로 증명되지 않는 모든 것을 부정하는 태도를 의미한다. 이것은 과학의 월권이다. 과학은 좋은 것이지만 한계도 있다. 과학은 사물의 목적과 원인을 설명할 수 없다.

### · 계시의 하나님(히브리서 1:1-2; 시편 19편)

하나님은 창조하셨을 뿐 아니라 그 사실을 우리에게 나타내는 분이다. 계시란 말은 '베일을 벗긴다'는 뜻이다. 덮여 있고 감추어진 것을 벗겨 내고 그 속에 있는 사실을 알게 하는 것이다. 계시에는 두 가지가 있는데 하나는 일반(general)계시이고, 또 하나는 특별(special)계시다. 일반계시는 자연과 역사와 인간의 양심이고, 특별계시는 기록된 말씀인 성경과 예수 그리스도, 그리고 선포된 말씀인 설교로 나뉜다.

일반계시의 목적은 '나는 이 세상의 주인이 아니며, 나보다 더 높은 존재가 있다'는 것을 보여 주는 것이고, 특별계시의 목적은 '그분과 나의 관계가 무엇인가'를 보여 주는 것이다.

브루스 데머리스트(Bruce Demarest)[2]는 이렇게 말했다.

> 일반계시는 하나님이 존재하시며, 하나님이 어떤 분이신지를 알게 해주는, 모든 시대와 모든 장소에서 모든 사람들에게 주어지는 신적인 계시로서, 삼위일체론·성육신·속죄론 같은 구원의 진리들을 전해 주지는 않지만 하나님이 존재하신다는 것과 하나님이 자기 충족적이고 초월적이며, 내재적이고 영원하시며, 권능이 있으시고 지혜로우시며, 선하시고 의로우시다는 확신을 전달해 준다.[3]

네덜란드 개혁교회의 대표주자인 벤저민 워필드(Benjamin B. Warfield)는 특별계시는 "깨어지고 기형이 되어 버린 죄인들을 그 죄와 죄의 결과들에서 구원하기 위해" 주어지는 데 반해, 일반계시는 "하나님을 인식하기 위한 피조물들의 자연적인 필요를 충족시키고 제공해 주기 위한" 것이라고 했다.[4]

일반계시는 초자연적이라기보다는 자연적인 것으로서 모든 인간 또는 인간 전체에게 주신 신적인 자기 계시를 가리킨다. 일반계시는 자연을 통해서(가시적인 자연 법칙들 및 인간 존재의 도덕적 본성을 통해서) 전달된다. 일반계시는 모든 사람들에게 전달될 수 있기 때문에 인간은 이성을 통해서 일반계시에 접근할 수 있다. 또한 일반계시는 구원과 관련된 것(salvific)이라기보다는 인식과 관련된 것(noetic)이다.

특별계시는 오직 특별한 방법으로, 또는 특정한 사람들을 통해 전달된다. 따라서 우리는 인간 이성의 자연적인 능력들을 사용해서는 특별계시와 접촉할 수 없다. 우리에게 일반계시를 풀 수 있는 열쇠를 주는 것이 특별계시다. 특별계시가 없다면 우리는 일반계시를 어떻게 해석해야 할지 알 수 없다. 우리를 안내해 주는 특별계시 덕분에 우리는 하나님이 지으신 작품을 분별할 수 있다.[5]

#### · 아버지 하나님(요한복음 1:12)

주기도문의 처음은 "하늘에 계신 우리 아버지"로 시작한다. 예수께서 가르쳐 주신 하나님은 '아버지 하나님'이다. 누가복음 15장의 탕자의 비유는 하나님의 사랑이 미치는 범위가 이스라엘을 넘어서는 것으로 묘사함으로써 하나님의 아버지 되심에 대한 가장 생생한 표현들 가운데 하나가 되었다. 하나님은 사람들이 죄 가운데 빠져서 하나님을 인정하기를 거부할 때조차도 모든 인간에게 계속해서 아버지로 행동하신다. 루터는 말했다. "하나님은 하나님으로 불리기보다 아버지로 불리기를 원하신다." 어떻게 하나님이 나의 아버지가 될 수 있는가?

그것은 하나님의 아들이신 예수 그리스도가 나를 위해 죽으셨다는 것을 믿고 고백할 때만 가능하다. 창조주로서(모든 살아 있는 것의 실존과 목적의 근거로서) 하나님은 모든 피조물들의 아버지다.

이 개념은 우리의 정체성을 어떻게 바라보아야 하는지 뿐만 아니라, 죄의 실재에 대한 이해를 위해서도 중요한 의미를 가진다. 하나님이 만유의 아버지가 되신다는 것은 죄란 근본적으로 합법적인 아버지를 부인하고 하나님이 의도한 가족적인 연합을 갈라놓는 것을 의미함을 말한다.

요약하면 하나님은 세상과 인간을 창조하신 분이고, 오늘도 여러 가지 방법으로 말씀(계시)하시며, 우리를 사랑하는 아버지라는 것이 기독교가 말하는 하나님 이해다.

**인간론: 인간은 어떤 존재인가?**

위에서 말한 하나님과의 관계에서 대답할 수 있다. ①하나님이 창조주이므로 인간은 피조물이다. ②하나님이 계시의 하나님이므로 인간은 들어야 하는 존재다. ③하나님이 아버지이므로 인간은 그의 자녀로 교제할 수 있다.

하나님은 이런 인간에게 사명을 주셨는데 그것은 세상을 돌보고 지키라는 것이다. 이것을 '청지기의 사명'이라고 한다. 인간은 하나님 안에서 그 명령을 따르는 가운데 자유로울 수 있다. 하나님과 인간의 관계가 상징적으로 나타난 사건이 선악과다. 선악과를 먹지 말라고 함으로써 하나님은 인간에게 '내 위에 나에게 명령하는 분이 있다. 나는 그분 안에서 진정으로 자유로울 수 있다'는 것을 알게 하신다.

그러나 인간은 범죄했다. 인간은 하나님의 명령을 어기고 선악과를 따 먹었다. 죄인 된 인간, 이것이 비참의 시작이다.

### 기독론: 예수는 누구인가?

이 문제는 기독론의 중심 주제다. 예수가 누구인가에 대한 두 가지 접근 방법이 있다. 하나는 '아래로부터의 방법'이고, 또 하나는 '위로부터의 방법'인데, 이것은 예수의 신성에 대한 주장이 예수 자신의 삶 속에서 어떤 역사적 토대를 가지고 있는가, 아니면 어떤 역사적 토대도 없는 단순한 신앙의 산물인가에 따라 나뉜다.

존 스토트(John Stott)[6]는 예수가 자신을 신적 존재로 주장한 내용을 네 가지로 요약했다. ①예수는 다른 사람들에게 겸손을 요구하면서도, 스스로를 가리켜 사람에게 영원한 생명을 주는 생명의 떡(요 6:35), 세상의 빛(요 8:12), 양의 문(요 10:7), 부활과 생명(요 11:25), 길이요 진리요 생명이며(요 14:6), 모든 사람들을 자기에게로 이끄실 자라고 가르쳤다(요 12:32). ②그의 이적들은 그가 독특한 신적 지위를 누리고 있다는 암묵적인 선언을 포함하고 있다. 물을 포도주로 변화시키고(요 2:6-11), 수천 명의 사람들을 먹이며(마 14:19-21, 15:35-38), 눈먼 자를 보게 하고(마 20:34), 죽은 자를 일으키심으로써 예수 그리스도는 하나님의 새로운 질서를 시작하고 있음을 확증하였다. ③전적으로 하나님께 속한 기능들을 수행함으로써, 예수는 자신이 신성을 지니고 있다는 것을 간접적으로 표현했다. 예수는 죄를 사하였는데(막 2:5-12), 유대인들은 이것을 신성모독이라고 해석했지만(막 2:7), 그는 생명을 수여하고 진리를 가르치며, 심지어 세상을 심판할 수 있는 그 자신이 가지고 있는 신적인 전권들이라고 말했다. ④마지막으로 예수는 종종 자기가 신성을 지니고 있다고 직접적으로 말했다. 자신을 "스스로 있는 자"라고 선언했다. 유대인들은 즉시 이것을 하나님을 가리키는 것으로 이해했다(요 8:51-59). 더 나아가 예수는 자기가 하나님과 하

나라고 주장했다(요 10:30).[7]

다시 말하면 그는 약속된 메시아이며, 인간의 죄 문제를 해결하기 위해 이 땅에 오신 하나님의 아들이다. 구약 성경에서 오실 메시아는 "고난받는 종"(사 53장)이라고 했다. 예수님은 자신이 죽기 위하여 왔음을 분명히 말했다(마 20:28). 세례 요한은 예수를 가리켜 "세상 죄를 지고 가는 하나님의 어린 양"(요 1:29)이라고 했다. 그가 인간이 되어야 하는 이유는 인간 스스로는 죄를 해결하기가 불가능하며, 동시에 인간이 아니고서는 인간의 죄를 담당할 수 없기 때문이다. 그러므로 하나님의 아들이 인간이 되어야 했던 것이다.

그의 십자가 죽음은 하나님 아버지의 뜻이었으며(마 26:42), 십자가는 인간의 죄를 사하기 위한, 과거의 짐승 제사를 완성하는 단 한 번의(once for all) 완전한 제사였다(히 7:27). 그것을 통하여 하나님은 죄가 얼마나 무서우며(롬 6:23), 그럼에도 불구하고 인간을 얼마나 사랑하였는가를 보여 주었다(롬 5:8). 부활 사건은 예수 그리스도의 주장이 옳았음을 증명하는 사건이었으며, 십자가 사건을 믿는 사람들을 의롭게 하는 사건이었다(롬 4:25). 부활하신 예수는 죽음을 극복하고, 새로운 생명을 보여 주었다. 그러므로 예수의 부활은 예수를 믿는 자들의 부활의 예표가 된다(고전 15:20).

그러므로 예수의 자기주장과 그 결과로서의 십자가 죽음, 그리고 부활 사건은 예수의 역사에 관한 지식인 '노티티아'(notitia)로 시작된다. 이 역사적 지식은 예수가 신성을 지니고 계시다는 것을 인정하는 영적인 동의인 '아센수스'(assensus)를 가져오며, '아센수스'는 '우리와 함께하시는 하나님'으로서 예수에 대한 신뢰인 '피두키아'(fiducia)로 변환된다.[8]

예수의 죽음과 부활에서 구약과 신약이 만나며(사 53:6; 막 8:31-32), 죄의 문제가 해결된다. 예수 안에서 하나님과 인간은 화목하게 되며(롬 5:10-11), 인간은 십자가와 부활에 참여함으로써 의를 얻고, 새사람이 되며(엡 2:14-15), 이제는 죄로 인한 죽음의 두려움이 사라지고 영생의 소망과 기쁨을 누리게 된다. 부활하신 예수는 다시 오실 것이다(계 22:20).

### 구원론: 구원이란 무엇인가?

하나님은 범죄한 인간을 그냥 버려두지 않았다. 여기서 구원이 이루어진다. 구원의 방법은 구약에서는 제사였다. 그러나 그 제사는 한계가 있었다. 하나님은 구원자를 보내어 인류의 죄를 해결하려고 했다.

그것이 바로 성자 하나님 예수 그리스도다. 자기 죄를 회개하고 예수 그리스도를 믿으면 구원을 받는다는 것이 기독교의 구원론이다.

### 교회론: 교회란 무엇인가?

교회는 건물도 아니고 조직도 아니다. 교회는 하나님의 구원을 공유하는 특별한 백성이다. 교부 히폴리투스(Hippolytus)는 말했다. "교회는 교회라 불리는 장소도 아니고, 돌과 흙으로 만들어진 건물도 아니다. 교회는 의(義) 가운데 살아가는 자들의 거룩한 총회다."[9] 신학적으로 말하면 교회는 계약 관계 속에 있는 백성이다. 어원적으로는 'ecclesia'(부름 받은 사람들)이다.[10] 하나님의 자녀로 부름을 받은 사람들의 모임을 말한다.

교회의 설립자는 예수 그리스도(마 16:18)이며, 교회의 머리도 예수 그리스도(엡 1:22)다. 그러므로 교회는 그리스도의 몸이다. 그리스도와 생명적인 연합을 이루고 있다는 뜻이다. "너희는 가서 모든 민족을 제자로 삼아 아버지와 아들과 성령의 이름으로 세례를 베풀고 내가 너희에게 분부한 모든 것을 가르쳐 지키게 하라"(마 28:19-20). 구원받은 백성들이 이 땅 위에서 하나님의 사람으로 살아가며, 그리스도의 남은 사역을 이곳에서 이루어 가기 위하여 세워진 것이다. 말씀 선포(kerygma), 교육(didache), 성도의 교제(koinonia), 봉사(diakonia), 이 네 가지는 전통적으로 교회의 사역이다.

세례는 교인이 되었다는 표시다. 세례를 통하여 그리스도와 연합한 자가 되고, 교회의 일원이 된다.

### 종말론: 마지막 때 어떻게 살아야 하는가?

종말론은 '마지막 때의 일에 관한 교리'다. 고전적인 구조 속에서 죽음과 부활, 세상의 끝과 심판, 영벌이나 영생 같은 미래에 속한 것들을 다룬다. 마지막이라는 말은 역사적인 순서에 있어서 마지막으로 오는 것을 의미한다. 또는 마지막이라는 말은 일련의 주제들 끝에 오는 것으로서 별로 중요하지 않은 것을 의미하기도 한다. 그러나 이러한 두 가지 해석 그 어느 것으로도 종말론의 의미가 분명해지지 않는다. 오히려 마지막이라는 말을 헬라어 telos(목표)가 과거에 지니고 있던 의미로 이해해야 한다. 종말론은 마지막 일들에 관한 가르침을 통해서 개개인의 삶, 인간의 역사, 피조 세계 속에서 활동하시는 하나님의 목표 또는 목적에 관하여 말하는 것이다.

이제는 과거에 유례가 없는 종말론의 부흥이 일어나고 있다. 왜냐하면 미래에 대한 희망의 문제가 인간의 실존 속에서 강력하게 요구되기 때문이다. 종말론은 성취를 약속하는데 현실은 그렇지 못하다. 이러한 곤궁한 상황에 희망을 주는 것이 종말론의 역할이라 기대할 수 있다.

흔히 말하는 미래학과 종말론은 다르다. 미래학은 오늘을 근거로 미래에 어떠한 일이 일어날 수 있는가를 예측하는 것이다. 그러나 종말론은 미래에 있을 하나님의 약속을 기점으로 해서 역으로 오늘을 바라보는 것이다. 죽음 이후에는 부활이 있고, 영원한 천국이 약속되어 있다. 이제 그곳을 향해 나아가는 사람들이 오늘을 어떻게 살아야 하는가, 어떻게 미래를 소망하며 그날에 하나님 앞에 설 것인가를 생각하며 오늘을 살아가는 것이 종말론적 삶이다. 조직신학의 여섯 가지 기둥을 요약하면 창조·타락·구원이며, 이것은 예수 그리스도를 통한 구원으로 압축될 수 있다.

## 세상과 인간 : 죄 때문에 신음하는 존재

인간이란 무엇인가? 이것은 모든 인생의 질문이다. 인간(人間)은 말 그대로 '사람들(人) 사이에서(間) 사는 존재'다. 다른 사람과 더불어 사는 존재라는 뜻이다. 영어로는 휴먼(human)인데 라틴어 휴무스(humus : 흙, 땅)에서 온 말이다. '흙에서 나온 존재'라는 뜻이다. 그러니까 인간은 '땅에서 나와, 함께 더불어 사는 존재'라는 의미가 된다. 성경에서도 하나님이 흙으로 사람을 지었다고 말씀한다.

동시에 인간에게는 수직적인 부분이 있다. 이것이 "하나님의 형상"(Imago Dei, 창세기 1:26-27)이다. 인간은 흙으로 빚어진 연약함이 있지만, 동시에 소중한 하나님의 형상을 가지고 있다. 그러므로 우리 인간은 갈등이 많으며, 하나님 안에서 안식을 얻기 전까지는 평안이 없다. 이 고백은 모든 사람의 마음속에는 하나님이 만들어 놓으신 빈 공간(vacuum)이 있다는 파스칼(Blaise Pascal)의 말 속에 그대로 반영되어 있다.

기독교의 인간 이해는 기본적으로 성경의 이해와 같다. 고전적인 입장은 이분설(二分說)을 지지한다. 이분설은 인간 존재는 비물질적인(또는 내적인) 자아와 물질적인(또는 외적인) 자아라는 두 개의 실체적 요소들의 산물이라고 주장한다.[11] 그들은 성경 속에서 몸을 혼·영과 대비시키는 구절들이 중요하며, 혼·영이 상호대체적으로 사용된다고 지적한다(예를 들면 창 35:18과 전 12:7; 히 12:23과 계 6:9; 창 41:8과 시 42:6; 요 12:27과 13:21; 마 20:28과 27:50 등).

삼분설(三分說)은 인간 존재가 세 가지의 실체들, 즉 영(spirit), 혼(soul), 육(body)으로 구성되어 있다고 전제한다. 영은 인간 존재 속에서 하나님을 알 수 있는 능력을 지닌 부분이다. 혼은 인격성이 자리 잡고 있는 곳이다. 따라서 혼은 우리의 지성, 감성, 의지를 포괄한다.

육은 신체적인 부분을 가리킨다. 지지자는 교부 이레나이우스(Irenaeus), 델리치(Franz Delitzsch) 등이 있으며 대중적으로는 워치만 니(Watchman Nee) 등이 있다.[12] 삼분설을 옹호하는 사람들은 "너희의 온 영과 혼과 몸이 우리 주 예수 그리스도께서 강림하실 때에 흠 없게 보전되기를 원하노라"(살전 5:23)는 바울의 축복문이 인간 존재의 삼분법적 구조를 잘 언급하고 있다고 본다.

그러나 최근 인간 존재를 하나의 복합적인 존재라고 설명하는 모든 인간론은 성경에 나오는 혼과 영이라는 용어가 결코 신체적인 몸에 내재하는 두 개의 구성 요소들을 지칭하는 것이 아니며, 또한 모종의 비물질적 실체를 가리키는 동의어들이 아니라 오히려 두 단어는 구분되어 있지

않은 전체(an undifferentiated whole)로서의 인간 존재를 가리킨다고 말한다.[13]

그런데 왜 현실적으로는 하나님과 교통하며 충만하게 살아가지 못하는가? 하나님의 형상을 만족시키지 못하는가? 바로 죄 때문이다. 죄가 무엇인지는 창세기에 나오는 선악과 이야기(창 2:15-17)를 보면 알 수 있다. 거기서 말하는 내용은 하나님의 존재를 인정하고, 그분의 말씀에 순종하며, 그분과 교제해야 한다는 것이다. 이것을 하지 않는 것이 죄의 본질이다.

성경에서 죄를 의미하는 용어는 히브리어로 '하타'(chatha)이고, 헬라어로는 '하마르티아'(hamartia)다. 똑같이 '과녁에서 벗어났다'는 뜻이다. 화살을 쏘았는데 표적을 벗어난 것이 어째서 죄가 되는가? 이 말의 기원이 고대의 수렵 사회에서 나왔다는 것을 생각하면 이해하기 쉽다. 활 쏘는 사람이 잘못 쏘아서 목표물을 명중시키지 못했을 때, 그것으로 끝나는 것이 아니다. 이제는 목표물이 되었던 적들이나 짐승들의 공격을 받아서 활을 쏜 그 사람이나 동료들이 위험에 처하게 된다. 더 나아가서 누군가가 그 화살을 맞고 죽을 수도 있다. 다시 말하면 목표물을 명중시키지 못했을 때 자신과 공동체의 안전과 생명이 위태로워지는 것이다.

여기서 죄의 의미가 나타난다. 죄란 하나님이 창조하신 원래의 목적에서 이탈한 것, 그래서 하나님이 원하시는 모습대로 될 수 없는, 즉 인간을 향한 하나님의 의도를 충족시킬 수 없는 결과를 가져온다. 존재의 의미를 상실하거나 지킬 수 있는 생명을 지키지 못하게 된 것이다.

동양인들은 죄를 어떻게 생각했는가? 한자로 죄(罪)라는 말은 그물 '망'(罔) 밑에 아닐 '비'(非)자가 합쳐진 말이다. '비'(非) 자는 날아가는 새가 서로 등지고 있는 모습을 본뜬 것이다. 각기 날아가려는 방향이 다른 것은 서로의 뜻이 맞지 않는다는 의미이므로 '아니다'라는 뜻이 되었다. 어째서 이 두 글자가 모여서 죄가 되었는가? 두 마리 새가 서로 다른 방향으로 날아가려다가 그만 그물에 걸렸다. 마음을 같이해야 할 존재들이 머리 위로 그물이 씌워지는 것도 모르고 서로 갈등하다가 사로잡힌다는 뜻이다.

그러므로 죄란 어떤 구체적인 행위를 나타내기보다는 인간이 추구해야 할 진정한 목표인 하나님을 떠나서 다른 것을 향해 각자 제멋대로 나가다가 실패하거나 생명을 잃어버리는 존재론적인 것이다. 목표가 올바르고 정확해야 하며, 그것을 향해 한마음이 되어야만 살 수 있는데, 절대적인 하나님을 상대화시키고 내가 무슨 짓을 해도 내 삶에 영향력을 발휘할 수 없는 무력한 존재처럼 생각하고, 철저하게 나의 관심을 최우선순위에 두다가 생명을 잃는 것이 죄의 본질이다.

그 근본 원인은 인간 속에 있는 '휘브리스'(hubris : 교만)다. 휘브리스는 인간이 자기가 피조물임을 잊어버리고 하나님과 동등하게 되려는 시도다. 스코틀랜드 출신의 목사이자 기독교 저술가인 바클레이(William Barclay)는 휘브리스를 "사람으로 하여금 하나님을 멸시하게 만드는 교만, 다른 사람들의 마음을 짓밟게 만드는 오만한 경멸"이라고 정의했다.[14]

루터는 말했다. "성서에서 말하는 죄는 단지 육체의 외적 행위들을 의미할 뿐 아니라 사람들로 하여금 그런 행위들을 행하도록 충동질하는 모든 것들, 즉 가장 내적인 중심을 가리킨다." 즉 마음 깊은 곳에 있는 불신앙을 의미한다. 그는 아우구스티누스처럼 '자기중심성'(egocentricity)을 모든 죄의 시작으로 묘사했다. 자기중심성은 자기가 없어져야 한다는 것을 의미하지 않는다. 나는 독특하고 가치 있는 존재다. 그러나 내 속에 하나님과의 관계를 거부하고 내가 항상 옳으며, 내가 세상의 중심이라고 생각하는 구조는 잘못된 것이다. 자기중심성은 자기 자신의 것을 추구하고 하나님과 사람들로부터 그들에게 속한 것을 취하며, 자신이 소유하고 존재하며 할 수 있는 바의 어떤 것도 하나님에게나 사람들에게 주지 않는다.

그러나 인간은 적어도 죄의 진정한 본성과 깊이에서는 스스로의 힘으로 자신의 죄성을 이해하지 못한다. 인간이 본성상 죄에 대해 부분적인 지식을 가지고 있다는 것은 일반적으로 인정되지만 하나님의 말씀과 성령의 조명 없이는 하나님이 요구하시는 정도로 충분히 알 수 없다. 인간에게 죄는 그의 마음과 내적 불순함의 깊이에 감추어진 채로 있다. 불신앙이란 얼마나 깊은 심연인가? 인간이 그것의 깊이를 충분히 이해하고 스스로 그것을 표현하는 일이 어떻게 가능하겠는가!

자연적 인간은 자기가 죄인이라는 말을 못 견뎌 한다. 그래서 죄라는 말보다 실수(fault)라는 말을 좋아한다. 그러나 인간이 죄인이라고 강조하는 것은 공격하기 위함이 아니라 인간의 실체를 알아야만 고칠 수 있기 때문에, 문제 해결을 위한 것이다. 성경은 말한다. "의인은 없나니 하나도 없다"(롬 3:10). 이것이 인간에 대한 하나님의 평가다. 이 죄 때문에 인간은 신음하고 죽는다. 죄가 죽음의 원인이다. 그 안에서 자연은 어떠한가? 하나님이 만드신 아름다운 자연도 죄 안에서 신음한다(롬 8:19-23).

## 죽음이란 무엇인가 : 하나님의 부르심

죽음이란 창조주 하나님이 이 땅에 보내신 인간을 오라고 부르시는 것이다. 바르트(Karl Barth)[15]의 말을 빌면 '하나님의 소환장'이다. 사람들은 죽음을 자연적인 사건으로, 모든 피조물의 무상함의 특별한 예로 이해한다. 그들은 죽음을 너무 심각하게 생각하지 말라고 충고한다. 그러나 죽음을 가장 잘 이해하려면 성경을 보아야 한다. 성경은 죽을 때 진정으로 발생하는 것에 대해 우리의 눈을 열어 준다.

죽음은 생물학적 현상 그 이상이다. 그것은 인간의 실재이고, 이것이 인간의 삶을 식물과 동물의 것과 구별시켜 준다. 식물과 동물은 하나님의 진노 때문이 아니라, 하나님이 세우신 자연 질서에 따라 마지막에 이른다. 그러나 인간의 죽음은 무한하고 영원한 고통이며 진노다. 왜냐하면 인간은 하나님과 영원한 교제 속에서 살고 죽지 않는, 하나님의 형상으로 창조된 피조물이기 때문이다.

인간의 죽음은 하나님에 의해 창조된 자연적 과정의 결과만이 아니다. 죽음은 오히려 '하나님의 진노를 통해 그에게 부과되고 시행된' 것이다. 이것이 바로 인간이 죽음에 부딪혀 기겁을 하며 물러서고, 다른 생물이 경험하지 못하는 종류의 공포를 체험하는 이유다. 우리는 우리의 죽을 운명을 하나님과 인간 사이의 관계 안에서 신학적으로 이해해야 한다. 이 관계가 결정적이고 포괄적인 인간의 운명이기 때문이다.[16]

루터는 단순히 육체적 죽음이나 생명 자체의 소멸을 생각하는 것이 아니라, 생명의 인격적 중심과 깊이에 우리의 관심을 고정시킨다. 죽음에서 우리는 심연의 끝에 서 있고 '이생의 확실하고 안전한 끝에서 심연으로 뛰어들어야' 한다. 우리는 마치 발을 디딜 수 있는 토대와 터를 보지도 느끼지도 못하는 것처럼 그렇게 해야 한다. 우리는 하나님 한 분에게 모든 것을 걸고 맡긴다. 따라서 어느 누구도 두려움과 전율 없이 죽음을 대면할 수 없다. 그러므로 기독교인의 관점에서 볼 때 참으로 두려워해야 할 대상은 죽음 그 자체가 아니라 죽음에서 대면하는 하나님이다. 죽음의 권세는 하나님의 '부정의 힘, 심판의 힘'이기 때문이다. 죽음에게 부정적인 권세를 허락하며, 동시에 죽음의 권세를 무장 해제시키는 분도 하나님이다. 죽음은 항상 죄와 율법과 함께 나타나는데 이것은 다음과 같은 것을 의미한다. 죄인들은 그가 죽을 때 하나님이 진노하시며 인간에게 말씀하시는 '부정'을 체험한다.[17]

오직 그리스도인들과 하나님을 경외하는 사람들만이 이러한 죽음의 깊이를 완전히 안다. 루터는 다음과 같이 말했다.

> 우리의 죽음은 다른 생물의 죽음뿐 아니라 다른 사람들의 고통과 죽음보다도 더 무서운 것이다. 에피쿠로스가 죽을 때 어떻게 되었는가? 그는 하나님이 계신 것을 알지도 못하고, 자기 자신의 곤경을 이해하지도 못하고, 그가 체험하고 있는 재난을 인식하지도 못했다. 그러나 그리스도인과 하나님을 경외하는 사람들은 그들의 죽음을, 이생의 다른 모든 곤경과 함께 하나님의 진노와 동일하게 보아야 한다는 것을 안다. 따라서 그들은 그들의 구원을 유지하기 위하여 진노하시는 하나님과 싸우지 않을 수 없다는 것을 발견한다. 오직 그리스도인들만이 하나님의 말씀에 의해 깨달음을 받아, 하나님 앞에서 자기 처지를 알고 그의 인간성을 완전히 이해하게 된다. 따라서 그리스도인들만이 하나님의 진노, 율법 전반에 대한 것뿐만 아니라 죽음의 운명을 완전하게 깨닫는다.[18]

그러나 그리스도인은 하나님의 율법 아래 있을 뿐만 아니라 동시에 복음도 듣는다. 이 복음은 죽음을 포함하여 모든 하나님의 진노의 체험을 변화시킨다. 교만하고 하나님께 거역하는 사람은 죽음의 파괴적 체험에서 그에게 말씀하시는 하나님의 부정을 만난다. 그러나 그가 죽음의 체험 아래서 자신을 낮추고 하나님이 복음 안에서 제공하시는 긍휼로 피할 때 그는 '부정' 아래서 또한 그리스도 안에서 베푸시는 하나님의 위대한 '긍정'을 받게 된다. 하나님이 거절하시는 정죄의 부정은 하나님이 은혜롭게 방문하시는 아버지 마음의 부정으로 전환되는 바, 이것은 죽음을 통해 그에게서 오랜 악한 본성을 제거하고 그리스도를 통해 새로운 본성을 제공한다. 죽음은 "그의 자식에게 벌을 주기 위해 사용되는 아버지의 채찍"이 된다.[19]

그러므로 죽음은 그리스도인들이 세례받을 때 받은 하나님의 약속, 즉 그들의 죄가 죽음에 처해지는 것을 성취한다. 이것은 이 땅의 삶에서 하나님이 인간에게 부여하신 과제와 고난을 통해 시작되지만, 육체가 죽을 때에야 비로소 완성된다. 따라서 모든 것은 그리스도인이 기꺼이 죽음으로써 죽음의 은혜로운 의미를 시인하는 사실에 달려 있다. "죽음에서 일어날 수 있는 최선의 것은 우리 의지가 그것을 받아들이는 것이다."[20]

그러나 어떤 사람도 혼자 힘으로 죽음을 받아들일 수 없다. 그는 그리스도가 완전한 순종 가운데서 견디신 죽음의 힘에 의해서만 죽음을 받아들일 수 있다. 하나님은 인간을 그 자신과 죽음에서 자유롭게 하기 위해 인간의 죽음을 사용하시기 때문에, 그리스도인은 죽음을 두려워하는 것이 아니라 간절히 사모한다고 고백한다. 그의 모든 죄가 그치고 하나님의 뜻이 완전하게 그 안에서 실현될 수 있도록, 죽기를 소원하는 것이다. 따라서 죽음의 율법은 그리스도인에게 복음의 한 형식이 된다. "그러므로 이전에 죄의 벌이던 죽음은 이제 죄를 치료하는 수단이다. 따라서 그것은 이제 복되다."[21]

이것이 신앙이 복음의 빛 안에서 보는 죽음이다. 율법의 소리는 "생명 한가운데서 우리는 죽음 안에 있다"고 말한다. 복음의 소리는 "죽음 한가운데서 우리는 생명 안에 있다"고 말한다. 그러나 그리스도인은 다만 아직 율법 아래 서 있고 율법의 소리를 듣는 사람으로서만 복음의 소리를 듣는다. 만일 이것이 전반적으로 신앙에 해당되는 사실이라면, 그것은 특별히 죽음에 직면해서 사실이다. 그것은 여기서 또한 신앙이 끊임없이 반복하여 율법 아래에서 죽는 죽음의 실재에서 오는 유혹을 극복해야 한다는 것을 의미한다.[22]

다시 말하면 그리스도인은 죽음을 단번에 복음의 빛 안에서 보지 못한다. 그는 오히려 죄인으로서 끊임없이 율법 아래 서 있고, 그래서 죽음을 율법의 빛으로 바라본다. 이러한 어려움 속에서 그는 끊임없이 복음과 복음이 죽음에 주는 의미를 거듭 적용해야 한다.

루터는 그리스도인만이 다른 모든 사람들이 체험하지 않는 방식으로, 죽음을 무시무시한 것으로 체험한다고 말했다. 그리스도인만이 하나님의 진노를 알고, 뚜렷한 의식을 가지고 죽을 때 그것에 직면하기 때문이다. 다른 모든 사람들과 달리, 그들은 완전히 하나님의 율법에 정신이 곤두서 있다. 그러나 한편으로는 정반대다. 그리스도인은 죽음을 맛보지도 보지도 않는다. 즉 그는 죽음을 느끼지도 못하고, 죽음에게 겁먹지도 않으며, 다만 잠드는 것처럼 정말로 죽지 않는 것처럼 조용하고 평화롭게 죽음으로 들어간다. 그러나 불경건한 사람은 죽음을 느끼고, 영원히 죽음의 공포에 질린다.

루터는 전자와 후자를 모두 말했다. 이것은 신앙이 끊임없이 첫 번째 입장에서 나오고, 항상 두 번째 입장으로 끝난다는 것을 의미한다. 지상에 있는 동안, 죄인으로서 그리스도인은 하나님의 진노와 율법에서 나오는 이러한 갈등을 피할 수도 없고, 그래서도 안 된다. 오히려 끊임없이 용서하고 구속하시는 하나님의 긍휼의 약속을 통해 그리스도의 복음으로 부름 받고 이끌림 받도록 해야 한다.[23]

## 죽음 이후 : 부활을 기다림

죽음 이후에 예수 그리스도 안에서 새로운 삶이 있을 것이라는 확신은 반드시 죽어야 하는 우리 모두를 위한 진정한 위로다. 예수의 부활은 그의 소유가 된 모든 사람들의 몸의 부활을 약속한다. 머리이신 그리스도의 부활을 통하여 보편적 부활의 가장 큰 부분이 이미 실제로 일어났다. "하나님은 죽은 자의 하나님이 아니요 살아 있는 자의 하나님이시니라"(마 22:32). 그러므로 우리는 하나님 안에서 살아 있는 것이다.[24]

전통적 교리는 죽은 자의 영혼이 있는 공간적 위치에 대해 많이 말했다. 중간 상태의 공간적 지도가 사용되었다. 루터는 그 지도를 아주 예리하게 비판하고, 지리적 논의에서 신학적 논의로(신앙 안에서 죽는 모든 사람이 하나님의 말씀과 그리스도의 약속 안에서 그들의 자리를 갖고 있다는 신학적 토론으로) 나아갔다.[25] 그러므로 루터는 하나님과 그리스도의 말씀에 의지하여 "그가 죽을 때 어디 있을까?" 하는 질문에 대하여 그리스도의 품 안에서 안식하고 있다고 말했다.

인간의 영혼은 마지막 날 하나님을 온전히 뵐 때까지는, 하나님의 말씀이 아니고는 머물 만한 안식의 장소가 없다. 우리는 죽을 때, 용기를 내어 강한 믿음으로 "나를 믿는 자는 영원히 죽지 아니하리니"(요 11:26)라는 그리스도의 말씀에 우리 자신을 던지고 죽어, 그 말씀 위에서 잠이 들고, 그래서 마지막 날까지 그리스도의 팔 안에서 보존되어야 한다.[26]

구약의 조상들은 아브라함의 품 안에서 안식하고 있다. 그것은 아브라함에게 주어진 약속의 말씀이다. 그러므로 그리스도의 탄생 이전에 살던 모든 조상들은 아브라함의 품으로 갔다. 그들은 하나님의 말씀을 굳게 믿고 죽었고, 모두 잠들어 있으며, 이 말씀 안에서 보전되고 보호받고 마지막 날까지 이 말씀이 가슴인 것처럼 그 안에서 잠을 잔다.[27]

또한 교회는 이 중간 상태의 기대를 시간적 관계로 조정하려고 시도했다. 개인의 죽음과 그가 새로운 육체를 받게 될 마지막 날 사이의 시간적 중간이라고 생각했다. 그래서 몸과 영혼을 이원론적으로 생각했고, 죽음에서 영혼이 분리되어 구원받은 사람들을 위한 장소와 멸망한 사람들을 위한 장소에서 살거나, 일종의 그 중간에 있는 집에서 몸이 없는 상태로 계속 산다고 생각했다. 어떤 사람들은 죽은 후에 즉각 하늘이나 지옥으로 들어간다고 주장했다. 축복받은 영혼들은 이미 그리스도와 함께 있어 영생에 참여하고 있고, 마지막 날 몸의 부활을 통하여 그들의 상태를 강화할 뿐이다. 영혼은 영화롭게 된 상태로 그들의 몸을 받을 것이고, 이것이 그들의 구원을 완전하게 만든다.[28]

그러나 이 두 번째 요인은 강조하지 않았고, 오직 첫 번째 요인 즉 영이 진정으로 살아 있어 이미 부활 이전에 복을 받았다는 것만 강조했다. 이것 때문에 마지막 날의 의미가 약화되었는데, 왜냐하면 영혼이 이미 마지막 날 오래전에 결정적으로 중요한 모든 것을 받았기 때문이다. 그 결과 종말론적 긴장은 더 이상 예수의 재림을 향해 있지 않는다. 이것과 신약 성경의 소망 사이에는 아주 큰 차이가 있다.[29]

베르카우어(G. C. Berkouwer)[30]는 중간 상태에 관한 교리의 일차적인 관심은 "죽음조차도 신자들을 그리스도와의 친교에서 분리할 수 없다는 약속의 현실성에 있다"는 결론을 내렸다.[31] 독일의 신학자 헬무트 틸리케(Helmut Thielicke)는 "여기에서의 강조점은 죽음 이후에 계속 살아남는 나 자신에 속한 어떤 특성이 아니라 나를 버리시지 않는 주님의 성품에 있다"고 했다.[32]

연옥의 문제에 대하여 제2차 바티칸공의회 이전의 교의학자 슈마우스(M. Schmaus)는 연옥에 관한 성서적 근거로 마카비2서 12장 40-46절을 말한다. 하지만 사실 그 본문은 연옥에 대해 말하지 않으며, 마태복음 12장 32절에서 피안의 세계에서도 죄를 용서받는다고 추론하지만, 이 또한 성서적 근거가 희박하다. 또한 연옥에서 인간은 도덕적 완성을 이루어 하나님을 보게 된다지만, 그 어떤 사람도 자신의 능력과 공적과 업적으로 하나님 앞에 의롭게 될 수 없으며, 오히려 은혜로 말미암아 그리스도 때문에 신앙을 통하여 하나님 앞에서 의롭게 된다. 그리스도의 피가 신자들의 죄에 대한 유일한 보상이며 유일한 속죄, 유일한 정화다.

종교 개혁자 칼뱅(Jean Calvin)[33]은 말했다.

> 연옥은 그리스도의 십자가를 수포로 돌아가게 하며, 하나님의 자비에 참을 수 없는 모욕을 가하며, 우리의 신앙을 뒤집어 부숴 버린다. 그 자들

(가톨릭교회)의 이 연옥은 죽은 후에 죽은 사람의 영혼이 죄에 대한 보속을 치른다는 뜻이 아니고 무엇인가? 그러므로 보속이라는 생각이 부숴지면 연옥 자체도 송두리째 뽑히고 만다. 우리가 이미 설명한 바와 같이, 그리스도의 피가 신자들의 죄를 위한 유일한 보속과 유일한 속죄와 유일한 정화라는 것이 분명하다면 연옥은 그리스도에 대한 무서운 모독에 불과하다고 말할 수밖에 없지 않은가?[34]

연옥설의 또 다른 문제점은 살아 있는 사람이 드리는 중보기도나 헌금을 통하여 죽은 사람의 운명을 바꿀 수 있다는 생각이다. 면죄부를 팔았던 요한 테첼(Johann Tetzel)의 말은 연옥설의 문제점을 잘 드러내고 있다. "여러분이 그들을 구원할 수 있다는 것을 잊지 마십시오. 여러분의 돈이 상자에 떨어지는 소리가 들리는 순간, 그들의 영혼이 연옥에서 나올 것입니다."

연옥의 교리가 죽은 사람들과 살아 있는 사람들의 연대성을 회복하는 기능을 한다는 측면에서는 장점이 될 수 있으나 오직 믿음을 통하여, 오직 은혜로 말미암아, 오직 예수 그리스도를 통하여 구원을 받는다는 원칙에는 분명히 모순된다. 그러므로 연옥설은 성경과 복음에 의한 것이 아니라 교회의 관습을 정당화하기 위해 존재하는 것으로 생각할 수 있다.[35]

루터는 처음에는 죽은 사람들의 상태에 대해 확실한 생각을 갖지 못했으나, 나중에는 그것을 의식과 지각이 없으며, 깊고 꿈이 없는, 공간과 시간을 벗어난 잠으로 표상했다. 그는 인간학적으로 현재에서 미래를 생각한 것이 아니라, 오히려 종말론적으로 미래에서 현재를 생각했다. 죽은 사람들이 마지막 날 그리스도에 의하여 부활될 때, 그들은 어디에 있었는가도 알지 못하고 얼마나 오랫동안 그들이 죽어 있었는가도 알지 못할 것이다. 마지막 날 갑자기 부활할 것이며, 어떻게 죽음 속으로 들어갔고 어떻게 죽음에서 깨어났는지 알지 못할 것이다. 마지막 날에 하나님은 영혼을 떠난 육체만이 아니라 온 인간을 깨우실 것이다.[36]

죽음을 '잠'으로 이해하는 것은 두 가지 의미를 가진다. 첫째, 죽음이 그 힘을 잃어버렸다는 뜻과 둘째, 죽음은 마지막이 아니라는 뜻이다. 죽음은 인간에 대한 그 힘을 부활하신 그리스도에게 주어 버렸다. 물론 신자에게 죽음은 그 형태를 가지고 있지만, 그 힘을 더 이상 갖고 있지는 않다. 죽음은 끝이 아니라 부활로 향하는 문이다. 루터는 머리와 몸의 상(像)을 가지고 죽음과 부활을 출생의 과정에 비유한다. "머리는 이미 나왔으며, 그다음 머리를 잡아당김으로써 몸이 뒤따라 나올 것이다. 그리스도는 영원한 생명으로 이미 거듭 태어났으며, 그에게 속한 사람들이 그의 뒤를 이을 것이다."[37]

죽은 사람들은 하나님의 시간 속에 있다. 인간이 죽음에서 부활에 이르기까지는 바로 한순간이다. 그리스도는 자기와 함께 십자가에서 죽은 사람에게 3일 후에 혹은 마지막 날이라고 말하지 않고 '오늘'이라고 했다. "오늘 네가 나와 함께 낙원에 있으리라"(눅 23:43). 이것이 하나님의 영원한 오늘이다.[38]

잠을 자고 있지만 죽음 속에서 인간 전체가 폐기된다거나 죽음 속에서 인간의 정체성이 중지된다고 말할 수는 없다.[39] 죽음은 인격 전체의 끝이 아니다. 죽음 안에서 하나님이 인간과 맺은 관계는 소멸하지 않고 존속한다. 죽음을 통하여 인간은 시간적으로 제한된 삶에서 불멸의 삶으로 변화되며, 제한된 현존재에서 현재적인 현존재로 변화된다. 죽음은 인간의 영을 시간적 제한과 공간적 제한에서 자유롭게 한다.

기독교 종말론의 중심은 인간의 자아도 아니고, 이 세계도 아니다. 그것은 그리스도 안에서 우리에게 미래를 열어 준 하나님이다. 그리스도는 그 자신이 '길'이다. 그러므로 모든 기독교의 종말은 그리스도 안에서 하나님의 미래가 앞당겨오는 것을 말하는 동시에 '종말론적 유보'(Vorbehalt)라고 불리는 거리를 지닌다. 그리스도는 죽은 사람들로부터 이미 부활하였으나, 우리는 아직 부활하지 못했다. 그리스도는 은혜의 힘을 통하여 죄의 세력을 분쇄했으나, 죽음의 지배권은 아직 끝나지 않았다. 우리는 그리스도 안에서 하나님과 화해했지만, 아직도 구원받지 못한 세계 속에서 살고 죽으며, 이 세계와 함께 새 창조를 동경한다.

그리스도의 부활과 죽은 사람들의 보편적 부활 사이에 시간이 존재한다. 이 중간 시간은 대기실처럼 비어 있는 것이 아니라, 살아 있는 사람들과 죽은 사람들에 대한 그리스도의 통치를 통하여, 그리고 생동케 하는 성령의 경험을 통하여 차 있다. 그리스도의 통치는 그의 죽음과 부활과 함께 시작된다. 그가 죽음을 폐기하고 죽은 사람들을 부활시키며 마지막으로 그의 나라를 아버지에게 넘겨줄 때(고전 15:28) 완성될 것이다.

## 구원의 방법 : 예수를 믿음으로 의로워짐(이신칭의)

### 인간은 어떤 상태인가?

인간은 죄인이며 전적으로 타락했다. 성경은 "죄의 삯은 사망"(롬 6:23)이라고 말한다. 여기서 인간은 스스로 벗어날 수 없다. 구원은 인간의 내재된 힘이나 자기 수양으로 이루어지는 것이 아니라 외부에서, 즉 하나님에게서만 올 수 있다. 이것을 '밖에서 온 의'(alien righteousness)라고 한다. 인간은 오직 그리스도로 말미암은 하나님의 무상의 은혜를 통해 그에게 수여되고 주어지는 것을 받을 수 있을 뿐이다. 즉 우리 밖에서(extra nos), 우리를 위해서(pro nobis) 구원의 힘이 와야 한다. 우리 밖의 무한한 힘을 가진 초월자로부터 우리를 위해 오는 것이어야만 한다. 물에 빠진 자가 스스로를 건질 수 없고, 밭이 아무리 좋아도 씨를 밖에서 뿌려야만 열매를 맺을 수 있다. 복음은 바로 하나님께서 우리 밖에서 우리를 위하여 오셔서 구원을 이루셨다는 기쁜 소식이다. 이 과정에서 인간은 완전히 수동적이며, 그것에 대해 아무것도 할 수 없다.[40]

**누가 구원할 것인가?**

어떤 존재가 인간에게 구원을 줄 수 있는가? 인간 자신이 할 수 없다. 하나님이 해야 한다. 그러나 하나님은 죽을 수 없다. 그러므로 C. S. 루이스의 말처럼 "하나님이 죽지 않는 한 우리는 그의 죽음을 나누어 가질 수가 없다. 그리고 하나님은 인간이 되지 않는 한 그는 죽으실 수 없다."[41] 그러므로 하나님이 인간이 되어 오셔야 한다. 그분이 메시아다. 인간이 되어 오신(성육신) 하나님이 예수 그리스도다. 그분만이 가능하다.

찰스 템플턴(Charles Templeton)[42]은 예수 외에는 "천하 사람 중에 구원을 받을 만한 다른 이름을 우리에게 주신 일이 없음이라"(행 4:12)는 성경의 주장을 '참을 수 없는 오만'[43]으로 보았다. 세계적인 생태신학자이자 여성신학자인 류터(Rosemary Radford Ruether)는 그것을 '허무맹랑한 종교적 쇼비니즘'이라 못 박았고,[44] 인도의 철학자 스와미 비베카난다(Swami

Vivekananda)는 1893년 '세계종교회의'에서 힌두교도는 모든 종교를 진리로 받아들인다며, "다른 사람을 죄인이라고 부르는 것이야말로 진짜 죄"라고 말했다.[45]

그러나 하나님이 이 세상에서 가장 간절히 원하는 것은 사람들을 용서하고, 그 사람들이 본연의 모습으로 돌아가는 것이다. 그러나 용서하려고 하는 하나님의 사랑이 완전한 정의를 부정하는 것은 아니다. 그렇다면 누군가가 죄과를 지불해야 한다. 하나님의 정의가 그것을 요구하기 때문이다.

오직 두 가지 방법이 있을 뿐이다. 사람들이 스스로 죄과를 치르게 할 수도 있다. 그러나 이것은 만들어 낼 수 없고 불가능하다. 또 다른 선택은 하나님이 직접 그 벌을 받는 것이다. 창조주가 자신이 창조한 사람을 대신해서 직접 죽음이라는 벌을 받으면 완전한 정의를 만족시킨다. 이것은 루이스의 말처럼 인간이 상상할 수 없는 이야기다.[46]

그러나 이것이 역사 속으로 들어왔다. 어떻게 알 수 있는가?

예수만이 인간을 구원할 수 있는 유일한 존재라면 우리가 어떻게 그것을 알 수 있는가? 예수의 삶과 죽음과 부활, 이 세 단계를 통하여 알 수 있다.[47]

먼저는 성경의 예언이 있다. 이사야서 42-53장의 이른바 '고난받는 종의 노래'에는 배역한 이스라엘을 위해 여호와의 종이 그들을 대신하고 대표하여 자기 목숨을 버려 속죄하는 역할을 감당한다는 내용이 나와 있다. 이사야가 예언한 대로 죄인들을 위해 대속의 죽음을 감당함으로써 그들의 죄 사함을 이루어(사 53장) 새 언약을 세우고, 그럼으로써 새로운 하나님의 백성을 창조하는(사 42:6, 49:8) '고난받는 종'의 역할을 감당하는

것이다. 그래서 예수는 자기를 지칭하는 용어를 '인자'(人子)라고 했다.[48]

여기서 인자란 다니엘서 7장 13절에서 다니엘이 환상 가운데 본 '사람과 같이 생긴 신적 존재'로, 종말 때에 하나님의 진정한 백성의 대표라는 뜻이다. 그러니까 예수께서 자기를 '그 사람의 아들'이라고 한 것은 자기가 바로 다니엘의 환상 가운데 나타난 하나님의 아들들을 창조하고 대표하는 분임을 나타낸 것이다. 예수는 이 두 예언을 종합하여 자기가 오신 목적을 나타냈다. "인자가 온 것은 섬김을 받으려 함이 아니라 도리어 섬기려 하고 자기 목숨을 많은 사람의 대속물로 주려 함이니라"(막 10:45).

이사야서 53장에 예언된 대로 죄인들을 위해 '대신적이고 대표적인 죽음'으로 말미암아 이사야서 42장 6절에 예언된 대로 새 언약을 세워서 하나님의 진정한 백성을 창조하고 대표하는 바로 '그 사람의 아들'(단 7:13)과 같이 나타난 하나님의 아들이라는 것이다. 예수는 자신을 다윗과 같은 군사적, 정치적 메시아가 아니라 종말에 진정한 하나님의 백성을 창조하는 메시아로 왔다는 것을 나타냈다.

그러나 그는 십자가에 죽었다. 그런데 부활이 일어났다. 이 부활 사건은 여러 가지를 우리에게 가르쳐 주지만 그중에 가장 근본적인 것은 '예수가 옳았다'는 선포다. 하나님이 예수를 부활시켰다는 것은 예수가 옳음을 의미한다. 그가 하나님의 아들이라는 주장이나 그가 우리에게 구원을 베푸는 구원자라는 주장이 옳았다는 것이다. 제자들은 예수의 죽음과 부활 안에서 하나님의 구원 사건이 일어났음을 깨달았다. 그래서 '예수가 곧 구원자이다'라는 복음이 선포되기 시작했다. 그러니까 이해의 순서는 역순으로 부활, 죽음, 그의 삶과 가르침이 된다.

'주 예수 그리스도'라는 용어는 기독교 신앙의 핵심이다. 여기서 예수는 구체적으로 성육하신 존재, 이 땅에 사셨던 바로 그분을 의미한다. 그리스도란 메시아로 기름 부음 받은 자, 구원자를 의미한다. 그러니까 십자가에서 죽고 부활해서 하나님의 아들 됨이 확증된 신적 존재를 가리키는 말이 그리스도다. 그러므로 예수 그리스도란 뜻은 '육신으로는 다윗의 혈통에서 나셨고 영적으로는 부활을 통하여 하나님의 아들로 증명된 그분'을 의미한다(롬 1:2-4 참조).

바울은 '예수는 그리스도(메시아)이시다'라는 초대교회 신앙고백의 내용을 고유 명사인 '예수 그리스도'로 만들면서 '그리스도'라는 칭호를 고유 명사인 '예수'와 밀접하게 연결시켰다. 그 예수 그리스도는 하나님에 의해 높임을 받고 시편 110편 1절(고전 15:25; 빌 2:9 참조)의 성취로서[49] 하나님 우편에 앉아, 영광 중에 신령한 형상을 입고(고후 3:17), 심판과 구원을 이루기 위하며 재림할 채비를 갖추고 있음을 깨달았으므로 예수 그리스도를 주라고 부를 수밖에 없었다(행 9:5, 22:8, 26:15). 이것이 하나의 명사로 묶여서 '주 예수 그리스도'가 된 것이다. 이것이 바울의 기독론이다.[50]

### 십자가와 부활

이제 부활의 빛 가운데서 십자가를 생각해 보자. 예수 그리스도는 이 땅에 오셨고, 십자가와 부활을 통해 인간의 죄와 죽음을 해결하고 하나님과 새로운 관계를 회복했다. 그러므로 이것은 역사의 중심에서 일어난 최대 사건이다. 인류 역사는 이 사건을 중심으로 BC(Before Christ)와 AD(Anno Domini)로 갈린다.

바르트는 십자가를 '영적 아르키메데스의 원리'라고 말했다. 그 속에는 내 죄의 크기, 즉 나는 십자가에서 죽을 만큼 죄인이라는 것과 또 하나는 내가 받은 사랑의 크기를 나타낸다. 나는 예수께서 나를 위해 십자가에 죽을 만큼의 사랑을 받은 사람이라는 것이다. 십자가를 어떻게 보느냐에 따라서 그가 기독교인이냐 아니냐가 결정되며, 신앙의 깊이도 십자가의 의미를 얼마나 깊이 깨닫는가에 달려 있다. 신앙의 능력도 십자가 앞에서 나를 어떻게 드리는가에 달려 있다.

그렇다면 십자가란 무엇인가? 여기에 대한 견해가 많으나 가장 보편적인 견해는 십자가가 '제사의 완성'이라는 입장이다. 구약 시대에는 자기가 지은 죄를 용서받으려면 짐승을 잡아 제사를 드려야 했다. 그러나 약속하신 대로 예수께서 이제 모든 사람의 모든 죄를 위하여 십자가에서 죽으셨다. 성경이 강조하는 것은 예수께는 죄가 없다는 것, 그럼에도 불구하고 가장 흉악한 죄인으로 죽었다는 것을 강조한다.

십자가 사건은 하나님과 죄인을 만나게 하는 사건이다. 예수께서 십자가에 못박혀 죽음으로써 우리는 하나님을 '아버지'라고 부르게 되었다. 하나님이 우리를 예수 안에서 만나 주겠다고 약속하신 사건이 이루어진 것이다. 십자가를 통하여 하나님과 인간 사이에 진정한 화해가 이루어졌다. 이제는 누구든지 예수를 믿고 의지함으로 하나님 앞으로 나아갈 수 있게 되었다. 예수의 십자가를 통하여 사망 권세가 무너지고, 영원한 생명의 역사가 이루어졌다. 그러므로 예수 이후 모든 인류는 십자가를 의식한다. 그러므로 십자가는 인류 역사의 중심이다.[51]

부활은 사탄의 권세가 깨뜨려졌다고 하는 선포다. 죄의 힘은 죽음으로 인간을 위협하고 모든 것을 그 속으로 끌어들인다. 부활이 없다면 최후의 승리자는 죄와 죽음이다. 이렇게 되면 세상에는 아무 희망도 없고, 진리도 사랑도 정의도 용서도 희생도 다 소용없게 된다. 부활이 있기에 세상의 선한 가치는 궁극적인 제 빛을 회복하게 되는 것이다. 부활을 통하여 죄와 사탄의 가장 강력한 무기인 죽음이 깨뜨려지고 하나님 은혜의 생명력이 승리한 것이다. 또한 예수의 부활은 "잠자는 자들의 첫 열매가"(고전 15:20) 되었다. 예수의 부활은 내 부활의 약속이요, 내 궁극적 미래의 모습이 그렇게 될 것임을 약속한 사건이다.

시간적으로 부활 사건은 인생의 끝점을 보여 준 것이다. 인생의 마지막은 싸늘한 시체가 되어 땅속에 묻혀 썩고 마는 것이 아니라 예수처럼 부활한다는 것, 하나님과 함께 영원히 산다는 것, 이것을 알려 주려는 것이다.

그러므로 부활은 우리 미래의 최종적인 모습을 보여 줌으로써 그곳으로 향해 가는 우리가 길을 잃지 않도록 지시하는 나침반과도 같다. 부활 속에 역사의 궁극적인 미래와 목적, 그리고 완성이 담겨 있다. '역사는 이 방향으로 나갈 것이다'라는 것을 미리 보여 주면서 확인시켜 주는 것이 부활 사건이다. 그러므로 부활은 모든 가치의 종점이요, 우리 최후의 모습이요, 하나님과 우리의 관계를 나타내는 가장 정확한 표적이 된다. 이제는 예수의 십자가와 부활의 빛 속에서 죽음 이후의 세상을 바라본다. 그럴 때 가장 정확하게 죽음이 무엇이며, 미래가 어떤 것인지 알 수 있다.

십자가와 부활 사건이 어떻게 내 것이 될 수 있는가? 이것은 믿음으로만 가능하다. 믿음은 예수 그리스도 안에 일어난 하나님의 객관적인 구원 사건이 우리에게 효력을 발생하게 하는 수단이다. 이 믿음이 유일한 수단이라는 점에서 구원의 조건이라고 할 수 있다. 그러나 여기서 주의해야 할 것은 믿음은 하나님의 구원을 얻어 내기 위한 종교적 업적으로서의 조건이 아니라, 하나님께서 은혜로 이룬 구원을 믿음으로 받는다는, 곧 믿음으로만 받을 수 있다는 의미에서 조건인 것이다.[52]

그러므로 믿음의 본질은 선포된 복음을 받아들이는 것이다. 선포된 복음의 내용은 "이는 성경대로 그리스도께서 우리 죄를 위하여 죽으시고"(고전 15:3)에서 볼 수 있다. 그 의미는 예수 그리스도가 우리의 죄를 대표해서 무엇인가를 하기 위해 죽으셨다는 것이다. 말하자면 우리의 죄와 예수 그리스도의 죽음은 분리시킬 수 없이 연결되어 있다는 것이다.

속죄(atonement)는 실제로 '하나가 되게 하는 것'(at + one + ment)이다. 따라서 예수의 죽음은 우리와 하나님을 하나 되게 만드는 유일한 것이다. 다시 말하면 예수는 인간의 죄를 대신해서 죽으셨다. 그 사실과 더불어 그의 죽음이 주는 효과는 인간과 하나님 사이의 장벽을 제거했으며 인간과 하나님을 하나 되게 만들었다. 이것이 하나님이 우리를 위해 하신 객관적 구원 사건이다.

믿음은 이 구원 사건을 자신에게 적용하여 효력을 발생시킨다. 그래서 믿음 안에서 예수의 죽음은 그것을 믿는 자 자신의 죽음이 된다. 성경은 자신의 대신이고 대표인 예수와 그 십자가의 죽음과 하나 되는 것을 가리켜 믿음으로 그리스도와 함께(또는 그리스도 안에서) 죽고 부활했다고 표현한다(롬 6:3-11).

다른 말로 하면 예수의 죽음은 두 성격, 곧 대신적(substitute)이며 대표적(representative)인 성격은 '내포적 대신'(inclusive substitution)이라는 개념에 의해 종합된다. 믿음은 우리를 예수 그리스도의 십자가 죽음과 부활에 내포시키고 연합시키는 역할을 하는 것이다.

믿음이 그리스도와 우리를 연합시키므로 믿음에 의해 우리는 그리스도의 되심(What he is)에 참예하고, 그리스도가 하신 일(what he has done)에 참예한다. 그러니까 '그리스도가 어떤 분인가'가 곧 '내가 어떤 사람인가'가 되며, '그리스도가 어떤 일을 하였는가'가 곧 '내가 어떤 일을 하였는가'가 된다. 그리스도와 내가 하나 된 것이다. 그리스도가 하나님의 아들이므로 나도 하나님의 아들이고, 하나님에 대한 그리스도의 순종이 나의 순종이 된다. 이것이 곧 '주관적 구원 사건'이다. 성경은 이 주관적인 구원 사건을 네 가지 그림(metaphor : 은유)으로 표시한다. 즉 의인 됨(justification), 화해(reconciliation), 하나님의 아들 됨(adoption), 새로운 피조물(new creation)이다.

루터는 우리가 믿음으로 예수 그리스도를 통한 구원에 어떻게 참여할 수 있는가 하는 문제를 해결하기 위해 고대 교부들의 맞바꿈(Wechsel), 교환(Austausch) 모티프를 차용한다. 이 모티프의 전제는 그리스도의 성육신이다. 고대 교부들은 예수 그리스도의 죽음을 통하여 그와 인간 사이에 이러한 맞바꿈, 교환이 우리 모두를 위해 이미 객관적으로 발생하였으며 이를 통해 인간은 하나님의 신적 영광에 참여할 수 있게 되었다고 본다.

이러한 맞바꿈(교환)은 상호적인 작용에 의한 것이 아니라 전적으로 하나님의 은혜로우신 행위로서 구원의 구체적, 주관적(개인적) 실현은 개개인이 믿음을 통하여 그리스도의 신비한 몸과 연합할 때 가능하게 된다.[53]

그리스도가 자신의 것으로 수용한 인간의 죄와 하나님께서 우리에게 선물로 주신 그리스도의 의(義) 사이에 행복한 맞바꿈(fröhlicher Wechsel), 복된 교환(seliger Tausch)이 일어난다. 우리는 자신의 죄를 전적으로 인정하고 오직 예수 그리스도를 통하여 하나님에 의해 선사된 인의(認義)를 믿음으로 수용함으로써 구원에 참여하게 된다.[54]

신약성경학의 거장 슈나켄부르크(R. Schnackenburg)는 이것을 다음과 같이 요약하고 있다.

> 그리스도가 인류를 속량하기 위해 대신적, 대표적으로 죽고 부활하였기 때문에 우리 역시 그와 함께 장사지낸 바 되고 또한 그와 함께 일으키신 바 되었다(골 2:12). 그래서 우리가 믿음과 세례로 말미암아 새 인류의 창시자인 그리스도와 연합하면 우리는 그 안에 이루어진 일에도 연합하게 되는 것이다. 곧 그의 죽음은 우리의 죽음이 되고 그의 부활은 우리의 부활이 된다.[55]

성경은 말한다. "한 번 죽는 것은 사람에게 정해진 것이요 그 후에는 심판이 있으리니"(히 9:27). 그러므로 죽음이 끝이 아니다. 더 중요한 것은 그 후에 심판이 있다는 사실이다. 그러므로 "네 하나님 만나기를 준비하라"(암 4:12). 예수는 직접 그 해결 방법을 가르쳐 주시고, 직접 우리에게 해결책을 보여 주셨다. 죽음을 두려워하는 사람은 아직도 준비가 안 된 것이다. 어떤 준비가 안 된 것인가? "사망이 쏘는 것은 죄요"(고전 15:56). 죄 문제가 해결되지 않은 것이다. 죄 문제를 해결하기 전까지 죽음은 무섭게 쏘는 화살과 같이 느껴진다. 그러나 죄 문제가 해결되면 죽음은 전혀 쏘는 것이 아니며, 대부분의 공포심도 사라진다. 우리는 죽음을 생각해야 한다(memento mori). 동시에(우리를 위해 십자가에 죽으시고 부활하신) 주님을 생각해야 한다(memento Domini). 이것이 죽음을 이기는 비결이다.

## 2. 기독교와 타종교, 죽음이해의 기준점

기독교의 죽음이해를 다른 유형의 죽음이해와 비교할 수 있는 기준점은 무엇인가? 몇 가지 필요한 전제가 있다. 먼저는 세계를 해석할 수 있는 틀을 제공해야 한다. 그다음에는 인간에 대한 바른 이해를 제공해야 한다. 마지막으로는 윤리적인 삶을 가능하게 만드는 것이어야 한다.

이것을 전제로 이 책에서는 죽음이해의 기준점을 세 가지로 제안한다.

첫째는 '초월과 비초월'이고, 둘째는 '자아의 긍정과 부정'이며, 셋째는 '인격적 관계와 비인격적 관계'의 유무다.

### 초월과 비초월

먼저 논의할 것은 '초월과 비초월'의 문제다. 여기서 말하는 초월이란 궁극적 존재, 이 세상을 넘어서는 초월적 실재의 존재 여부다. 다시 말하면 인간이 자기를 넘어서는 존재를 인정하는가, 보이는 세상을 존재하게 하는 더 높은 원인과 목적을 인정하는가의 여부다.

초월에 대한 문제는 현대에 들어와서 더욱 중요하게 되었다. 왜냐하면 계몽주의 이후 현대주의(modernism)의 만발은 후기 현대주의(postmodernism)를 초래했기 때문이다.

신학자 스탠리 그렌츠(Stanley J. Grenz)는 "신학의 역사는 하나님의 초월성과 내재성에 대한 이중적 진리가 만들어 내는 창조적 긴장 관계이며, 포스트모더니즘은 계몽주의 이후 과학이나 철학이 묘사한 폐쇄된 세계를 넘어서는 희망과 의미의 근원을 향한 몸부림이다"라고 말했다.[56] 그에 의하면 20세기 신학의 가장 위대한 유산은 초월의 중요성을 회복한 것이다.[57]

초월을 인정하지 않는 입장에 서 있는 프로이트는 초월적 존재가 있는가에 대하여 "없다"고 단언했다. 그는 하늘에 있는 "이상화된 초인"(an idealized Superman)이라는 개념은 분명히 매우 유치하고 현실에 적합하지 않음에도 불구하고 대다수의 인간들이 인생에 대한 이러한 견해를 결코 넘어서지 못한다는 생각을 하면 고통스럽다고 말했다. 그렇지만 수많은 사람들이 더 교육을 받게 되면, '종교의 동화 같은 이야기'를 외면할 것이라고 예측했다.[58]

프로이트는 우주가 인간을 닮은 존재이자 모든 면에서 과장된 이상화된 초인에 의해 창조되었다는 교리는 원시인들의 엄청난 무지를 반영하며, "그것이 생긴 시대, 즉 인류의 유아기적 무지의 흔적을 담고 있다"[59]고 말했다. 그는 초월에 대한 인정을 "실제 세계의 그림을 망상적으로 왜곡하고 사람들을 강제로 심리적 유치증 상태에 고착시키는 것"[60]이라고 했다. 이런 의미에서 "종교는 대중의 망상이며, 인간의 보편적 강박

신경증"[61]이라고 묘사했다.

그런가 하면 이와는 정반대로 초월과 비초월을 구별하지 않고 하나로 보는 입장도 있다. 이것이 범아일여(梵我一如) 사상이다. 여기서 범(梵)은 우주의 궁극적 실재인 브라만의 음역(音譯)이고, 아(我)는 자아의 실재인 아트만의 음역이다. 브라만과 아트만이 하나라는 것이다. 즉 초월과 비초월이 하나라는 것이다. 이런 입장은 서양의 기계론적이고 실체론적인 세계관을 비판하는 사람들이 적극적으로 수용하고 있다. 그러나 이 사상의 문제는 구체적 현실을 고정과 실체가 없는 변화와 과정으로 보는 것이다.

이러한 입장은 고통의 발생과 깊은 관련이 있다. 궁극적으로 고통을 인지하는 것이 인간의 마음이기 때문에 인식의 전환이야말로 고통을 해소하는 관건이 된다. 그러므로 실체(substance)가 아닌 것을 실체로 인식하여 문제가 되므로 실체를 부정하는 것이다. 결국 인간의 고통에 대한 해석이 우주의 본래 모습을 있는 그대로 인식하지 못하고 왜곡시킨 것이다.[62]

보이는 것이 전부라고 생각하는 것(비초월)과 보이는 것은 모두가 허상이라고 생각하는 입장(초월)은 인간에게 절망을 준다. 전자는 세계를 해석할 수 없고, 자아의 존재에 궁극적인 의미를 부여할 수 없다. 후자는 구체적인 현실을 부정함으로써 욕구를 좌절시킨다.

철학자 키에르케고르(Søren Kierkegaard)[63]는 인간은 비초월적인 존재로서 초월을 추구하며, 초월과 어떤 관계를 맺느냐에 따라 존재의 상승 가능성과 함께 절망의 가능성도 존재한다고 했다. 하버드의 신학자 하비 콕스(Harvey Cox)는 현대인의 초월에 대한 갈망은 합리주의에 붙들려 있는 인간의 영적 질식 상태를 보여 주는 것이라고 말했다. 이것은 일종의 온

실 효과다.

성경에 의하면 하나님이 세상을 창조하셨다. 그러므로 우리 인간은 피조물이다. 인간은 영과 혼과 육으로 이루어져 있다. 이것이 의미하는 바는 인간이 육체적 존재만이 아니며, 영적인 존재만도 아닌 영과 육이 통합된 전체적 존재라는 것이다. 또한 인간은 흙으로 지음을 받은 존재다. 그런가 하면 동시에 하나님의 형상을 가지고 있다. 이것은 인간의 현실성을 의미한다. 그러므로 인간은 이 땅에 발을 디디고 사는 유한한 존재인 동시에, 무한과 연결되려는 갈망을 가지고 있다. 비초월적 존재인 동시에 초월을 갈망하는 것이다. 그러므로 기독교의 인간 이해는 인간은 피조된 존재, 유한한 존재이며, 동시에 하나님과의 관계를 필요로 하는 초월과 연결된 존재다.

성경의 하나님은 이 세계 위에 계시고, 이 세계의 저편으로부터 오시는 자기 충족적인 분이다. 그러나 그 하나님은 또한 역사적, 자연적 과정에 관여하면서 이 세상 속에서 활동하시는, 창조 세계에 현존하시는 분이다.

성경은 하나님의 초월성을 강력하게 선언한다. "하나님은 하늘에 계시고 너는 땅에 있음이니라"(전 5:2). 그러나 하나님은 세계 안에 현존하신다. 비초월과 관계한다. "그는 우리 각 사람에게서 멀리 계시지 아니하도다 우리가 그를 힘입어 살며 기동하며 존재하느니라"(행 17:27-28).

초월과 비초월의 문제는 인간 이해에서 가장 근본적인 문제다. 초월을 인정하지 않는 상태에서 인간은 개별화되며, 통합점을 상실할 수밖에 없다. 초월만 인정할 때 인간은 자기 개성을 잃어버린다. 초월과 비초월이 함께 인정되는 관점이 기독교적 관점이다. 저편에서 우리에게 말씀하시는 하나님은 지금 여기에 우리와 함께하시는 분이다. 이것이 초월과 비초월 간의 신학적 균형의 핵심에 해당한다. "뜻이 하늘에서 이루어진 것같이 땅에서도 이루어지는 것"(마 6:10)이 초월은 초월로 존재하고, 비초월은 비초월로 존재하면서도 서로가 연결되는 바람직한 기준이다.

초월과 비초월의 문제는 세계를 해석할 수 있는 틀이다. 왜냐하면 초월적 실재가 하나님이기 때문이다. 창조주인 하나님이 세상을 창조하셨고, 우리는 그 안에서 살아가기 때문이다.

## 자아의 긍정과 부정

자아의 긍정과 부정은 인간이 하나님과 세상에 대하여 어떻게 응답할 수 있는가의 문제다. 이것은 첫 번째 질문과 연결된다. 왜냐하면 인간을 창조하신 하나님이 개인적 실존과 인간적 본성을 부여했기 때문이다. 그러므로 인간은 세상을 향하여 자율성을 가지고 응답할 수 있다.

인간의 본질은 신학적인 용어로 말하면 '세계에 대한 개방성'이다. 독일의 조직신학자 판넨베르크(Wolfhart Pannenberg)는 세계에 대한 개방성을 "자신의 실존을 규정하는 모든 것들을 탐구하고 그것을 뛰어넘는 인간 특유의 자유"로 정의했다.[64] 그러므로 세계에 대한 개방성은 언제나 새로운 방식들로 환경을 경험하는 인간 특유의 능력을 가리킨다.

세계에 대한 개방성은 인류의 '무한한 의존성'(infinite dependence)과 연관된다. 인간은 생물학적인 틀 속에 그 어떤 생태학적 위치를 가지고 있지 않기 때문에, 자신을 위해서 창조한 그 어떤 세계 또는 환경 속에서 궁극적인 성취를 찾을 수 없다. 세계의 그 어떤 구조에 의해서도 인간은 완성될 수 없다는 사실은 성취를 향한 끝없는 추구 속에서 경험의 유한성 너머로 내몬다. 그러므로 우리는 의존적인 피조물이다. 그러나 우리의 의존성은 유한한 세계가 만족시켜 줄 수 있는 것보다 더 크다.

마찬가지로 무한한 의존성은 인간이 세계를 뛰어넘는 하나의 목적을 향하여 지향되어 있다는 사실을 보여 준다. 인간이 추구하는 인격적 성취는 그 어떤 유한한 세계 속에서는 발견될 수 없다. 그러므로 그런 것이 존재한다면, 세계 너머에 존재할 수밖에 없다.

인간이 이 세상에서 유의미한 존재가 되려면 자율적이며 자아의 긍정이 전제되어야 한다. 그렇지 않다면 인간은 인간일 수 없고, 로봇에 불과할 것이다. 자율성과 본질에 관한 일련의 견해들의 양극단에는 실존주의(existentialism)와 결정론(determinism)이 있다.[65]

실존주의적 견해는 자율성을 강조한다. 이 견해를 지지하는 사람들은 자유에 대한 인간의 경험을 초월하여 존재하는 그 어떤 근본적인 인간적 본질이 존재하지 않는다고 선언한다. 그 어떤 인간적 본질도 우리의 선택들에 영향을 주거나 우리의 선택 능력에 제약을 가하지 못한다. 각 개인은 형성되어 가는 자신의 모습을 결정하는 데 자유로운 상태로 남겨져 있다. 따라서 각 개인의 정체성은 어떤 본질적인 본성에 의해서가 아니라 개인적인 선택들에 의해 형성된다.

실존주의자들이 자율성을 강조하는 것과는 대조적으로 결정론자들은 인간이 궁극적 자율성을 소유하고 있지 않다고 주장한다. 오히려 우리에게 아무런 통제력도 없는 그런 요소들이 우리가 창조적인 활동을 어떻게 해야 하는지를 결정한다. 비록 우리가 여러 대안들 가운데서 자유롭게 선택하는 것처럼 보인다고 할지라도 그와 같은 선택들의 밑바탕에는 언제나 외부에 있으면서 우리의 통제 아래에 있지 않은 몇몇 요소들이 우리에게 동기를 유발시키는 요인들로 작용하고 있다. 따라서 결정론에 의하면, 인간은 인간 이외의 그 어떤 힘들의 산물이다. 우리가 행하는 선택들은 결정되어 있고, 심지어 '예정되어' 있기까지 하다.

창세기의 선악과 문제는 하나님 앞에 있는 인간의 위치를 단적으로 보여 준다. '인간은 자기 주체적인가? 주체적 존재로서 자기 결정권을 가지고 있는가, 그렇지 않은가?' 선악과 이야기는 인간에게 자율성이 있다는 것이다. 그러나 무한한 자율을 말하지는 않는다. 기독교에서 인간의 자아에 대한 긍정, 즉 자율성을 인정하지 않는다면 인간을 죄인이라고 부를 수 없다. 더 나아가서 회개의 요구도 필요 없다.

인간은 비초월적 존재로서 초월 앞에서, 그리고 세상을 향하여 자기를 긍정하며 때로는 부정하면서 응답해야 하는 존재인 것이다.

## 인격적 관계와 비인격적 관계

인격적 관계와 비인격적 관계의 문제는 인간이 하나님과 세상에 대하여 응답한 결과가 무엇인가의 문제다. 인격적인 관계를 맺으며 나갈 수 있는가, 그렇지 않은가의 문제다. 초월을 인정하지 않을 때, 비초월적 인간은 궁극적으로는 인격적인 관계를 맺기 어렵다. 왜냐하면 개별적 관계를 이어 주는 보편자가 없기 때문이다. 초월만 있을 때도 인격적 관계는 성립할 수 없다. 왜냐하면 인격적 관계를 맺을 구체적인 개인이 존재하지 않기 때문이다.

아리스토텔레스는 하나님을 '부동의 동자'(unmoved mover)라는 정태적 개념으로 설명했다. 그에 의하면 하나님은 세계 안에서 모든 운동의 정태적이고 최종적인 원인이다. 만물은 하나님을 추구하지만 하나님 자신은 피조 세계에 의하여 움직이거나 이끌리지 않는다.[66] 여기서 하나님은 영원히 요동하지 않는(impassible) 존재다.

이렇게 변화할 수 없는 하나님에 관한 고전적인 공리(公理)는 20세기에 이르러 광범위한 공격을 받게 되었다. 하나의 중요한 도전은 과정신학(Process Theology)인데, 과정신학에서는 하나님이 피조 세계의 일부분으로 통합되고, 세계 사건들의 영향을 받는 존재라고 한다.

그들은 자신들이 하나님을 좀 더 올바르게 인식하고 있다고 생각한다. 물론 하나님은 세계의 과정 속에 현존하며 활동하는 궁극적 실재다. 그럼에도 불구하고 하나님은 세계 너머 저 멀리 계셔서 자신의 피조물들과의 관계성 속으로 들어올 수 없거나, 세계의 과정 속으로 철저하게 분해되어 피조 세계 위에 설 수 없는 그런 존재가 아니다.

성경은 하나님이 관계적 존재라고 말한다. 세 위격이 한 하나님을 구성한다는 삼위일체론은 관계성의 본질을 밝혀 준다. 한 분 하나님은 성부·성자·성령의 사회적 삼위일체이며, 세계와는 무관하게 영원히 관계적이다. 또한 내재적 삼위일체가 관계적일 뿐만 아니라, 삼위일체 하나님은 그가 창조한 세계와의 관계 속으로 들어간다.

피히테(Johann Gottlieb Fichte)[67]는 하나님의 인격성에 대하여 전통적인 개념을 거부한다. 그는 인격이라는 개념은 언제나 비교를 수반한다고 생각했다. 인격이란 또 다른 어떤 존재인 상대(counterpart)와 대면하여 존재함을 의미하는데, 이는 인격이 제한되어 있거나 유한함을 의미하는 것이다. 그러나 하나님은 정의상 무제한적이기 때문에 하나님은 하나의 인격이 될 수 없다는 것이다.[68]

그의 결론은 인격적 하나님에 관한 개념 전체를 파괴하는 것처럼 보였다. 그러나 헤겔은 피히테의 논증 속에 들어 있는 결함, 즉 인격의 본질에 대한 그릇된 이해를 지적했다. 헤겔에 의하면 인격이란 또 다른 어떤 존재인 상대(counterpart)에 의해서 제약을 받는 것을 의미하는 게 아니라, 그 상대와 관계를 맺는 것을 의미한다. 인격의 본질은 상대에게 자신을 내어주는 것(상대를 위하여 자신을 희생하는 것)에 있다. 이렇게 자신을 내어줌을 통해서 인격은 상대 속에서 자신을 발견한다.[69]

헤겔에 의하면, 인격적 삶 속에서(자신을 내어주는 행위 속에서) 인격과 그 상대 사이의 대립은 극복된다. 인격성은 이런 일이 일어나는 정도에 의해서 결정되기 때문에, 가장 인격적인 자는 실제로 무한한 분이라고 주장했다. 결과적으로 하나님의 무한성은 하나님의 인격적 본질에 대하여 모순인 것이 아니라, 오히려 오직 무한한 하나님만이 온전한 인격이 된다.

하나님은 비인격적인 존재가 아니며, 피조물의 인격성은 비인격적 사물에서 유래할 수 없다. 비인격은 비인격적인 것을 낳고, 인격은 인격적인 것을 낳는다. 하나님의 인격성은 인간의 인격성에 비유될 수 있으면서 동시에 그것을 완전히 초월한다. 우리는 하나님을 위대한 한 인간으로서, 또는 심지어 어떤 천사적 인격으로서 이해할 수 없다. 결국 하나님이 한 인격이라고 하는 진술은 피할 수 없지만, '거룩한 신비의 표현할 수 없는 경외적 흑암'에 노출될 수밖에 없다.[70] 그러므로 하나님은 인간을 포함한 모든 만물과의 관계에 있어서 절대적으로 자유로운 '절대적 인격'이라고 고백해야 한다.

하나님은 자신의 선하신 의지로, 자유로운 가운데, 개별적인 인간인 우리와 인격적인 관계를 맺는다. 우리는 비초월자로서 궁극적 실재인 초월자 하나님과 자아의 결단에 의하여 인격적인 관계를 맺는다. 그러므로 하나님이 인격적이라는 기독교적 가르침은 하나님의 인격성이 인간을 대하시는 신적 실재에 속해 있다는 것을 의미한다. 또한 그것은 신적인 인격과 인간적인 인격 사이의 구별과 마찬가지로, 인간 상호 간의 인격적 구별도 결코 폐기될 수 없다는 것을 확증해 준다. 그래서 우리는 위로는 하나님과 옆으로는 동료 인간과 인격적인 관계를 맺어 갈 수 있다.

이러한 기대는 다른 종교들이 제시한 인식과 두드러진 대조를 이룬다. 여러 종교 전통들은 하나님을 비인격적인 존재로 묘사하고, 그 결과로 인간 삶의 최종적인 목표를 비인격적 상태라고 말한다. 더 나아가 그들은 인격적인 구별들은 결국 제거될 것이라고 가르친다. 그 결과 생명의 궁극적인 목표지점은 자신의 인격성을 잃고 모든 것을 포괄하는 절대 속으로 용해되고 마는 것이다. 이와는 반대로 기독교 신앙은 삼위일체 하나님은 결코 용해되지 않는, 자기 피조물들과의 인격 대 인격의 관계 속으로 들어오신다.

인간은 자아를 가진 존재로서 신과 세상을 향하여 어떤 관계를 맺고 있는가? 인격적인 관계를 맺고 있는가, 아닌가를 물어야 한다. 기독교에서 하나님은 아버지다.

지금까지 신론의 입장에서 살펴보았다. 기독론의 입장에서도 세 가지 사실은 분명해진다. 예수 그리스도의 성육신 사건은 초월과 비초월의 문제에 해답을 준다. 초월이 비초월로 세상과 역사 속으로 부수고 들어온(inbreaking) 것이다. 여기서 초월과 비초월이 만난다. 십자가 앞에서 우리는 그 사건을 나의 사건으로 받아들이기로 결단해야 하며, 동시에 자기를 부정해야 한다. 그럴 때 "내가 그에게로 들어가 그와 더불어 먹고 그는 나와 더불어 먹으리라"(계 3:20)는 약속이 성취된다. 예수 그리스도의 성육신은 초월적 하늘과 비초월적 땅의 연결고리에 해당한다. 예수 그리스도의 상합(相合) 안에서 하나님과 인간이 서로 다르면서도 함께 '존재'하게 된 것이다.[71]

이 세 가지 기준을 기초로 해서 죽음이해를 몇 가지 유형으로 나눌 수 있다. 먼저는 비초월 유형이다. 여기서 초월은 없다. 이 세상이 전부다. 이 세상에 의미를 부여하는 초월은 부정된다. 여기서 인간은 개체화된다. 이것이 '무신론적 죽음이해'다. 비초월 유형 안에서 자기가 긍정되는 것이 '세속적 죽음이해'다. 비초월 유형 안에서 자기가 부정되는 것이 '비세속적 죽음이해'다. 비세속적 죽음이해를 구성하는 무교와 유교와 도교는 자기부정의 정도가 점점 강화된다.

그다음에는 초월 유형이다. 여기서 비초월은 없다. 보이는 세상은 허상이다. 그러므로 이 세상은 궁극적인 가치가 없다. 여기서 인간은 전체화되며, 개성은 상실된다. 이것이 '범신론적 죽음이해'다. 초월 유형 안에서 자기가 부정되는 것이 '힌두교와 불교의 죽음이해'다. 초월 유형 안에서 자기가 긍정되는 것이 '뉴에이지의 죽음이해'다.

마지막으로 초월과 비초월이 공존하는 유형이다. 이 세상은 하나님이 만드신 구체적이고 가치 있는 실체다. 동시에 이 세상이 전부가 아니며, 이 세상에 의미를 부여하고 가치와 방향성을 제공하는 초월이 존재한다. 이것이 '유신론적 죽음이해'다. 초월과 비초월이 공존하는 유형 안에서 자아는 하나님 앞에서 존재 가치를 가지며, 긍정도 되고, 부정도 된다. 여기서는 인격적 관계를 맺느냐의 여부로 또다시 나눌 수 있다. 인격적 관계가 부족한 것이 '유대교와 이슬람교의 죽음이해'다. 초월과 비초월이 공존하는 유형 안에서 자아가 하나님 앞에서 존재 가치를 가지며, 긍정도 되고 부정도 된다. 동시에 은총적인 인격 관계를 가지는 것이 '기독교의 죽음이해'다.

'기독교의 죽음이해'에서 인간은 창조주 앞에서 피조물이며, 계시하시는 하나님 앞에서 응답적 존재이며, 아버지 앞에 있는 자녀로 요약할 수 있다. 예수 그리스도의 죽음을 통해 이 관계는 확증된다.

이렇게 볼 때 이 책이 주장하는 기독교의 죽음이해는 다음과 같이 요약할 수 있다. ①초월과의 관계에서 죽음은 단순한 육체의 생명과 기능이 끝나는 것이 아니다. 위로부터의 '부르심'(calling)이다. 성경은 이것을 '더 나은 본향으로의 부르심'(히 11:16)이며, '더 온전함으로의 부르심'(히 11:40)이라고 한다. ②자율성의 문제에서 죽음은 부르심에 대한 '응답'(response)이다. 그러므로 내 마음대로 죽음을 결정할 수 없다. 죽음은 분명한 나의 응답이 필요한 동시에 '전적인 위탁'(total commitment)이 요구된다. ③인격적 관계에서 죽음은 더 높은 차원의 새로운 관계를 향한 '나아감'(going ahead)이다. 성경은 이것을 "우리가 지금은 거울로 보는 것같이 희미하나 그때에는 얼굴과 얼굴을 대하여 볼 것이요 지금은 내가 부분적으로 아나 그때에는 주께서 나를 아신 것같이 내가 온전히 알리라"(고전 13:12)고 묘사하고 있다.

그러므로 죽음은 지금까지 발을 디디고 존재했던 이 세상을 떠나는 충격과 두려움이 따라오겠지만 더 영원한 세계로의 사랑의 부르심에 믿음으로 응답하며, 소망을 가지고 나가는 위대한 사건이다.

## 3. 기독교적 죽음이해에 대한 평가

기독교의 죽음이해는 인간과 세상의 존재 근거를 창조주 하나님께 둔다. 하나님은 자기의 형상을 따라 인간을 남자와 여자로 만드시고, 그들에게 삶의 터전을 다스리고 지키도록 청지기의 사명을 부여했다(창 1:27-28). 그리고 그들이 누구인가를 알게 하기 위하여 선악과를 먹지 말도록 금지 명령을 부여했다(창 2:16-17). 그러나 인간은 하나님의 명령을 어기고 범죄했다. 그 결과는 죽음이었다. 여기서 죽음은 새로운 의미를 가진다. 죄의 결과라는 부분이 강조된 것이다.

그러나 인간은 죄와 연결된 죽음의 문제를 스스로 해결할 수 없다. 그래서 구원자 메시아의 오심을 약속했고, 그것은 예수 그리스도를 통하여 성취되었다. 예수 그리스도는 십자가의 죽음으로 죄인을 위한 속죄의 제사를 드렸고, 그 십자가의 사건이 자기의 죄를 용서하기 위한 사건이라고 믿고 받아들이는 사람에게 용서의 은혜와 함께 하나님의 자녀가 되는 권세를 주셨다(요 1:12).

예수 그리스도의 부활은 십자가 사건이 죄인을 용서하기 위한 하나님의 뜻임을 확인하는 사건이었으며(롬 4:25), 용서받은 자의 미래가 영원한 생명으로 이어진다는 것을 보여 주는 사건이었다. 그러므로 예수 그리스도를 통하여 인간은 죄 때문에 죽을 수밖에 없었지만 죄에서 해방되고, 영생을 얻게 되었다(롬 6:23).

이제 예수 그리스도 안에 있는 자들에게 죽음은 새로운 의미로 다가온다. 죽음은 자연적 죽음을 넘어서서 부활을 향한 과정이며, 영생을 위한 관문이 되는 것이다. 그래서 수많은 그리스도인들은 죽음을 두려워하지 않고, 죽음을 넘어서는 소망으로 충만했다(행 7:55-56; 딤후 4:7-8 참조).

기독교의 하나님은 창조주다. 처음 생명의 시작이 그에게 있으므로 마지막인 죽음도 그의 손에 있다. 그러므로 '인간은 어디서 와서, 무엇을 하다가, 어디로 가는가?'라는 인생의 기본 진리에 대하여 '기독교의 죽음이해'가 가장 정확한 대답을 할 수 있다. '기독교의 죽음이해'에서 인간은 하나님에게서 와서, 하나님이 허락하신 인생을 살다가, 하나님께로 돌아가는 것이다. 논리적으로나 경험적으로나 이것은 삶과 죽음을 바로 이해할 수 있는 틀이 된다.

지금까지 다양한 종교들의 죽음이해를 세 그룹으로 대별하고, 각각을 둘로 세분하여 살펴봄으로써 죽음에 관한 전반적 이해를 다루었다. 그렇다면 이들 죽음이해 중에서 어떤 죽음이해가 가장 합리적이며, 그렇다고 주장할 수 있는 근거는 무엇인가?

## 가장 합리적인 죽음이해는 무엇인가?

'무신론적 죽음이해'는 근본적으로 절대적인 초월을 인정하지 않는다. 그러므로 초월(超越)과 비초월(非超越)의 기준으로 보면 비초월에 해당한다. '무신론적 죽음이해'의 한계는 자연이다. 거기서는 어디까지나 눈에 보이는 이 세상이 중요하다. 그런데 이 세상(비초월) 안에서 둘로 나누어진다. '세속적 죽음이해'에서는 주체가 인간이다. 인간이 만물의 척도다. 그러나 '비세속적 죽음이해'에서는 주체가 자연이다. 인간 자신이 아니고 객체인 자연이 중심이다.

'범신론적 죽음이해'는 근본적으로 초월적이다. 그러므로 초월과 비초월의 기준으로 보면 초월에 해당한다. 여기서 인간은 근본적으로 신이다. 그리고 궁극적으로 중요한 것은 보이는 것이 아니라 보이지 않는 초월적 영역, 또는 그 상태다. 그런데 이 초월 영역은 둘로 나누어진다.

'힌두교와 불교의 죽음이해'에서는 주체인 자기를 부정한다. 우리는 인간에게 부여된 어떤 신적인 요소를 극대화하며 그것을 향하여 나가는 것이 얼마나 고된 작업인지 알 수 있다. 여기서 불교는 힌두교에 대한 일종의 개혁이다. 힌두교보다 좀 더 단순하고(제도와 경전), 좀 더 치우치지 않는 길(중도)을 통해서 궁극적 상태로 들어가려고 했다. 그러나 그럴수록 더욱 힘들어진다. 그래서 마침내 불교는 자아 자체를 부정한다. 초월 안에서 주체가 아닌 완전한 객체 중심으로 간 것이다.

'뉴에이지의 죽음이해'는 초월의 영역 안에 있지만 객체 중심적이 아니고 자기중심적이다. 자기가 신이라는 생각, 내 속에 신적인 요소가 있다는 믿음에는 변화가 없다. 그러나 어디까지나 나를 잃어버리는 것이 아니고, 자신이 주체가 된 상태에서 신이 되기를 갈망한다. 그러한 과정으로 나가는 것이 바로 죽음이다. 이런 의미에서 영적인 진화론이다. 오메가 포인트를 향하여 진보하는 것이다. 그 오메가 포인트는 정확하게 말하면 인간의 입맛에 맞는 미래다. 이것은 인간은 영적인 존재라는 것과 진화론을 결합시킨 것이다.

'무신론적 죽음이해'와 '범신론적 죽음이해'는 진자의 양쪽 극단에 있다. '유신론적 죽음이해'는 '무신론적 죽음이해'와 '범신론적 죽음이해'를 넘어선다. '유신론적 죽음이해'는 초월과 비초월 모두를 인정한다. 여기서는 우리가 보는 세계와 우주의 질서와 도덕률에 대하여 객관적이고 현실적인 설명이 가능하다. 또한 절대 초월을 인정한다. 그러나 절대 초월자는 인간이 아니라 창조주 하나님이다. 그러므로 인간과 자연은 피조물이다. 여기서 인간의 절대화, 자연의 절대화가 부정된다. 인간은 결코 신이 될 수 없다. 그러나 신의 자녀다. 범신론에서 말하는 것처럼 스스로 신이 되는 것이 아니다. 그 대신 절대 신의 절대적인 사랑을 받는 존재다. 여기서 초월과 비초월은 서로 혼합되지 않고 공존한다.

'유대교와 이슬람교의 죽음이해'는 절대 신인 하나님과 율법을 지킴으로써 관계를 맺는다. 그러나 '기독교의 죽음이해'는 인간이 완전히 타락했기 때문에 그럴 능력이 없다. 오직 믿음으로만 가능하다. 그러므로 여기서는 절대 구원자 예수 그리스도가 필요하다.

'유대교와 이슬람교의 죽음이해'는 초월과 비초월이 공존하는 구조이지만, 자신이 율법을 지킴으로써 하나님께 나가 구원받을 수 있다. 비교적 인간의 주체성이 강조된다. 그러나 여기서 하나님은 멀고, 인격적으로 만나기는 어렵다.

그러나 '기독교의 죽음이해'는 인간이 주체가 아니다. 하나님이 주체다. 하나님 자신이 인간에게 오시는 것이다. 인간의 몸을 입고 이 땅에 오신 성자 하나님, 예수 그리스도를 믿음으로 영접할 때 그분 안에서 진정한 만남이 이루어진다. 여기서 참으로 하나님과 인간은 인격적인 만남과 교제를 누리게 된다.

니그렌(Anders Nygren)[72]의 《아가페와 에로스》(Agape and Eros)에 의하면 율법을 통하여 하나님께 나아가는 유대교와 이슬람교는 에로스적(인간이 하나님께 나아가는 방법)이고, 믿음과 은총을 통하여 하나님께 나아가는 기독교는 아가페적(하나님이 인간에게 오시는 방법)이다. 물론 유대교와 이슬람교 안에도 아가페에 대한 갈망이 있다. 그러나 신의 전적인 은총을 말하고 기대하면서도 궁극적으로는 인간의 노력을 통하여 접근하는 방식을 버리지 못한다. 그래서 유대교와 이슬람교 안에는 구원에 대한 확신이 없어 두려워하는 모습이 분명하게 나타난다. 기독교 안에도 에로스적인 요소가 남아 있다. 하나님을 향해 인간적인 방법으로 접근하려는 것이다. 이것이 신비주의요, 율법주의다. 그러나 이것은 기독교 안에서 언제나 제거되어야 할 대상이다.

다른 종교들의 가르침에 대해 진지한 존경심을 유지하면서도 이 점은 말할 수 있다. 유대교는 비록 그 뿌리가 구약 성경에 있지만 더 이상 구약 성경의 종교가 아니다. 거기에는 죄를 위한 제사가 더 이상 없다. 그리고 하나님이 그들에게 보내신 메시아도 인정하지 않는다. 이슬람교는 유대교와 기독교 두 종교에서 많은 것을 차용했으며, 한 분이신 창조주 하나님을 확증한다. 그리고 때로는 고상하고 성경에 뿌리를 둔 가치체계를 장려한다. 그러나 초월적이고 거리가 먼, 무섭고 변덕스러운 하나님

(알라) 앞에서 자기가 합당한 사람이라는 것을 증명해야 한다. 예수께서 우리 죄를 위해 죽고 부활하셨다는 것을 믿지 않는다.

현대인은 초월의 세계를 상실한 채 이성을 통하여 삶과 죽음을 해석하고자 했다. 그러나 이 시도는 인간의 영혼까지도 인과론적으로 해명해 버림으로써 인간을 영혼이 없는 기계와 같은 존재로 전락시켰다('무신론적 죽음이해'에서 '세속적 죽음이해'). 끊임없이 의미를 추구하지만 거기에 대한 흡족한 대답은 없다.

그다음 단계로 초월을 부정한 인간들이 찾아 들어간 자연의 세계는 비이성의 영역이요, 그렇기 때문에 이성적인 의사소통이 불가능한 침묵의 영역이며 규범이 없는 세계다('무신론적 죽음이해'에서 '비세속적 죽음이해').

이제 여기서 인간은 초월 세계로 도약한다. 초월 속에서 삶과 죽음을 해석하고자 하는 것이다. 이것이 '범신론적 죽음이해'다. 그러나 이러한 시도도 그 몸부림에 비해서 열매는 많지 않다. 그 이유는 인간이면서 인간이 되기를 그치고 신이 되려고 하기 때문이다. 범신론자들이 추구하는 영원한 상태란 결국 인격성을 배제한 어떤 관념에도 얽매이지 않으려는 의식의 상태에 지나지 않기 때문이다. 정말 그들은 자기들이 주장하는 신념들을 그들의 삶 속에서 일관성 있게 관철시킬 수 없다. 그렇게 되면 그들의 삶은 결코 유지되지 않을 것이기 때문이다. 왜냐하면 보이는 세상은 실재하지 않는 허상도 아니고, 내 생각대로 복종하는 대상도 아니기 때문이다.

이렇게 구분하고 보면 모든 죽음이해에 핵심이 되는 신이란 어떤 존재인가 묻게 된다. 진정한 신이란 복음운동가인 쉐퍼가 주장한 대로 두 가지 요소를 충족해야 한다. 먼저는 무한해야 한다(여기서 인간은 피조물이다). 그 무한성 때문에 유한한 존재들과 구분되어야 하고, 삶의 통합점을 제시할 수 있어야 한다. 삶의 통합점을 제시할 수 있으려면 삶 전체를 포괄하고 조망할 수 있는 스케일을 가져야 한다. 그럴 때 규범이 성립되고, 그 안에서 안심할 수 있다.

또 하나는 인격적이어야 한다(여기서 인간은 하나님의 자녀다). 그래야만 삶의 통합점을 전달할 수 있고, 기준을 제시할 수 있다. 그리고 그 안에서 그 대상과 관계를 맺을 수 있다. 그 안에서 통일성과 다양성이 나오는 것이다.[73]

칼 바르트는 무신론은 종교를 부정하며 살아가지만 마침내 새로운 종교를 낳고,[74] 신비주의는 종교를 부정하지 않지만 그 외형의 내적인 의미를 나타내는 시도이므로[75] 어느 것도 진정한 해답이 될 수 없다고 했다. 그러므로 몸속에 영을 삼켜 버리는 입장을 피해야 한다.[76] 또한 영을 현실의 단 하나뿐인 근거로 내세우며 몸을 옷, 상징 혹은 장애물로 취급하는 입장도 거부해야 한다고 했다. 영을 거부하는 물질주의는 인간을 비주체화시킨다. 몸을 거부하는 관념론은 인간을 비객체화시킨다. 이 모든 오류는 영과 육의 상호 연계성을 놓치고 있다. 왜냐하면 그 오류들은 연계점, 즉 인간은 영을 가지고 있는 한에서만 존재한다는 사실을 놓치고 있기 때문이다.[77]

비록 몸이 개입되지 않은 것은 아니지만 인간은 몸이 아니라 영으로서 자기 결정의 주체다. 또한 인간은 영이 관여하지 않는 것은 아니지만 영이 아니라 몸으로 그의 결정을 실행해야만 한다.[78] 그러므로 인간은 이원화된 주체가 아니라 단일한 주체(single subject)다. 즉 몸을 가진 영이요, 영을 가진 몸의 존재다. 그러므로 하나님과의 의사소통은 영으로 자신을 지

배하고 몸으로 자신을 섬길 수 있는 인격적 존재인 사람과 이루어진다.[79]

기독교의 하나님은 무한한 능력으로 세상을 창조하고, 하나님의 형상으로 창조된 인간과 소통한다. 그래서 초월의 영역과 이 땅의 영역이 이성적으로 설명되고, 조화를 이룰 수 있다. 또한 인간을 위해 이 땅에 아들을 보내시고, 우리를 위하여 십자가를 지게 하신 예수 안에서 우리는 하나님을 만나고 그의 자녀가 된다. 여기에 진정한 인격적인 만남이 있다.

'범신론적 죽음이해'가 힘들고 어려운 이유는 현실 속에 살면서 현실을 인정하지 않고, 관계 속에 살면서 인격을 부정하기 때문이다. 불완전한 인간이면서 신이라고 주장하는 모순 때문이다. 각자가 신이라면서 스스로 삶과 죽음, 이 세상과 초월의 영역을 떠받칠 수 없는 그 신은 너무 작다.

유신론에서는 신과 인간이 질적으로 다르기 때문에 하나가 될 수 없다. 그러므로 그 안에서 인격적 관계를 맺는 것이다. 그러나 범신론에서는 신과 인간이 질적으로 동등하기 때문에 하나가 될 수 있다. 유신론에서 신과의 관계 회복을 위해서 중요한 것은 회개(뉘우침)다. 왜냐하면 근본 문제가 반역(叛逆)의 문제이기 때문이다(타락은 반역이다). 그러나 범신론에서는 자기가 신임을 깨닫지 못한 무지(無知)의 문제다. 그러므로 깨달으면 되는 것이다.[80]

기독교의 죽음이해는 초월을 부정하고 이 세상이 전부라고 생각하는 무신론적 입장도 아니고, 이 세상은 모두 허상이며 인간을 신적인 존재로 생각하는 범신론적 입장도 아니다. 이 세상은 하나님이 창조하신 구체적인 현실이며, 인생은 살아야 할 가치가 있는 것임을 분명하게 말한다. 동시에 이 세상을 넘어서는 영원한 세계, 하나님 나라를 말함으로써 초월과 비초월의 공존, 주체와 객체의 공존, 인격적인 만남의 요소를 만족시킨다.

기독교는 죽음이 죄의 결과라고 말함으로써 죽음에 대해 가장 비관적인 입장을 취하며, 동시에 십자가를 통한 용서와 부활의 미래를 말함으로써 죽음에 대해 가장 낙관적 입장을 취한다. 다시 말하면 어떤 죽음이해의 유형보다도 폭넓게 죽음을 이해하고, 죽음을 넘어서는 유형이라고 볼 수 있다.

# 4. 기독교의 죽음이해와 삶의 문제들

## 자아의 죽음 문제

'기독교의 죽음이해'와 기독교인의 삶은 어떤 관계가 있는가를 살펴보자. 구원받은 성도들은 예수 그리스도를 통해 죄와 죽음에서 자유를 얻는다(갈 5:1). 그러므로 그리스도인은 진정한 의미에서 자유자다. 그러나 그 자유는 자기 마음대로 하는 방종이나 무율법주의를 의미하지는 않는다. 그 자유를 가지고 십자가 앞에서 자기를 부인하고, 성령을 따라 행하는 것이다(갈 5:16). 그러므로 그리스도인은 참된 자유인이며, 동시에 사랑으로 종노릇하는 노예가 된다(갈 5:13). 여기서 자유는 윤리적 삶의 기본 전제가 된다. 자유가 없는 행위란 인격적이거나 윤리적이 될 수 없기 때문이다.

기독교인이 이렇게 분명한 죽음이해와 윤리적 기준을 가지고 있으면서도 현실 속에서 그 열매를 맺지 못하는 이유는 무엇인가? 세 개의 동심원을 생각해 볼 수 있다.

가장 안쪽에는 그가 믿고 있는 세계관(신앙의 내용)이 있고, 그다음에는 그것을 둘러싸고 있는 가치체계가 있으며, 가장 바깥에는 눈으로 볼 수 있는 행동양식이 있다. 그러니까 행동양식은 가치체계에서, 가치체계는 그 사람의 세계관(신앙)에서 나온다. 중요한 것은 세계관(신앙)이 바뀌면 가치체계도 바뀌고, 그에 따라서 행동양식도 바뀐다. 그러므로 올바른 그리스도인이 되면 거기에 부합하는 새로운 가치체계가 나오고, 그다음에는 거기에 합당한 행동양식이 나온다. 신앙, 가치체계, 행동양식이 일치해야 성숙한 신앙이다.

그런데 그렇지 못한 이유는 우선 시간이 문제일 수 있다. 가장 깊은 신앙의 부분은 변했지만 그것이 금방 가치체계로, 또는 행동양식으로 나타나지 못할 수도 있다. 나무를 심어도 금방 열매를 거두지 못하는 것과 같다. 그러나 시간이 지나가도 열매가 없다면 그 이유는 무엇인가?

참된 그리스도인의 삶은 두 차원으로 구성된다. 하나는 소극적인 차원이고, 다른 하나는 적극적인 차원이다. 소극적 차원은 그리스도와 함께 죽는 것이다. 그리스도를 구주로 영접한 순간, 그리스도인은 그리스도와 함께 죽는다. 그러나 여기에 머물러서는 안 된다. 그 이후에는 날마다 죽어야 한다는 명령이 주어진다. 예수는 십자가에 죽고, 그 후에 부활했다. 그리고 이 순서를 그리스도인의 삶에 적용시켰다. "자기를 부인하고… 나를 위하여 제 목숨을 잃으면 구원하리라"(눅 9:23-24).

그리스도인이 그리스도의 죽음의 독특성을 망각하면 이단에 빠진다. 동시에 이 명령이 그리스도인과 관련을 가지고 있음을 망각하면 참된 그리스도인의 삶이 존재할 수 없다. 그리스도의 죽음은 유일하다. 그러나 그리스도인의 삶에서 그 명령(눅 9:23-24)은 날마다, 매 순간의 현실에서 적용되어야 한다.

또한 그리스도인의 삶은 죽음에 머무르지 않고 부활의 차원으로 나아간다. 이것이 그리스도인의 삶의 적극적인 측면이다. "우리가 그의 죽으심과 합하여 세례를 받음으로 그와 함께 장사되었나니 이는 아버지의 영광으로 말미암아 그리스도를 죽은 자 가운데서 살리심과 같이 우리로 또한 새 생명 가운데서 행하게 하려 함이라"(롬 6:4).

그리스도인은 현재, 실천적으로, 믿음 안에서 자신을 죽은 자로 간주하도록 부름 받는다. 믿음 안에서 그리스도인은 현재 이미(죄에 대하여) 죽은 것처럼 살아야 한다. "영으로써 몸의 행실을 죽이면 살리니"(롬 8:13). 바울은 이것을 놓고 "나는 날마다 죽노라"(고전 15:31)고 했다. 진정 십자가를 믿고 부활을 약속받은 사람이라면, 자기의 삶 속에서 날마다 죽으면서 부활을 경험하는 삶이어야 한다.

그런데 예수 안에서 '날마다 죽는' 실존적 경험이 없기 때문에 바른 신학과 기준을 가지고 있으면서도 '기독교의 죽음이해'에 따른 삶의 열매를 맺지 못하는 것이다. 십자가 앞에서 날마다 자기를 못 박고 자기의 죽음을 경험할 때, 삶의 현장에서 생명과 부활의 역사는 끊임없이 일어날 것이다. 이것이 믿음 안에서 사는 것이며(갈 2:20), 이렇게 될 때 '기독교의 죽음이해'가 신학적으로 합당할 뿐 아니라, 삶의 자리에서도 그대로 적용되는 진리임을 보여 주게 될 것이다.

그렇다면 기독교에서 말하는 '자기를 부정하라', '자아를 죽이라', '자신을 십자가에 못 박으라'는 말은 어떤 의미인가? 나는 없어진다는 말인가? 아니다. 자기부정이란 나의 개성이 없어지고, 나의 이성적 판단을 부정하라는 말이 아니다. 인간의 자아는 하나님이 만드신 그 사람의 고유성으로 인해 엄청난 가치를 가진다. 나의 죄성이 문제이지 나라는 존재의 고유성이나 판단력이 문제가 되지 않는다.

기독교적 자기부정은 하나님과의 관계를 막는 죄악 된 나를 내려놓고, 하나님을 인정하고 그 뜻을 알고 따르는 것을 말한다. 그래서 진정한 내가 되라는 것, 참된 나를 찾는 것을 말한다.

불교의 자기부정은 이와 다르다. 불교에서는 교리적으로 내가 없다. 나는 오온의 복합체일 뿐이다. 육체나 정신 어디에도 없는 자아가 있다는 환상 때문에 문제가 된다는 것이다. 이것만 알면 고통은 끝난다고 한다. 자아는 존재하지 않지만 모든 것이 자기 안에 있다니! 문제를 풀려면 자아가 있어야 한다. 부인해야 할 자아도 없는데 이것이 어떻게 가능한가?

불교의 교리를 잘 분석해 보면 자아가 없는 것이 아니라 살아 있다. 철저하게 살아 있다. 어느 정도인가 하면 자기 관념 속에서 시간과 공간을 극대화하며, 보이는 세계와 보이지 않는 세계까지도 자기의 생각 안으로 집어넣고, 그것을 초월하려고 한다. 이것은 자기부정이 아니라 자기의 극대화라 할 수 있다.

살아서는 눈에 보이는 모든 것을 부정한다. 자기의 생각으로 보이는 것이 참이 아니라고 한다. 그런가 하면 죽어서 환생하는 그 순간에도 자기가 어떤 생각을 하는가, 어떤 선택을 하는가에 따라 윤회의 결과가 달라진다고 한다.

문제는 자아가 있어서가 아니다. 죄로 물든 자아가 문제가 된다. 하나님보다 높아진 자아가 문제다. 그러므로 자아를 부정하면 해탈하는 것이 아니라 존재의 본질을 놓치게 된다. 자아를 없애는 것이 아니라 진정한 자아를 찾아야 한다. 그 진정한 자아가 하나님과 교제해야 하는 것이다.

성공이 무엇인가? 자기 사명과 비전을 찾는 것이다. 야망은 내가 되고 싶은 내가 되는 것이고, 비전은 나를 만드신 하나님이 원하시는 내가 되는 것이다. 내가 되고 싶은 내가 되는 것보다 하나님이 만들고 싶은 내가 훨씬 더 아름답고 위대하다. 왜냐하면 야망은 죄로 인하여 찌든 내가 갈망하는 내 모습이기 때문이다. 하나님이 만들고 싶은 내가 되는 것이 성공이다. 그럴 때 우리는 예수께서 십자가 위에서 외치신 것처럼 "다 이루었다!" 할 수 있을 것이다.

## 종말론의 비교

종말론은 크게 둘로 나뉜다. 개인적 종말론과 우주적 종말론이 그것이다. 개인적 종말론은 개인의 최후, 즉 죽음에 관한 것이다. 그러므로 우리는 지금까지 개인적 종말론을 다뤄 온 것이다. 우주적 종말론은 세상의 끝(우주와 역사의 끝)에 관한 이론이다.

우주적 종말론의 관점에서 무신론적 종말론, 범신론적 종말론, 유신론적 종말론은 어떻게 되는가? 이것을 살펴보는 것은 전체 내용을 정리하는 데 도움이 될 것이다.

먼저는 유신론적 종말론인데, 이것은 지면 관계로 부득이 기독교의 성서적 종말론을 중심으로 설명하려 한다. 성서적 종말론은 하나님의 약속을 소유한 이스라엘이 어려운 역사적 현실 속에서 어떻게 하나님이 그들 편이며, 하나님의 뜻이 끝까지 승리하는가 하는 문제에 대한 해답으로 생겨난 것이다.

하나님의 약속인 구원이 고난의 현실 속에서도 허위가 아니라는 사실을 입증하고, 이 고난의 현실도 하나님의 손안에 있음을 증명하기 위해 이스라엘은 역사라는 삶의 현장에서 고민하고 믿음 가운데 미래에 대한 소망을 지속시켜 왔다. 그러므로 종말론은 현실 속에서 하나님의 백성을 격려하는 것이요, 선택받은 자들의 특유한 미래 이해요, 역사를 바라보면서 가지는 신앙이요 인생관이며, 현실과 유리되지 않은 현실에 바탕을 둔 미래 기대다.

이것은 마지막 때 어떤 일들이 일어날 것인가에 대한 호기심을 만족시키려고 고안된 것도 아니며, 마지막 일들이 어떤 순서로 진행될 것이라는 종말 사건에 대한 프로그램을 안내하거나 어떤 공식을 설명하는 것도 아니다. 다만, 앞으로 있을 하나님의 사역에 대한 긍정적 기대다. 이 종말 기대로 인해 이스라엘은 현실을 긍정적으로 견뎌 낼 수 있었다. 그러므로 종말론은 두려운 것이 아니라 근본적으로 낙관적인 소망의 복음이며 죽음보다 강한 하나님에 대한 기대다.

성서적 종말론은 둘로 이루어지는데 먼저 구약의 종말론이다. 구약의 예언자적 종말론은 역사 내적인 하나님 나라를 기대했고, 묵시문학적 종말론은 초역사적인 하나님 나라를 기대했다. 그러나 공통적인 희망은 인간의 힘에 의해 성취되는 나라가 아닌, 하나님이 친히 왕이 되시는, 하나님이 직접 개입하시는 은총으로 주어지는 나라다. 인간은 다만 소망 중에 기대하며 회개와 율법 준수를 통해 준비할 수밖에 없는 수동적인 위치에 놓여 있다.

기대 속에 머물렀으므로 실체를 알 수 없었던 하나님 나라가 신약의 예수에 와서는 좀 더 구체화되고 두 입장을 종합, 초월하게 된다(신약의 종말론). 성서적 종말론의 내용인 하나님 나라는 하나님의 뜻이 완전히 이루어지는 실재하는 영적인 나라다. 그 나라를 기대하고 믿음으로 받아들이는 자에게는 그 나라에 들어갈 특권이 주어지며, 들어가는 자에게는 영생이, 들어가지 못하는 자에게는 심판과 영벌이 주어진다. 전적으로 미래에 속해 있던 이 나라는 예수 안에서 이미 임했고 완성을 기다리는, '이미 이루어짐'과 '아직 완성되지 않음'의 긴장감 사이에 있다. 이 나라에 들어갈 자는 현세에서 그 나라를 선취해야 할 것으로 이해된다. 그러나 이 나라는 아직 미래에 속한 것이므로 상징적으로 묘사된다.

아우구스티누스는 하나님 나라의 도래가 역사의 완성이라고 이해했으며, 이 세상의 역사는 하나님 나라의 도래를 향해 나아가고 있다는 것을 밝혔다.

그러므로 구약 성경에서 시작되어 예수에게서 절정을 이루고 아우구스티누스에 이르러 세계 역사를 보는 관점으로 확대되는 성서적 종말론은(여기서 종말은 하나님 나라의 도래로 표시되는데) 인간이 성취할 수 없는, 인간이 만들지 않았으며, 인간적 운동의 목표가 될 수 없는 나라다. 이 나라는 하나님이 주체가 되는 초월적 나라로서 인간은 이 나라를 위해 단지 준비할 수 있을 뿐이다. 이 나라는 회개하고 자기의 의(義)에 대해 종언을 고한 자들에게 은총으로 주어지며, 하나님의 주권이 확립되고 하나님 안에서 영원한 행복을 누리는 것이 그 목표가 된다.

하나님과 인간에 대한 근본적 차이를 주장하는 유신론적 입장에서 볼 때 인간 역사 속에는 하나님의 다스림이 존재하지만 인간의 죄 때문에 더러워졌으므로 세속사와 구속사는 같은 것으로 볼 수 없고, 따라서 현실 역사는 상대적 가치밖에 없게 된다. 진정 하나님 나라를 소망하는 자는 이 세상에 대해 일종의 순례자가 된다. 여기서는 하나님과 세상 사이의 질적인 차이가 인정되며 현세와 다가올 하나님 나라가 대조되는 성격을 가지게 된다.

그러나 신의 존재를 부인하는 사람들은 성서적 종말론을 받아들일 수 없다. 그들이 생각하는 세상의 끝(종말)이란 무엇일까?

여기서 성서적 종말론과 대비되는 역사철학적 종말론이 등장한다.

철학자 칸트는 '본체적 인간'을 참된 인간이라고 봄으로써 현실적으로 드러나는 인간이 되기를 거부하고 신적으로 이상화된 자기를 실현하는 것을 인간의 목표이자 의무라고 보았으며, 역사란 인간의 이러한 자기실현의 과정이라고 생각했다. 그러므로 역사의 목표인 종말은 신적인 본체적 자아가 완전히 실현되는 때이며, 또 그런 사람들이 모여 이룩하는 완전히 윤리적인 지상 국가의 실현이었다. 따라서 그의 종말론적 목표는 역사 밖의 초월적인 국가의 도래가 아닌, 지상에서 이루어질 정신적인 진보 과정의 완성체인 윤리적 공동사회가 된다. 예수께서 말씀하신 '하나님 나라'는 이제 '은총'으로 주어지는 것이 아니라 인간의 힘으로 실현해야 할 과제가 되었다.

헤겔은 칸트에서 시작된 인간의 신격화와 당시의 세계관을 결합하여 하나님과 세상을 근본적으로 구별하는 일을 합병하여 일원론적 이상주의를 펼쳤다. 그는 '진무한'(wahre Unendlichkeit)이라는 개념을 사용하여 지상적인 것과 본질적으로 동질적 요소가 있는 절대정신을 가정한다. 이 절대정신의 자기실현 과정이 역사인데, 그 목표는 결국 인간의 인식 속에서 절대정신이 자기를 정신으로 이해하는 것을 의미한다. 왜냐하면 절대정신의 현실이 바로 인간 정신이기 때문이다. 따라서 인간이 스스로 자기가 정신인 것을 인식하게 되면 그것은 바로 절대정신이 자기를 정신으로 인정하는 것이다. 이 점에 도달하는 것이 절대지(絶對知)에 이르는 것이며 이것이 역사의 목표가 된다. 이것은 인간이 자신을 신(神)으로 생각하며 외적 대상과 모순을 느끼지 않는 사유 속에서 무한한 자유를 획득하는 것을 말한다. 결국 그가 말하는 역사의 목표(종말)는 인간이 사유 속에서 자유를 얻으며 자신이 신임을 깨닫는 것이다.

여기서 세속사(이 세상의 역사)와 구속사(하나님의 구원 역사)는 구분되지 않고 하나가 되어 구속사는 세계사의 수평 위에 투사되고, 초월적인 것은 세속적인 것에 용해되어 버린다.

마르크스는 헤겔의 일원론적 사상체계를 과학적인 사상체계로 변화시켰다. 그는 이 모순적인 현실을 일원론적 철학체계로 바꾸는 과정에서, 사유 속에서의 인간 현실을 삶과 노동 속에서의 인간의 자기실현으로 확대시켰다. 그는 관념론의 종말론적 희망을 유토피아적 이상으로 대중에게 그려 낸 것이다.

그가 생각하는 역사는 착취와 모순의 역사이므로, 역사의 목표인 종말은 이런 착취와 모순의 현실을 극복하고 새로운 사회인 공산주의를 만들어 인간 본래의 모습인 아무것에서도 소외되지 않은 미학적(美學的) 인간의 나라를 이룩하는 것이었다. 그는 '능력대로 일하고 필요한 대로 가지고 간다'는 이상을 향해 나가려고 했으며, 이런 과정에서 노동은 삶에 필수적인 것으로 보았다. 그에 의하여 역사의 목표인 '하나님 나라'는 인간의 능력에 의해 실현될 수 있는 사회의 모형이 되었다. 종말론적인 '하나님 나라'는 역사 속의 인간에 의해 실현될 그 무엇(인간의 자유와 행복이 실현되는 상태)을 의미하게 되었다. 초월적인 종말론적 '하나님 나라'가 이 땅에 존재하는 '모순 없는 사회'로 바뀐 것이다.

엥겔스에 의하여 이 나라를 이룩하는 방법은 기다림과 개선이 아닌, 혁명과 폭력의 방법을 정당화하는 길로 나아갔다. 이런 의미에서 공산주의 종말론은 엄청난 의미를 가진다. 초월적인 하나님 나라가 관념론적 이상주의로 바뀌고, 여기서 눈에 보이는 지상낙원의 건설로 이어지는 고리를 제공했기 때문이다. 물론 공산주의 자체의 모순(무신론적 체계와 인간의 죄성에 대한 부정, 유물론적 사고구조 등)과 철저한 실패는 인정할 수밖에 없다.

결국 칸트에서 시작되어 헤겔과 마르크스로 이어진 인간의 자기실현으로서의 '하나님 나라'는 초월적인 나라가 아니라, 이 세상의 것과 동질적인 기대물로 해석되었고 인간이 실현할 수 있는 목적론적 가능태(可能態)가 되었다.

인간의 미래는 역사 속에서 인간에 의해 윤리적인 왕국으로(Kant), 사유 속에서 자기실현으로(Hegel), 혁명을 통한 모순의 극복으로(Marx) 만들어질 수 있다는 역사철학적 종말론은 세속화된 종말론으로서 성서적 종말론과는 전혀 다른 또 하나의 종말론의 모습이다.

그러므로 세 종류의 종말론이 있다. 하나님이 주체가 되시고 그분의 뜻이 완전히 계시되며, 역사를 종결짓는 하나님 나라의 도래를 말하는 유신론적 종말론, 내가 신이라는 사실을 인식하고 사유의 모순을 느끼지 않는 범신론적 종말론, 인간이 주체가 되어 현실의 모순을 극복하고 완전한 사회(utopia) 건설을 역사의 목표로 하는 무신론적 종말론이 그것이다.

유신론적 종말론, 특히 예수께서 이해한 종말론의 핵심인 '하나님 나라'는 표징으로는 현재해 있고, 지금도 이루어져 가고 있다. 이 하나님 나라는 언젠가 완성될 초월적인 나라이나 지상적 요소와 현실의 개혁도 포함하는 나라이며, 기대 속에서 지금 결단을 촉구하는 은총으로 주어지는 나라인 것이다. 인간 운동의 목표가 될 수 없는 이 '하나님 나라', 회개하고 그것을 받아들이는 자에게 주어지는 그 나라, 그 나라는 멀지 않다.

## 천국을 고대하기

《허클베리 핀의 모험》에 보면 허클베리가 이런 말을 한다.

> 그녀(노처녀 기독교인인 왓슨, 재미있는 것을 좋아하는 허클베리를 늘 무시했다)는 계속해서 그 좋은 곳(천국)에 대해 말했어요. 거기서 제가 할 일은 단지 하프를 가지고 하루 종일 돌아다니면서 노래하는 것이라고. 그것도 영원히, 영원히 말이에요. 그래서 저는 그곳에 별로 가고 싶지 않았어요. 제가 그녀에게 톰 소여도 그곳에 갈 것 같으냐고 묻자 그러지 못할 것 같다고 했어요. 저는 얼마나 기뻤는지 몰라요. 왜냐하면 저는 톰과 함께 있고 싶었거든요.

경건한 왓슨은 천국에 대해 허클베리에게 매력적인 이야기는 하나도 해주지 않았다. 부활한 몸을 가지고 새 하늘과 새 땅에서 하나님의 사랑을 만끽하며 사랑하는 사람들과 우리의 모든 갈망이 충족되는 충만한 삶이라는 것을 말하지 않았다. 아니, 자기도 정확하게 몰랐다고 할 수 있다.

"저는 천국을 생각할 때 너무나 따분해집니다. 구름을 타고 하프를 튕기는 것 외엔 아무것도 할 일이 없는 그곳은 생각만 해도 끔찍해요. 그런 곳에서 영원히 사는 것보다는 차라리 죽으면 아예 없어지는 것이 좋지 않을까요?" 이것이 천국에 대한 보편적인 개념이다.

거의 모든 그리스도인은 천국 생활을 끝없이 예배드리는 것 정도로 생각한다. 끝나지 않는 찬양과 아멘의 화답, 이것이 전부라면 그게 정말 기쁜 소식일까? 그곳을 감당하기에는 너무나 영적이지 못한 자기 모습을 보며 죄책감에 빠지기도 한다.

천국은 어떤 곳인가?

'무신론적 죽음이해'에서는 천국이 없다. '세속적 죽음이해'에서의 천국은 이 땅에서 '천국 같은 삶'을 누리는 것이다. '비세속적 죽음이해'에서의 천국은 정의되지 않는다. '후손에게 기억되거나, 아주 오래 사는 선계(仙界)에 머무는 것' 정도로밖에는 묘사할 수 없다.

'범신론적 죽음이해'에서는 천국이 구체적인 공간이나 장소가 아니다. 그런 의미의 천국은 없다. 힌두교와 불교의 천국은 '지긋지긋한 업보를 벗고 해탈하는 것, 그래서 영원한 정적으로 흡수되는 것'이다. 극락을 말하지만 그것도 해탈과 열반을 위한 과정일 뿐이다. 뉴에이지에서의 천국은 어떤 지역이 아니라 정신의 신성한 형태로서 그 안에서 정신의 모든 현상이 조화를 이루고 불멸하는 '더 높은 의식의 상태'로 본다.

'유신론적 죽음이해'에서 천국은 초월적이며 분명한 공간을 가진다. 이슬람교의 천국은 문자 그대로 관능적이며 남성을 위한 공간이고, 더 큰 성숙을 위한 발전 과정이며, 고정된 상태가 아니다. 기독교의 천국은 영원하고 초월적이며 부활한 몸이 거하고 모든 소망이 이루어지는 충만하고 구체적인 장소다.

그런데 왜 기독교의 천국 이해가 따분하게 이해되는가? 비물질적인 영적인 공간으로만 생각하기 때문이다. 이것은 그리스의 영혼불멸 사상이 기독교에 들어온 결과다.

어느 분이 무디 목사님에게 "왜 성경에는 천국에 대해 자세한 말씀이 나와 있지 않나요?"라고 물었다. 목사님은 이렇게 대답했다. "서프라이즈 패키지(surprise package : 깜짝 놀라게 해주는 선물보따리)이기 때문입니다." 자세히 나와 있지는 않지만 가 보면 깜짝 놀랄 일들이 많을 것이라는 의미다.

천국에 가는 법과 그곳이 지옥보다 훨씬 좋은 곳이라는 말을 듣기는 했지만 천국 자체에 대해서는 거의 배우지 못했다. 천국에 대한 신학이 이렇게 약한데 어떻게 우리의 마음을 그곳에 둘 수 있는가? 그곳을 기대하며 갈망할 수 있는가? 더 나은 본향인 천국을 고대하고 갈망해야 하는데, 그래야 소망이 새로워지고 목적이 분명해지고 힘이 날 텐데 그곳에 대해 아는 것이 없다니! 그곳에 가기 위해 모든 것을(때로는 생명까지도) 내놓아야 하는데, 그곳이 어떤 곳인지 설명할 수 없다니, 가 보면 안다는 것이 될 말인가?

그렇게 많은 하나님의 자녀들이 그 나라에 대해 애매하고 부정적이며 영감이 없는 견해를 갖게 된 것은 어둠의 공격 때문이라고 생각한다. 요한계시록 13장 6절을 보면 사탄은 세 가지, 하나님과 하나님의 사람들과 하나님의 처소인 천국을 비방한다. 그래서 하나님이 마음을 두라고 명하신 그곳에 우리 마음을 두지 못하도록 조종한다. 그러면 우리는 그곳에 대한 기대와 기쁨을 잃게 되고, 우리의 마음을 이 땅에다만 두게 되며, 다른 사람들에게 그 믿음의 내용을 나눌 수 없게 되는 것이다.

오늘날 많은 사람들은 천국과 지옥을 얘기하면 정신없는 사람이라고 생각한다. 실제적이 아니라 상징적이며 영적인 의미로 축소하려고 한다. 그래서 요즘에는 교회에서조차 천국과 지옥에 대한 설교를 듣기 어렵다. 천국과 지옥을 말하지 않음으로써 복음의 능력과 감격이 박탈당하고 있는 것이다. 이제는 천국이 그렇게 멀리 느껴지고 비현실적이며 지루하고 별로 갈 만한 곳이 못 된다는, 혼미하게 만드는 생각에서 벗어나야 한다.

과거에는 지옥에 대한 설교가 많았다. 두려움과 공포를 불러일으킴으로써 나태해진 신앙에 경각심을 주려 했던 것이다. 그러나 이제는 오히려 아름답고 소망스러운 천국을 그리워하도록 천국에 대해 성경적으로 연구하고 가르칠 필요가 있다. 그렇지 않을 때 잘못된 이야기들, 성경의 지지를 받지 못하는 근거 없는 간증집들이 넘쳐 나고, 마치 그것이 천국의 실제인 것처럼 오해할 수 있다.

그래서 최근에는 천국학(Heavenology)의 필요성이 대두되고 있다. 성경을 근거로 한 천국을 연구하고 가르치며 기대하고 소망하게 하자는 것이다.

'혹시 내가 천국에 너무 몰두하면 이 땅에서 이상한 사람이 되지 않을까?'라는 생각은 안 해도 된다. 이와는 반대로 너무나 많은 사람들이 땅의 생각에 몰두하여 하늘에서도 이 땅에서도 유익한 사람이 되지 못한다.

C. S. 루이스는 말했다.

역사를 읽어 보면 금생을 위해 가장 많은 일을 한 사람들은 바로 내생을 가장 많이 생각했던 사람들임을 알 수 있습니다. 로마제국을 회심시키려 했던 사도들, 중세를 건설한 위인들, 그리고 노예제도를 폐지한 영국의 복음주의자들 모두는 이 땅에 그들의 발자취를 남겼습니다. 그것은 그들의 마음이 천국에 사로잡혔기 때문이었습니다. 이생에서 그리스도인들이 능력을 발휘하지 못하게 된 것은 그들 대부분이 내세에 관해 생각하기를 중단했기 때문입니다. 천국을 목표로 삼으십시오. 그러면 세상을 '뒤집어엎을' 것입니다. 땅을 목표로 삼으십시오. 그러면 그 어디에도 도달하지 못할 것입니다.[81]

# 6장

# 이제 죽음을 어떻게 바라보아야 하는가?

우리가 돌아갈 집이 어디엔가 있으며
이 세상의 삶은
집을 찾기 위해 방황하는 과정임을
정말로 믿는다면,
우리가 그 집에 도착하는 날을
고대하지 못할 이유가 무엇인가?

## 1. 세 가지 죽음이해의 상호관계

### 세 가지 죽음 유형이 생긴 이유

지금까지 죽음에 대하여 다양한 이론들을 살펴보았다. 연구를 진행하면서 계속했던 질문이 있다. 그것은 '왜 죽음에 대한 이해가 이렇게도 다양하며, 왜 인간은 죽음을 극복하기 위해 이렇게도 처절하게 몸부림치는가'이다. 인간이 나약하기 때문에 현실의 고통을 잊어버리기 위해서 초월적인 절대자를 찾는다는 것이 종교학적 입장에서 본 종교의 기원이다. 그러나 그것만으로는 설명이 되지 않는다. 그것은 인간에게 주어진 '하나님의 형상'(Imago Dei) 때문이다.

성경은 여기에 대하여 분명하게 말한다. 하나님이 인간을 창조했을 때 인간에게 '하나님의 형상'을 주셨다. "하나님이 자기 형상 곧 하나님의 형상대로 사람을 창조하시되 남자와 여자를 창조하시고"(창 1:27).

하나님의 형상을 네 가지 요소로 정리할 수 있다. ①영원 지향성이다. 인간은 영원히 살기를 바란다. 그래서 이 땅에서도 이름을 남기기를 원하고, 기억되기를 원하고, 영생을 갈망한다. ②신성 지향성이다. 인간은 신이기를 바란다. 분명히 동물인데도 동물로 끝나기를 원하지 않는다. 신과의 관계를 끊임없이 추구하고, 더 나아가서 신적인 존재가 되기를 갈망한다. ③사랑(아가페)을 추구한다. 사랑하고, 사랑받기를 갈망한다. ④다스림의 성격을 갖는다. 다스리려 하고, 책임질 줄 안다.[1]

다시 말하면 인간은 영원 지향성을 가지고 있으므로 죽음과 함께 영원히 사라지는 것을 원치 않는다. 죽고 난 뒤에도 자기 존재가 이어지기를 원한다. 또한 신성 지향성이 있기 때문에 인간은 신과의 관계를 끊임없이 갈망하고, 아가페를 추구하기 때문에 상호 간에 인격적인 교제를 원하며, 다스림의 성격을 가지고 있기 때문에 하나님 앞에서 청지기로서 이 땅에서 필요한 존재가 되어 자기 사명을 감당하려고 하는 것이다.

종교다원주의 시대의 선교학에 관한 탁월한 이론가인 네틀랜드(Harold A. Netland)는 이렇게 말했다. "모든 인간은 비록 타락했어도 '하나님의 형상'을 가진 존재다. 그러므로 궁극자 또는 절대자를 갈망하고, 신과의 합일을 추구하고, 하나님이 주신 사명 때문에 세상에 대해 지대한 관심을 보인다."[2]

기독교적 입장에서 볼 때 인간은 피조물이며 죄인이지만, 진정 존귀하다. 하나님의 형상으로 만드시고, '영광과 존귀'로 관을 씌우셨기 때문이다(시 8:5). 하나님의 형상, 이것이 인간 존엄성의 근거다. 인간의 존엄성은 이런 점에서 스스로의 것이 아니다. 즉 "인간은 만물의 척도다"(Panton metron anthropos)라고 외쳤던 프로타고라스(Protagoras)의 주장과는 반대로 인간은 만물의 척도가 아니다. 인간의 존엄성은 하나님으로부터 유래한다. 이것을 독일의 기독교 윤리학자인 헬무트 틸리케는 다음과 같이 표현했다.

> 인간의 위대성이란 단지 다음의 사실, 즉 하나님이 그분의 측량할 수 없는 선 가운데서 인간에게 사랑을 베풀어 주셨다는 사실에만 기초한다. 우리가 가치 있기에 하나님이 우리를 사랑하신 것이 아니다. 오히려 그분이 우리를 사랑하셨기에 우리는 가치 있는 존재가 된 것이다.[3]

그러므로 인간의 존엄성은 두 가지 측면을 지닌다. 인간은 존엄하지만 이에 대해 교만해서는 안 된다. 그 존엄성이 궁극적 존엄자의 반영(反映)으로서 타고난 존엄성이기 때문이다. 그것은 반영 이상도 그 이하도 아니다. 그러므로 인간은 일종의 중간 지점에 존재하고 있다. 다른 피조물에 대해서는 하나님이 주신 지배권(창 1:28-30; 시 8:6-8) 때문에 상위에 있고, 하나님에 대해서는 비자율적이고 스스로 설 수 없는 존재로서 하위에 위치한다. 이것이 인간의 이상적인 상태다. 이러한 균형 유지에 실패하면서부터 인간의 비극이 시작되었다.

인간은 사랑을 받았기에 사랑할 수 있고, 가치 있는 존재이기에 가치 있는 일을 할 수 있다. 거스탑슨(James M. Gustafson)은 말했다.

> 도덕적으로 진지한 그리스도인은 그의 구체적인 책임과 기회 가운데서 '나는 무엇을 해야 하는가?'라고 질문한다. 하지만 그가 신학에게서 듣는 하나의 대답은 그것은 잘못된 질문이라는 것이다. 당신은 당신 자신과 이 세상에 대해 행해진 것을 인식할 때까지는 당신이 무엇을 해야 할지

또 무엇을 할 수 있을지 알 수 없다.[4]

종교는 영어로 'religion'이다. 이 말은 're(다시)+ligion(묶는다, 또는 잇는다)'이다. '끊어진 것을 다시 하나로 묶는다, 깨어진 관계를 다시 하나가 되게 하다'는 뜻이다.[5] 그러므로 'religion'의 의미는 '연결되고자 하는 추구'라 할 수 있다.

누구와 누구의 관계를 잇는다는 것인가? 신과 인간의 관계다. 문제는 어떤 방법으로 다시 묶을 수 있는가? 이것이 구원의 방법이다. 일반적으로는 좋은 일을 많이 함으로써, 또는 깊이 명상하고 참선함으로써, 마지막으로는 율법을 공부하거나 계명을 잘 지킴으로써 신과 연합하고 그 앞에서 구원을 받는다고 생각한다.

좋은 일을 많이 함으로써 구원을 받는다는 입장은 '무신론적 죽음이해' 중에서 '비세속적인 죽음이해'의 입장이고, 깊이 명상하고 참선함으로써 구원을 받는다고 생각하는 것은 '범신론적 죽음이해'의 입장이며, 율법을 공부하고 계명을 지킴으로써 구원을 받는다고 생각하는 것은 '유신론적 죽음이해' 중에서 '유대교와 이슬람교의 죽음이해'다.

그러나 문제는 인간의 이런 노력과 수고로 가능하지 않다는 것이다. 하나님과 인간 사이에는 무한한 질적인 차이가 있으므로 인간의 힘으로 하나님께 다가간다는 것은 불가능하다. 그래서 바르트는 말했다. "하나님과 인간이 만나는 방법은 두 가지다. 인간이 하나님께 가는 길이 있고, 하나님이 인간에게 오는 길이 있다. 인간이 하나님께 가는 길이 종교이고, 하나님이 인간에게 오는 길이 복음이다."[6]

쉽게 말하면 끊어진 관계를 누가 묶을 수 있는가, 구원의 주체가 누구인가의 문제다. 인간이 묶으면(선행과 율법과 수양으로) 그것이 종교이고, 하나님이 묶으면(예수 그리스도의 십자가로) 그것이 복음이다. 인간이 하나님께 가려면 해야 할 일이 많다. 그래서 종교는 '하라'는 말이 많다.

"do!"(하라) 이것이 종교의 가르침이다. 그러나 복음은 하나님이 인간에게 오셨기 때문에 인간이 할 일이 없다. "done!"(이루어졌다) 이것이 복음의 가르침이다.

그러므로 구원이란 인간의 진보나 이성의 활동에 있는 것이 아니다. 자기를 부정하거나 자기가 누구인지를 깨닫는 것도 아니다. 율법을 완전히 행함으로 가는 것도 아니다. 믿음으로 가는 것이다. 그럴 때 의를 얻고, 관계를 맺는다. 거기에 영생이 있다.

이렇게 볼 때 모든 유형의 죽음이해는 나름대로 진실을 가지고 있다. 흙의 부분에 집착하면 '무신론적 죽음이해'가 나올 수 있다. 이것도 일리가 있다. 흙으로 만들어진 연약한 부분은 사라지고 마는 것이다.

하나님의 형상에 집착하면 '범신론적 죽음이해'가 나올 수 있다. 하나님의 형상을 가졌다는 의미에서 인간은 신적인 존재다. 그러므로 인간은 죽음과 함께 사라지지 않고 영원히 존재한다. 그러나 내가 하나님은 아니다.

이러한 양극단의 불완전을 극복하고 가장 현실적이고, 합리적이며, 포괄적인 것은 '기독교의 죽음이해'다. 여기서는 인간은 인간이 되고, 자연은 자연이 되고, 스스로 쟁취하지 않고도(할 수도 없다) 하나님 안에서 하나님의 자녀라는 신분에서 오는 신성을 회복하며, 자녀로서 인격적인 교제를 나눌 수 있다.

파스칼[7]은 말했다. "우리는 예수 그리스도를 통하여 내가 누구인지를 안다. 우리는 오직 예수 그리스도를 통해 신을 알 뿐만 아니라 오직 예수 그리스도를 통해 우리 자신을 안다. 예수 그리스도 밖에서는 우리의 삶도, 죽음도, 신도, 우리 자신도 모른다."[8] 그분의 십자가와 부활을 통해 죽음과 미래를 분명하게 알 수 있다.

## 죽음의 문제는 자기이해의 문제다

에밀 브루너(Emil Brunner)[9]는 말했다. "어떤 사람의 자기이해는 그 사람의 윤리학이다." 자기를 어떻게 이해하는가에 따라서 그 사람의 윤리가 나온다는 것이다. 그러므로 인간의 자기이해와 윤리는 직결된다.

죽음의 문제는 결국 '나는 누구인가'의 문제다. '나는 어디서 왔고, 무엇을 하다가, 어디로 가는가?' 이것에 대한 대답인 것이다. 나는 누구인가?

'무신론적 죽음이해'의 '세속적 죽음이해'에서 나는 우연한 진화의 산물이다. 철학적으로는 아무 목적도 원인도 없이 이곳에 던져진 존재다.

'무신론적 죽음이해'의 '비세속적 죽음이해'에서 나는 자연의 이법이 운행하여 만들어졌으며, 그 기운이 흩어지면 사라지는 존재다.

'범신론적 죽음이해'의 '힌두교와 불교의 죽음이해'에서 나는 원래 없는 존재인데, 내가 있다고 생각하는 것이 문제다. 없다는 것을 알고 나면 우주의 궁극적 원리인 브라만에 흡수되어 끝없는 정적의 세계로 들어간다.

'범신론적 죽음이해'의 '뉴에이지의 죽음이해'에서 나는 신이다. 모든 것은 내가 생각하는 대로 된다.

'유신론적 죽음이해'의 '유대교와 이슬람교의 죽음이해'에서 나는 신이 만드신 존재(피조물)다. 그분께 나가는 길은 내 행위가 옳고, 율법을 잘 지켜서 내 힘으로 가는 것이다.

'유신론적 죽음이해'의 '기독교의 죽음이해'에서 나는 하나님의 피조물이다. 하나님의 은혜로 예수 그리스도를 통해 하나님께 나아간다.

인간은 자신보다 큰 존재를 향해 부르짖는다. 이것을 일반적으로는 종교성이라고 한다. 하나님의 존재를 거부하고, 은혜를 제거하고 나면 사람들은 두려움에 빠져 보이지 않는 힘의 세계를 달래려고 한다. 여기서 미신과 율법주의가 나오는 것이다. 미신은 두려움을 진정시키고 영적 세력을 안정시키기 위해 아무나 섬기는 것이고, 율법주의는 내 힘과 노력과 어떤 의식을 통해 나가려고 하는 것이다.

사실 인간이 신이 되고자 하는 갈망 자체는 잘못이 아니다. 하나님은 인간을 하나님의 형상으로 창조하셨는데, 그들이 하나님의 자녀가 되기를 원하셨기 때문이다. 그러나 하나님이 선물로 주신 하나님의 형상과 뱀이 제안한 것은 완전히 다르다. 아담과 하와가 믿은 거짓말의 핵심은 그들이 하나님 없이 하나님처럼 될 수 있다는 것이었다. 그러나 하나님 없이 우리가 할 수 있는 일들은 대부분 우리 자신을 신이 된 듯이 여기도록 한다. 우리는 하나님의 진실성과 주권에 영적인 타격을 가함으로써 하나님처럼 될 수 없다.

18세기 미국의 장로교 지도자 제임스 핀리(James Finley)는 그것을 이렇게 표현했다.

> 스스로 하나님과 같다고 선언하는 것이 우리에게 금지된 이유는 그것이 하나님이 독단적으로 명하신 어떤 법칙을 깨기 때문이 아니라 그런 행위가 근본적이고, 죽음을 초래하며, 존재론적인 거짓말과 같기 때문이다. 우리는 하나님이 아니다. 우리는 스스로 존재하게 되지 않았고, 궁극적인 자기 성취에도 이를 수 없다. 그렇게 주장하는 것은 살아 계신 하나님과 믿음의 관계를 손상시키며 존속할 수도 없는 자아에 대한 헛된 믿음으로 그것을 대신하는 자살행위다.[10]

하나님의 뜻을 무시함으로써 하나님에게서 자유로워질 수는 없다. 거짓이 약속하는 자율성은 환상일 뿐이다. 대신 그렇게 무시함으로써 우리를 속박하는 사슬을 만들어 내는 것이다. 하나님과 분리된 길을 택할 때 얻는 것은 거짓된 삶이다.

거짓된 자아는 우리가 하나님에게서 훔쳐서는 안 되는 것을 훔치려고 한 데서 오는 비극적인 결과다. 하나님의 선하심을 의지한다면, 우리가 가장 깊이 갈망하는 그 모두가 하나님 안에서 우리 것이 될 것이다. 그러나 하나님이 주시는 모든 것보다 더 많이 얻으려고 하면, 결국 아무것도 얻지 못한다. 하나님을 거부하면 결국 거짓과 환상의 온상이 되고 만다. 하나님을 몰아내면 우리는 우리 자신에게 신이 된다. 거짓 자아가 된다. 하나님의 형상으로 창조된 자아를 거부하면 우리 스스로 만들어 낸 거짓 자아가 커지게 된다. 이것은 우리가 되기 원하는 사람, 우리 스스로가 만들어 낸 사람, 마치 우리가 하나님인 양 창조해 낸 사람이다. 그러나 그런 사람은 실제로 존재할 수 없다. 그것은 환상에 불과하다.

참된 자아는 지금까지 거짓 자아로 묘사해 온 모든 것과 정반대다.

참된 자아는 하나님에 의해 창조되고 그리스도 안에서 구속받은 인간의 전체 자아다. 인간 안에 있는 하나님의 형상, 영원 전부터 인간을 위해 마련된 하나님의 독특한 측면이다. 우리는 스스로의 노력으로 참된 자아를 발견하지 못한다. 오히려 하나님을 추구하고, 하나님을 발견해야 비로소 가장 참되고 심오한 자아를 발견할 수 있다. 인류학적인 문제(나는 누구인가)와 신학적인 문제(하나님은 누구신가)는 본질적으로 분리할 수 없다.[11]

기독교 복음의 신비는 우리의 가장 깊고 가장 진실한 자아가 우리가 생각하는 자아가 아니라 '그 안에서 모든 것이 성취되는, 부활하시고 불멸하시는 그리스도와 함께 있는 자아'라는 것이다.[12]

인간은 누구인가? 스스로 생겨난 존재인가, 아니면 신인가? 이것은 거짓말이다. 이 땅은 신들이 모여 사는 곳이 아니다. 인간은 피조물이고 죄인이며, 하나님을 갈망하는 존재다. 이런 존재에게 스스로의 행위나 율법으로의 구원은 가능하지 않다. 오직 예수 그리스도의 십자가 안에서만 하나님의 자녀로 회복될 수 있다. 세상에 아버지 없는 자식은 없다. 아버지가 없다고 말하는 불효자식이 있을 뿐이다.

하나님을 제외하고 나를 보면 교만해지거나(범신론적 죽음이해), 비참해진다(무신론적 죽음이해). 하나님은 객관적이고 초연한 자세가 아니라 헌신된 마음으로만 알 수 있다. 하나님은 사랑이시기 때문에 오직 사랑을 통해서만 하나님을 알 수 있다. 하나님을 사랑하는 것이 곧 하나님을 아는 것이다(요일 4:7-8).

하나님을 알려면 또한 복종해야 한다. 영성가 토머스 머튼(Thomas Merton)은 이렇게 말했다. "우리는 진리를 알아야 하고, 우리가 아는 진리를 사랑해야 하며, 그 사랑의 정도에 따라 행동해야 한다. 사랑이 없으면 결코 알 수 없고, 그 뜻에 복종하지 않으면 결코 사랑할 수 없는 하나님 자신이 바로 그 진리이시다."[13] 여기 유신론적 이해의 해답이 있다. 하나님이 나를 알고 있기 때문에, 나도 자신을 알 수 있는 것이다.

복음주의 신학자 패커(James Packer) 교수는 이 모든 지식에서 우선순위를 바르게 지적했다. "그러므로 결국 가장 중요한 것은 내가 하나님을 안다는 사실이 아니라, 그 근저에 있는 더 큰 사실, 즉 하나님이 나를 아신다는 점이다."[14]

나를 아시는 하나님이 나를 부르는 것이 죽음이다. 죽음은 하나님의 사랑받는 자녀로 자기를 완전히 성취하기 위해, 또 사랑의 하나님과 완전한 교제를 나누기 위해 세상을 떠나는 것이다. 예수께서는 우리 앞에 있는 길을 먼저 가셨다. 그리고 우리에게 "나를 따르라"(마 16:24) 하신다. 예수님은 우리에게 "무서워하지 말라"(마 28:10)고 말씀하신다. 이제 우리는 기다리는 아버지께로 간다. 그러므로 그날을 기다릴 수 있다.

그래서 기독교 신구교의 협력 선교를 주장했던 가톨릭 사제 뉴하우스(Richard John Neuhaus)는 죽기 직전 데카르트의 유명한 공식인 "Cogito, ergo sum"(나는 생각한다, 고로 존재한다)이라는 말이 "Cogitor, ergo sum"(나는 생각당한다, 고로 존재한다)으로 정정되어야 한다고 말했다.[15] 이 말은 자신이 하나님의 상상력의 산물이지, 하나님이 자신의 상상력의 산물이 아니라는 것을 깨달은 마지막 통찰을 반영한다. 우리는 자신의 생각 속에 존재하는 것이 아니라, 이 세상이 시작되기도 전부터 우리를 알고 있던 분의 말씀을 통해서 우리 각자가 존재하게 되었고, 또한 그분에 의해서 유지되고 있다고 본 것이다. 그는 이렇게 쓰고 있다.

> 그리스도의 운명 안에 나의 운명이 있다. 처음부터 그랬고 앞으로도 영원히 그러할 것이다. 나는 다음의 깨달음도 얻었다. 내가 죽으면 그리스도의 몸이자 나도 그 일부인 교회 안에서, 그리고 그리스도의 몸 안에서, 나의 몸과 영혼이 아무리 불완전할지언정 이미 서로 연합된다는 것이다. 지금 불완전한 것이 언젠가 부활의 때가 되면 완벽해질 것이다. 구더기들이 내 몸을 한동안 즐기겠지만, 최종적 발언은 하지 못할 것이다. 필멸의 흙이 이미 그 위대한 재결합에 대한 갈망으로 꿈틀거리고 있다. 그분이 그렇게 약속하셨고, 나는 그 어느 때보다도 확실하게 믿게 되었다.[16]

이제 죽음은 두려움 속에서 잊어야 하는 것이 아니라 기다림의 날이 될 수 있다. 그래서 C. S. 루이스는 말했다. "우리가 믿는다고 말하는 바를 정말로 믿는다면, 즉 우리가 돌아갈 집이 어디엔가 있으며 이 세상의 삶은 '집을 찾기 위해 방황하는 과정'임을 정말로 믿는다면, 우리가 그 집에 도착하는 날을 고대하지 못할 이유가 무엇입니까?"[17]

## 2. 생명과 시간

생명이란 '살라(生)는 명령(命)'이다. 몰트만(Jurgen Moltmann)[18]은 이것을 선물(Gabe)인 동시에 임무(Aufgabe)라고 했다.[19] 살아가도록 명령된 이 생명은 하나님에게서 부여된 것이다.[20]

시간은 하나님의 창조물이다. 시간이 하나님의 외면적인 자유로운 행위의 원리라면 영원은 그의 내면적인 자유로운 행위의 원리다.[21] 그러므로 영원은 시간에 대한 단순한 반대가 아니다. 영원은 시간을 부정하지 않고 그것을 포함한다. 그렇다고 그것을 무시간성(non-temporality)이라고 해서는 안 되며 조직된 동시성 안에 하나님의 기원, 운동, 목적을 포함하는 하나님의 지속성으로서 묘사해야만 한다.[22] 즉 하나님의 영원성 안에는 우리의 과거, 현재, 미래가 들어 있다. 그는 시간의 주인이시며, 과거에도 계셨고, 지금도 계시며, 장차 오실 영원한 하나님 예수의 이름에 의해서 알려진 하나님이다.

이런 근거에서 인간은 참된 시간을 가지고 있다. 즉 인간의 시간은 하나님의 영원과 관련되어 있으며, 우리를 위한 영원이라고 말할 수 있다. 성육신은 영원성이 인간의 제한된 역사 속으로 부수고 들어옴으로써 시간성이 될 수 있었고 또 그렇게 되었다. 하나님은 피조된 시간이 그의 영원성의 형태가 되도록 허용하심으로써 유한적인(temporal) 분이 되셨다. 그렇게 함으로써 하나님은 시간을 정복하셨다.[23]

인간은 시간적 존재다. 따라서 인간성은 시간성이라고 말할 수 있다. 이것은 우리가 시간을 소유하고 있다는 말이 아니다. 우리는 시간을 창조하지 않았으며 시간을 피하거나 역전시킬 수 없다. 우리는 하나님께서 시간을 주셨기 때문에 시간을 가지고 있다. 시간은 하나님께서 뜻하셨고, 창조하셨으며, 우리에게 주신 실존의 형식이요 차원이다.[24]

바르트는 시간과 인간의 관계를 네 가지로 요약했다.

첫째, 우리의 시간은 주어진 시간(given time)이다.

우리는 시간을 스스로 소유한 자가 아니다. '내 시간'인 것 같지만 사실 시간은 내 의지와는 상관없이 내게로 왔다가 떠나 버린다. 나는 시간의 주체가 아니라 시간 안에서 존재하고, 시간 안에서 만들어지며, 시간의 평가를 받는 존재인 것이다.

둘째, 우리의 시간은 할당된 시간(allotted time)이다.

우리 각자에게는 '생애'라는 제한된 시간이 주어졌다.[25] 좀 더 무한한 시간이 주어진다고 해서 도움이 되지는 않는다. 왜냐하면 시간의 길이나 무제한성이 성취를 보장해 주지 못하기 때문이다. 오히려 무제한의 시간은 끝없는 열망의 고통을 동반할 것이다. 우리는 제한된 삶 동안에도 지속적으로 더 많은 것을 열망한다. 그렇다면 무제한의 시간 속에서 그 열망은 영구적이 될 것이다. "끝이 나지 않는 시간 속에 있는 끝없는 삶보다 지옥을 더 잘 그릴 수 있겠는가?"[26]

또한 할당된 삶이라고 해서 반드시 제한적(restrictive)이라고 볼 필요는 없다. 왜냐하면 그 삶이 하나님과 관계되어 있기 때문이다. 하나님은 피조물의 생애 동안 우리 곁에 계시고 우리와 함께하신다. 하나님은 운명을 성취하는 데 필요한 모든 시간을 우리에게 할당해 주셨다. 우리는 제한된 시간 안에서 그것을 이룰 수 있다. 왜냐하면 그분이 이 시간 안에서 우리에게 오시기 때문이다. 인간은 자기 사명을 이루는 데 충분한 시간을 할당받은 것이다. 그러므로 할당된 시간 속에서 우리는 저항할 수 없다. 하나님은 할당된 시간의 지속뿐만 아니라 그 시간의 시작과 끝도 역시 보장하신다.

우리의 시작은 우리의 시간 이전에도 시간의 맥락 속에서 하나님에 의해 시작되고 하나님에 의해 유지된다. 따라서 할당된 시간 속의 삶은 약속 아래에 있다. 시작의 빛이 삶의 여정과 끝을 비춘다. 그것은 우리가 선하고도 믿을 만한 목적을 향하여 나아가고 있음을 확신시켜 준다.

셋째, 인간에게는 시작하는 시간(beginning time)이 있다.

시간의 시작이라는 문제는 어디로부터(the Whence)의 문제다. 나는 어디서 왔는가? 이 문제의 긴박성은 만약 내가 지금은 존재하지만 과거에는 존재하지 않았더라면 미래에 존재하지 않을 것이라고 생각하는 데서 발생한다. 우리가 비존재로부터 온 것은 확실하지만 우리는 무(nothing)에서 온 것이 아니라 하나님에게서 왔다.[27]

넷째, 우리에게는 끝나는 시간(ending time)이 있다.

이것은 어디로(the Whither)의 문제다. 나는 어디로 가는가? 여기서 정말로 긴급함이 발생한다. 나는 현재 존재하지만, 전에는 없었던 것처럼 미래에도 없을 것이다. 인생의 끝에 놓여 있는 죽음은 하나님의 선한 결정이라고 말할 수 있다. 왜냐하면 본래 시작이 위협적이지 않은 것처럼 끝도 역시 위협적이지 않기 때문이다.[28] 그럼에도 불구하고 역사적으로 죽음은 심판과 특별한 관계에 있다.

우리는 죽음을 두려워한다. 왜냐하면 우리의 죄악 속에서 죽음을 심판으로 보기 때문이다. 만약 구약 성경이 이 점을 분명하게 했다면 신약 성경은 이것을 더욱더 분명하게 했다. 이것은 특별히 우리를 위한 예수의 죽음에서 분명하게 드러났다.[29] "인간 생명의 종말은 그 죄악의 그림자 안에 서 있다."[30]

그러나 죽음뿐만 아니라 하나님도 끝에서 우리를 기다리고 계신다. 얼핏 보기에 이것이 우리의 종말을 훨씬 더 두렵게 만드는 것처럼 보인다. 왜냐하면 죽음의 주인이신 하나님은 죽음보다 훨씬 더 두려워해야 할 대상이기 때문이다. 그러나 죽음의 주인은 우리가 그분을 대적할 때도 우리를 위하시는 은혜의 하나님이다. 우리가 죽을 때도 그분은 여전히 살아 계시며 우리를 위해 계실 것이라는 사실을 앎으로써 위안을 발견한다.[31]

이 모든 것이 예수 그리스도 안에서 구체화되었다. 왜냐하면 그가 죽음으로 우리의 죽음을 짊어졌기 때문이다. 죽음 안에서 또 죽음을 넘어서조차 우리는 그분으로부터 모든 것, 즉 우리의 희망·승리·미래·부활·생명을 기대할 수 있다. 구약 성경은 이러한 확신의 출발점이 된다. 죽음에 대한 하나님의 주권을 명확하게 증언하고 있기 때문이다.[32]

인간의 생명은 시간에 의해 한정된 독특한 기회다. 이 시간 안에서 우리는 영원한 하나님을 만난다. 틸리히의 표현을 빌자면 인간은 측정할 수 있는 시간인 크로노스(kronos), 즉 역사의 지평 안에서 초월과 만나는 많은 결정적 사건들(kairoi)을 경험하고 그 속에서 결단하지만, 진정한 역사의 완성으로서 위대한 순간(kairos)은 종말에 가서 이루어질 것이다.[33]

인간은 영원하신 하나님이 주신 시간 안에서 삶을 명령받은 존재다. 예수의 사건은 생명과 시간의 관계를 가장 깊이 있게 설명하는 사건이다. 예수의 성육신과 십자가의 죽음과 부활을 통해 육신의 생명은 가치가 있으며, 영원한 생명과 연결되어 있고, 시간은 영원과 구체적인 인격 안에서 만날 수 있음을 알 수 있다. 우리는 예수 안에서 이것을 현재적으로 맛보고, 미래적으로 약속받고 있는 것이다.

## 죽음에서 생명으로

살아 있는 인간에게 죽음보다 더 큰 문제는 없다. 구체적으로 그것을 의식하며 살든지 그렇지 않든지 마찬가지다. 그러므로 죽음의 문제를 해결하기 위한 처절한 몸부림은 어느 유형에서도 나타나는 공통점이다. 그러나 각각의 유형들이 주장하는 죽음에 대한 구체적인 내용은 다르다. 어떤 것을 취하고, 어떤 것을 보완해야 좀 더 온전한 죽음이해에 접근할 수 있을지 정리해 보자.

먼저 '무신론적 죽음이해'에서 나타나는 보이는 생명에 대한 가치, 이 세상에 대한 긍정은 인정해야 한다. 그러나 초월을 부정하는 가치관은 인정하기 어렵다. '범신론적 죽음이해'에서 나타나는 생명의 영원성에 대한 가치, 저세상에 대한 긍정은 인정해야 한다. 그러나 현실을 부정하는 가치관은 인정하기 어렵다.

'유신론적 죽음이해'에서 나타나는 세상과 인간의 피조물성, 현실에 대한 인정과 동시에 초월적인 부분을 긍정하는 가치관은 인정해야 한다. 그러나 하나님 앞에 인간의 행위를 통한 구원의 방법은 인정하기 어렵다. 인간은 자기 스스로의 힘으로 구원받을 수 없는 한계를 가진 존재이기 때문이다. 이런 의미에서 '기독교의 죽음이해'는 다른 유형의 죽음이해를 전적으로 배제하지 않고 포괄적으로 수용하면서 가장 합리적이고 현실적인 죽음이해를 보여 주고 있다.

인간은 하나님의 형상을 따라 창조된 인격이라는 점에서 자연과는 구별된다. 그러나 창조된 피조물이라는 점에서 다른 모든 창조물과 결합된다. 그러므로 인간은 두 가지 관계, 즉 상향적인 관계와 하향적인 관계를 동시에 맺는 존재다. 하나님과 상향적인 관계를 맺지 못하면 인간은 그 관계를 하향적 관계에서 찾게 된다. 그래서 인간을 다른 동물이나 식물과 동등시하거나 섬기는 것이다. 그러나 인격을 가진 인간은 열등한 창조의 형태인 자연과 분리되어 있다. 동시에 인간은 그 자연과 결합되어 있다. 두 가지 사실을 모두 인정해야 한다.

물론 인간과 자연의 관계는 치유되어야 한다. 먼저는 인간에게 주어진 지배권을 새롭게 해석해야 한다. 인간은 인간 밑에 있는 하등의 창조질서를 지배한다. 그러므로 자연 앞에서 복을 비는, 자연을 우상으로 섬기는 일에서 벗어나야 한다. 동시에 그 자연은 하나님의 소유다. 그러므로 착취하고 학대하며 지배하는 것이 아니라, 청지기로서 하나님 앞에서 자연을 돌보아야 한다. 올바른 돌봄이란 자연 자체가 가치를 가지고 있음을 인정하고 함부로 파괴하지 않는 것이다.

인간이 자연을 돌보는 이유는 그것을 손상시켰을 때 삶의 환경이 악화되기 때문만이 아니라, 자연도 인간과 같이 하나님이 창조한 피조물이기 때문이다. 그러므로 피조된 모든 것들을 사랑하되 그것들과 동일하게 되어서는 안 된다. 들판의 나무들도 하나님이 만드신 소중한 것으로 존중해야 하지만, 그것을 인격으로 대해서는 안 된다. 창조에 의해 각각의 사물에 부여된 그 고유의 영역에 따라 피조물을 대해야 한다.

자연이 가치를 갖는 이유는 인간이 나무에 부여한 주관적인 가치 때문이 아니며, 나무 그 자체가 신적 본질을 가지고 있기 때문도 아니다. 하나님이 나무로 만드셨기 때문에 가치를 갖는다. 더 나아가서 그리스도께서 자연의 일부인 육체로 오셨고, 시공간적으로 부활하셨으며, 그리스도인의 몸도 부활할 것이라는 약속은 자연의 가치를 인정하는 것이다. 이는 영적인 영역을 선한 것으로 보고 물질의 영역을 악한 것으로 보는 이원론을 배격한다. 또한 인류와 언약을 맺은 하나님은 자연과도 언약을 맺으실 만큼 자연을 소중하게 생각하셨고, 창조의 질서를 존중하셨다.

기독교는 물질적인 것을 열등하다고 생각하지 않는다. 예수 그리스도의 성육신과 육체를 가진 몸으로의 부활은 몸과 물질에 대한 개념이 어떠해야 하는지 말해 주고 있다. 물질만이 가치 있는 것(무신론적 입장)이 아니며, 물질은 가치 없는 것(범신론적 입장)도 아니다. '기독교의 죽음이해' 안에서 자연과의 관계성 회복은 생명의 가치 회복과 밀접한 관계를 가진다.

살아 있는 모든 것은 관계 속에 있으며, 관계는 존재하는 것을 생명되게 한다. 그런데 이 관계 속에는 언제나 죽음이 있다. 생명적 관계를 맺기 위해서는 그 속에서 계속 죽음의 역사가 있어야 한다. 죽으면서 살고, 그러면서 더욱 그 속에서 풍성한 삶을 누리는 것이다. 우리는 살아가면서 이 생명을 영위하기 위해 계속해서 죽고, 그것을 통해 산다. 생명을 주고, 생명을 받는 것이다. 날마다 죽고, 날마다 사는 것이다. 이렇게 볼 때 온 땅에는 죽음이 충만하고, 동시에 생명이 충만하다. 생명을 위한 죽음의 가치를 알아 가고, 그것보다 더 큰 생명의 가치를 알아 가는 것이 삶이다. 그러다가 육체의 생명을 넘어 영원한 생명으로 나아가는 것이다.

우리는 생명을 나눌 뿐 아니라 미래적으로 더 나은 생명이 있음을 바라보아야 한다. 나이를 먹고 늙어 가는 것을 후퇴와 쇠락이라고 생각하지만 그렇지 않다. 수레바퀴를 생각해 보라. 높아지는 부분도 있지만 낮아지는 부분도 있다. 그러나 낮아지는 부분도 분명한 전진이다. 한 바퀴의 완성을 위해 올라갈 때가 있는가 하면 내려올 때도 있는 것이다. 늙고 죽어 가는 것도 더 큰 생명을 향한 과정임에 틀림없다.

'세속적 죽음이해'에서 죽음의 가치는 개체에 대한 종의 승리였다. 하나하나는 죽어 가지만 전체는 그 위에서 발전하고 살아가는 것이다. 그러나 '세속적 죽음이해'에서 놓친 것이 있다. 죽어 가는 자가 후세와 인류를 위해 무엇인가 남겨 놓는 것으로 끝나는 것이 아니다. 그 자신도 그 죽음을 통하여 더 큰 생명을 향하여 나아가야 하는 것이다.

죽음은 끝점이다. 시간의 끝에서 우리는 생각해야 한다. 이 끝은 어디서 왔는가? 시작이 있으므로 끝이 있고, 탄생이 있으므로 죽음이 있고, 창조가 있으므로 종말이 있다.

인간은 자기 의지로 이 땅에 오지 않았고, 자신이 만들지 않은 세상에 살았으며, 자기 의지와는 상관없이 생명의 끝점을 맞이해야 한다. 그러므로 죽음 앞에서 인간은 가장 인간적이 된다. 죽음은 인간에게 생명은 저절로 생긴 것이 아니라 주어진 것이고, 인생은 더 높은 손길에 의해 다스려지며, 인간은 결코 신이 아니라는 것을 알게 한다. 죽음 앞에서 겸손히, 그리고 정직하게 생각할 수 있다면 인간에게 생명을 주고, 그 생명을 부르는 하나님을 인식할 수 있다.

예수 그리스도는 "나는 알파와 오메가"(계 1:8)라고 했다. 처음과 끝, 탄생과 죽음, 창조와 종말이 그분에게 있다. 인간은 시간의 지배자가 아니다. 잠시 왔다 가는 존재다. 적어도 인간은 시간의 끝점에서 알파와 오메가이신 그분을 바라보아야 한다. 그럴 때 새로운 생명의 역사 속으로 들어갈 수 있다. 그러므로 죽음은 내가 누구인가를 알게 하고, 생명과 시간의 주인 앞에 서지 않을 수 없는 시간이다. 그러므로 두려운 것이다. 그러나 또한 은총의 시간이기도 하다.

결국 성공적인 삶이란 죽음에 대한 분명한 대답을 가지고 사는 삶이다. 그 대답은 소망적이고 현실적이어야 한다. "어디서 와서, 무엇을 하다가, 어디로 가는가?" 이것을 살아가는 동안 질문해야 하며, 여기에 대한 답을 회피하지 않아야 한다.

"어찌하여 울고 있느냐"(요 20:15)는 이 질문은 무덤 앞에서 울고 있는 여인에게 부활하신 예수께서 하신 말씀이다. 인생의 의미와 죽음 앞에서 인간은 울 수밖에 없다. 그러나 부활하신 예수가 있다. 예수 안에 역사의 의미가 있고, 미래가 있다. 부활하신 그분 안에서는 죽음이 끝이 아니다. 그러므로 예수의 죽음을 통해 죽음을 볼 때, 우리는 두려움과 절망을 넘어서 소망 중에 죽음을 바라볼 수 있다.

인생이란 이 질문 속에서 살아 있는 것들을 사랑하며, 사랑하기 위하여 죽으며, 죽음을 넘어서는 생명을 경험하며, 더 큰 생명으로 나아가는 것이다. 이렇게 볼 때 죽음은 비참한 마지막이 아니며, 더 큰 생명의 일부이며, 그 생명으로 나아가는 과정인 것이다. 그래서 우리 신앙의 선배들은 죽음 앞에서 가장 큰 생명의 소망을 가졌다.

"아멘 주 예수여 오시옵소서"(계 22:20).

## 에필로그

비트겐슈타인이 임종 시에 남긴 마지막 말은 "나는 멋진 한세상을 살았노라고 전해 주시오"였다. 모든 사람이 이렇게 말할 수 있다면 얼마나 좋겠는가? 문제는 '어떤 삶이 멋지다고 말할 수 있을까?'라는 물음에 사람마다 그 기준과 방향이 다르다는 것이다.

그 기준과 방향을 놓고 지금까지 죽음이해를 세 가지 유형으로 구분해 보았다. 과연 사람들의 다양한 죽음이해를 크게는 세 가지, 작게는 여섯 가지로 구분한다는 것이 가능한가? 이렇게 단순화할 수 있는가? 얼마든지 이의를 제기할 수 있을 것이다. 그러나 적어도 아직까지는 이런 시도조차 없었다. 앞으로 더 깊이 연구되기를 바랄 뿐이다.

그럼에도 불구하고 이렇게 나눈 것의 장점도 있다. 니버(Helmut Richard Niebuhr)는 《그리스도와 문화》에서 이렇게 말했다. "유형이란 것은 언제나 다소간 인위적인 구조들로 이루어진다. 가설적인 도식에서 떠나 개별적 사건들로 돌아오는 경우에 있어서도, 그 어느 개인이나 그룹이 온전히 그 어느 유형에 꼭 들어맞는 것을 발견할 수는 없다. 그러나 유형론적 방법은 역사적으로 정확을 기할 수 없는 것이라 할지라도, 그 안에서 나타나는 동기들의 연속성과 의의를 환기시키는 장점을 가지고 있다."

그러므로 이 방법은 다양한 죽음이해에 대한 해답을 추구하고 있는 우리 모두에게 나름대로 도움이 될 수 있을 것으로 생각한다.

파스칼은 말했다. "이 세상에는 세 종류의 사람이 있다. 첫 번째 종류는 하나님을 찾고 만난 사람이고, 두 번째 종류는 하나님을 찾았으나 만나지 못한 사람이고, 세 번째 종류는 하나님을 찾지도 않고 만나지도 못한 사람이다. 첫 번째 종류의 사람은 합리적이며 행복하다. 두 번째 종류의 사람은 합리적이나 불행하다. 세 번째 종류의 사람은 비합리적이며 불행하다."

모든 사람에게는 나름대로 자기가 생각하는 죽음이해가 있겠으나 인간의 궁극적 한계인 죽음 앞에서 가장 합리적이고 행복한 사람이 되기를 바라는 것이 나의 작은 소망이다.

마지막으로 묻고 싶은 것이 있다. "근거가 제시된 믿음들의 바탕에는 근거가 제시되지 않은 믿음들이 놓여 있다. 이때 근거가 제시되지 않은 믿음이란 우리가 그저 받아들여야만 하는 것이다. 이것을 바탕으로 해야만 근거가 제시되는 믿음들을 얻을 수 있기 때문이다"라고 주장한 비트겐슈타인의 말처럼, 내가 어떤 입장의 죽음이해를 취한다고 할 때 '내가 제시하는 근거의 바탕을 이루는 더 깊은 근거에 대해 생각해 보았는가?' 하는 것이고, 또 하나는 '그것이 현재 나의 윤리와 어떤 관계가 있느냐?' 하는 것이다. 왜냐하면 내가 믿는 진리가 내 삶의 전체 연관성에서 어떤 기능을 하고 있는가를 알려면, 나의 인식론이 아니라 나의 윤리를 점검해야 하기 때문이다. 윤리와 인식은 분리될 수 없다.

죽음을 앞에 둔 모든 사람의 좋은 죽음을 바라며 이 책을 마친다.

# 주석

## 1장.

1___ 인도의 철학자이자 신비가. 1960년대에 철학 교수로서 인도 전역을 순회강연하며 구루로 이름이 알려졌다. 1970년 이후 제자들을 지도하며 정신 지도자로서의 삶을 시작했으며, 그 뒤로 세계의 종교적 경전이나 신비가 및 철학자들의 글을 재해석했다.

2___ Warren Thomas Reich(ed.), *Encyclopedia of Bioethics*, vol. 2 (New York : Macmillan, 1995), p. 501.

3___ 영국에서 활동한 철학자이며, 논리학·수학철학·심리철학·언어철학 분야에 업적을 남겨 20세기의 가장 위대한 철학자로 손꼽힌다. 오스트리아의 유대계 명문가 출신으로 케임브리지 트리니티 칼리지에서 박사학위를 받고 교수로 활동하기도 했으나, 인생의 많은 부분을 평범한 노동자로 살았다.

4___ 고대 그리스 아테네의 철학자. 부친은 조각가였고 모친은 산파였다고 전해지고 있다. 청년들을 교육한 것이 아테네 법에 위배된다 하여 사형당했다. 종래 그리스의 유물론적인 자연철학에 대립하여 관념론적 철학을 지향하였으며, 이러한 정신은 플라톤에게 계승되었다.

5___ Platon, *Phaedon*, 67e.

6___ 소크라테스의 제자. 아테네 명문가 출신으로 정치적 야망을 품었으나 스승 소크라테스의 죽음으로 현실 정치에 깊은 회의를 품고 학문에 정진한다. 이데아 등의 형이상학적 철학체계를 확립하여, 이상주의적 세계관과 윤리에 입각한 사상을 발전시켰다.

7___ John M. Cooper(ed.), *Plato Complete Works* vol. Ⅰ (Indianapolis/Cambridge : Hackett Publishing Company), pp. 58-59, 71.

8___ Aristotles, *De Anima*, 유원기 역,《영혼에 관하여》(서울 : 궁리, 2005), 137쪽.

9___ Platon, *Phaidon*, 106e.

10___ 초기 기독교 교회의 대표적인 교부. 교부철학과 신플라톤 학파의 철학을 종합하여 그리스도 교회의 교의에 이론적인 기초를 다졌다. 기독교 신학의 체계를 세웠으며 중세 이후 기독교의 기반을 완성했다. 히포의 주교로서 일생을 마쳤다.

11___ 중세 유럽의 스콜라 철학을 대표하는 이탈리아의 신학자. 형이상학 분야에서 아리스토텔레스의 사상을 이어받아 이성과 신앙의 조화를 추구하여 방대한 신학 이론의 체계를 수립하였다. 저서로는《신학 대전》이 있다.

12___ 심상태,《인간 : 신학적 인간학 입문》(서울 : 서광사, 1989), 72쪽.

13___ 독일의 종교개혁자이자 신학자. 면죄부 판매에 '95개조 논제'를 발표하여 종교개혁의 발단이 되었다. 신약 성경을 독일어로 번역하여 독일어 통일에 공헌하였으며 새로운 교회 형성에 힘써 '루터파 교회'를 설립하였다.

14___ 18세기 스코틀랜드의 철학자이자 역사가. 뉴턴의 과학 방법과 로크의 경험론적 인식론을 계승하여 철저한 경험론의 입장에서 종래의 형이상학을 적극 비판하였으며, 칸트의 비판철학에도 큰 영향을 주었다.

15___ David Hume, *A Treatise of Human Nature*, 1978, bk. 1, pt. 4, sec. 6.

16___ 19세기 독일 바이에른의 철학자. 그는 기독교 및 관념적인 헤겔 철학에 대한 비판을 통하여 유물론적인 인간 중심의 철학을 제기하여, 자연적 인간학의 토대를 닦았다. 그의 철학은 후일 마르크스와 엥겔스에 의해 비판적으로 계승되었다.

17___ 독일의 철학자. 염세사상의 대표자로 불린다. 그의 철학은 칸트의 인식론에서 출발하여 피히테, 셸링, 헤겔 등의 관념론적 철학자를 공격하여 생의 철학이라 불렸고, 훗날 실존주의에 영향을 주었다.

18___ 독일의 철학자. 서구 사상에 깔려 있는 근본 동기를 밝히려 했으며, 신학자, 철학자, 심리학자, 시인, 소설가, 극작가 등에게 깊은 영향을 미쳤다. 계몽주의와 합리주의에 반발하여 "신은 죽었다"고 선언했다. 그의 초인사상은 실존주의 철학에 큰 영향을 주었다.

19___Friedrich Wilhelm Nietzsche, *Die Götzen-Dämmerung*, 송무 역, 《우상의 황혼/반그리스도》(서울 : 청하, 2004), 171-172쪽.

20___독일의 실존주의 철학자. 현상학과 생의 철학, 그리고 아리스토텔레스의 존재론의 영향을 받아 독자적인 철학 체계를 수립했다. 불안·무(無)·죽음·양심·결의·퇴락(頹落) 등 실존에 관계되는 여러 양태를 연구했으며, 주요 저서는 《존재와 시간》이다.

21___독일 출신의 유대계 여류 철학자. 하이데거의 제자였으나 나치의 위협을 피해 파리를 거쳐 미국으로 떠났다. 전쟁 중 유대인 지원 활동을 했으며, 전후 나치 전범 재판을 통해 악과 인간의 속성을 다룬 문제작 《예루살렘의 아이히만》 등을 남겼다.

22___Hannah Arendt, *The Human Condition* (Chicago : Chicago University Press 1958), pp. 88-89, 98.

23___Philippe Ariès, *Essais sur l'histoire de la mort en Occident du Moyen Ageànos jours*, 이종민 역, 《죽음의 역사》(서울 : 동문선, 2002), 130-132쪽.

24___Edgar Morin, *L'homme et la mort*, 김명숙 역, 《인간과 죽음》(서울 : 동문선, 2000), 319쪽.

25___파리의 유대계 가정에서 태어나 파리 대학에서 역사·지리·법학을 공부했다. 제2차 세계대전 중에 레지스탕스로 활약했으며 오랫동안 프랑스 국립과학연구소(CNRS)의 사회학 부문 연구원으로 활동했다. 지금도 명예 연구원으로서 방대한 역작을 저술하고 있다.

26___Edgar Morin, 앞의 책, 315-316쪽.

27___Robert A. Morey, *Death and the Afterlife*, 김창대 역, 《죽음, 그 이후의 삶》(서울 : 기독신문사, 2003), 148-154쪽.

28___체코 출신의 정신과 의사. 애니메이션 제작에 종사하던 중 접한 프로이트로 인해 정신과 의사로 진로를 바꾸어, LSD를 활용한 환각치료 등을 주장했다.

29___Stanislav Grof et al., 김재희 엮음, 《신과학 산책》(서울 : 김영사, 1994), 284-285쪽.

30___어느 특정한 종교에도 속하지 않는 일종의 보편적 우애 단체로서, 종족·피부색·계급·남녀·교조적 분별없이 각 시대의 세계 종교의 장점을 결합하여 더욱 높은 단계의 진리나 영성 혹은 종교를 추구한다.

31___스위스 출신의 가톨릭 신학자. 전통적인 가톨릭 교리에 대한 비판을 전개함으로써 가톨릭교회와 대립했다.

32___David Ray Griffin, *God and Religion in the Postmodern World* (New York : State University New York Press, 1989), p. 83.

33___문영석, "해외 죽음학의 동향과 전망", 〈종교 연구〉39 (2005년 여름), 296쪽에서 재인용.

34___Herman Feifel, *The Meaning of Death* (New York : McGraw Hill, 1956).

35___R. Kastenbaum and R. Aisenberg, *The Psychology of Death* (New york : Springer, 1972).

36___독일 프로이센 출신의 철학자. 합리론과 경험론을 종합하여, 관념론이라는 철학적 사유의 새로운 한 시대를 열었다. 인식론·윤리학·미학에 걸친 종합적, 체계적인 작업은 뒤에 생겨난 철학들에 큰 영향을 주었다.

37___관념철학을 대표하는 독일의 철학자. 스피노자와 칸트, 루소, 괴테와 프랑스 혁명의 영향을 받았다. 그는 계몽주의의 한계를 역사주의적 관점을 통해 한 단계 발전시켰다. 절대정신과 변증법을 통해 자연·역사·사회·국가 등이 자기 발전을 해가는 체계를 종합·정리하였다.

38___Hegel, *Vernunft in der Geschichte*, s. p. 126-127.

39___Ludwig Feuerbach, *Das Wesen des Christentums*, 박순경 역, 《기독교의 본질》 (서울 : 종로서적, 1982), 17쪽.

40___영국의 소설가. 젊은 시절 무신론자였으나 이를 극복하고 성공회 신자가 되었다. 기독교 교파를 초월한 기독교의 교리를 설명한 기독교 변증과 소설로 유명하다.

## 2장.

1____ "세속화", 《한국 가톨릭 대사전》(한국교회사연구소, 1985), 675쪽. 기독교가 바라보는 세속주의에 대해서 페넬(William O. Fennell)은 이렇게 말했다. "세속주의는 타락한 인간이 이 세상에서 그가 피조물로 존재할 뿐임에도 자기 존재의 한 양상을 절대화하여 하나님 대신 자신을 섬기도록 하는 타락한 인간에게서 어쩔 수 없이 나타나는 경향에 기인한다. 또는 인간 자신이 절대자의 지위를 차지하고 자기 스스로가 그 도나 질에서 '종교적'인 흠모와 기대 그리고 섬김의 대상이 된 것이다." William O. Fennell, "The Theology of True Secularity", *Theology Today 21* (July, 1964).

2____ Fritz Ridenour, *So What's the Difference?*, 김태곤 역, 《무엇이 다른가?》(서울 : 생명의말씀사, 2007), 218-219쪽.

3____ 독일 출신의 공산주의 혁명가, 역사학자, 경제학자, 철학자, 사회학자, 마르크스주의의 창시자다. 1847년 공산주의자동맹을 창설했으며, 엥겔스와 공동 집필한 《공산당 선언》과 《자본론》의 저자다.

4____ 영국의 생물학자, 박물학자이며 철학자. 진화론을 정리한 《종의 기원》을 발표하여 논란이 되었다.

5____ Paul Kurtz and Edwin Wilson, *Humanity Manifesto I and II* (Buffalo, NY : Prometheus Books, 1973); James Hitchcock, *What Is Secular Humanism?* (Ann Arbor, M I : Servant Books, 1982), pp.11-13.

6____ David A. Noebel, *Understanding the Times* (Eugene, OR : Harvest House Publishers, 1991), p.266.

7____ "NABT Unveils New Statement on Teaching Evolution", *The American Biology Teacher*, 68, No. 1 (1996, 1), p.61.

8____ 러시아 태생의 미국 과학소설가이자 저술가. 보스턴 대학 생화학과 교수

로서 500여 권이 넘는 책을 저술하였다. SF소설과 교양과학 분야는 물론, 셰익스피어 해설서, 성서 해설서, 역사서 등 다방면에 걸쳐 책을 썼다.

9 ___ Isaac Asimov, *In Science and Creationism*, ed. Ashley Montagu (Oxford : Oxford University Press, 1984), p.182.

10 ___ William B. Provine and Philip E. Johnson, "Darwinism : Science or Naturalistic Philosophy?", Charles Colson, and Nancy Pearcey, *How Now Shall We Live?* (Wheaton, IL : Tyndale House Publishers, 1999), p.92에서 재인용.

11 ___ Charles Darwin, *The Origin of Species* (New American Library, 1958), p.450.

12 ___ Charles Colson, and Nancy Pearcey, *How Now Shall We Live?* (Wheaton, IL : Tyndale House Publishers, 1999), p.54.

13 ___ Stanley J. Grenz & Roger E. Olson, *20th-century theology*, 신재구 역, 《20세기 신학》(서울 : IVP), 24쪽.

14 ___ 앞의 책, 25-27쪽.

15 ___ 앞의 책, 22쪽.

16 ___ 프랑스의 물리학자, 근대 철학의 아버지이자 해석기하학의 창시자. 그는 합리론의 대표주자이며, 자신의 대표 저서인 《방법서설》에서 주장한 '나는 생각한다, 고로 존재한다'(Cogito ergo sum)는 근본원리로 유명하다.

17 ___ René Descartes, *Discours de la methode*, 이현복 역, 《방법서설》(서울 : 문예출판사, 1997), 220쪽.

18 ___ James W. Sire, *The Universe Next Door*, 김헌수 역, 《기독교 세계관과 현대 사상》(서울 : IVP, 1995), 79쪽.

19 ___ H. R. Rookmaaker, *Modern Art and the Death of a Culture*, 김유리 역, 《현대 예술과 문화의 죽음》(서울 : IVP, 1993), 58-60쪽.

20 ___ 프랑스의 의사이자 철학자. 인지과학의 창시자로도 알려져 있다. 주저인 《정신의 자연사》에서 유물론적 인간관을 피력했으며, 무신론 사상으로 교회의 박해를 받았다.

21 ___ La Mettrie, *Man a Machine*, ed. by Norman L. Torrey, *Les Philoso hes* (New

York : Capricorn Books, 1960), p.177.

22___ William Barrett, *The Death of the Soul : From Descartes to the Computer* (New York : Anchor, 1987), p.154.

23___ *Humanist Manifestos I and II*, p.17.

24___ 영국의 수학자, 논리학자, 철학자이자 사회 비평가로 20세기를 대표하는 지성. 일생 다양한 분야에서 자유주의자, 사회주의자, 평화주의자로 자신의 이상을 펼쳤으며, "인본주의와 양심의 자유를 대표하는 다양하고 중요한 저술을 한 공로를 인정받아" 노벨 문학상을 받았다.

25___ Bertrand Russell, *Why I Am Not a Christian* (New York : Simon and Schuster, 1957), p.107.

26___ A. J. Ayer, *The Humanist Outlook* (London : Pemberton, 1968), p.9.

27___ John Hick, *Death and Eternal Life* (London : MacMillan, 1985), p.150.

28___ Robert M. Veath, *Death, Dying and the Biological Revolution* (Connecticut : Yale University Press, 1989), p.54.

29___ 프랑스 태생의 미국 철학자. 선불교 권위자로서 일본과 동남아시아에서 연구했다. 현재 스탠포드 대학의 불교연구소 소장을 역임하고 있다.

30___ Bernard Faure, *La mort dans les religions d' Asie*, 김주경 역, 《동양종교와 죽음》 (서울 : 영림카디널, 1997), 7쪽.

31___ Philippe Aries, *Essais sur l'histoire de la mort en Occident du Moyen Agenos jours*, 이종민 역, 《죽음의 역사》 (서울 : 동문선, 2002), 71-72, 86쪽.

32___ 王充, 《Lun Hung(論衡)》, I, p.196; John Bowker, 《세계 종교로 보는 죽음의 의미》, 69쪽에서 재인용.

33___ W. Fuchs, *Todesbilder in der modernen Gesellschaft* (Frankfurt, 1969), 71.

34___ W. de Boer, *Der Ursprung der modernen Wissenschaft*, 김균진 역, 《죽음의 신학》 (서울 : 대한기독교서회, 2003), 274쪽.

35___ Ernest Becker. *The Denial of Death* (The Free Press. 1973), p.36.

36 ___ 앞의 책, p.96.

37 ___ 앞의 책, p.99.

38 ___ 앞의 책, p.27.

39 ___ 페르시아의 수학자, 천문학자, 철학자, 작가, 시인. 그의 달력은 16세기의 그레고리 달력보다 정확하였으며, 이항정리와 3차 방정식의 기하학적 해결을 연구했다. 시집 《루바이야트》가 번역되어 세계적으로 유명해졌다.

40 ___ 앞의 책, p.9.

41 ___ M. Heidegger, *Sein und Zeit*, 11. Aufl., 1967, 259.

42 ___ 앞의 책, p.266.

43 ___ 앞의 책, p.242.

44 ___ 정동호 외, 《철학, 죽음을 말하다》 (서울 : 산해, 2005), 169-173쪽.

45 ___ Friedrich Wilhelm Nietzsche, *Die Götzen-Dämmerung*, 송무 역, 《우상의 황혼/반 그리스도》 (서울 : 청하, 2004), 92쪽.

46 ___ 정진홍, 《만남, 죽음과의 만남》 (서울 : 궁리, 2003), 256쪽.

47 ___ John Bowker, 《세계 종교로 보는 죽음의 의미》, 23쪽에서 재인용.

48 ___ 앞의 책, 358-388쪽.

49 ___ 崔來沃, "民俗 信仰的 側面에서 본 韓國人의 죽음관", 〈종교와 한국인의 죽음관〉 (전주 : 전주대학교 인문과학종합연구소, 1999), 55쪽.

50 ___ 김균진, 《죽음의 신학》, 252-253쪽.

51 ___ John Hick, *Death and Eternal Life*, p.106.

52 ___ *Humanist Manifestos I and II*, p.17.

53 ___ 무교(巫教)와 유교 그리고 도교는 엄밀하게 말하면 유신론적(theistic)인 입장도 아니고 무신론적(atheistic)인 입장도 아닌 비신론적(non-theistic) 입장인데, 이것은 '신의 존재나 비존재가 별로 문제가 되지 않는다'는 입장이다. 황필호는 이런 유형을 테오스(theos, 하나님) 중심이 아니라 코스모스

(cosmos, 우주·자연) 중심의 내세관으로 보았다. 황필호, "죽음에 대한 현대 서양철학의 네 가지 접근과 한국인의 접근", 한국종교학회, 《죽음이란 무엇인가》(서울 : 창, 2001), 277쪽.

54___ 최준식, 《한국의 종교, 문화로 읽는다 1》(파주 : 사계절, 2005), 20-21쪽.

55___ Mircea Eliade, *Le Chamanisme Et Les Techniques Archaiques De L'extase*, 이윤기 역, 《샤마니즘-고대적 접신술》(서울 : 도서출판 까치, 1996), 243-247쪽.

56___ 秋葉隆·赤松智城, 《朝鮮巫俗の硏究(上·下)》(朝鮮總督府 : 1938), 103-104쪽.

57___ 최남선, 《육당 최남선 전집 3》(서울 : 현암사, 1973), 241-242쪽.

58___ 박일영, 《한국무교의 이해》(왜관 : 분도출판사, 2003), 143쪽.

59___ 유동식, "진오기굿을 통해 본 한국인의 죽음 이해", 한국문화신학회, 《죽음, 삶의 현장에서 이해하기》(서울 : 한들출판사), 176쪽.

60___ 이은봉, 《여러 종교에서 보는 죽음관》(서울 : 가톨릭출판사, 2004), 162쪽.

61___ 정진홍, 《한국종교문화의 전개》(서울 : 집문당, 1988), 96-109쪽.

62___ 앞의 책, 100쪽.

63___ 이수자, "저승, 이승의 투사물로서의 공간", 한국종교학회, 《죽음이란 무엇인가》(서울 : 창, 2001), 59쪽.

64___ 최준식, 《한국의 종교, 문화로 읽는다 1》(파주 : 사계절, 2005), 53쪽.

65___ 박일영, 《한국 무교의 이해》, 189쪽.

66___ 앞의 책, 188-189쪽.

67___ Norman Anderson, *The World's Religions*, 민태운 역, 《세계의 종교들》(서울 : 생명의말씀사, 2001), 63-64쪽.

68___ 한 종의 구성원이 주어진 발생 단계에서 시작해 뒤이은 세대에서 같은 발생 단계의 시작에 이르기까지 겪는 일련의 변화.

69___ 박일영, 앞의 책, 194쪽.

70___ 중국 출신의 문필가. 미국에서 유학하여 중국의 문화개방에 앞장섰다. 불순 교수로 지목되어 교수직에서 쫓겨난 뒤, 미국으로 건너가 교육과

문필사업에 전념했다.

71 ___ Lin Yu-tang, *My Country and My People* (New York : ReynaL & Hitchcock, 1935), p.99.

72 ___ 최준식,《한국의 종교, 문화로 읽는다 1》, 237- 239쪽.

73 ___ 가지 노부유키, 이근우 역,《침묵의 종교 유교》(서울 : 도서출판 경당, 2004), 58-60쪽.

74 ___ 길희성 외,《경전으로 본 세계 종교》(서울 : 전통문화연구회, 2001), 612쪽.

75 ___ 자사, 김길환 역,《中庸》(서울 : 휘문출판사, 1985). 395쪽.

76 ___ 길희성 외,《경전으로 본 세계 종교》, 627쪽.

77 ___《中庸》,「朱子 序文」.

78 ___ 길희성 외,《경전으로 본 세계 종교》, 626쪽.

79 ___ 앞의 책, 628쪽.

80 ___《孟子》,「盡心章句 下 25」.

81 ___ 이정용,《죽음의 의미》(서울 : 전망사, 1980), 20-21쪽.

82 ___ 앞의 책, 46쪽.

83 ___《正蒙》,「太和」.

84 ___《周易》,「繫辭傳」.

85 ___《論語》,「先進」.

86 ___ 길희성 외,《경전으로 본 세계 종교》, 677쪽.

87 ___ 가지 노부유키,《침묵의 종교 유교》, 47쪽.

88 ___ 加藤常賢,《한자의 발굴》(角川書店, 1971), 134쪽.

89 ___ 가지 노부유키,《침묵의 종교 유교》, 54쪽.

90 ___ 앞의 책, 54-56쪽.

91 ___ 앞의 책, 64쪽. 제사를 지낼 때, '3년상(喪)'을 치르는 이유에 대하여 앞의 책, 99쪽 참조.

92___ 앞의 책, 32쪽.

93___ 최준식, 《한국의 종교, 문화로 읽는다 1》, 213쪽 이하.

94___ 葛洪, 석원태 역, 《포박자 1(외편)》《포박자 2(내편)》 (서울 : 서림문화사, 1995).

95___ 《老子》, 「象元」.

96___ 푸웨이쉰, 전병술 역, 《죽음 그 마지막 성장》(서울 : 청계출판사, 2001), 200쪽.

97___ 길희성 외, 《경전으로 본 세계 종교》, 234쪽.

98___ 앞의 책, 228-229쪽.

99___ 《莊子》, 「齊物論」.

100___ 길희성 외, 《경전으로 본 세계 종교》, 266쪽.

101___ 푸웨이쉰, 《죽음 그 마지막 성장》, 204쪽.

102___ 송항룡, "노장(老莊)에서 본 죽음의 문제", 한국정신문화연구원 편, 《삶 그리고 죽음》(서울 : 대한교과서, 1995), 233쪽.

103___ 《莊子》, 「秋水」.

104___ 《莊子》, 「至樂」.

105___ 이은봉, "한국인의 죽음관", 한국문화신학회, 《죽음, 삶의 현장에서 이해하기》, 161쪽.

106___ 《莊子》, 「列御寇」.

107___ 《抱朴子》, 「勤求」.

108___ James W. Sire, *The Universe Next Door*, 김헌수 역, 《기독교 세계관과 현대 사상》, 119쪽.

109___ J. B. S. Haldane, *Possible Worlds*, p.209.

110___ Clive Staples Lewis, *The Weight of Glory*, 홍종락 역, 《영광의 무게》 (서울 : 홍성사, 2008), 133-134쪽.

111___ Walter Kaufmann, *The Critique of Religion and Philosopy* (New Jersey : Princeton University Press, 1990), pp.354-355.

112___ 하현명,《죽음 앞에서 곡한 공자와 노래한 장자》(서울 : 예문서원, 1999), 254-255쪽.

113___ 앞의 책, 273쪽.

114___ 앞의 책, 272쪽.

115___ 앞의 책, 137쪽.

116___ William A. Luijpen & Henry J. Koren, *Religion and Atheism*, 류의근 역,《현대 무신론 비판》(서울 : 기독교문서선교회, 2005), 36쪽.

117___ 이 신화에 의하면 인간은 최초부터 자기가 죽을 날을 알고 있었다. 프로메테우스는 인간의 곤경에 깊은 관심을 가졌고, 인간을 위해 세 가지를 행동에 옮겼다. 첫째, 사람들이 자기 운명을 미리 알지 못하게 했다. 죽는 날에 대한 지식, 한계의 인식, 죽을 운명에 대한 자각을 없애 버렸다. 죽음을 미리 앎으로써 자신을 쇠약하게 하는 인식에서 자유롭게 된 인간은 이제 무슨 일이든 시도할 수 있게 되었다. 둘째, 그는 인간들 속에 희망을 심어 주었다. 그래서 인간이 더 뻗어 나가고, 더 능력을 발휘하고, 더 큰 야망을 갖도록 해주었다. 셋째, 그는 신들에게서 불을 훔쳐 인간에게 주었다. 그 결과 인간은 기술세계로 들어가게 되었다. 프로메테우스는 인간에게 한계에 대한 무관심, 인간의 실질적인 상황과 무관한 목표의 설정, 인간의 상황을 변화시킬 수 있는 수단의 소유를 가능하게 했다. 그 결과 인간은 사물이 현재 상태로 유지되는 것을 견디지 못한다. 모든 것은 더 나아질 수 있으며, 하고 싶은 것은 무엇이나 성취할 수 있는 수단과 방법이 있다고 믿게 되었다. 결국 인간은 자신이 인간인 것을 깨닫지 못하고, 자신을 신이라 생각하고 신처럼 행동하게 되었다. 인간은 신들의 지혜와 선견지명이 없는 상태에서 신들의 기술을 갖게 된 것이다. 이것이 비극이다.

118___ Werner Jaeger, *Paideia : The Ideals of Greek Culture* (New York : Oxford University Press. 1945). 1:263.

119___ W. Fuchs, *Todesbilder in der modernen Gesellschaft* (Frankfurt, 1969), 33.

120___《莊子》,「騈拇」.

121___《抱朴子》,「遐覽」.

122___《新唐書》,「王賢妃傳」.

123___ 하현명,《죽음 앞에서 곡한 공자와 노래한 장자》, 271쪽.

124___ Immanuel Kant, *The Critique of Pure Reason*, pp.525ff.

125___ 무신론적 세계관에서 최고의 가치는 분명히 휴머니즘(인본주의)이다. 문제는 그 근거다. 인본주의의 근거가 천부인권설(天賦人權說)에서 나온 것이다. 그러나 천부(신이 부여한) 인권이 아니라면, 인권의 근거가 없다.

126___ F. Schaeffer,《기독교 사회관》(서울 : 생명의말씀사, 1995), 555-556쪽.

127___ Homeros, *The Odyssey*, 11.487, Peter G. Bolt의 글에서 인용. "Life, Death and the Afterlife in the Greco-Roman World," in *Life in the Face of Death : The Resurrection Message of the New Testament*, ed. Richard N. Longenecker(Grand Rapids:Eerdmans, 1998), p.63.

# 3장.

1___ Donald A. McGavran, *Ethnic Realities in the Church: Lessons From India* (South Pasadena, CA: William Carey Library. 1978), 1장.

2___ 석지현,《우파니샤드》(서울: 일지사, 2009), 11쪽.

3___ 길희성 외,《경전으로 본 세계 종교》, 900쪽.

4___ 석지현,《우파니샤드》, 17쪽.

5___ 앞의 책, 19쪽.

6___ 앞의 책, 22-23쪽.

7___ 앞의 책, 24쪽.

8___ 앞의 책, 27쪽.

9___ 이지수, "윤회와 불사의 길", 한국종교학회.《죽음이란 무엇인가》(서울: 창, 2001), 112쪽.

10___ 힌두 믿음에 따르면 인간의 신체에는 9개의 구멍이 있으며, 그 구멍들 중에서 가장 좋은 출구는 '브라흐마란드라'라고 하는 두개골 위의 갈라진 틈이다. 요가에서는 이곳을 '천 개의 꽃잎을 가진 연꽃'(사하스라라 파드마, 百會)이라고 부른다. 그들은 이곳을 '의식의 자리'라고 여긴다. 그래서 정통 힌두교인은 이 지점에 '쉬카'라고 하는 머리 장식을 하는데, 그것은 순수 의식이 머무는 자리에 대한 존경심의 표시다. Padma Sambhava, *The Tibetan Book of the Dead*, 류시화 역,《티벳 死者의 書》(서울: 정신세계사, 2009), 210쪽.

11___ John Bowker, 박규태 역,《세계 종교로 보는 죽음의 의미》(파주: 청년사, 2005), 248-249쪽.

12___ 이은봉,《여러 종교에서 보는 죽음관》(서울: 가톨릭출판사, 2004), 78-79쪽.

13___ 앞의 책, 79쪽.

14___ John Bowker, 박규태 역, 《세계 종교로 보는 죽음의 의미》, 242쪽.

15___ "Hinduism", *Funk and Wagnall's New Encyclopedia*, 1971.

16___ 길희성 외, 《경전으로 본 세계 종교》, 910쪽.

17___ Fritz Ridenour, 김태곤 역, 《무엇이 다른가?》 (서울: 생명의말씀사, 2005), 113쪽.

18___ 《增一阿含經》, '四諦品'.

19___ John Bowker, 《세계 종교로 보는 죽음의 의미》, 366쪽.

20___ 푸웨이쉰, 전병술 역, 《죽음 그 마지막 성장》 (서울: 청계), 182쪽. 공사상은 진리의 실체를 철저히 부정한다. 그러므로 공은 불교의 궁극적 실재가 아니라 궁극적 실재에 머무는 마음을 끊임없이 논파하는 도구다. 공사상은 실체의 존재와 그 인식하는 주체도 모두 무한히 부정하는 무득(無得)의 존재론이자 인식론이다.

21___ 앞의 책, 182쪽.

22___ 《般若心經》.

23___ 《大乘起信論》.

24___ 《華嚴經》.

25___ 길희성 외, 《경전으로 본 세계 종교》, 445-446쪽. 세계의 생성과 인연에 관하여는 《長阿含經 》, '世記經': 世本 緣品을 참조.

26___ 《佛教·インド思想辭典》 (東京: 春秋社, 1987). 121쪽.

27___ John Bowker, 《세계 종교로 보는 죽음의 의미》, 299쪽.

28___ W. Rahula, *What the Buddha Taught* (Bangkok: Haw Trai Foundation, 2002), p.34.

29___ John Bowker, 《세계 종교로 보는 죽음의 의미》, 303쪽.

30___ 앞의 책, 303-304쪽.

31___ 앞의 책, 309쪽.

32___ Anagarika Govinda, *The Psychological Attitude of Early Buddhist*

*Philosophy*(London: Rider, 1961), p.109.

33 ___ 《華嚴經》, '十地品'.

34 ___ 다케무라 마키오, 정승석 역, 《유식의 구조 1》(민족사, 1989). 14쪽.

35 ___ 정승석, "죽음은 곧 삶이요 열반", 한국종교학회 편, 《죽음이란 무엇인가》, 92쪽.

36 ___ 앞의 책, 92쪽.

37 ___ Mircea Eliade, *Death, Afterlife and Eschatology: A Thematic Source Book of the History of Religions* (New York: Harper & Row Publishers, 1974), p.18.

38 ___ Wm. T. deBary, *The Buddhist Tradition* (New York: Random House, 1969), p.25.

39 ___ Anagarika Govinda, *Creative Meditation and Multi-Dimensional Consciousness* (London: George Allen & Unwin Ltd, 1977), p.188.

40 ___ 정승석, "죽음은 곧 삶이요 열반", 한국종교학회 편, 《죽음이란 무엇인가》, 83쪽.

41 ___ 사자는 대부분 49일 동안 사후 세계에서 보내게 된다. 그것은 그의 카르마 때문이다. 이때의 사후 세계란 사람이 죽은 다음부터 다시 환생할 때까지의 중간 상태, 곧 바르도(Bardo)를 말한다.

42 ___ 이은봉, 《여러 종교에서 보는 죽음관》, 90-91쪽.

43 ___ 앞의 책, 91-92쪽.

44 ___ Tenzin Gyatso, *Kindness, Clarity, and Insight* (Ithaca: Snow Lion, 1984), p.177.

45 ___ John Bowker, 《세계 종교로 보는 죽음의 의미》, 320쪽.

46 ___ J. W. Bowker, *Worlds of Faith: Religious Belief and Practice in Britain Today* (London: Ariel, 1983), p.278. 그러나 지옥은 여전히 죽음을 위한 준비의 중요한 부분을 구성한다. John Bowker, 《세계 종교로 보는 죽음의 의미》, 321쪽.

47 ___ 《自說經》, 8.

48 ___ 《中論頌》, 25.

49___ Anagarika Govinda, *Creative Meditation and Multi-Dimensional Consciousness*, p.190.

50___ 《六祖壇經》, '付囑品'.

51___ M. E. Spiro, *Buddhism and Society* (London, Allen and Unwin, 1971), p.167.

52___ Marcus J. Borg, *Meeting Jesus again for the first time*, 한인철 역, 《새로 만난 하느님》 (서울: 한국기독교역사 연구소, 2001), 65쪽.

53___ 영국의 철학자이자 수학자, 동시에 해석학과 기호논리학의 대가다. 사변적 태도를 버리고 경험적 구체성을 중시하여, 유한세계는 초월자와의 상호작용에 의해 창조적 발전을 이룬다고 주장하였다. 주요 저서로 《관념의 모험》, 《과정과 실재》 등이 있다.

54___ Alfred North Whitehead, *Process and Reality: An Essay in Cosmology* (New York: The Free Press, 1978), pp.342-343.

55___ 앞의 책, p.31.

56___ 앞의 책, p.225.

57___ 앞의 책, p.348.

58___ Alan Richardson and John Bowden, *The Westminster Dictionary of Christian Theology* (Philadelphia: The Westminster Press, 1983), p.423.

59___ Norman L. Geisler and William Watkins, *Worlds Apart: A Handbook on worldviews* (Grand Rapids: Baker, 1989). p.11.

60___ 뉴에이지의 분야가 너무나 다양하므로 몇 개의 부분으로 나누어 보는 것이 좋다. ① 대중적 문화 현상으로서 뉴에이지 문학사조-즉 류시화로 대표되는 정신문화 도서들, 베스트셀러에 올라 있는 다양한 위로와 용기를 주는 서적들, 미국 등에 있어서는 닐 도널드 월쉬의 '신과 나누는 이야기' 시리즈와 같은 책들, 크리슈나무르티(Jiddu Krishnamurti)가 저술한 책들, 오쇼 라즈니쉬(Osho Rajneesh)의 책들 ②값싼 영성 운동들-외계인들의 가르침 또는 인도와 티베트의 스승(구루)이라고 하는 사람들의 아쉬람 운동들(다양한 명상 운동) ③근사체험(임사체험)자들의 보고서들-퀴블

러 로스의 죽음학과 호스피스와 관련된 수많은 책들 ④전생최면론자들의 보고서(에드가 케이시 시리즈, 김영우와 함께하는 전생 여행, 영화, 그리고 전생최면을 가르치는 도서들과 단체들) ⑤영매들에 의한 미래 예언들 ⑥UFO와 관련된 이야기들 ⑦이러한 사조들이 차용하는 종교철학 내지는 사상적·학문적 연구 업적들로는 신지학회의 다양한 문헌들, 프리메이슨의 가르침들, 《티벳 사자의 서》, 《이집트 사자의 서》, 루돌프 슈타이너의 인지학(독일 신비주의)과 관련된 저서들과 교육사상들, 퀴블러 로스의 '생의 수레바퀴'를 중심으로 한 다양한 임종자들에 대한 객관적 보고들, 인도의 경전들-특히 우파니샤드 학파의 《바가바드기타》 등, C. G. Jung의 저서들, 양자물리학과 정신세계와 관련된 사상들, 우리나라 법정 스님으로 대표되는 불교 문학들과 번역된 경전들과 틱낫한의 저서들, 점성학 저서들, 현대 가톨릭의 영성신학(토머스 머튼과 나우웬)과 기독교 내 역사적 신지학자들(마이스터 엑카르트 등), 켄 윌버의 통합사상 등이 있다.

61 Russell Chandler, *Understanding the New Age* (Dallas, TX: Word Publishing, 1988), p.27.

62 러시아의 심령술사이자 작가. 러시아, 영국, 인도, 유럽 미국 등지에서 활동했다. 범신론적 철학 및 종교 체계인 신지학(神智學)을 진흥시키기 위한 신지학협회 공동 설립자다.

63 Mary Ann Lind, *From Nirvana to the New Age* (Grand Rapids, MI: Fleming H. Revell Co. Publishers, 1991), p.51.

64 김영재, 《뉴에이지가 교회를 파괴한다》 (파주: 한국학술정보, 2007), 56쪽.

65 Johannes Agaard, "A Christian Encounter with New Religious Movements", In *Update & Dialogue*. No. 3 (Oct. rhus: Denmark, 1993).

66 앞의 책, 191쪽.

67 Marilyn Ferguson. *The Aquarian Conspiracy: Personal and Social Transformation in the 1980s* (Los Angeles: J. P.Tarcher, 1980), p.370.

68 Elliot Miller, *A Crash Course on the New Age Movement* (Grand Rapids: Baker, 1989), p.15.

69___ 김영재, 《뉴에이지가 교회를 파괴한다》, 80쪽.

70___ 이 문제를 잘 다룬 책으로 Harvey Cox, *Turning East the Promise and Perish of the New Orientalism* (Simon and Schuster: New York, 1977)이 있다.

71___ Russell Chandler, *Understanding the New Age* (Dallas, TX: Word Publishing, 1988), pp.20-21.

72___ 미국의 심리학자. 자아초월심리학의 대가로서 그의 통합적 관점은 심리학과 철학, 동서양의 종교뿐만 아니라 사회학, 인류학 그리고 포스트모더니즘을 총망라하고 있다. 통합연구소를 설립하여, 통합 이론을 연구하고 있다.

73___ Ken Wilber, *Up from Eden: A Transpersonal View of Human Evolution* (Quest Books, 1981).

74___ Ken Wilber, *A Brief History of Everything*, 조효남 역, 《모든 것의 역사》 (대원, 2004) 참조.

75___ 최준식, 《죽음, 또 하나의 세계》 (서울: 동아시아, 2006), 32-38쪽.

76___ 영화배우 출신의 미국 뉴에이지 지도자. 자신의 경험을 바탕으로 다양한 뉴에이지 저술과 운동을 주도하고 있다.

77___ Shirlely MacLaine, *It's All in the Playing*, p.192.

78___ James W. Sire, 김헌수 역, 《기독교 세계관과 현대사상》 (서울: IVP, 2007), 221-222쪽.

79___ 앞의 책, 224쪽.

80___ Shirlely MacLaine, *Dancing in the Light* , pp.339-340. 셜리 맥클레인은 대답을 '큰 정신' 안에 존재하는 자기의 상위 자아에게 들었다고 해당 페이지에서 밝히고 있다.

81___ R. M. Bucke, *Cosmic Consciousness* (Philadelphia: Book Jungle, 2007), p.2.

82___ 박문수·주원준, 《한국의 종교문화와 뉴에이지 운동》 (서울: 성바오로딸, 1998), 27쪽.

83___ 박영호, 《뉴에이지 운동 평가》 (서울: 기독교문서선교회, 1992), 124쪽.

84 ___ Russell Chandler, *Understanding the New Age,* p.264.

85 ___ 박영호,《뉴에이지 운동 연구》(서울: 기독교문서선교회, 1994), 189쪽.

86 ___ George Meek, 김병관 역,《삶 뒤에는》, (서울: 밝은생활사, 1985), 261쪽.

87 ___ 미국의 의사. 철학과 심리학 박사학위를 받은 초심리학자로서 최면역행요법과 임사체험자 증언을 토대로 사후 세계를 조명하여 주목을 받았다.

88 ___ Kenneth Ring, *Life at Death* (Coward McCann, 1980), pp.32-33.

89 ___ Carl Becker, *After All: Issues of Life and Death* (英寶社,1998) p.46.

90 ___ 최준식,《죽음, 또 하나의 세계》, 102-107쪽.

91 ___ Kenneth Ring, *Lessons from the Light: What we can learn from the near-death experience* (Moment Point, 1998), p.177.

92 ___ P. M. H. Atwater, *The Complete Idiot's Guide to Near-Death Experiences* (Alpha Books, 2000), p.96.

93 ___ 최준식,《죽음, 또 하나의 세계》, 164쪽.

94 ___ Carl Becker, *After All: Issues of Life and Death*, p.45.

95 ___ Kenneth Ring, *Life at Death*, pp.240-241.

96 ___ 최준식,《죽음, 또 하나의 세계》, 212쪽.

97 ___ Kenneth Ring, *Lessons from the Light: What we can learn from the near-death experience*, p.164.

98 ___ Kenneth Ring, *Life at Death: A Scientific Investigation of the Near-Death Experience*, p.254.

99 ___ Carl Becker, *Breaking the Circle: Death and the Afterlife in Buddhism* (Southern Illinois University Press, 1993), p.110.

100 ___ George Meek,《삶 뒤에는》, 36-59쪽.

101 ___ 박영호,《뉴에이지 운동 연구》, 272쪽.

102 ___ Douglas Groothuis,《뉴에이지 운동의 정체》(서울: 기독교문서선교회, 1992), 20쪽.

**103**___ Deborah Rozman, *Meditating with Children: The Art of Concentration and Centering* (Boulder Creek, Calif.: Planetary Publishing, 1994), p.143.

**104**___ Jean Vernette, 《뉴에이지》(서울: 성바오로, 1997), 23쪽.

**105**___ 앞의 책, 42쪽.

**106**___ Walter Martin, 박영호 역, 《뉴에이지 이단 운동》 (서울: 기독교문서선교회, 1992), 18쪽.

**107**___ 박문수·주원준, 《한국의 종교문화와 뉴에이지 운동》, 114-115쪽.

**108**___ Russell Chandler, *Understanding the New Age*, p.83.

**109**___ 가지 노부유키, 이근우 역, 《침묵의 종교 유교》 (서울 : 경당, 2002), 44쪽.

**110**___ 이에 관한 책으로는 가지 노부유키, 《中國人の論理學》 (中公新書, 1977)이 있다.

**111**___ 가지 노부유키, 《침묵의 종교 유교》, 38쪽.

**112**___ 앞의 책, 193쪽.

**113**___ 앞의 책, 191쪽.

**114**___ 윤영해, 《주자의 선불교비판 연구》 (서울: 민족사, 2000), 349-353쪽.

**115**___ Robert M. Pirsig, *Zen and the Art of Motorcycle Maintenance : An Inquiry Into Values* (New York: William Morrow, 1974). F. Schaeffer, 《기독교 사회관》 (서울: 생명의 말씀사, 1995), 559쪽.

**116**___ F. Schaeffer, 《기독교 사회관》, 33쪽.

**117**___ 스위스의 정신과 의사이자 분석심리학의 개척자. 프로이트의 영향을 받았지만 그의 성욕 중심 사상을 반대하고, 아들러의 사상을 받아들여 내향형과 외향형으로 성격을 나누었다. 동양사상과 신화 연구 등을 통해 심층 심리에 '집단무의식'이 있음을 밝혀냈다.

**118**___ Carl G. Jung, *Memories, Dreams, Reflections* (New York: Vintage Books, 1965), p.315.

**119**___ Carl G. Jung, *Psychology and the Occult* (Princeton: Princeton University Press, 1977), p.ix.

120 ___ Paul J. Stern, C. G. Jung, *The Haunted Prophet* (New York: Dell, 1976), pp.122-123.

121 ___ Carl G. Jung, *Memories, Dreams, Reflections*, pp.190-193.

122 ___ 최준식,《죽음, 또 하나의 세계》, 123-125쪽.

123 ___ Lennie Kronisch, "Elisabeth Kübler-Ross: Messenger of Love", *Yoga Journal*, November/December 1976, p.20.

124 ___ Maurice S. Rawlings, *To Hell and Back*, 이주엽 역,《지옥에 다녀온 사람들》, (서울: 요단출판사, 1995), 203쪽.

125 ___ 앞의 책, 144쪽 이하.

126 ___ 앞의 책, 44쪽.

127 ___ 앞의 책, 45쪽.

128 ___ Raymond A. Moody, *The Light Beyond: New Explorations by the Author of Life After Life* (New York: Bantam, 1989), p.27.

129 ___ Robert Kastenbaum, *Is There Life After Death?* (New York: Prentice Hall, 1984) p.25. citing G. A. Garfield in Kastenbaum. ed., *Between Life and Death* (New York: Spring Publishers, 1979), pp.54-55.

130 ___ 최준식,《죽음, 또 하나의 세계》, 210-211쪽.

131 ___ Maurice S. Rawlings,《지옥에 다녀온 사람들》, 215쪽에서 재인용.

132 ___ Oswald Spangler. *Reflections on the Christ* (Scotland: Findhorn Community Press, 1978), pp.40-44.

133 ___ Mary Ann Lind, *From Nirvana to the New Age* (Grand Rapids, MI: Fleming H. Revell Co. Publishers, 1991), pp.52-53.

## 4장.

1___Emanuel Kellerhals, *Der Islam : Geschichte, Lehre, Wesen* (G tersloh, 1981), p.73.

2___앞의 책, p.86.

3___Samuel M. Zwemer, *The Moslem Doctrine of God* (New York : American Tract Society, 1905) p.97.

4___김세윤, 《구원이란 무엇인가》 (서울: 두란노, 2001), 163쪽.

5___앞의 책, 162쪽.

6___"Death" : *Encyclopaedia Judaica*, 1972.

7___조철수, "고대 근동 종교와 유대교의 죽음관", 《죽음 삶의 현장에서 이해하기-기독교의 죽음관》, 한국문화신학회 제7집 (서울 : 한들출판사, 2004), 14쪽.

8___Herbert Vorgrimler, *Der tod*, 심상태 역, 《죽음》 (서울 : 성바오로출판사, 1981), 63쪽.

9___J. Moltmann, *Gott in der Schöpfung*, 김균진 역, 《창조 안에 계신 하나님》 (서울 : 한국신학연구소, 1999)

10___모세오경 편집의 한 경향을 일컫는 용어. 배경이 되는 것은 성경비평학 중 문서설로서, 이는 모세오경이 일련의 편집자들에 의해 현재의 모습으로 조합되었다고 주장하는 이론이다. 이 설은 19세기에 걸쳐 네 가지 주요자료, 일련의 편집자들에 의해 최종적인 형태로 조합되었다는 설로 발전되었다. 이 네 가지 자료는 야비스트 (Yahwist or Jahwist) 문서인 J, 엘로히스트(Elohist) 문서인 E, 신명기 저자가 기록했다고 간주되는 D, 그리고 제사장적 편집자들이 기록한 P문서로 나뉜다.

11___G. Kittel, Bible Keywords, *Life and Death*, p.88; 박봉랑, "죽음과 죽은 자의

부활", 《기독교사상》 400 (1992. 4), 121쪽.

12 H. W. Wolf, *Anthropologie Des Alten Testaments,* 문희석 역, 《구약성서의 인간학》 (왜관: 분도출판사, 1993), 178-181쪽.

13 황계하, "죽음의 의미와 죽은 자의 부활" (서울 : 장로회신학대학교 신학대학원, 1997), 18쪽.

14 조철수, "고대 근동 종교와 유대교의 죽음관," 《죽음 삶의 현장에서 이해하기-기독교의 죽음관》, 32쪽.

15 Karl Barth, *Church Dogmatics* Ⅲ/2, p.596.

16 D. Kraemer, *Responses to Suffering in Classical Rabbinic Literature* (Oxford: Oxford University Press, 1995), pp.184-187.

17 '죽은 자들의 나라'인 스올은 비교적 후기(지혜문학 형성기)에 이르러서야 신학적으로 사유되기 시작한다. 그 당시 이스라엘의 주변 세계는 이미 개인의 영혼불멸에 대한 강한 열망이 널리 퍼져 있었다. 그래서 소위 '지하 세계'라고 하는 죽음 후의 장소와 처지에 관한 정확한 표상도 갖고 있었다. 이러한 지하 세계가 죽은 사람들을 어둠의 존재로 머물게 한다는 사상은 점차 이스라엘 사람들에게도 영향을 끼치게 되었다.

18 김균진, 《죽음의 신학》 (서울: 대한기독교서회, 2002), 125-127쪽.

19 Shannon L. Burkes, *Death in Qoheleth and Egyptian Biographies of the late Period,* SBL DISS, p.170; Shannon L, Burkes, *Comparative Analysis of the Problem of Death in Qoheleth and Late Period Egyptian Biographies* UMI (1997) 참조.

20 앞의 책, 548쪽.

21 Herbert Vorgrimler, 《죽음》, 67쪽.

22 W. Eichrodt, *Theology of the Old Testament,* p.2.; pp.522-529; Terrien, *The Elusive Presence* (San Francisco : Harper & Row Publishers, 1978), pp.366-371.

23 Herbert Vorgrimler, 《죽음》, 69쪽.

24 Lloyd R. Bailey. Sr., *Biblical Perspectives on Death* (Philadelphia : Fortress Press,

1981), p.76.

25___ 마카비 시대는 이스라엘을 지배한 안티오쿠스 에피파네스의 헬라화 정책에 반발하여 제사장 가문인 마카비가를 중심으로 독립운동이 일어나면서 시작되었다. 마카비 전쟁은 점차 확산되어 마침내 예루살렘을 해방시켰으며, 이후 마카비가는 하스몬 왕가로서 이스라엘을 통치하게 되었다.

26___ John Bowker, 《세계 종교로 보는 죽음의 의미》 (서울: 청년사, 2005), 112쪽.

27___ Philo, *Questions on Exodus* (Harvard University Press, 1953), 2. 40. John Bowker, 《세계 종교로 보는 죽음의 의미》, 121쪽.

28___ 1세기 제정 로마 시대의 유대인 출신의 정치가이자 역사가. 66년 유대 전쟁에서 로마군의 포로가 된 뒤 투항하여 로마 시민이 되었다. 티투스의 막료로서 예루살렘 함락의 순간을 모두 지켜보았으며, 훗날 그 내용을 《유대 전쟁사》라는 책으로 남겼다.

29___ 앞의 책, 124쪽.

30___ 앞의 책, 128쪽.

31___ 앞의 책, 130쪽.

32___ J. F. A. Sawyer, *Hebrew Words for the Ressurection of the dead*. VT 23 (1973), pp.218-234.

33___ H. W. Wolff, *Anthropology of the Old Testament* (Philadelphia : Fortress Press, 1974), p.110.

34___ 조철수, "고대 근동 종교와 유대교의 죽음관", 《죽음 삶의 현장에서 이해하기-기독교의 죽음관》, 37쪽.

35___ D. E. Gowan, *Theology of the prophetic books : the death and resurrection of Israel* (Kentucky : Westminster John Knox Press, 1998), 이 책에서는 이스라엘 역사의 중요한 3시기-북왕국의 멸망 BC 722년, 남왕국 멸망 BC 587년, 바벨론 포로 BC 538년 귀환-를 죽음과 부활의 주제로 기술하고 있다.

36___ 조철수, 《선조들의 어록 : 초기 유대교 현자들의 금언집》 (서울: 성서와함께,

1998).

37___ Peter Beyerhaus, 이선민 역, 《현대선교와 변증》 (서울: 기독교문서선교회, 2004), 208-209쪽.

38___ Phil Parshall, *The Cross and the Crescent,* 이숙희 역, 《십자가와 초승달》 (서울: 죠이선교회, 1994), 50쪽.

39___ 《Bukhari》 9 : 339.

40___ 여기에 대한 기독교의 대답은 사복음서가 대상을 다르게 했기 때문에 강조점과 용어가 다르다는 것이다. 그러니까 틀린 것이 아니라 강조점이 다른 것이고, 전체를 합해 보면 입체적인 이해가 가능하다는 것이다.

41___ Kenneth Cragg, *Jesus and the Muslim* (London : George Allen & Unwin, 1985), p.92.

42___ 오강남, 《세계 종교 둘러보기》 (서울; 현암사, 2003), 308-310쪽.

43___ Peter Beyerhaus, 《현대선교와 변증》, 214쪽.

44___ 공일주, 《중동의 기독교와 이슬람》 (서울: 예영커뮤니케이션, 2003), 122쪽. 이 책의 123쪽에는 코란과 성경을 비교한 유용한 도표가 실려 있다.

45___ Rudi Paret, *Mohammed und der Koran* (Kohlhammer : Stuttgart/Berlin, 1980), pp.47-57.

46___ Hans Küng et. al, *Christentum und Weltreligionen : Islam, Hinduismus Buddhismus : "Muhammad ein Prophet?"* (Piper : München, 1984), pp.55-60.

47___ Rudi Paret, *Mohammed und der Koran,* p.42.

48___ Peter Beyerhaus, 《현대선교와 변증》, 210-211쪽.

49___ 앞의 책, 204쪽.

50___ 길희성 외, 《경전으로 본 세계 종교》, 766쪽.

51___ 앞의 책, 775쪽.

52___ M. M. Sharif, *A History of Muslim Philosophy* (Otto Harrassowitz, 1963), p.145.

53___ 이원삼, "이슬람교의 구원관 : 코란에 나타난 아담과 이브를 중심으로", 《종교연구》 32호 (2003, 가을), p.166.

54 John Bowker, 《세계 종교로 보는 죽음의 의미》, 184쪽.

55 길희성 외, 《경전으로 본 세계 종교》, 825쪽.

56 M. G. Ahmad. *The Teaching of Islam* (New Delhi, 1984), pp.131-133.

57 John Bowker, 《세계 종교로 보는 죽음의 의미》, 184쪽.

58 코란 6:93; 8:50; 9:101; 32:21; 47:27; 52:47.

59 John Bowker, 앞의 책, 186쪽.

60 《하디스 꾸드씨 40선》 (서울 : 한국이슬람중앙회, 1991). 40선 중 제36선.

61 Phil Parshall, 《십자가와 초승달》, 255쪽.

62 M. M. Sharif, *A History of Muslim Philosophy*, p.867.

63 M. G. Ahmad. *The Teaching of Islam*, p.302.

64 이원삼, "이슬람교의 구원관", 《종교연구》 32호 (2003, 가을), 173쪽.

65 alQadi, *The Islamic Book of the Dead* (Wood Dalling, Diwan Press, 1977). p.9ff.

66 손주영, "이슬람 전통에서의 삶과 내세관", 《한국이슬람학회논총》 18-2집 (2008), 16쪽.

67 이슬람법이 말하는 지하드는 통상적으로 종교적·신앙적 의미의 지하드를 일컫는다. 이것의 본래 의미는 옳다고 믿는 일을 못하게 하는 이기적이고 죄스러운 욕망을 극복하기 위한 내적인 투쟁을 의미한다. 그러니까 기본적으로는 내면적이고 평화적인 개인의 영적 투쟁, 선교활동, 종교교육, 사원 건설 등 종교기관의 설립이나 교육을 통한 이슬람 전파를 의미하며, 외향적이고 전투적인 싸움이나 전쟁과는 다른 의미다.
이슬람 세계에서 지하드가 신성시되고 고귀한 가치를 지니는 이유는 이슬람이 종교적으로 개인의 신앙을 정화 또는 강화시켜 주고 이슬람의 확산에 평화적으로 기여하기 때문이다. 그런데 이것이 점차 정치적 의미를 가진 것으로 변질되었다. 무슬림은 지하드 도중 순교하면 천국에서 보상을 받는다고 믿는다. 황병하, "이슬람 지하드의 의미와 그 현대적 적용", 《한국중동학회논총》 27-2집 (2007), 14쪽.

68 Charles Kimball, *When religion becomes evil*, 김승욱 역, 《종교가 사악해질

때》(서울 : 에코리브르, 2005), 243쪽.

69 ___ Lesslie Newbigin, *The Gospel in a Pluralistic Society,* 허성식 역,《다원주의 사회에서의 복음》(서울: IVP, 1989), 201쪽.

70 ___ Abd al-Masih, *Dialogue with Muslim,* 이동주 역,《무슬림과의 대화》(서울: 기독교문서선교회, 2001), 216쪽.

71 ___ Charles Kimball,《종교가 사악해질 때》, 253-263쪽.

72 ___ 킴볼은 종교가 타락한 징후 다섯 가지를 제시한다. ①절대적인 진리 주장, ②맹목적인 복종, ③'이상적인' 시대 확립, ④목적이 수단을 정당화하는 것, ⑤성전(聖戰) 선포 등이다. 그러나 그는 종교적 전통 안에서 유용한 교정 수단 역시 찾을 수 있다고 생각한다. 앞의 책, 18쪽.

73 ___ 김세윤,《구원이란 무엇인가》, 143쪽.

74 ___ 앞의 책, 160쪽.

75 ___ 앞의 책, 164쪽.

76 ___ Oscar Cullmann,《영혼불멸과 죽은 자의 부활》(서울: 향린사, 1975), 제2장.

## 5장.

1 니케아 신조의 "성령은… 성부로부터 나셨고"라는 말 다음에 들어가는 "그리고 아들로부터"라는 뜻의 라틴어 구절. 6세기 초 서방교회에서 점차 신조의 일부로 전해졌는데, 11세기에 교황권에 의해 최종으로 수용되었다. 로마 가톨릭교회와 달리 동방교회에서는 이 구절을 신학적 오류로 보았다.

2 미국의 복음주의 신학자이며 선교사. 현재 덴버 신학교의 기독교 영성·멘토링·신학을 가르치는 교수로 일하고 있다.

3 Bruce Demarest, "Revelation, General," in the *Evangelical Dictionary of Theology*, ed. Walter A. Elwell (Grand Rapids: Baker, 1984), p.944.

4 Benjamin B. Warfield, *Revelation and Inspiration* (Grand Rapids: Baker, 1991), p.6.

5 Leon Morris, *I Believe in Revelation* (Grand Rapids: Eerdmans, 1976), pp.42-43.

6 영국 성공회 신부이자 세계적인 복음주의 운동의 거장. 1942년 성공회 사제 서품을 받았으며, 올소울스 교회 등에서 사목했고, 런던현대기독교연구소장을 역임했다.

7 John R. W. Stott, *Basic Christianity* (London: InterVarsity. 1971), pp.21-34.

8 Richard A Muller, "fiducia," in the *Dictionary of Latin and Greek Theological Terms* (Grand Rapids: Baker, 1985), p.118.

9 Hippolytus, J. G. Davies, *The Secular Use of Church Buildings* (London: SCM, 1968), p.4에서 재인용.

10 Lewis Sperry Chafer, *Systematic Theology,* seven volumes (Dallas: Dallas Seminary Press, 1948), 4:39.

11 Louis Berkhof, *Systematic Theology* (Grand Rapids: Eerdmans, 1953), pp.192-195.

12___ Watchman Nee, *The Spiritual Man*, 3 vol. (New York: Christian Fellowship Publishers, 1968)을 참조.

13___ G. C. Berkouwer, *Man-The Image of God* (Grand Rapids: Eerdmans, 1962), pp.200-201.

14___ William Barclay, *New Testament Words* (Lundon: SCM, 1964), p.133.

15___ 스위스 출신의 변증법적 신학자. 여러 교회에서 사역을 하는 동안 종교적 사회주의 운동에 헌신하였고, 1919년《로마서 주해》를 출간했다. 2차 대전 중 고백교회 운동과 '바르멘 신학선언'을 발표하며 나치에 저항했다. 이후 스위스로 돌아와 교회의 사회참여와 교회교의학 집필에 평생을 바쳤다.

16___ Paul Althaus, *The Theology of Martin Luther*, 이형기 역,《루터의 신학》(서울: 크리스천다이제스트, 1996), 167쪽. 여기서 루터를 주로 인용한 것은 그가 종교개혁자이며 기독교 복음의 순수성을 회복한 인물이기 때문이다. 그는 누구보다도 죽음에 대하여 고민했던 신학자이며, 나아가 그의 신학을 '십자가의 신학'이라고 할 만큼 예수 그리스도의 십자가와 부활, 그리고 오직 그것을 믿음으로 말미암아 하나님의 자녀가 된다는 가장 순수한 복음을 회복했다.

17___ 앞의 책, 438쪽.

18___ 앞의 책, 439쪽.

19___ 앞의 책, 439쪽.

20___ 앞의 책, 440쪽.

21___ 앞의 책, 440쪽.

22___ 앞의 책, 441쪽.

23___ 앞의 책, 441쪽.

24___ 앞의 책, 442-443쪽.

25___ 앞의 책, 445쪽.

26___ 앞의 책, 444쪽.

27___ 앞의 책, 445쪽.

28___ 앞의 책, 446쪽.

29___ 앞의 책, 446쪽.

30___ 네덜란드 개혁주의 조직신학자. 암스테르담 자유대학의 교수로서 방대한 교의학 저술을 남겼다.

31___ G. C. Berkouwer, *The Return of Christ* (Grand Rapids: Eerdmans, 1972), p.59.

32___ Helmut Thielicke, *Death and Life* (Philadelphia: Fortress, 1970), p.215.

33___ 프랑스의 신학자이자 종교개혁자. 16세기 프로테스탄트 운동의 핵심으로 장로교를 창시했다. 프랑스를 거쳐 제네바를 거점으로 종교개혁을 일으켰다. 복음주의와 청교도 정신을 내용으로 엄격한 신권 정치를 시도하여 실행에 옮겼다. 대표작으로는《기독교강요》가 있다.

34___ John Calvin, *Institutes of Christian Religion*, 김종흡 외 공역,《基督教綱要 中》(서울: 생명의말씀사, 1989), 182쪽.

35___ 김균진,《죽음의 신학》(서울: 대한기독교서회, 2003), 327쪽.

36___ 앞의 책, 188쪽.

37___ 앞의 책, 189쪽.

38___ 앞의 책, 190쪽.

39___ 이 땅에 남아 있는 자들의 관점에서 보면, 죽은 자는 '잠자고 있는' 듯이 보이며, 영원의 세계 속으로 옮겨진다. 그러므로 죽은 자는 죽음과 종말론적 부활 사이의 공백기를 감지하지 못한다. 그러나 이 말은 그들이 지상의 일에서 완전히 단절되어 있음을 의미하지는 않는다. 지상적 사건들에서 적극적인 주체로서 역할하지는 못하지만, 죽은 자들은 특별한 의미에서 이 땅에서 무슨 일이 일어나고 있는지를 안다. 그러나 이러한 인식은 시간에 대한 변화된 관점에서 이해해야 한다. 영원 속에서 그들은 지상적 시간을 하나님의 관점에서 보고, 실제로 존재하는 통일적인 전체로 알게 될 것이다. 그들은 지상적 사건들을 고립적인 사건들이 아니라 하나의 전체로, 통합된 사건들로 인식하는 것이다.

40___ 김세윤,《구원이란 무엇인가》(서울: 두란노, 2001), 29쪽.

41___ C. S. Lewis, *Mere Christianity,* 장경철·이종태 역,《순전한 기독교》(서울: 홍성사, 2004), 103쪽.

42___ 캐나다의 종교인 출신의 언론인. 복음주의 지도자로 활동하던 중 불가지론자가 되어 기독교 신앙을 거부하고 정치와 언론계에서 활동했다.

43___ Charles Templeton, *Farewell to God* (McClelland & Stewart Ltd, 2000), p.27.

44___ Paul Copan, *True For You, But Not For Me* (Bethany House, 1998), p.78에서 재인용.

45___ 앞의 책, p.34.

46___ C. S. Lewis,《순전한 기독교》, 77, 98-100쪽.

47___ 김세윤,《구원이란 무엇인가》, 32쪽.

48___ 인자라는 용어에 대하여 William Barclay, *The Mind of Jesus,* 이상길 역,《나사렛 예수의 생애》(서울: 지성문화사, 1989), 139-147쪽.

49___ 김세윤,《바울 복음의 기원》(서울 : 두란노, 2018), 172-174쪽.

50___ 앞의 책, 172-174쪽 참조.

51___ 이 주제에 관한 책으로는 J. M. Lochmann, *Christus oder Prometheud,* 손규태 역,《그리스도냐 프로메테우스냐》(서울: 대한기독교서회, 1988)가 있다.

52___ 김세윤,《구원이란 무엇인가》, 60쪽.

53___ J. Werbick, *Soteriologie* (Düsseldorf, 1990), 185ff.

54___ H. Kessler, "Christologie", T. Schneider (Hg.), *Handbuch der Dogmatik,* Bd. 1 (D sseldorf, 1992), 367-369. 이에 대하여 K. Barth는 *Church Dogmatics* Ⅳ/1 (Edinburgh: T&T Clark, 1980), p.550 이하에서 논한다.

55___ R. Schnackenburg, *Baptism in the Thought of St. Paul* (E. T. Oxford, 1964), p.115.

56___ Stanley J. Grenz, 신재구 역,《20세기 신학》, 8쪽.

57___ 앞의 책, 497쪽.

58 Sigmund Freud, *The Future of an Illusion*, in The Standard Edition of the Complete Psychological Works of Sigmund Freud, vol. XXI (London: Hogarth Press, 1974). p.29.

59 Sigmund Freud, *The Question of a Weltanschauung*, vol. XXII, p.168.

60 Sigmund Freud, *Civilization and Its Discontents*, vol. XXI, p.84-85.

61 앞의 책, p.43.

62 안점식,《세계관과 영적 전쟁》(서울: 죠이선교회, 2008), 99쪽.

63 덴마크 출신의 철학자. 세속에 물든 덴마크 국교회와 치열하게 싸우다 마흔넷의 나이로 외롭게 세상을 떠났다. 기독교와 헤겔에 대해 신앙에 입각한 종교적 실존에의 비약을 역설하였고, 역설변증법을 말함으로써 근대 실존주의 사상의 선구를 이룬 작품을 발표했다.

64 Wolfhart Pannenberg, *What Is Man?* trans. Duane A. Priebe (Philadelphia: Fortress, 1970), p.3.

65 Stanley J. Grenz, *The Theology for the community of God,* 신옥수 역,《조직신학》(서울: 크리스천다이제스트, 2003), 236쪽.

66 Aristotles, *Metaphysics* (Cambridge, Mass.: Harvard University Press, 1965), pp.142-165.

67 독일 철학자. 독일 관념론을 대표하는 사상가다. 칸트의 비판철학의 계승자로 칸트와 헤겔의 다리 역할을 했다. 나폴레옹 1세에 점령되어 있던 베를린에서 행한 강의로 유명해졌다.

68 Johann Gottlieb Fichte, "Uber den Grund unseres Glaubens an eine göttliche Weltrügierung," 16-17, in *Sämmtliche Werke,* Stanley J. Grenz,《조직신학》, 143쪽에서 재인용.

69 G. W. F. Hegel, *Lectures on the Philosophy of Religion,* trans. E. B. Speirs and J. Burton Sanderson, ed. E. B. Speirs, three volumes (New York: Humanities Press, 1974), 3: 24-25.

70 Karl Rahner, *Foundations of Christian Faith: An Introduction to the Idea of Christianity,* trans. William V. Dych (New York: Seabury, 1978), p.74.

**71**___ Stanley J. Grenz, 《20세기 신학》, 411쪽.

**72**___ 스웨덴의 루터파 신학자. 인간 중점주의를 지양하고 하나님 중심의 기독교 해석을 내세웠다. 철학의 한계성을 지적했고, 철학이 제시한 문제에 해답을 줄 수 있는 것은 신학뿐이라고 주장했다. 루터교 세계연맹의 초대의장을 지냈고, 세계교회운동에도 참여했다.

**73**___ F. Schaeffer, *The God Who Is There,* CW I (1968), pp.221-222.

**74**___ K. Barth, *Church Dogmatics* I/2, pp.320-323.

**75**___ 앞의 책, pp.318-319.

**76**___ K. Barth, *Church Dogmatics* Ⅲ/Ⅱ, p.382.

**77**___ 앞의 책, pp.392-393.

**78**___ 앞의 책, p.398.

**79**___ 앞의 책, p.427.

**80**___ 안점식, 《세계관 종교 문화》 (서울: 죠이선교회, 2008), 136쪽.

**81**___ C. S. Lewis, *Mere Christianity,* p.118.

## 6장.

1___ 곽선희, 《영성신학》 (서울: 계몽문화사, 1999), 56-62쪽.

2___ Harold A. Netland, *Encountering Religious Pluralism* (Downers Grove, IL: InterVarsity Press, 2001), p.333.

3___ Helmut Thielicke, *Nihilism* (London: Routledge and Kegan Paul, 1962), p.110.

4___ James M. Gustafson, *Christ and the Moral Life,* 김철영 역, 《그리스도와 도덕적 삶》 (서울: 한국장로교출판사, 2008), 28-29쪽.

5___ Parker J. Palmer, *To Know As We Are Known,* 이종태 역, 《가르침과 배움의 영성》 (서울: IVP, 2007), 10쪽.

6___ K. Barth, *Church Dogmatics* Ⅰ/2 (Edinburgh: T&T Clark, 1980), p.294 이하.

7___ 프랑스의 사상가·수학자·물리학자. 1654년 얀센파에 들어가 감화를 받고, 얀센파를 변호하는 프로방스 서간집을 익명으로 발표했으나 금서목록에 올라 불태워졌다. 인간은 생각하는 갈대라고 갈파한 불후의 명저 《팡세》는 그의 사후(死後)에 정리·발간되었다.

8___ Blaise Pascal, *Pensées,* 이환 역, 《팡세》 (서울: 민음사, 2009), 322쪽.

9___ 스위스의 변증법 신학자이자 개혁파 신학자. 브루너 신학의 독자성은 하나님과 인간의 만남을 통한 인격주의적 접근이다. 따라서 그는 선교신학으로 자신의 신학을 특정지었다.

10___ James Finley, *Merton's Palace of Nowhere: A Search for God Through Awareness of the True Self* (Notre Dame, Ind.: Ave Maria, 1978), p.31.

11___ Ekman Tam, "Message to the Wounded World: Unmask the True Self-Zen and Merton," *Religious Studies and Theology 17* (1998), pp.71-84.

12___ James Finely, *Merton's Palace of Nowhere: A Search for God Through*

*Awareness of the True Self*, p.17.

13___ Thomas Merton, *The Ascent to Truth* (New York: Harcourt Brace, 1981), p.8

14___ J. I. Packer, *Knowing God* (Downers Grove, Ill.: InterVarsity Press, 1993), p.41.

15___ Richard John Neuhaus, *As I Lay Dying: Meditations upon Returning* (New York: Basic Books, 2002), p.150.

16___ 앞의 책, p.150.

17___ C. S. Lewis, *Letters to an American Lady* (Grand Rapids, Mich.: Eerdmans Publishing Company, 1967), pp.80-81.

18___ 독일 신학자. 종말론적 희망의 신학자라고 불린다. 종교개혁 신학의 유산을 계승하면서도 현대 세계의 문제들을 직시하고 기독교의 전체 교리를 재정립한 신학자로 평가받고 있다. 방대한 저술 활동을 통해 세계에 대한 기독교의 사명을 촉구하고 있다.

19___ Jürgen Moltmann, *Die Quelle des Lebens,* 이신건 역,《생명의 샘》(서울: 대한기독교서회: 2007), 13쪽.

20___ K. Barth, *Church Dogmatics* Ⅲ/4, pp.324-325.

21___ K. Barth, *Church Dogmatics* Ⅱ/Ⅰ, p.610.

22___ 앞의 책, p.614 이하.

23___ 앞의 책, p.617.

24___ 앞의 책, p.526.

25___ 앞의 책, p.553.

26___ 앞의 책, p.562.

27___ 앞의 책, p.576.

28___ 앞의 책, p.594.

29___ 앞의 책, pp.598-607.

30___ 앞의 책, p.607.

31___ 앞의 책, p.609.

32 ___ 앞의 책, pp.607, 616-620.

33 ___ P.Tillich, *Systematic Theology,* vol. 3(Chicago: University of Chicago Press, 1978), pp.369-372.